商圈崛起：

百万级商业地产操盘解码

龚国志◎著

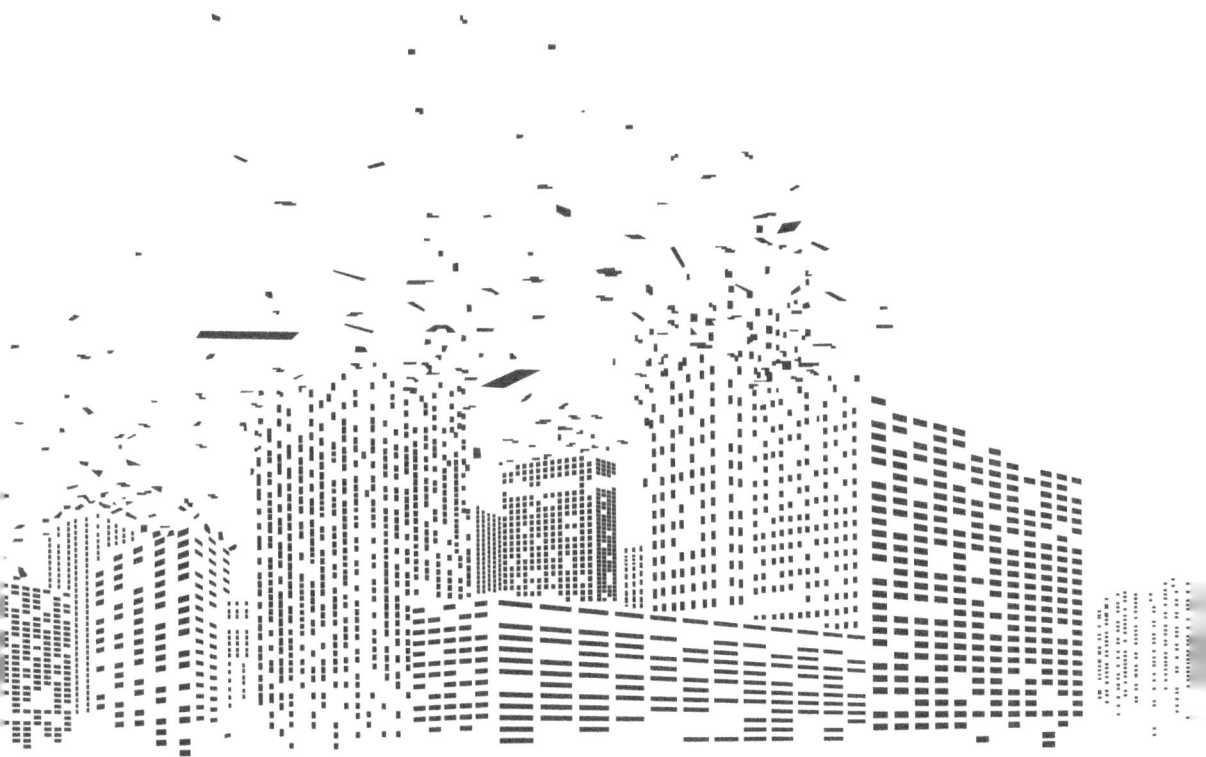

新 华 出 版 社

图书在版编目（CIP）数据

商圈崛起：百万级商业地产操盘解码 / 龚国志著 . — 北京：新华出版社，2018.5
（2024.1重印）

ISBN 978-7-5166-4093-7

Ⅰ . ①商… Ⅱ . ①龚… Ⅲ . ①城市商业—房地产开发—运营管理 Ⅳ . ① F293.35

中国版本图书馆 CIP 数据核字 (2018) 第 090262 号

商圈崛起：百万级商业地产操盘解码

作　　者：龚国志

责任编辑：王晓娜

封面设计：凤凰树文化

出版发行：新华出版社

地　　址：北京石景山区京原路 8 号　　邮　　编：100040

网　　址：http://www.xinhuapub.com

经　　销：新华书店

　　　　　新华出版社天猫旗舰店、京东旗舰店及各大网店

购书热线：010-63077122　　中国新闻书店购书热线：010-63072012

照　　排：北京凤凰树文化艺术发展有限公司

印　　刷：三河市宏顺兴印刷有限公司

成品尺寸：170mm × 240mm

印　　张：31　　　　　　　字　　数：448 千字

版　　次：2018 年 8 月第一版　　印　　次：2024 年 1 月第二次印刷

书　　号：ISBN 978-7-5166-4093-7

定　　价：79.00 元

目录

CONTENTS

营销的道、法、术、势

《道德经》中关于"道"的描述是:"有物混成,先天地生。……周行而不殆,可以为天地母。吾不知其名,强字之曰'道'。"在老子看来,万事万物皆有规律,宇宙运行是规律,日夜交替是规律,一年的寒暑交替是规律,生壮老亡是规律。"道"是最本质的规律。"道不易",意思就是说"道"的特点就两个字:不易。只有永恒不变的才叫"道",不论现象如何千变万化,本质的东西总是不变的。《大学》有言,"物有本末,事有终始,知所先后,则近道矣",意思是说,要把握道,关键是要认清什么是事物的根本,什么是事物的枝末;什么是原因,什么是原因所导致的结果。

"道"是对本质规律的研究,是不变的。那营销之"道"是什么呢?营销是围绕人与人之间的交换进行的,营销的立足点就是人性;人性是多面的,"贪欲""懒惰""恐惧""色欲""虚荣"与"好奇"是隐藏在人性之中的亘古不变的"六大原欲"。这六大原欲不仅存在于人的身上,还存在于动物身上,是人的动物本性,是营销之"道"。人来源于动物,人的六大原欲源于动物本性,根植于基因自我复制与自私的本能。拥有基因的个体要生存与繁衍,"贪欲"是为了储备足够的能量,"懒惰"是为了减少能量消耗,"恐惧"是为了尽早发现危险保护自己,这三者保障个体的生存;"色欲"是为了繁衍,要繁衍首先必须取得交配权,把对手比下去而竞争到异性的交配权就是"虚荣"的起源,这两者保障个体的繁衍;"好奇"则通过不断进步保障个体不被大自然淘汰。"人欲即天理",现代营销学,有那么多理论,那么多策略,那么多框架,无一不是建立在人性这六大原欲基础之上。营销的本质是对人性六大原欲的把握与利用。据张小龙介绍,在微信推广之初,有一次他亲自在一个线下活动中推介微信,说微信可以发语音便于大家沟通,反应者寥寥;他说微信的语音与短信都是免费的,有少部分人反应;但一说可以搜附近美女时,大家马上都围上来说赶紧安装一个。

"法"是规则体系,是方法论,"法"是以"道"为基础制定的不可违背的原则。如果把人生看成一次渡河,你在此岸,而此生的目的就是到达彼岸,那么所谓的"法"就是选择的过河方式,你可以选择直接游过去、找一座桥走过去、想办法绕过去等各种方式。每一种方式都是一种不同的"法",尽管路径不同("法"),然目的相同("道")?何谓营销之法?物超所值。市场经济,最主要的特征就是交换,不是强买强卖,也不是坑蒙拐骗;客户之所以愿意购买你的产品,不是因为别的什么原因,而是客户感知的价值大于客户支付的成本,让客户感觉占了便宜,通俗而言就是"物超所值"。2011年7月,针对市场上智能手机都是"伪智能",性能不高,且价格基本都在3000元左右的特点,小米手机1适时推出,打造中国首款双核1.5GB智能手机,不仅"跑分"快,而且售价1999元。其立足于人性的"贪欲"与"虚荣"这两大原欲,产品让用户尖叫;运用"饥饿营销",遵循物超所值之"法",引爆了用户口碑。

"术"指操作技巧,是具体的营销手段或招式。"道"的特点是不易,"术"的特点是常易。世界总在运动变化之中,形势也是不断变化的,"术"要不断变化以适应新的形势;无论"术"如何变化,"术"皆要立足于"道",遵循于"法",《道德经》提出"以道御术"就是这个意思。何谓营销之术?简单来说,科特勒在《营销管理》中阐述的内容,STP属于战略层面之"术",4P属于战术层面之"术"。要确保营销策略的有效性,必须立足于人性的六大原欲之"道",同时要遵循物超所值之"法"。例如"坚基·美丽城"户型设计中,通过偷面积方式给予客户更多就是满足人性的"贪婪",将三房的客厅开间规划为 3.9 m、四房客厅开间规划为 4.9~5.1 m，远高于河源本地竞品户型的客厅开间尺度，就是满足河源当地客家人高频社交背景下人性爱炫耀的"虚荣"原欲。营销策略的组合运用上，遵循物超所值之"法"，重在拔高客户感知价值：第一，定位与概念包装方面，竞争占位"CBD 最后的森林公园大宅"，项目定位"河源唯一五好项目"，产品定位"城市综合体豪宅典范"，通过样板示范区与样板房演绎价值，提升项目价值感；第二，供求方面，分批推售产品，控制每批推售量，通过推广、活动与渠道快速召客，制造局部与阶段性的供不应求，"僧多粥少"的稀缺感与销售中心"卖压"的缔造进一步提升项目价值。现实中，很多人沉迷于营销之"术"，纠结于营销点子或概念，幻想"一招制敌"，一招鲜吃遍天，这是典型的舍本逐末，取雕虫小技而无视营销的"道"与"法"的做法，注定不能如其所愿，营销操盘人不可不察。

　　"道""法""术"结合，最终会形成一种"势"。在孙子看来，"势"就是谋求胜利的唯一法门，"势"是《孙子兵法》十三篇的逻辑核心。孙子兵法曰："激水之疾，至于漂石者，势也。鸷鸟之疾，至于毁折者，节也。故善战者，其势险，其节短。势如张弩，节如发机。"湍急的流水疾速奔泻，以至能冲走石头，这便是势；凶猛的鸷鸟疾飞搏击，使小鸟来不及逃避，以至被毁折，这是击发节奏掌握得准确。因而，善于作战的人，所造成的态势是险峻的，发动攻势的节奏是短促的。"势"就像张满待发的弓弩，"节"就是触发的弩机。这就是孙子"势险节短"的战略思想。

　　在孙子看来，"势"是一种力量，是一种占优势的态势，"势"的积蓄与爆发与"节"密切相关，通过把力量在特定时空内灵活组合来制造"险势"，还可以通过借助周围条件将力量成倍地放大来达到"险势"。《田忌赛马》这个故事中，同样的三匹马，由于打破了原来的固定顺序，重新进行了组合，就起到了反败为胜的效果。相同的资源，整合和组织的方式不同，形成的"势"也就不同。毛泽东的"诱敌深入，集中优势兵力，打歼灭战"，就是要在敌强我弱的情形下，把自己的力量在空间上进行优化组合，形成大于敌人局部或部分的强势，从而把敌人逐一歼灭，消灭敌人的有生力量。"故善战者，如转圆石于千仞之山者，势也。"这句话说的是，圆木和石头如果是静止平放着，它们是毫无力量的，而将它们搬运到高峻险陡的山峰，它们自山峰往下滚落的时候就会释放出惊人的力量。

操盘过程中，"势"就是看你制造的热闹够不够，知名度高不高，关注你、认同你的人多不多。市民茶余饭后街谈巷议是"势"，营销中心人头攒动是"势"，成交现场摩肩接踵是"势"，线上脑残粉呼啸而来疯狂刷屏也是"势"。人是群居动物，群居动物有啥特征？爱热闹。以前是明星花钱，用盒饭让人扮其粉丝，在某个活动现场或演唱会或走秀等现场去挥手，去哭泣，去送花，去索吻，等等，是为了热闹；在互联网上雇水军、刷好评还是为了热闹，在微博上约架是为了热闹，骂战也是为了热闹。

如果把营销当作一场战争，操盘手既要会运势，又要会造势。

所谓"运势"，就是按某种节奏，借助周围条件，在节点放大通过营销动作制造出来的力量，正所谓"站在风口上，猪都能飞上天"。操盘手要能洞悉战局，审时度势，根据实际情况采取相应的策略、手段与措施，或乘势，或导势，或借势，谋取势能，以数倍放大自己的能量。首先，洞察市场之势。正所谓"天下大势，浩浩荡荡，顺之者昌，逆之者亡"。在市场上升期，最适合高举高打、长蓄短爆，不断推高价格催化追涨心理；而在市场下行调整期，短蓄短爆相对更加安全。其次，关注中观市场之势。如有房地产政策调整、重大城市规划出台、区域板块的成熟度、交通及产业导入新的客群、竞争环境或竞争对手的重大变化，等等，一旦出现重大利好，必须尽快抓住战机，导势为我所用。最后，微观项目自身情况，市场对项目的认知度、项目的开发进度、主力店或品牌店的签约进驻、大型运营促销或活动、蓄客速度与蓄客量、营销团队的战斗力等，一旦出现重大利好，必须乘势而上，快速引爆。

所谓"造势"，就是在特定时空内，按某种节奏，灵活组合营销动作，进行节点爆破，制造出惊人的力量，最终制造出"险势"。操盘手的职责就是部署战斗序列，按一定的节奏去铺排营销动作，综合运用各种营销手段找到客户并吸引客户上门，通过营销、工程、招商或运营等各种节点爆破，将"势"不断推高，开盘前"势"之险"如转圆石于千仞之山"，才能确保成交效果如"激水漂石""鸷鸟毁折"那样一气呵成干净利落。

操盘，就是围绕目标的实现，立足于人性六大原欲这个"道"，遵循物超所值这个"法"，将"术"在时空内按节奏或节点灵活组合，完成"势"的积蓄与爆发的过程。"道"是立足点，是恒定不变的；"法"是规则，随大时代变化而缓慢演变；"术"是灵活万变的，"术"能成"势"，亦须依据"势"的变化而改变，目的在于确保目标的实现。

营销的本质是对人性的把握

  数十亿年前的地球上，在无数次的化学反应之中，偶然出现了一个分子，它具有不可思议的自我复制的能力。这种神奇的能力，帮助分子不断复制。这个可以复制的分子，最基本的功能单元就是基因。基因是 DNA 分子上具有遗传效应的特定核苷酸序列的总称，是具有遗传效应的 DNA 分子片段。基因是掌握所有复制密码的关键。

  基因唯一的目的就是复制自己，为了达到此目的，就要使拥有基因的个体生存并繁殖。

  自私是基因生存的唯一手段。如同建造一座宫殿一样，基因只有蓝图，没有材料。基因要复制自己，唯一可行的手段就是拿出自己自私的本领，利用天地间的生物作为它生存与繁荣的载体，把生物体视为它的殖民地，将细胞视为它的工厂，以细胞的核苷酸作为它的原料，用来自我复制。所有生物个体，包括人类都是基因生存的机器，譬如。猴子和鱼也不过是维持基因在树上和水中生存的机器而已。任何一个生物个体，其生存时间不论何等短暂，都不过是基因的临时性运载的工具，一个接一个，一代接一代，使得基因个体几乎能够天长地久。在地球上，没有任何生物个体能够永恒存在，唯一的例外就是基因这个不朽的复制者。

　　生命大约是自 20 亿年前开始的，经过无数演进的过程才进化到动物，人类则是从动物进化而来的。目前在人类身上找出来的 20000 多个基因中，除了 300 多个，在老鼠身上都有，人猿在 DNA 顺序上与人类极为相似，只有 2% 的差别。人既来自于动物，自然会有动物本性，人的动物本性是由基因特性决定的，基因的特性是自我复制和自私，为达到此目的，拥有基因的个体必须生存与繁衍，其中"贪欲""懒惰""恐惧"保障个体的生存，"色欲"与"虚荣"保障个体的繁衍，"好奇"则通过不断进步保障个体不被大自然淘汰。"贪欲"是为了储备足够的能量，植物尽可能把根茎张开扎深是为了吸取土壤与阳光里的养分，动物在秋天拼命进食长膘就是为了应对寒冬的食不果腹。"懒惰"是为了减少能量消耗，在生命的演化过程中，绝大部分时间都受到饥饿的威胁，简单来说就是摄入能量不足。只有减少能量消耗确保摄入的能量大于消耗的能量，生命体才能存活下去。例如狮子在吃饱后多卧地休息，更有冷血动物以冬眠的形式维持生命的最低消耗。"恐惧"是为了尽早发现危险保护自己，没有恐惧感的动物早已成为天敌的美食。狗见到人弯腰就逃跑，人见长绳就跳脚，就是恐惧在起作用，其主要作用就是让人和狗远离死亡的威胁和危害。"色欲"是为了传宗接代、繁衍种族；要繁衍首先必须取得交配权，异性须竭尽所能地展示出最好的自己，孔雀开屏，狮虎争斗，把对手比下去而竞争到异性的交配权。这种把对手比下去的"秀优势"就是"虚荣"的起源，交配权的获取确保基因得以延续，这两种原始欲望保证了个体的繁衍。为了保护、强化与改进人的生存与繁衍，人类要对新的事物有足够的"好奇"；在好奇心的驱使下人类制造与使用工具，发现与使用火，向更适宜居住的环境迁移。好奇确保基因在一个物竞天择的大进化环境中不被淘汰。就人类自己而言，10 万年前从非洲大陆陆续走出的人种目前所知有四种，分别是匠人（匠人抵达东亚进化成直立人，北京周口店龙骨山山顶洞发现的北京猿人就属于直立人）、佛洛勒斯人（又称霍比特人）、尼安德特人以及智人，全世界现今 72 亿人口皆是智人的后代，匠人、佛洛勒斯人与尼安德特人就是在进化的过程中被自然淘汰了。

　　这六大原欲来自动物，这是动物的通性，人类有，动物也有，不仅是动物有，植物也有，哪个没有，哪个就活不下去，就会绝种。植物为了生存长得根深蒂固，为了繁衍开得花红果绿。当一棵果树幼苗受到病虫害的侵蚀时，它会在未达开花结果的年龄开花结果，为的是留下种子。动物为了生存，会弱肉强食；为了抢占交配权，孔雀会开屏，公羊会角斗。2000多年前中国伟大的思想家孔子针对人性的评论，在《论语》中提出"性相近，习相远"，其中"性相近"中的"性"强调的就是人的动物性，这是天赋的，与生俱来的，不变的。人的动物本性既然是天赋的、不变的，是人人都有的，是人人都像的，人的天性是一样的，尧舜禹一类圣人的本性与小人没有区别，远古时代的猿人与今人没有区别，全世界任何朝代任何角落的人，在人的动物本性上都是一样的。

自古以来，不论中外，不分贵贱，没有人不是在全力追求人类的原欲，上自皇室贵族下至庶民百姓，为了生存与繁衍，无一不受这六大原欲的控制与驱使。这六大原欲是人类代代生生不息的原动力，是由基因的复制与自私的本性决定，经过数十亿年的进化保留下来，和人类共生、共存、共进、共殁。与其他的欲望相比，这六大原欲是主宰我们行为的说一不二的君主。营销一旦接通这六大原欲，人就本能地受其控制与驱使，没有比接通这六种原欲更有威力的方法了，接通这六大原欲就像跳上高速列车，一旦坐上去，你无须动一根手指就能风驰电掣般移动。

一、贪欲

贪欲就是贪心、贪小便宜。贪婪是人的动物本性，人们总想不"舍"而"得"到更多，或是花最小的成本干利益最大化的事情。几乎每个人都想要更多的钱，无论是多么富有的人，比尔·盖茨仍然需要更多的钱，并不是因为他真的需要它，因为他想保留最富有的头衔；对于女人来说，衣柜里总少一件衣服，少了一双鞋子，少了一个包包……贪婪的外在表现很多，如赌博、占小便宜、侥幸心理、猎奇、投机、不知满足等，既有对物质、钱财上的贪婪，也有对权力、地位等精神层面上的贪婪。

有一个人，做人特别吝啬，从来不会把东西送给别人，他最不喜欢听到的一句话就是："把东西给……"有一天，他不小心掉到河里去了，他的朋友在岸边立即喊道："把手给我，把手给我，我拉你上来！"这个人宁愿在水里挣扎，也始终不肯把手给他的朋友。他的朋友知道这个人的习惯，灵机一动喊道："把我的手拿去，把我的手拿去。"这个人立马伸出手，握住了他的朋友的手。"给我"，还是"拿去"？针对人的贪欲，一直在向客户表达着"把你的钱给我"，客户就像上面那个吝啬的人，情愿在痛苦与不满足中挣扎，也不愿意把钱给我们。如果我们对客户说的是："把我的××拿去。"效果是不是就完全不一样了？换一个思路，人的贪欲就成了营销的原动力。

利用人性贪婪的营销手段很多，最常见的就是打折、大减价、买一送一，"清仓甩卖最后几天"的条幅挂了一个月的情形屡见不鲜。这时候，就有了更高级的一些营销手段，免费、团购、秒杀、限时打折、积分换购、试用诱惑、邀请好友、签到，等等。人总是想着以最小的代价，取得最大化的利益。虽然人人都知道天下没有免费的午餐，但当"免费"两个字出现在人的面前时，很少有人不为之动心，这就是人性的贪婪。360杀毒软件就是靠免费模式撬动了原本被金山毒霸、瑞星等杀毒软件的统治地位，迅速跻身上位。阿里巴巴打造了个双十一刺激消费，一天时间成交额1207亿元，远超原来的消费旺季。羊年春晚最大的国民行为是红包，几乎所有人都盯着手机，全神贯注、眉头紧锁，生怕错过一个微信红包。利用人不劳而获的心理大发红包，一时间让多少人习惯了微信支付，真正的赢家是马化腾。

除了追逐物质、钱财上的贪婪，也有对权力、地位等精神层面的贪婪。以新浪微博为例，新浪微博具有多个属性，也对应了人类不同的原罪，这里讲的贪婪主要是源于微博的媒体属性。信息传递是媒体的功能但不是目的，媒体的目的在于获得更多的受众，从而获得更大的权力和商业利益。这一点在微博上表现得一览无余，大V们想方设法获得更多的粉丝，以满足他们对权力和利益的贪婪。某大V在接受采访时把玩微博比喻成像"皇上批阅奏章一样"，这真是对贪婪最恰当的比喻。例如，各类排行榜就是重要的炫耀资本，小到微信的飞机大战小游戏，都通过引入排行榜，使得用户在自己的社交圈子里面有了炫耀的资本。

如何激发和利用人们的贪婪之心呢？这主要从两个方面入手：一方面，让客户感知得到的更多；另一方面，让客户感知付出的更少。

如何让客户感知得到的更多？一是用产品缔造价值；二是用概念塑造价值；三是用展示引导客户体验价值；四是用占便宜吸引上门。

第一，产品打造方面，注重价值的缔造。你的园林能否比竞争对手更大一些或更有特色一点？你的户型能否比竞争对手更多一点赠送，客厅开间更宽一些，更小一点的面积实现竞争对手同样的功能？物业服务能否比竞争对手更贴心更周到一些？配套相比竞争对手是否有独特的差异？以河源市商业中心的住宅项目"坚基·美好城"的园林为例，周边竞争对手全是知名开发商的大规模小区，园林无论从面积还是绿化效果皆优于本项目。坚基·美好城园林在规划方面做了四点以区别于竞争对手：其一，10栋建筑规划为围合式布局，打造3万㎡的中心园林；其二，园林风格采用与众不同的泰式园林风格；其三，根据客家人重视风水的特点，规划设计时考虑风水元素；其四，将3万㎡园林再细分为6大特色功能片区，正所谓"麻雀虽小五脏俱全"，满足业主游玩、休闲、鉴赏等各方面的需求。

第二，在概念包装方面，注重价值的塑造。你的项目命名凸显什么特色？能否用一句定位语说清"我是谁"，或说出让客户心动的独特优势？你的各类产品在概念上是否有差异化区分？你的园林、户型、物业等是否有各自的概念包装？130万㎡河源市商业中心，打造"粤东北首席城市综合体"这一概念，坚基购物中心打造"河源五县一区购物第一站"这一概念，桃花水母大剧院打造"一个有戏的地方"这一个概念，坚基·美丽城住宅打造"河源唯一五好项目"这一概念，95㎡户型打造"河源性价比之王"这一概念，实际产品无一不经过概念包装。

第三，在展示与体验方面，注重价值的体验。针对客家人的特点，花重金打造销售中心，被誉为"河源最气派销售中心"。同时，在销售中心里增加河源第一家环幕影音室、河源第一个360度触摸屏等等；构造看房"三点一线"，既注重调性风格，又注重生活体验，还重视价值演绎。

第四，让客户占便宜，吸引客户上门。让客户占便宜的方式很多，一般而言，就是举办各种活动，让客户免费吃、免费喝、免费玩与免费乐，再附加抽奖与赠送，吸引客户上门。以吃为例，别人都是普通的吃，如果你邀请客户品鉴"舌尖上的中国"之中的特色美食，客户的上门欲望就会大大增强。鉴于项目的城市综合体特性，活动注重与商家资源的衔接，实现客户资源的高效利用。例如，22 万㎡坚基购物中心的顶层有露天泳池，以此为契机，既可以针对潜在客户举办泳池 Party，还可以联络相关机构举办游泳赛事等。例如，与商家合作的代金券、体验券、消费券、试用装等，既可以拓客时赠送潜在意向客户，还可以赠送上门客户，更可以用于答谢业主，鼓励有意向的客户上门。

如何让客户感知付出的更少？一是让客户付出更少的成本；二是让客户付出更少的体力；三是让客户付出更少的时间；四是让客户付出更少的精力。

第一，让客户付出更少的成本。例如，客户不是要买便宜，而是要占便宜，本着"有节过节，无节造节"的原则，节假日有促销，房地产工程与营销节点有促销，购物中心的主力店引进、签约、开业有促销，公司周年庆有促销等。促销主题层出不穷，团购、老带新、积分兑换、一跃千金、举重减钱、接吻优惠等，月月有促销主题，周周有促销房源。

第二，让客户付出更少的体力。例如，凡是外出拓客，无论巡展、派单、推介会、房展会，皆有看房车，让客户看房便捷。

第三，让客户付出更少的时间。例如，河源市区、五县与广惠深客户，皆可以上门推介，一对多"批发式"销售。

第四，让客户付出更少的精力。例如，既可以通过现场星级酒店式服务提升购房客户对物业品质的感受，还可以将购房与入伙这类流水线程序改造为一站式模块化程序，让客户享受尊贵的服务，节省客户的精力。

二、懒惰

懒惰就是人总想方设法减少体力消耗与脑力消耗，人们贪玩好耍、怕麻烦，懒得去读、去思考，不愿学习新东西、接受新事物，喜欢用老套路、旧办法解决新问题，希望有捷径可走，"一夜暴富"或"一夜成名"，懒得去参加没有利益的活动……懒惰是社会进步的直接推动力，人们希望不费力便能日行千里，于是由步行与坐轿改良到马车，由汽车改良到飞机与高铁；人们希望走捷径，渴望不去辛苦锻炼就能苗条变美，于是有了"30 天内不用节食或运动就能减掉 10 斤，只要吃 × × 就可以了"的减肥产品；人们希望不费眼就能知道得更多，于是有了懒人听书、喜马拉雅电台等各种关于听书类的 APP，有声读物代替传统阅读；人们厌恶烦琐，于是一键 U 盘装系统、一键全选、微信和 QQ 的指纹解锁、扫二维码登录、记住本次登录、一键搜索、一键对比等层出不穷；人们渴望简单，于是 140 字的新浪微博、短视频应运而生；人们懒得外出，躺在家中就可以在网上搞定一切，可以叫外卖，可以收快递，可以虚拟社交，可以预约美容……综合懒惰的产品，有简单、便捷、自动化、可选择少、不改变习惯、展示内容少、操作步骤少、所见即所得、开箱即用、功能精简、内容分类展示等特点。

懒惰是人的天性。在人们的生活与工作节奏不断加快的背景下，人们更加渴求节省体力、节省精力、节省时间，要求产品的购买与使用过程变得简易、简单、便捷、便利。便利店的鼻祖 7-Eleven 早就摸索出借助人性的懒惰笼络消费者的一套方法，这就是"一站式购物"。其主打住宅商圈，兼顾办公商圈和车站商圈，几乎封锁了全部学生和白领人群出没的地点；出售常规品牌的面包、零食和饮料，也根据各地口味推出饭团、关东煮和熟食便当组合；销售日常生活用品，但主打一人份或旅行装……一家发达的便利店，还提供缴纳水电费、电召出租车、预约旅馆、代购电影票和公园门票等全天性服务，在御宅族大行其道的语境下，日本 7-Eleven 最新推出一项业务，即购买一包方便面也能送货上门。

如何激发和利用人们的懒惰本性呢？可以围绕认知、上门、购买、使用、分享与转介这几个环节，致力减少客户的体力消耗与脑力消耗。

（一）在认知环节，客户的特点是拒绝新事物，懒得阅读且厌恶混乱，懒得思考且多疑

第一，当遇到新的事物的时候，大多数人都拒绝接受。首先，精准把握客户需求，研发出令人惊叹的产品。乔布斯有句名言："消费者并不知道自己需要什么，直到我们拿出自己的产品，他们就发现，这是我要的东西。"苹果手机正是依赖对客户需求的引领与超前揣摩，获得极大的成功。当下的房地产依然是大众消费热点，主流房企的产品规划是一种模式化的照抄，目标就是为了快速复制，跑马圈地赚钱，罕有创新型产品出现，但是依旧可以在产品设计时，既针对主要竞争对手做适度改良，又契合当地客户独特需求，打造优势产品。河源市商业中心进行总规设计时，借鉴了客家围屋造型，将各个子产品放置外围以扩大临街面，中心设置 3 万 ㎡ 的广场，得到河源本地人的心理认同。其次，在概念包装上使用旧元素的新组合而不是全新的概念。人类的心智有一个针对现有信息量的防御机制，它拒绝其所不能"运算"的信息，只接受与其状态相符合的新信息，把其他一切不匹配的信息过滤掉。人类的心智不仅排斥与其现有知识或经验不相符合的信息，它也没有足够的知识或经验来处理这些不相符合的信息。正如《定位》的作者杰克·特劳特指出的那样："定位的基本方法，不是去创造某种新的、不同的事物，而是去操控心智中已经存在的认知，去重组已存在的关联认知。"汽车刚刚发明时候，是这样向消费者解释的："不用马拉的车。"河源市商业中心初次入市时，针对招商商家与商铺投资者对"城市综合体"这一概念不清楚、不明白的现状，借用市场已存的"商圈"概念，提出"CBD 商圈"这一概念，快速为市场所接受与认可。

第二，人脑懒得阅读，厌恶混乱。科学研究说人类的大脑其实只开发了10%，其实连这 10% 人们都很少能全部动用。这个世界充满了各种各样的信息，为了处理这些信息，人类大脑自动进化出一种信息处理模式，那就是迅速地遗忘与生存无关的信息。这是个热点大爆炸但是瞬间被遗忘和切换的时代，客户的兴奋点不断转换，浏览代替了阅读，他们的大脑几乎是"万花丛

中过，片叶不沾身"。产品就像企业家的孩子，谁看自己家孩子不满身都是优点呢？见人就要说，说半小时不重样儿地夸，漏了一样都觉得亏了，可是对方真的有兴趣有时间听吗？尤其是注意力高度"涣散"的互联网时代的消费者，你必须用锥子刺痛他们！你用力去推大象，肯定推不动，但你用一根针去推大象，一定能把它推得跳起来，这就是"一针捅破天"的哲学。瑞夫斯的"USP理论"主张，提炼出独一无二的价值，将一切边角料全部舍弃，让所有渠道所有媒介都只传递出这一个独一无二的信息。杰克·特劳特也指出，你必须把你的信息削尖，好让它钻进人们的大脑；你必须消除歧义、简化信息，如果想延长他留下的印象，就得简化，再简化一些，最强大的产品都把焦点集中在一个词上，如佳洁士牙膏的"防蛀"、沃尔沃汽车的"安全"、麦当劳的"快乐"。有数据表明，在世界百强品牌常用的 92 条品牌形象广告语中，所使用的词汇量主要集中分布在 3~6 个词汇中，超过 8 个词汇量的广告语少之又少；而从 logo 要素量的情况来看，71% 的 logo 集中在 1 个至 2 个构成要素上。

第三，客户懒得思考且多疑。其一，人类生活在复杂的环境中，为了应付环境，需要捷径；环境越复杂，人们越需要典型范式来指引自己的行为，大众动员最简洁最有力的模式就是口诀化，"因为 A，所以 B"的模式最可能形成典型范式，指引人们的行为。中国的政治动员口诀源远流长，每一次革命与运动，这种模式都是层出不穷，诸如"王侯将相宁有种乎""杀牛羊，备酒浆，开了城门迎闯王，闯王来了不纳粮""师夷长技以制夷""打倒蒋介石，解放全中国""要想富，少生孩子多种树"，等等。广告语也可以借鉴这种大众动员的口诀化模式，如哈根达斯的"爱她，就请她吃哈根达斯"，蓝天六必治的"牙好，胃口就好"，脑白金的"今年过节不收礼，收礼还收脑白金"。其二，人最相信的永远是自己，支撑我们做出购买行为的，不是理性的判断，而是我们自以为理性实际上十分感性的判断。人类多疑且懒得思考的本性，驱使人们从种种线索出发，去推测产品的好坏。营销要做的，不是王婆卖瓜式的自我夸耀"我很牛"，而是通过各种暗示或线索，让消费者自己说服自己。为什么？面对懒于思考且多疑的消费者，如何让消费者自己得出"你很牛"的结论，达到让消费者自己说服自己的目的？

逻辑一，有加持，你就牛。加持是佛教尤其是密宗派行者常用的一个术语，加持就是用外力强制某一人或事物，接受一种新的能量，使其改变原来的状态和样子。从最近很火的加持"仁波切""法王"与"活佛"的现象中就可以窥豹一斑。你直接说自己很牛时，客户会觉得你这么夸自己，还不是想让我买你的东西，我偏不信。你有了加持后就不一样了，就好比你祈福的时候，会去寺庙而不是随便找一个地方，这是因为寺庙有神佛的加持，效果要好很多，至少你内心是这么认为的。企业可以加持诸如"房地产百／十强企业""上市公司，股票代码×××""东半球最有情怀的公司"之类的头衔。

逻辑二，销量大，你就牛。逻辑是"销量多"等于"买的人多"，"买的人多"等于"产品好"，所以我也要买。人们之所以吃这一套，本质原因是："跟着大家，不要乱跑，危险系数会小一些"——这是自成万上亿年前就根植于我们骨子里的本能。如何表达销量很大？其一，列数字。例如唯品会的注册页面直接显示已注册用户数量。其二，列排名。例如香飘飘奶茶的"连续五年全国销量领先"、加多宝的"全国销量领先的红罐凉茶改名为加多宝"。其三，制造排队。一些餐饮店往往在开业之初，都要邀请一些亲朋好友在营业高峰时间段，来持续捧场，营造销售火暴的氛围，生意越火暴，来吃饭用餐的人就会越多。其四，晒富。在微信的朋友圈，有些人晒名车、晒豪宅、晒名包、晒收入、晒旅游等场景，使很多人觉得微商很好做，产品很好卖，钱很好赚，在不加思考的情况下，盲目地涌进这个行业。

逻辑三，伙伴牛，你就牛。小米刚刚做手机时，在产品推介会上，雷军重点介绍的就是合作伙伴，这就是暗示消费者，虽然小米是新品牌，但是与小米合作的每一个元器件都选用高通、夏普、三星、LG 等供货商供应，而且由富士康和英华达等工厂进行代工，跟大牛们合作的小米也很牛气。现在正在热播的小罐茶广告，应对商务用茶的产品定位，重点宣传的是"八位制茶大师"，通过大师级的合作伙伴，暗示小罐茶的品质亦同样是大师级的。逻辑是"很牛的伙伴"等于"下了血本"，"下了血本"等于"产品很牛"，所以我要购买。

逻辑四，有认可，你就牛。其一，权威认可。人们普遍对人和事物缺少信任，或者是产生安全感，更倾向于相信权威人物，认为跟着权威人物走，会规避很多不确定的风险。羊群会跟着头羊毫不犹豫地跳崖，是因为平时这些羊群跟随头羊获得了很多安全和食物上的好处。"人微言轻，人贵言重"。一个地位高、有威信、受人敬重的人所说的话、所做的事最容易引起别人的重视、认可，更让人相信他的正确性，这也就是所谓的"权威效应"。权威可以是人、组织或机构，也可以是组织或机构相联系的象征性的标志或形象。客户看到了一个可信赖的标志（商标、认证书以及诸如此类的东西），他们对你的内容就不那么怀疑了。其二，客户认可。你有没有买东西先看评价的习惯？你为什么要先看评价？你的逻辑是"这么多人用了都好使"意味着"店家不会骗人"，"店家不会骗人"意味着"这个产品一定好使"，意味着我用也好使。

逻辑五，有情怀，你就牛。情怀是以人的情感为基础与所生发的情绪相对应，情怀就是能让客户心动的东西。当你没把握说服客户时，你的情怀可以打动他。情怀的诀窍其实很简单，"我不卖产品，我只讲情怀"，不卖产品其实是为了更好、更贵地卖产品。上自80多岁的褚时健，下至80后的陈鸥，都深知其妙，一个好的情怀，能瞬间引发众人的泪奔。罗永浩研发锤子手机的时候，先输出的是情怀，一种什么样的情怀？工匠精神。当他说"我不在乎输赢，我只是认真"时，不仅引得文青们泪流满面，更让锤子手机品牌溢价瞬间提升到3000元。要问情怀到底有多厉害，看看冷酸灵这么普通的快消品品牌也加入情怀大战你就知道了。冷酸灵在天猫上推出"抗敏感青年定制牙膏"，吴秀波、蒋方舟、罗晓韵、安妮、张小盒5位大咖发布各自抗敏感定制牙膏，联手抗击敏感时代，产品包装上吴秀波的一句"我只对内心最初的声音敏感"，瞬间让80后、90后们对这个大叔级的品牌感觉无比亲切，纷纷大箱大箱地往家里搬牙膏。

（二）在客户上门环节，客户懒得去参加没有利益的活动

在客户上门环节，依据"无利不起早"的人性，有"推式策略"与"拉式策略"。其一，采用"推式策略"，即将销售点或展点设置在距离客户最近的地区，甚至直接上门推介，零距离接触促成成交。其二，采用"拉式策略"。方法一，

通过活动以及活动附带的利益，嫁接客户的贪婪，吸引客户上门；方法二，先预收客户一点费用，通过这个"沉没成本"逼迫客户上门。我的一个朋友经营美容院，开业的时候做了很多代金券，到处免费发放，结果发现转化率出奇的低，来的人寥寥无几。我告诉她，轻易得到的，人们就不会珍惜。我建议她，这些代金券不再送了，而是卖出去。怎么卖呢？找到小区的便利超市，找到餐饮店，找到健身会所，找到各种能接触到女性的店，告诉他们的店员，优惠券让她们来卖，卖优惠券所得的钱，全部归她们所有。通过卖优惠券的形式，人们来店里的概率大大增加，也许人们只是花10元钱买了一张200元的代金券，但这10元钱会促使他来店里消费。想让客户愿意上门？你可以变着法子让客户为你付出一些，轻松付出一些，客户会惦记着自己的付出，从而惦记着你。

（三）在客户购买环节，客户怕麻烦，面临选择困难

"今天回家自己做饭吗？""买菜摘菜再做饭，吃完了还要洗碗，太麻烦，不做！""今天去逛街吧？""离我好远，没有直达的公交车，来回转车又远又麻烦，打车还这么堵，烦死了，不去！""我家宝宝今天参加了一个比赛，你能不能每天帮他投几票啊，要关注要实名，记得还要填写联系方式哦。""这么麻烦，我真的不想！"生活中怕麻烦的人和事儿真的是太多了，人是一种懒惰的生物，害怕每一点改变，拒绝麻烦。客户在购房时面对烦琐的购房与按揭流程，不知所措。若将成交改良成四个环节：确认、认购、签约、按揭，由简单到烦琐一步步地执行，执行完一个环节再告诉客户下一个环节需要准备的事项，客户由简到繁就有一个适应的过程，极大地减缓了客户内心的无所适从与抗拒。

从来没有一个时代像当代一样拥有如此多的选择，人们从物质匮乏的恐惧中走过来了，却陷入了选择的困境。上小学需要择校，上大学填报志愿还是要选择，买衣服有各种款式的，买零食有各个厂家生产的……现代社会的分工细化导致人类商业文明的空前繁荣，可以说选择已经无处不在。《选择的悖论》认为，过多的选择反而使人陷入选择困境，幸福感降低，焦虑就会显

现出来。假如你是一个单身女士，希望在相亲的时候吸引到相亲对象，该怎么办呢？可以带上一个同伴，同伴的学历、身高、体型等基本条件和你大体相同，但要在外貌上比你差一点。这个同伴就是诱饵，相比较你的同伴你就显得出众很多，从而获得更大的机会吸引到相亲对象。在推荐房源的时候，给客户过多的选择，反而导致客户无从选择，犹疑不决难以做出购买决策，这个时候就需要减少房源推荐数量，缩小客户可选择范围，同时运用诱饵房源的比较效应，加速客户做出购买决定。

（四）在客户使用环节，客户怕麻烦追求便利，不接受新事物

要减少客户在使用环节的麻烦，就需要营销操盘手在设计规划阶段充分考虑。针对住宅客户而言，围绕客户生活的便利性，既要考虑外部配套的教育、购物与交通，还要考虑内部的园林、物业与社区配套，考虑小区出入口与周边交通干线的衔接，考虑车行动线与人行动线的规划，考虑户型内部动线的组织、是否精装修等。鉴于客户不愿意接受新的事物，户型创新要充分考虑当地市场的接受程度，同时确保较主要竞争对手而言具有竞争力。例如坚基·美丽城户型 160 ㎡户型设计，一方面根据河源本地潜在目标客户注重家庭观念及注重面子的特点，另一方面考虑主要竞争对手在同类户型方面的做法，在此户型方面主要做了三点创新：其一，客厅开间 5.1m，较竞争对手普遍 4.8m 的客厅开间，更迎合客户注重面子的特点；其二，配备三个卫生间，即双主卧设计，迎合客户注重大家庭的观念；其三，较主要竞争对手普遍 170 ㎡至 180 ㎡的面积区间，本项目户型控制在 160 ㎡左右，在总价上提高竞争力。针对商铺设计而言，既要考虑经营户的经营便利，又要考虑消费者的消费便利。不仅要考虑商业与住宅的关系，考虑商铺的分割与面积，更要考虑经营与消费者的后期使用便利性，注重外部交通动线与商业街交通动线的衔接，考虑经营户的上下水、卸货通道、停车位置与停车位数量，考虑人流动线与出入口的设置，考虑空间节点的位置与功能，考虑商铺层高、层数与空间尺度，考虑内部垂直与水平交通规划，考虑柱网结构、油烟管井与配套用房，考虑外立面风格、空调位置、广告位置等。

（五）在分享与转介环节，人性贪玩好耍、怕麻烦

做过淘宝的都知道，通过返现可以引导客户分享你的广告到朋友圈，但没多久你会发现，客户一收到返现就立马把分享的广告给删掉了。这是什么原因？客户要分享你的东西，可能因为利益刺激，可能因为表达态度，可能因为娱乐大众，还可能因为满足虚荣。大多数客户不想在社交平台中表现成一个"爱占小便宜"的人，所以会删除因赠送而分享的内容，若将客户的分享动机引导为表达态度、满足虚荣，客户就可能精心对待即将要分享的朋友圈内容。

开拓十个新客户不如维系一个业主，业主的一句话胜过销售员的十句话。转介绍是销售员最好用的优质客户扩展手段。业主的资质直接决定了他身边亲友的资质，如果你今天认识一个银行经理，那可能接下来我们就会收获到银行高管、证券公司的领导等。这里的惰性不仅指业主不愿意主动转介，亦指销售员的惰性导致客情关系不佳，或者不敢主动要求转介。销售员可以运用"互惠原理"提升与业主更深层次的关系，人与人之间关系发展的重要标志就是一方请求另一方帮个小忙，请求别人帮一个小忙，当对方真的给予帮助之后你们的关系就进了一步。主动要求业主转介的技巧之一，请业主具体回顾身边的亲戚、朋友、同事、同学、邻居等是否有置业需求，主动请业主转介；技巧之二，要业主给予承诺，如承诺上门的时间，承诺转介的数量等。

三、恐惧

恐惧是人的原欲，其主要作用就是让人远离死亡的威胁和危害，是人类保护自己的一种本能。当然感受到恐惧时，大脑中的"杏仁核体"会被激活，让人分泌更多肾上腺素，使人不快或痛苦。产生恐惧感的时候，人会有各种应急症状，如胃痛、手掌出汗、口干、腿发抖、喉咙紧张、恶心等，促使人本能地做出逃跑或者战斗反应。

如何激发与利用人的恐惧本能？其一，通过触发客户的恐惧感来推售产

品。人本能地害怕生病死亡，害怕变丑变老，害怕贫穷失败，害怕不认同，害怕发生意外等。比如说保险公司不停地告诉你，你应该购买某种保险，因为未来充满了风险，一旦发生了意外，如果没有买保险，你会处于多悲惨的境况；银行的理财顾问频频向你暗示，通货膨胀正在加剧，应该购买他们银行新推出的某款理财产品，否则钱就会越来越毛，甚至到最后你连基本的生活都无法保障；超市的售货员也对你说，现在的果蔬上都有大量药残，为了避免农药对你家人的危害，你应该购买他们超市新进的一台可以给果蔬消毒的机器，花几百元钱买回全家人的饮食健康是很划算的；你在街头会被促销员拉住，推荐购买某种给儿童排铅的口服液，因为汽车尾气、大气污染等因素，孩子们体内都有铅毒，这会影响儿童的成长发育……其二，通过制造稀缺，让客户意识到损失引发痛苦。"物以稀为贵"，相对于获得收益，客户更在意损失的痛苦，对失去的恐惧比获得的渴望更能激发人们的行动力。

（一）先刺激客户恐惧感，然后推出产品

宝洁的广告永远都是那个固定的模式：突出问题→宝洁产品→用后效果。其中舒肤佳是宝洁广告在中国最成功的例子之一，通过广告片形象突出不用舒肤佳洗手的恐怖画面，造成消费者洗手时如果不用舒肤佳就总感觉手洗不干净。Rogers提出的"保护动机理论"，一个科学的恐惧诉求，应该按照顺序设计四个方面：

第一，威胁的严重性，目的在于吸引注意。就特定情景来说，过低和过高的恐惧都难以促成行为的改变。威胁过低，消费者不会关注此信息，无法刺激杏仁核体，触发注意和记忆的提高；威胁过高，消费者就会自动进入躲避模式，选择抗拒甚至厌恶。"学钢琴的孩子不会学坏"就是通过中等程度的恐惧来刺激家长给孩子报名学钢琴的。

第二，威胁发生的易遭受性，目的在于引发恐惧。在唤起恐惧的过程中，威胁的易遭受性往往比严重性要关键。一个威胁，不论多么严重，只要没有让人感觉到"它随时都会发生在我身上"，就几乎没有效果。给司机播放的车祸现场视频为何效果一般？其就在于每个人都认为这么可怕的车祸不会发生

在自己身上。任何人本能上都是短视的，一个重大的远期的威胁，对人的刺激作用，远远不如一个立刻产生的威胁。

第三，你的方案能否有效解决问题？要让客户感觉，"按疗程服用，药到病除"。如果你诱发了一个严重的威胁，但是提供的方案不能立刻消除恐惧，客户就会选择躲避、无视，而不是采用方案。

第四，你的方案是否容易执行？如果消费者感知自己很难执行这个方案，也会规避。同样是运动，"饭后走一走，活到九十九"很容易被接受，而健身房的艰苦锻炼没几个人能坚持，原因就在于健身房的运动强度高，客户难以执行。这也是减肥产品大行其道的原因所在，因为减肥产品告诉你："10天减5斤，轻松减肥，无效退款。"在禽流感肆虐期间，舒肤佳联合卫生部新闻宣传中心与中国健康教育中心发布的《正确洗手，预防H7N9禽流感》，暗示了他们的产品消毒、杀菌的功效，能够很好地预防疾病，后期销量非常的惊人。

河源市商业中心销售商铺时，就使用了这种恐惧营销，通过在销售中心展示"中年返贫的八大样本"，总结出"通胀""股市""集资""病痛""养老""啃老""守业""失业"这八大"中年返贫"的样本，让商铺投资客意识到"中年返贫"这一严重威胁。八种返贫类型让投资客意识到这种威胁很容易降临到自己头上，激活了他们的杏仁核体，随着恐惧程度的加深，销售员立马推出方案"CBD商圈"的三条商业街，通过多种证据证明这种商铺"升值快""租金高"与"零风险"的特点，解除投资客的恐惧感，让投资客意识到原来有如此简单的升值保值产品，由此高效地促成成交。

（二）通过制造稀缺，让客户意识到损失引发痛苦

第一，我们常常根据一件东西得到的难易程度来确定好坏程度，类似"物以稀为贵"。饥饿营销就是故意制造一种"供不应求"的假象来迷惑消费者，让消费者以为这款商品很畅销，很流行，很有价值。饥饿营销最成功的案例是苹果，在中国就是小米手机。为什么小米手机那么火暴？因为它利用了饥饿营销，既让你感觉到非常多的人参与抢购，又告诉你小米手机数量有限。这时候，你就会产生一种不希望错过这个机会的心理，本质上就是一种

害怕失去的心理。香港的房地产商对饥饿营销的运用亦非常娴熟。新鸿基早在 2005 年开卖九龙站凯旋门楼花时，即使动辄千万元的豪宅，城中有钱佬有钱又如何，一样要"跪玻璃"，即准买家亦要上新鸿基中心 45 楼等几天，先到先得，但要通宵排队，行内称为"跪玻璃"，当时就算是内部认购。这招惹来全城传媒关注，造成极大的轰动，进一步提升了项目的价值感。

第二，可能失去某样东西，要比得到某样东西，更能影响我们的决策心理。很多时候，客户对我们的产品产生要购买的冲动，但是有冲动之后并不会立即购买。什么原因呢？很简单，他们怕。怕什么呢？他们自己也不知道。总之就是怕，你要是问他的话，他也能跟你说出来怕的原因。但是，你能明显地感觉到，他在听完介绍之后，有很高的兴趣的时候，感性上是非常想买了，但是理性上告诉他，等等，再等等。这个理性的拒绝的原因，一种是自己以前做过很多错误的决定，导致后来自己要承受糟糕的情况，因此以后不能再那么轻易做决定了；另一种原因是资金并不是那么的宽裕，不能够随便做决定，需要多方对比才行。这个问题如何突破呢？就是让顾客感到恐慌，再不买，就再也买不到了。我这个产品或者活动，是限时限量的，错过了这次，下次就再也没有这样的机会了。告诉客户会得到什么好处，不如换个角度，告诉他会失去什么，害怕失去某种东西的想法比希望得到同等价值的东西更具有吸引力。淘宝、天猫上的店铺页面里会展示已经销售完的商品，并贴上售罄标签，这种做法给用户造成一种遗憾的心理。当消费者看到心仪的商品已经售罄之后，往往能够激发起用户的遗憾心理，这时消费者就会快速地选择其他心仪的商品下单，防止该商品也售罄。做活动的时候，精明商家会特意在页面上营造这种压力购买的效果，特意挑选几款数量少、折扣较高的热销商品，当其卖完后显示在页面，就能促使其他数量多、折扣相对小的商品的成交。

四、色欲

从远古时期刻在岩壁上让人脸红心跳的图画，到文字和印刷术出现后的成人书籍，再到影像技术成熟带来的成人录像带和成人光盘，从一直屹立不倒的成人网站到各种视频聊天室，从陌陌、友邻这类社交软件到以斗鱼为代表的移动直播,围绕本能人性的衍生品在互联网的助推下愈演愈烈。根据统计，互联网上 12% 的网站都是色情网站，35% 的下载内容都是色情内容，25% 的搜索关键字涉及色情内容。在美国有 4000 万人是色情网站的老顾客，在色情网站的停留时间为 15~20 分钟，是普通网站的 3 倍。

食色，性也。色欲，源于基因繁衍的渴望，是人们最原始、最本能的生理需求。用弗洛伊德的话来说，性是人的本能的欲望。性本能冲动是人一切心理活动的内在动力。如果说成人书籍、光盘、视频聊天室、社交软件以及移动直播端，属于迎合色欲打造的产品，诸如"淘宝美胸大赛""用身体旅行的 95 后萌妹""优衣库试衣间事件""斯巴达裸男"则属于迎合色欲进行的运营手段。鲍德里亚在《消费社会》中说："在消费的全套装备中，有一种比其他一切都更美丽、更珍贵、更光彩夺目的物品，这便是身体。"色欲的表现多种多样,偷窥、诱惑、香艳咸湿、男神女神、幻想等，简单来说就是"少儿不宜"。无论男女，色欲通行。

孔子曾经说"好色不淫"，好色是人的本性，好美色而不淫没什么大不了。色欲是引起自发传播的有效途径，利用色欲的营销发展到今天，"色情营销"逐渐演变成了高技术门槛、充满哲学意味的"情色营销"。毕竟，当人们的注意力完全被色情吸引住的时候，品牌就会被忽略或淹没。拿老话来比喻，色情营销卖的是牛排，情色营销卖的是嗞嗞声，"色而不俗"是情色区别于色情的关键。早在 1885 年，著名的美国烟草和肥皂制造商 W.Duke,Sons & Co. 就在外包装上印性感女明星照。时至今日，无论你打开手机还是阅读杂志，只要和消费有关的产品，如汽车、美容产品、时装甚至啤酒、牙膏、饮料都能见到"情色"营销的影子。

情色营销，就是利用情色关联产品或品牌，通过最直接的感官刺激，短时间内快速引起关注，制造舆论，并在某个阶段成为话题中心，实现低成本传播产品或品牌的目的。优美的外表、裸露的身体、性暗示都是情色的组成元素，无论是车展上每辆汽车旁站着的模特，还是酒吧里的俏女郎，无论是优衣库试衣间事件，还是斯巴达裸男，商家只需要祭出"情色"这个大杀器，就能迅速刷爆新媒体和朋友圈。而这种借力荷尔蒙的情色营销，最厉害的地方就在于，不管你抱什么样的态度，即使是一条评论、一张朋友圈照片，甚至一篇表达愤慨的批判文章，只要参与其中，便在无形中推波助澜，客观上起到了传播其品牌的结果。本以为置身其外的看客，反而成了"自干五"的群众演员。这的确让人防不胜防。

在较短期内以低成本获得超高的关注，并获取海量用户，是情色营销火暴的原因所在。那如何激发和利用人类的色欲做好情色营销呢？

第一，品牌契合。"杜蕾斯雨夜鞋套"话题在微博上转发超过 90 000 次，前 20 名转发的粉丝总和超过 1000 万，微博传播覆盖了至少 5700 万新浪用户，同时在腾讯微博、搜狐微博的发布影响人群也在千万级别。2013 年一段高圆圆的手机私密偷拍视频在网络曝光，视频中高圆圆与神秘男子互抹剃须泡。正是由于视频模糊的 AV 画质、抖动的镜头、性感的美腿、娇嗲的声音，使得这个偷拍视频充满荷尔蒙气息，网友纷纷猜测这段视频的拍摄者究竟是谁。无论是情色镜头还是神秘男子都吊足了人们的胃口，让吉列剃须刀大赚眼球。《武媚娘传奇》这部电视剧被广电总局无情"剪胸"，引来一大片网友的吐槽，而网易娱乐接住这茬"污"了一把，通过"还原武媚娘被剪胸真相"，通过补齐被剪的部分画面，脑洞了一幅比一幅更"污"的画面，吸引网友的激情参与，顺便玩了一把品牌营销。

第二，产品合适。产品本身就具有性暗示的背景，如内衣、啤酒、香水、服装、情趣用品等，适合直白的情色营销，不合适的产品要慎用情色元素。20 世纪末 CK 广告中大量年轻、坚韧的男模特和身材苗条且胸部丰满的女模特创造了巨大的媒介感官效应。女性组织反对这种广告，哥伦比亚广播公司和美国国家广播公司撤销播出 CK 的广告以示抗议，美国相关协会甚至对其控告。CK 引发的巨大争议引发了《时代》《新闻周刊》《人物》等媒体的大量报道。CK 广告引发的巨大争议无非是他们吸引消费者眼球的伎俩，而他们屡次回应抗议并撤销广告的行为不过是一种公关策略。在这个过程中，CK 产品借势热销，CK 的牛仔裤销量在布鲁明戴尔百货公司所有品牌牛仔裤销量中占到了 70%。锐步在台湾借着国际"无裤日"大做文章，邀请 20 位模特在上班高峰期的公共交通工具上展示 EasyTone 新品，模特上身穿着正装，下身仅穿内裤，赚足了眼球，吸引了 295 则媒体报道和 98 则电视播报，创造了口耳相传的线上、线下病毒式广告效应。

第三，无节操，有内涵。每天每个人平均打开手机的次数是 267 次，平均下来每天每个人会有 100 到 200 个品牌接触。在这个信息爆炸的时代，怎样才能给我们留下深刻印象？有趣。因为真正能打动媒体和消费者的是"真正的有趣"，而不是"拿肉麻当乐趣"。深圳发展银行（平安银行前身）曾有一句著名的广告语"只想与你深发展"，给了用户无限想象空间。2013 年"光大证券乌龙指事件"，消息一出，杜蕾斯天才般地创作出了一条文案"光大是不行的"，不仅激发微博受众纷纷参与创作，各种段字体应运而生。

第四，要适度，不违法。2014 年约会软件"友加"炮制"95 后萌妹用身体换旅行""挖掘机车震"等虚假新闻，进行情色营销炒作，使得下载量达到千万级别。但由于玩得太嗨，没把持住尺度，国家网信办第一时间对友加进行查封并要求其下架。支付宝为了向社交方面扩展，推出"生活圈"，一上来就开辟专栏，推送一帮模特在苏梅岛拍写真的视频直播，许多人表示都被这大尺度、够风骚的转型吓住了，还有人给予其"支付婊"的别称。

五、虚荣

要繁衍首先必须取得交配权，异性须竭尽所能地展示出最好的自己，把对手比下去而竞争到异性的交配权。交配权的获取确保基因得以延续。为将对手比下去，孔雀开屏，夜莺歌唱，狮虎打斗，这种把对手比下去的"秀优势"就是虚荣的起源。为了证明自己是强者，或者至少是要证明自己不是弱者，渴望别人认可自己是最重要的，人们就通过炫耀自己的优势，来展示自己比他人强，将他人比下去。虚荣的表现形式多种多样，比如炫耀、攀比、寻赞、哗众取宠、逞强、希望出人头地、渴望被奉承等，都在于通过"秀优势"将别人比下去来证明自己是强者。

不管男人还是女人，都渴望出人头地，都希望别人认可自己的能力是很强的，都希望别人把自己看成是最重要的，希望证明自己比任何人都强，或证明自己不比别人弱。为了证明自己是最强的，最重要的，最有实力的，男人的普遍选择是追求和拥有更多的财富、权力和自己的势力，比如说拥有比别人多的朋友或弟兄，以及拥有更多的地盘和女人。这是一个男人能够证明自己是强者的重要标志。对一个男人而言，关注的重心是自己在整个社会群体里，在广泛的人群中自己的被认可拥护的程度。

女人则与男人有差别，这个差别就是女人关注的重心是自己与其他女人相比是不是最漂亮的、最有魅力的、最让男人动心的。她们最关心的是自己的衣服、外表以及自己在男人心中的地位。女人们在自己的外表，如衣服、化妆品、装饰品等方面非常舍得花钱，几乎是不惜代价地花钱，为的也就是被别人看得起、被别人称赞、被别人羡慕，成为最有魅力、最美丽的女人。当一群女人坐在一起时，她们的谈话，除了比来比去，还是比来比去，比如说，她们会比较谁最会过日子，谁最会穿衣服，谁的儿子最聪明，谁的菜做得最好，谁的丈夫最有能力等之类的。而且她们在这样的比较谈话中往往都极力地想要证明自己或自己家人在某方面怎么怎么棒，好像这就是一场比赛，谁也不甘认输。

为了将别人比下去，你不仅要有优点，更需要"秀"出来。一个人无论有多少优点，如果你默默地站在那里，别人是无法直接观测到的，也就是说，优点存在于你的身上是不为他人所知的，需要"秀"出来才能让其他人发现，你才具有竞争优势。心理学家 Geoffrey Miller 提出，每个个体与他人竞争，不仅在内在实力上竞争，也在通过向周围人发出自己"牛逼"的信号来竞争。这些"牛逼"的信号，可以让人们了解到，我们作为朋友、伴侣、合作者以及其他身份与角色的质量和价值。每个人都会积极寻找自己在财富、智力、知识、技能、权力、金钱、外貌、地域等方面的某些优势，像一个表演欲旺

盛的演员那样炫耀出来。绝大部分女人的手机里都有一个美图秀秀或美颜相机，对于天生爱拍照、爱分享的女人来说，没有什么比图片美化应用更能满足虚荣心了。数据为证，美颜相机上线三天就获得100万安装量，39天破1000万。微博上热门话题层出不穷，无不依靠激发受众"炫"与"比"，诸如"反手摸肚脐""锁骨放硬币""冰桶挑战""A4腰"。以"反手摸肚脐为例"，该活动发起人宣称现在已经进入"炫腹"时代，只有反手摸到肚脐的人才是真正的好身材，许多明星都在微博上秀出自己"反手摸肚脐"的照片，并吸引了许多粉丝参与。

如果你没有优点，你也可以装出来。靠什么装出来？商品或商品符号！制度经济学鼻祖凡勃伦在《有闲阶级论》一书中指出，随着人们的基本生活需求得到满足，人们对物品的占有更多的是基于竞赛心理。消费是为了炫耀，为了攀比，而非物品本身的使用价值，人们通过财富外显来证明自己更强，或够得着某个级别，跻身某个群体。奢侈品天生就是用来满足人类虚荣心的，几乎各个领域的产品都有对应的奢侈品，从常见的衣服、首饰、包包、豪车、别墅，到电子产品、食物、服务都会有。人类除了对物质上的虚荣，还包括对精神上的虚荣，例如微博的粉丝量，打游戏的排名，都可能被用来攀比，包括朋友圈里的各种晒，如美食、游玩、健身、聚会、知识等，晒的本意就是通过展示自己的"优质"生活来满足虚荣心。

如何激发和利用人的虚荣本性？你的产品，要让潜在客户对你的客户产生羡慕嫉妒恨就对了！

方法一，塑造品牌形象。通过为一种商品创造出某个形象或身份，从而吸引特定的客户群，让他们感觉自己的形象或身份符合那种商品，或者借由那种商品提升自己的形象，成为使用者身份的标签，彰显使用者的财富、社会地位和生活方式，帮助使用者完成从"现实自我"到"理想自我"的跨越。通过让消费者和产品的形象紧密的结合，让产品形象成为消费者自身身份的一部分，如果你能通过精心挑选的形象和人物来表现产品，那你就能说服潜在消费者相信，购买或使用你的产品，他们就会立刻和这些形象联系起来，即致力向潜在顾客展示他们想看的形象，无须劝说性的观点或证据，你就能投合他们的虚荣心与自我意识。用这种方式，你不需要费多少精力就能说服一个女人，让她变得更加性感，更加有控制权，或说服一个男人希望自己变得更强大、更自信，对女性更加有吸引力。

方法二，建立等级制度。基于对某一阶层、身份以及地位的认同，人们在消费的时候，会选择该阶层人群为参照。相比"秀"优点的炫耀，攀比更在乎"有"，即"你有我也应该有"。从前一个国王喜欢吃白面包，于是贵族也吃白面包，平民也吃白面包。白面包快速流行起来。白面包并不比黑面包和黄面包更有营养或者更好吃，但白面包为什么会流行起来呢？国王吃白面包仅仅是个人喜好，而消费在本质上是攀比，贵族通过吃白面包来攀比国王，平民通过吃白面包来攀比贵族。我们经常看到一些 20 岁左右的"月光族"，拿着 iPhone 手机，穿着名牌衣服，抽着中华烟，就是"谁谁都有了，我也要有"这种攀比心理驱动的。

人们总是希望自己是多数人中拥有特权的少数人，在社会阶层中位列更高的等级。通过等级制度制造优越感是一种层级区分的诱惑，激励用户展开竞争，不断向上。很多企业擅长利用各种等级制度，满足人们的优越感，以吸引用户，维护用户忠诚。银行的 VIP 不用排队，航空公司的 VIP 有单独的休息室，QQ 的 VIP 在游戏大厅里可以随意"踢人"，正是这些"小特权"，成功满足了作为一名 VIP 用户的优越感，也成为企业营销的利器。雕爷牛腩为什么这么火？申请其 VIP 前，你必须回答一系列的问题，而问题回复正确之后，还需要经过审核，而审核通过率据说不到 30%。这样操作下来成为 VIP 客户后，客户既可以享受 VIP 特权，更能获得心理及精神上的满足。排行榜是等级制度竞争的最直观体现，它明确告诉你：你在哪儿，你前面有多少人，你后面有多少人，你到下一个等级还需要多少条件。所有的品牌都看到这一点，QQ 用太阳、月亮、星星区分用户身份，用户必须长期、频繁地登录才得以提升身份，大量活跃用户长时间在线最终让腾讯获利无穷；几乎所有的网络游戏都有升级制度，只有高等级才能拿到好装备，才让人羡慕，玩家的练级从 1 级到 10 级，再到 30 级、50 级，没有尽头；银行设置无数个信用卡级别，普通卡、金卡、白金卡、黑卡……

六、好奇

一家专营胶粘剂的商店，为了让一种新型"强力万能胶水"广为人知，店主用胶水把一枚金币粘在墙壁上，并宣称谁能徒手把金币掰下来，金币就归谁所有。"好奇害死猫"，一时间，该店门庭若市，登场一试者接踵而来。然而，许多人费了九牛二虎之力，仍然徒劳无功。有一位自诩"力拔千斤"的气功师专程赶来，结果也空手而归。于是，强力万能胶水的良好性能声名远播。

好奇心是一种对事物保持敏感、渴望探索的心态，是一种渴望获取信息的欲望。好奇心是人类进化而来的基因，驱动人类的祖先去接触未知的领域，帮助我们了解新的环境和新的可能性。人类的祖先们只有获得更多的知识和技能，才能存活下来，弱好奇心的物种因在进化过程中裹足不前而被淘汰。

好奇心会让人产生了解或消费某种商品的欲望。比如，一种新产品刚刚问世，它的外形设计巧妙，颜色也很鲜艳，消费者从没见过这样的东西，强烈的好奇心会让他们停下脚步，了解一下这个产品是干什么用的、怎么用。精明的企业往往以此来引起人们的注意，以销售产品。如果你的产品，或者你对产品的描述，可以激发客户的好奇心，让客户忍不住想要掀开表面，看到内在，而揭秘的代价，就是购买！

资讯爆炸的时代，网络、电视、手机里充斥各种消息，人们的注意力成为一种稀缺资源。那么，如何激发和利用人们的好奇心，吸引客户的关注呢？

第一，利用名人效应。人类的好奇心使得人天生喜欢流言蜚语、绯闻八卦，天生有一种窥私欲。美国一家小镇酒吧，周二总是生意冷清。店主人翻阅当地电话簿，发现本地竟然也有一个叫约翰·韦恩的人，与美国当时的一位名人同名同姓。于是，他通过赠送下周二晚上8点双份晚餐，邀约约翰·韦恩偕夫人一起来。约翰·韦恩欣然应邀。第二天，这家餐厅门口贴出了一幅巨型海报，上面写着："欢迎约翰·韦恩下星期光临本餐厅。"海报引起了当地居民的瞩目与骚动。到了星期二，来客大增，创造了该餐厅有史以来的纪录。此后，店主人又继续从电话簿上寻找一些与名人同名的人，请他们星期二来晚餐，并出示海报，普告乡亲。于是"猜猜谁来吃晚餐""将是什么人来吃晚餐"的话题，为生意清淡的星期二带来高潮。

第二，嫁接热点事件。热点事件从某种角度来说，具有突发性、重大性、异常性等特点，容易引发人们的关注和讨论。通过借势"热门事件"，达到"大事发生时我在"这样的目的，这样就会节省很多精力和成本。在汶川地震时，王老吉利用捐款一个亿来炒作新闻，1亿元的捐款换来了至少10个亿才能做到的广告宣传效果，既让王老吉这个品牌家喻户晓，又成就了王老吉的美誉度，同时王老吉的销售量一路攀高。2015年5月29日上午，演员李晨在新浪微博上发布了一篇微博，博文非常简单，只有两个字：我们。微博附上了与范冰冰的合照，以此宣布二人的恋情。大约一分钟后，范冰冰转发李晨微博，两位知名演员如此大的新闻，立刻引发关注，短时间内这条微博的互动量达到了几百万级别。李晨和范冰冰的恋情短时间内成了微博的讨论焦点，随后大批企业和其他组织围绕这个热点话题做了内容，杜蕾斯、高洁丝等大批企业跟随进行热点营销，甚至平安北京、联合国等组织机构也跟随传播，掀起了一轮网络娱乐狂欢。

第三，制造冲突，让人们有热闹可看。人们天生喜欢看热闹，鲁迅曾在文章中讽刺看客"颈项都伸得很长，仿佛很多鸭，被无形的手捏住了，向上提着"。看热闹就是个人对外界环境产生好奇并实现满足的行为，有冲突的地方就有热闹可看，俗话说"看热闹不嫌事大"就是这个意思。有冲突，就有人赞有人骂，有人褒有人贬，有人讽刺有人风凉，产生话题，达到传播的目的。2015年双十一前夕，电商大战进入到如火如荼的阶段。为了抢夺女性市场，双十一前几天传出京东老板刘强东妻子"奶茶"怀孕的消息，被人指是为了双十一母婴产品造话题；苏宁看准这一点，在苏宁送货车队围绕京东总部转悠示威之后，打出了"老板若是真的强，头条何须老板娘"等口号。苏宁与京东通过制造冲突，吸引更多的人卷入到对双十一电商节的关注，将电商蛋糕越做越大。苏宁京东价格战、京东淘宝双十一对掐、王自如和老罗辩论、恒大黑农夫山泉、大佬之间的各种对赌约定、万科宝能之争、李世石VS阿尔法狗，每次冲突都能引发众多话题，从而吸睛无数，人气暴涨。

第四，制造反常，塑造新、奇、特的形象。"反常即为妖"，好奇心是对新奇事物的本能关注和敏感，"不正常"的状态最容易吸引人们的关注。2016年喜剧贺岁片《美人鱼》，其中无厘头漫画桥段引发好评，原因就是通过对美人鱼既定认知的颠覆，画出怪异的美人鱼形象。意大利有一家儿童用品商店，经营7岁左右儿童吃、穿、看、玩的用品。商店规定，非7岁儿童不能进店，大人进店必须有7岁儿童做伴，否则谢绝入内。一些带着7岁儿童的家长觉得有趣，想看看这个"葫芦"里到底卖的什么药，而一些带着不是该年龄段孩子的家长也谎称孩子只有7岁，挤进店来选购商品。美国有一家生产水果搅拌机的公司，叫Franton。这家公司在10年前，是没有销售量的，它开始创业时，非常艰难。但他们想了个方法，把最新款的苹果手机用两个自己生产的搅拌机打碎。这样的视频每次放在网上都获得上千万的曝光量，这家公司销量从最初的100万美元到现在已经达到1个亿。

第五，利用不完整性，设置悬念。古人就知道"欲擒故纵"对人们的吸引力，这就是为什么评书先生总在故事精彩处戛然而止，抛出"预知后事如何，请听下回分解"的妙语。人们对"未完待续""欲言又止"的后续内容充满好奇，无论如何非要知道结局不可。对于一个系列故事来说，不论是播出经过剪辑的小段故事情节，还是播出续集式广告系列中的一则，都是一种未完成的，不完整的状态，都创造了受众的"信息缺口"，都能激发受众对"完形"状态追求。新车上市、新机上市、新电影首映之前的"剧透"，比赛之前交战双方与球员介绍，甚至大年三十对前期春晚的回顾与今年春晚的介绍，都是通过告诉你不完整的信息，激发你的好奇心。

第六，制造神秘感，让客户猜猜看。日常生活中，大家都有这样的经历，与别人说话的时候，对方神秘地说：我有个秘密要告诉你。你一听"秘密"就来了精神。随后对方却说："唉，算了吧，不想说了，不太方便说。"这时候估计你想打人的心都有了。有的淘宝商店，模特从来不露脸，其实这也是一种令顾客产生好奇的手段之一。在很多活动中，营销人员常常会巧妙地制造一些悬念，唤起客户的好奇心，引起客户的注意和兴趣，例如常见的猜图、猜谜、智力题、推理题、测试题、结合产品题等。

世界是由阴阳化合而成的，五颜六色源于红、绿、蓝三原色的多重组合，复杂的电脑由"1"和"0"的排列组合而成，变幻无穷的中文和英文由 26 个字母组合而成，风格迥异的各种音乐源自 7 个音符的组合变换。世界的本质是如此简单，世界的表象却又如此复杂。无论世事如何变迁，人的需求如何变化，唯有"人的本性"是亘古不变的。《中庸》开篇的"天命之谓性"，说明世人皆有天赋的人性。现代营销学，有那么多理论，那么多策略，那么多框架，无一不是建立在人的本性这一基础之上，操盘者不可不察。

大体量商业地产开发模式研究

　　商业地产是指从事商业活动、商务活动或者是提供娱乐、休闲等服务的收益类房地产。商业地产，作为商业用途的地产，广义上是指各种非生产性、非居住性的房地产，包括办公楼、公寓、会议中心，以及商业、服务业的经营场所等等；狭义的商业地产是专指用于商业、服务业经营用途的房地产形式，包括零售、餐饮、娱乐、健身、休闲设施等，从经营模式、功能和用途上区别于普通住宅、公寓、别墅等房地产形式。商业地产是一个具有地产、商业与投资三重特性的综合性行业，既区别于单纯的投资和商业，又有别于传统意义上的房地产行业。

　　在快速发展与急剧转型的中国城市中，城市综合体已基本成为商业地产发展的主流模式。城市综合体（英文为 HOPSCA），是酒店（Hotel）、写字楼（Office）、公园（Park）、购物中心（Shopping mall）、会议中心（Convention）、公寓（Apartment）等首个英文字母的缩写。城市综合体是城市聚集效应的一个载体，至少组合了上述功能中的三种，并且在各部分间建立一种相互依存、相互助益的能动关系，从而形成一个以一种功能为主、多种功能配套的多功能、高效率、复杂而统一的综合体。

　　目前中国城市综合体的开发模式，主要有四种类型，分别为：模式一，商业、写字楼与酒店等综合协调发展的开发模式，如香港太古广场与北京华贸中心；模式二，以写字楼为核心，商业、酒店等为辅的开发模式，如广州中信广场与深圳信兴广场；模式三，以酒店为核心，带动写字楼、商业等共同发展的开发模式，如上海商城；模式四，以商业为核心，其他物业类型为辅的开发模式，如深圳华润中心。不同的发展模式需要支撑的因素不同，如消费人流、产业群、城市规划等，具体还需要根据项目所在城市的具体情况而定。

一、以商业为核心驱动，聚焦于商圈打造

广东坚基集团启动河源市商业中心项目开发时，鉴于之前无商业地产开发经验，面对总建筑面积 130 万 ㎡ 的超大体量，亟待解决的就是开发模式的问题，即打造一个什么样的商业地产项目是摆在开发企业面前的第一个问题。

（一）项目的劣势中蕴含机遇

要解决这个问题，单单从外部来看，至少要面对以下挑战：

其一，所处位置"新"。一方面，项目所处的河源市，是粤东北地级市，在广东省属于经济欠发达但发展较快城市；另一方面，项目所处具体位置为河源市区新城区的边缘地带，靠近京九铁路，毗邻河源市下辖东源县新县城，地理位置上属于"东城西片区"，彼时属于待发展的新区，在三四线城市新区即意味着"偏远"，客户对项目所在区域的价值认知存在空白。

其二，人口数量少。一方面，作为粤东北地级市，河源市总人口约 350 万，市区常住人口不足 50 万，属于人口净流出型城市；另一方面，项目所在的"东城西片区"，于 2011 年拍到土地时，片区原住民较少，只有 3 个正在开发的住宅项目，项目周边缺乏人口支撑。

其三，受限于城市形状。一方面，河源市区东西方向受阻于山地，自南朝北由老城向新城发展，属狭长型市区形状，南端老城区是人口较密集的地带，本项目位于市区北端，在河源市民心中的概念既"新"且"远"，南部老城与北部新城受横贯市区的东江阻隔，只有几条大桥联系，狭长型市区与受阻的

交通极大地制约南部老城区人口前往项目的动力；另一方面，项目南面受东江阻碍，项目西边受京九铁路阻隔，项目的自然辐射范围并非"圆形"，从而导致辐射范围极大受限；再一方面，项目西邻占地 2000 亩客家森林公园与 10 万㎡儿童公园，旁边有河源三家人民医院与中小学校等公建配套，造成区域内人口密度低，亦对项目运作产生不利影响。

其四，交通不便利。大体量商业地产项目的外部道路是人流交通动线中最重要的一项，外部交通动线需要项目可视并方便可达，河源市商业中心启动时并不具备。首先，项目不仅不临高速公路，也没有轨道交通，公交路线匮乏，可达到性差。其次，项目位于城市北端，受限于"由南向北的狭长型"城市形状，贯穿城市南北的只有一条主干道，影响城市人流由南到北的畅通性。再次，河源市区距离下辖五县较远，高速绕山路盘旋导致交通不便，且长途汽车站位于市中心，距离本项目距离较远。最后，本项目门前只有一条南北向的越王大道贯通新老城区，东西朝向的永康大道为断头路，向东受阻于东江，向西受阻于京九铁路，既因交通不畅导致南部老城区人群对项目的心理距离较远，也因河流与铁路对潜在顾客在物理与心理层面造成切割，项目的辐射范围极大受限。

其五，竞争对手冲击大。一方面，2011年国内连锁超市人人乐与丽日百货开始进驻河源市场，并扼守新老城区交通要道。人人乐超市总建筑面积约2万㎡，其中超市面积约8000㎡；丽日百货总建筑面积2万㎡，超市约6000㎡。这两个竞争对手位于新城区，扼守老城区通往新城区的跨江大桥的新城区一端，极大分流老城区与周边新城区人口。另一方面，大中专院校师生数量有限，河源本地年轻人净流出，中老年占人口比例较大，且属于粤东北四线城市，消费显得较为保守，不轻易接受变化，本项目要在市场上与其他商圈及项目进行客源争夺，也需付出更大的努力。

通过多轮市调与分析，对130万㎡河源市商业中心市场机遇进行系统梳理与合理预判，具体分析如下：

其一，河源GDP高速增长。河源市经济在一定时期内保持高速增长趋势，拥有后发优势，人均收入水平不断提高，这能有效增强人们的投资与消费信心，使项目面临更多的机会。作为粤东北地级市，彼时河源人均GDP近2万元，社会消费品零售总额188亿元，保持快速增长势头。

2007-2011年河源市GDP增速情况

	2007年	2008年	2009年	2010年	2011年
生产总值（亿元）	333.5	368.9	416.95	477.19	571.94
增速	20%	11%	10.70%	13.50%	13.10%

其二，项目大体量优势。在三四线城市，因为人口和城市规模不大，城市外来人口相对少，人口流动率低，消费需求就相当于一塘池水，是相对恒定的量，所以足够大规模的商业一旦开业，就有可能占据"一家独大"的位置。

也就是说，大体量才能打造更强的丰富度，如果定位合适，又容纳足够丰富的业态，大体量商业项目就可能获得"赢家通吃"的绝对优势地位，并在很长一段时间内具有极强的生存能力和抗压能力。

其三，零售市场蕴藏机会。彼时，河源存在两个自发形成的商圈，一是老城区的翔丰商圈，二是位于新城区且毗邻老城的广晟商圈，主要是由传统的服装类业态构成，缺乏餐饮、休闲、娱乐等配套设施。一方面商圈功能单一，商业形态比较初级，业种杂乱零散；另一方面品牌数量较少，尤其是缺乏中高档档次的品牌，本地消费需求并不能得到较好的满足，导致河源部分中高端消费需要到广州、深圳或者惠州予以满足，区域内日益高涨的消费需求以及不断升级的生活需要蕴藏着商业机会。

其四，中远期人口增加。首先，结合2000亩客家森林公园与穿片区而过的东江，东城西片区被政府规划为河源市高档片区，吸引多家国内房地产巨头进驻，接下来五年左右片区会得到快速开发，片区规划近5万套高档房源，即项目周边高端社区可容纳约15万人口；其次，在政府规划中，片区陆续有21家行政机构进驻，兴建3所中小学、5栋写字楼与高档酒店，与河源市人民医院一起为片区提供丰富的城市基础配套，吸纳越来越多的人口进入。

（二）以商业为核心的驱动模式

鉴于项目存在三大核心问题，即大体量商业地产项目的人口支撑数量不足，交通不便利与特殊地形影响项目辐射范围，新区心理距离偏远与认知不足，故而项目的开发模式要能解决上述三大核心问题，从而实现顺利开发与运营的目的。根据项目发展前景的合理预判，通过深入研究项目的历史使命，兼顾商业的发展趋势，并结合城市综合体中各类物业的特点，逐步推导出以商业为核心的驱动模式，具体分析如下：

其一，承载城市升级使命。梳理城市商业资源，结合地块规划要点，深度挖掘项目之于城市的角色及使命。除了担负从物理空间上重塑城市面貌之外，项目还承载市民生活品质提升的使命，让河源市民在本地即可享受一站式吃喝玩乐购的生活方式。这种一站式吃喝玩乐购的生活方式需要丰富的商业来予以支撑。

其二，零售市场机会好。彼时，河源当地零售市场以传统服装为主，功能单一，品牌低端，消费外流。在此背景下，基于区域内日益高涨的消费需求以及不断升级的生活需要，项目可充分发挥自身的大规模和后发优势，并借力零售企业与商业品牌下沉至三四线城市的历史机遇，通过丰富的品牌组合，将项目打造成引领消费趋势的生活场所，而不是简单意义上的购物场所，通过占据高度的前瞻性规划，获得在长时间内的强大竞争优势。

其三，大体量与全业态的吸引力。围绕项目大体量需要的消费进行大范围的目标消费群研究，而不是仅仅局限于项目所在的东城西片区或新市区，应站在城市的高度，以城市核心商圈甚至区域核心商业区的定位来考虑，充分利用大体量的规模的优势，采取全业态策略，通过引进更多元的业态、更多的商品种类与更丰富的品牌组合，使大体量的商业得到合理的分配和消化。只有大体量才能打造更强的丰富度，从而提升吸引力，拥有应对交通阻碍的"穿透力"，从而吸引更多的人群不惧交通不便到此消费，塑造河源全市乃至粤东北其他项目难以逾越的标杆。

其四，商业是城市综合体的引擎。一方面，商业的高聚合力，支撑其高租金，创造更高的收益。首先，城市综合体之中，零售、餐饮、娱乐、儿童与配套等业态的聚合，汇聚各种需求的人群，人气高度集中；其次，日间的零售与餐饮与夜间的娱乐与休闲集中在一起，24 小时旺场，空间利用高效率；再次，超市等零售业态，吸引市民每日前来消费，消费频次高。另一方面，商业是城市综合体的能量中心，影响甚至决定综合体各种物业的价值。试想一下，若低区的商业项目定位低档，则高层的写字楼将很难再吸引知名企业入驻，公寓也难以成为高端豪宅，星级酒店的房价也会受到影响。

其五，商业能有效应对竞争。一般而言，越是中小城市，项目的规模化优势越能显现。其原因在于，不同于一二线城市可以存在多个中心，三四线城市只有一个中心，无论是老中心的"再中心"，还是新老中心的更迭，三四线城市的中心有且只有一个。130 万㎡河源市商业中心，在河源这样一个山地地貌特征且市区呈由南向北的狭长型的三四线城市中，如此大规模的体量在河源房地产开发史上是空前的，同时在一定时期内也是绝后的，大体量的商业地块非常稀缺，河源市场在相当长时期内也无法再容纳一个如此大规模的商业体。与此同时，现有的商圈因各种条件限制无法扩容或升级换代与本项目竞争，由此项目可以发挥其得天独厚的大体量优势，获得"赢家通吃"的绝对竞争优势地位。

其六，商业更契合市场需求。城市综合体未必"千篇一律"，原因在于综合体中的每种物业类型均有可变的因素，不同的城市，不同的区位，城市综合体之中各种物业类型以及档次存在差异。写字楼的商务功能是现代城市的主要功能，一个区域空间能否提供充分、便捷的商务空间，决定着这一区域的城市地位和功能；河源作为珠三角的重要水源地，其城市定位决定了其商务功能的弱化，不同于北京华贸中心基于总部经济以写字楼为核心驱动力，写字楼只能作为河源市商业中心的配套之一，而不能起到核心驱动作用。酒店是城市综合体之中的写字楼的重要配套，因为其生意往来的人多，酒店能够为高端流动人口提供极大便利性和创造效率：一方面，河源作为珠三角一日游的目的地，旅游业对酒店的需求不足；另一方面，高端生意往来的人数不足，亦对酒店的需求不足，考虑酒店回款慢、回款周期长的特点，酒店只能作为河源市商业中心配套之一，而不能起到核心驱动作用。公寓与住宅是城市综合体中最内向且依赖性最强的一种物业，能够提供稳定的人气以及为办公或暂住地人提供切换的效率，但是其外向交流功能很小，不会给其物业类型提供价值激励，公寓与住宅自身更依赖其他物业类型，例如往往是有了商业，公寓与住宅的价格才能卖得更高，故而公寓与住宅只能作为河源市商业中心配套之一，而不能起到核心驱动作用。商业是城市综合体的形象代言人，是最外向、最具活力、最有影响力的物业形态，其好坏决定了整个城市综合体形象的好坏，决定了城市综合体在城市中的影响力。商业与人们的日常生活最密切，形成城市范围的市场并吸引和支持其他功能，能够充分满足各类阶层多样化的消费需求，形成热闹繁荣的商业核心。再结合本项目所承载的城市升级使命，河源零售市场存在较大的机会。从大体量与全业态的强大吸引力与穿透力，以及应对现实与潜在竞争来看，商业当之无愧成为 130 万㎡

河源市商业中心的核心驱动力。

（三）站位于城市高度，聚焦于商圈打造

根据前述分析可知，选择商业作为130万㎡河源市商业中心的核心驱动力，是解决片区人口数量不足、项目交通不便、新区心理距离偏远与认知不足这三大问题的关键。明确商业作为核心驱动力，只是回答"开发模式"这个问题的第一步，接下来需要进一步明确各个物业类别的组合问题。

在城市新区开发大体量商业地产项目，需要持续调动足量的客群，挖掘并强化他们的投资意向与消费动力，故而不能像小盘那样瞄准某个市场空白点或某类特殊客群即可，需要站在城市高度，从城市层面找寻机会。

房地产的价值分两种，一种是"地"的价值，这是先天的价值，既需要操盘手进行深度挖掘与系统归纳，操盘手不能只停留在静态土地价值的挖掘上，还需要从规划与城市发展角度进行动态的预判；另一种是"产"的价值，即后天增加的地上物业的价值，地上物业类型既要匹配地的价值又要能"反哺"地块，给地块提供附加价值。从城市层面来看，房地产的核心价值在"地"的价值，而非附着在地上的"产"。如果将"地"比作人的身世背景，那么"产"相当于人的相貌外表。站在城市的高度，一定要先挖掘"地"的价值，继而再锦上添花地讲地上的"产"；如果"地"的价值没有深度挖掘，既不可能组合出合理的"产"，也不可能通过"产"来"反哺"地的价值。

站在城市高度，挖掘"地"的价值，既要解析地块现状，判断其静态价值，还要用发展的眼光预判未来，判断其动态价值，优选出最具市场竞争力的价值标签。

静态来看，项目所处具体位置为河源市区新城区的边缘地带，靠近京九铁路，毗邻河源市下辖东源县新县城，属于"东城西片区"，彼时属于待发展的新区。结合城市发展与规划动态看待土地价值，则发现项目的地理位置得天独厚。若以项目为圆心，以3.4km为半径画圆的话，圆的直径一端是河源市人民政府，另一端是东源县人民政府，项目正好处在这条直径最中心的位置。这种圆心的特殊位置带来三大好处：其一，覆盖河源中高端人口集中区；其二，

周边在建与规划中的城市配套丰富；其三，规划中的交通日趋便捷。

从人口数量来看，一方面，随着巨头房企进入周边地块，项目周边土地即将进入全面开发高潮，中高端人口在随后的 5 年内大量入住，为项目提供稳定的中高端消费群；另一方面，以项目为圆心的 3.4km 半径范围内，向北覆盖至东源县城、东源的仙塘镇及仙塘工业区，向西覆盖至河源市源西片区，向东覆盖至大学城以及后来新规划的江东新区，向南覆盖至新老城区交界，随着三四线城市家庭汽车拥有量的快速增长，3.4km 半径范围内的人口可以更便捷地抵达项目。

从城市配套来看，以项目为圆心的 2km 半径的周边，彼时，已经进驻或根据规划即将进驻的行政事业单位 21 家，有河源唯一的三甲医院——河源市人民医院，有河源最大的在建的 2000 亩客家森林公园与规划中的建筑面积 10万㎡的儿童公园，有规划中的 5 个高档酒店与写字楼，有已投入使用的两所

中小学与规划建设中的 3 至 5 所中小学与高端幼儿园。

从交通规划来看，项目门前的越王大道是连接河源市人民政府与东源县人民政府的交通主干道，且项目正好位于两者中间位置。在解决交通阻塞方面，根据政府规划，一方面，为了解决项目一侧永康大道向东受阻于东江，向西受阻于京九铁路，讨论兴建永康大道向东跨东江的大桥与向西越京九铁路的大桥，项目向东西方向的辐射范围由此得到跨越式延伸，又借永康大道衔接上贯通河源南北的另一条主干道；另一方面，为解决市区由南朝北交通只有一条主干线的情况，规划沿着东江兴建滨河大道，疏通由南到北的交通阻塞。

站在城市高度，在动态地预判地块战略价值与脉络的基础上，既考虑项目以商业为核心驱动的空前绝后的大体量，又为差异化现有商圈与潜在竞争对手，定义项目所在地块为"CBD 商圈"。正如李嘉诚所言，决定房地产价值的因素，"第一是地段，第二是地段，第三还是地段"。商业地产项目，最讲究地段。"CBD 商圈"强调项目地处河源市人民政府至东源县人民政府这条直径的圆心，有双重政府力量的加持，自带市级商业中心的强大能级与辐射力，相当于绑定了足够规模的消费群体。首先，它一下子切入到"地"的价值，让所有人一下子都能明白地块属性；其次，它一下子区隔竞争对手，无论是现在的老商圈还是潜在的竞争对手，其无论在能级上还是地位上，都非竞争对手可以比拟；再次，它一下子切入到经营商户的核心关注要素，经营商户最关心的是未来经营的盈利，"CBD 商圈"自带市级商业中心的强大能级与辐射力，预示着未来有足够的人流支撑经营；最后，它一下子切入到投资者的核心关注要素，投资者最关心的是投资升值与风险，"CBD 商圈"预示着地块即是未来的城市中心，预示着高升值与低风险。

挖掘出地块的"CBD 商圈"价值之后，接下来就是组合"产"的价值。在以商业为核心驱动的基础上，明确地上各种物业类别的规划与组合。城市综合体集公园、公寓、商业、写字楼、餐饮、休闲、娱乐、会所等功能于一体，每种功能有其特定的运行时间范围，城市综合体则将不同时间段的功能组织在一起，使其保持 24 小时的繁荣，提高了综合体的使用效益。城市综合体内各功能在时间上的衔接，使其各部分的活动组织有序，而且各部分的使用也能相互补充。

城市综合体是城市聚集效应的一个载体，物业类型的组合要实现"1+1+1
＞3"的效应，故而城市综合体物业类型的选择有三个标准：其一，物业类
型要匹配或支撑"地"的价值，本项目即支撑"CBD商圈"这一概念的落地，
明确各个物业类型覆盖的圈层与范围。其二，物业类型的选择不能仅从单一
物业类型最优角度考虑，而要优先考虑整体价值与溢价能力。同样的容积率
指标，是选择放在写字楼、酒店还是商业上，商业是选择街铺、底商还是集
中商业，其收益千差万别。城市综合体是综合了多种物业类型的建筑复合体，
在进行物业规划与组合时，不能仅从单一物业类型最优角度考虑，而是要优
先考虑整体价值与溢价能力，在此基础上实现各功能产品的均衡。其三，城
市综合体不是几种物业类型的"物理"叠加，要追求其相互的"化学"反应。
物业类型之间相互协调，实现不同物业类型之间的人流共享，最大化聚合效应，
还能"反哺"地块，给地块提供附加价值。

商务是现代城市的主要功能，操纵着城市大部分资金流和物流方向。写
字楼是综合体中起基础性作用的物业，写字楼的外向型在综合体中仅次于商
业，支持城市综合体之中的其他物业类型。例如，写字楼提供的就业机会，
吸纳城市各个角落的人前来办公或商务往来，既可以为商业提供最直接的高
端消费人群，还可以为酒店提供高端金融商务人群，也为住宅提供临时居住
的租赁或投资人群。彼时，河源写字楼市场有两个明显特点：其一，现有的
写字楼档次低端，分布零散，缺乏交通与配套，市场对高端写字楼存在需求；
其二，河源作为珠三角的水源保护地，市场对写字楼的需求总量不足。本项
目写字楼的档次要高端，既匹配"CBD商圈"定位，还抓住河源高端写字楼
市场空白，以地标建筑的形式出现。

酒店是最能够提升城市综合体档次和气质的一种物业，在一定程度上，
城市综合体的档次高低就是看酒店档次的高低。酒店是写字楼与商业的重要
配套，因为生意、旅游等往来的人最多，酒店能够为高端流动人口提供极大
便利性和创造效率。酒店为不仅直接为商业提供流动的"居住"人口和活动
的人，同时酒店自身的娱乐休闲设施、24小时的服务使项目保持持久的繁荣

并增加其活力。彼时，河源酒店市场呈现两个明显特点：其一，无论市区还是旅游景区，酒店档次普遍低端，或自有品牌或快捷连锁酒店，缺乏高端酒店品牌。其二，河源作为珠三角一日游的旅游目的地，旅游业对酒店的需求不足，并且随着休闲娱乐业受限，河源当地酒店经营状况下滑。本项目酒店要引进高端品牌，既彰显"CBD 商圈"定位与商业档次，还抓住河源高端酒店市场空白，与写字楼一起以地标建筑的形式出现。

公寓和住宅为可销售型物业，能保证资金及时回笼，且这类物业的业主为商业提供了稳定的人流保障。公寓和住宅的价值依赖其他物业类型，将其他物业可能外溢的价值尽早释放，可以最大化实现公寓和住宅价值。

作为全天候充满活力的城市公共活动场所，城市广场强调空间的外向性，强调公众可进入。人们在城市广场中开展多样化的休闲、娱乐活动，产生聚集效应，有广场的地方就有冲天的人气。如今随着人们生活水平的提高，消费已不仅仅是一种购物过程，而且是一种享受的过程，人们在购物的同时要感受其中的环境、气氛，还需要有交流和休息的空间。城市广场是体现与迎合市民休闲娱乐需要的建筑形式。

文化和商业地产密不可分，商业地产只有被赋予了文化色彩，才更有生命力。如果不能结合所在商圈、区域或城市的消费文化，去寻找项目的支撑点，最后极有可能变成一个根基浮浅甚至游离于城市需求之外，没有灵魂的"躯体"。从全国范围来看，比较活跃的商业街之所以成为本地人及外地客旅游的必去之地，与其把商业融入浓厚的本土文化有很大关系。广州的上下九，由于保留有大量的岭南古建筑，如骑楼等，加上传统的小贩买卖等经营形式，构成了具有浓烈地域文化的商业街，传统文化的张力，使其名扬国内外。成都的宽窄巷子，以"成都生活精神"为线索，在保护老成都原建筑风貌的基础上，形成汇聚街面民俗生活体验、公益博览、高档餐饮、宅院酒店、娱乐休闲、特色策展、情景再现等业态的"成都城市怀旧旅游的人文游憩中心"，打造"老成都底片，新都市客厅"。

最终，围绕"CBD 商圈"这一核心定位，以商业为核心驱动力的 130 万㎡河源市商业中心，组合的物业类型有：总建筑面积 22 万㎡坚基购物中心、

160m 高的由五星级酒店与甲级写字楼组合的地标建筑河源双子塔、占地 3 万 ㎡越王广场、3 层环越王广场布局的总建筑面积约 6 万㎡的越王街、建筑面积 1.6 万㎡1200 座的桃花水母大剧院、建筑面积 10 万㎡的会展中心、70 万㎡住宅 以及 7 万㎡商业街区。项目是集购物、餐饮、娱乐、旅游、演出、休闲、文化、 会展、商务、社交、居住于一体的城市综合体，物业类型组合辐射"五大圈层"， 物业类型之间共享"五重客流"，有力支撑"CBD 商圈"。

一方面，130 万㎡河源市商业中心辐射 5 大圈层，覆盖广，人气旺：

其一，核心圈层，常住 15 万财富精英人群。以 130 ㎡河源市商业中心为 核心，步行 15 分钟范围内，周边在建与规划的数十个中高档小区，总户数约 5 万，2015 年开始陆续入伙，中长期来看周边常住 15 万财富精英人群。

其二，中心圈层，30 万稳定消费人群。21 家行政事业单位陆续进驻，为 CBD 商圈带来具有强劲消费实力的数千事业单位与公务员群体；作为河源唯一三甲医院，河源市人民医院每天来往人流成千上万；河源唯一的儿童公园与儿童游乐场将于 2015 年年底开放，每天人流量数以万计；2000 亩客家森林公园，是河源最大的城市公园，具有极强的人气吸纳功能；深河中学、雅居乐中小学、公园东中小学与多所高端幼儿园，数千中小学生就在 CBD 商圈。

其三，城市圈层，覆盖 100 万城市人口。项目紧靠河源最核心的两条交通主干道，东面的越王大道连通东源县城与高新区，北侧的永康大道连通仙塘片区与江东新区，15 分钟机动车范围即可覆盖河源新老城区与东源县城，人口总量超 100 万。

其四，区域圈层，与五县一区 350 万人口无缝对接。一方面，经河紫高速、河龙高速与粤赣高速，1 小时覆盖河源五县一区 350 万人口；另一方面，占地 1400 ㎡的交通中转站，无缝对接河源五县一区 350 万人口与 CBD 商圈。

其五，旅游圈层，共享河源每年 2500 万人次旅游客群。建筑面积 1.6 万 ㎡ 1200 座的桃花水母大剧院，计划于 2015 年年底首映，奠定河源市商业中心城市文化高地的地位。桃花水母大剧院通过与旅行社、酒店签订合作协议，共享河源每年 2500 万人次旅游客群。根据省政府规划，杭广高铁与赣深高铁于 2020 年开通，进一步强化"桃花水母"在珠三角的影响力。

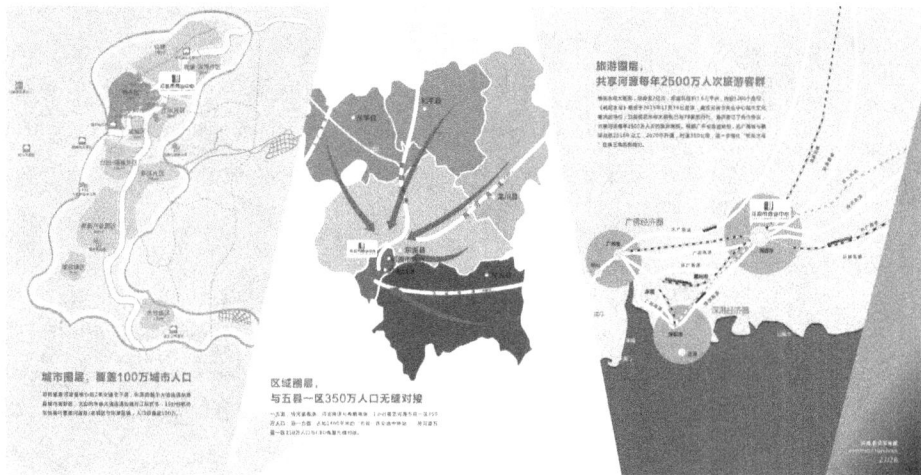

另一方面，130万㎡河源市商业中心共享五重客流，商机多，客源旺：

130万㎡河源市商业中心内部各个物业之间共享旅游、商务、购物、休闲与居住这五重客流，提高CBD商圈人气的利用效率。

其一，坚基购物中心，为CBD商圈供应稳定的中高端消费人群。

其二，越王广场，作为河源市民的城市会客厅，为CBD商圈供应稳定的休闲娱乐人群。

其三，桃花水母大剧院，共享河源每年2500万人次旅游客群，为CBD商圈供应旅游客群。

其四，河源双子塔，为CBD商圈吸纳稳定的金融商务人群。

其五，城市豪宅，为CBD商圈供应稳定的居住人群；CBD商圈更通过交通中转站与五县一区350万居住人口实现无缝对接。

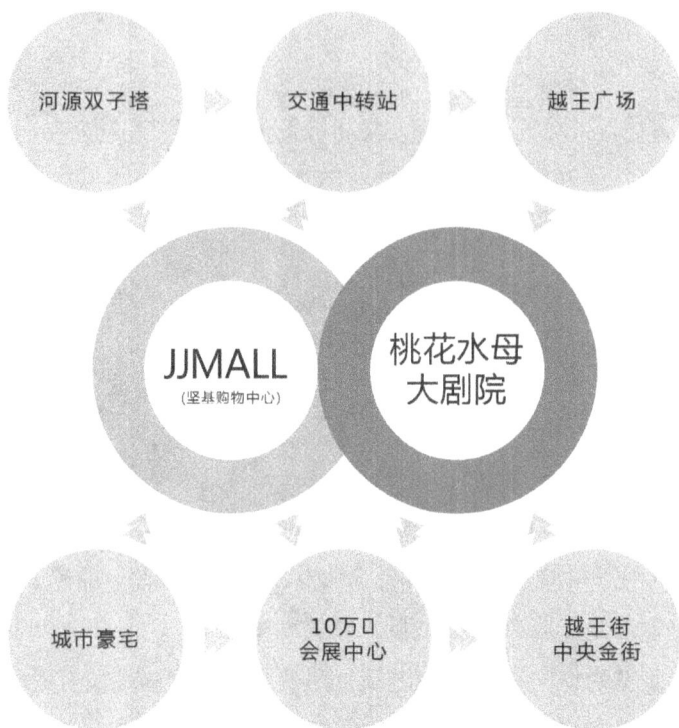

二、协调租售关系，明确商业地产盈利模式

商业地产开发，首先要找到项目的盈利模式。盈利模式既关系到项目存活，又关系到项目日后的招商与运营，必然需要在规划设计之前考虑。

（一）租售关系是商业地产开发的核心

商业地产能否取得成功的关键在于其盈利模式是否选用的恰当。目前国内商业地产开发主要采用以下三种模式：

其一，只售不租。

只售不租的模式即开发商只销售、出让产权，销售完成之后基本上就不再进行干预，仅由物业管理公司进行日常的统一维护管理。这种模式中出现二元格局，即小业主作为"产权人＋出租人"，经营商户作为"承租人"。

对于开发商而言，最大的好处是能够快速回笼资金，取得现金流，进行滚动开发；开发商无须承担后期经营的压力和风险，但同时也丧失了获取长期回报的机会。决定商业物业是否成功的关键在于运营，"只售不租"模式使业主产权多元化，难以实现统一经营，经营定位与业态规划主要为经营商户根据市场自行调节，经营风险很大。

	产权持有	租售并举	产权出售
运营方式	开发商持有物业，自行招租或将其整体出租给一家专业商业运营公司	开发商将商业大部出租给大型的主力店，将小部分出售给小业主，借此在短期内实现项目盈利	开发商通过整体或拆零迅速销售商业单元、快速回笼资金
优势	1. 便于统一经营定位和管理，较好地控制商业态和档次，降低经营风险。 2. 物业租金逐年递增，利润源泉稳定。 3. 可将物业抵押豆浆，等待增值。	1. 业态可控，大租户、小业主的结构使项目能维持较高的经常性收益。 2. 出售部分物业使回报期缩短。 3. 主力店使物业增值快	1. 短期可有回报。 2. 整体出售销售周期较长，客户少。
劣势	1. 专业商业运营公司谈判实力强，有时开发商租金回报不及运营商营回报。 2. 回报期长。 3. 初期投入资金夺力大。	1. 对主力招商能力要求极高； 2. 回报期长。 3. 初期投入资金压力大。	1. 后期可能缺乏统一管理、规划，小业主经营风险高。 2. 不享有地产增值的效益。
适用条件	1. 开发商以商业地产为长期经营的资产。 2. 资金实力雄厚。 3. 拥有优秀经营管理人才。	1. 盈利周期短。 2. 资金实力雄厚。	1. 短期内要求回报。 2. 资金实力不够。 3. 人力缺乏。

其二，只租不售。

在物业建成后形成独立产权，通过招商合作，以租金作为主要收入来源的运营模式，有利于统一的经营与管理。这种模式是三元格局，即开发商作为"产权人+出租人"，自建或聘请专业商业管理公司作为"运营者"，经营商户作为"承租人"。

该类商业地产的开发以出租为唯一模式，如果开发商不能解决项目开发完成、投入运营初期所需要的资金，那么项目是缺乏可行性的。毕竟对于目前许多做商业地产才刚刚起步的开发商来讲，通过持有租赁物业获取的经营收入，仍然只是销售收入的九牛一毛。"只租不售"的运营模式，也更考验开发商的运营能力，定位、设计、招商、经营管理等都是专业性极强的工作，需要开发商不仅要具有开发商、投资商的背景，同时又应该具有运营商能力。

其三，租售结合。

开发商将开发出来的商业物业出售一部分，以收回投资成本，余下的资产开发商自建管理公司或聘请专业的商业管理公司来出租经营，以获得运营利润与物业升值。

但凡涉及商业地产的开发，租售关系是永远绕不过去的选择。做一个商业项目，到底应该是售是租还是租售结合？这是开发商业地产最常纠结的问题。在租售之间纠结反复，找到出路的项目更是不少。

其一，产权出售。商业地产具有"总价高、利润率及开发风险较高、投资回收期长"等特点，有能力整体购买商业地产的投资者少而甚少，即使有能力购买，理性的投资者也不愿将大笔资金积压在投资回收期如此漫长的项目上。一旦分散销售，使业主产权多元化，经营权迅速分散，无法统一规划、统一招商与统一经营，导致业种业态组合混乱，呈现一种无序状态，甚至会出现"左边小吃店、右边花圈店"这种诡异景象，不仅投资者不能获得稳定的租金收益，导致商铺价值缩水，更会影响周边住宅物业的品质，导致开发商品牌与口碑受损。

其二，产权自持。自持也并非万全之策，产权持有对于开发商的资金实力与商业运营能力的要求都很高。由于商业地产的建设、招商、运营到繁荣，乃至带来持续良好的经营收益，需要一个较为漫长的过程，这样就需要开发商具备相当的资金实力。如果运营过程中出现问题的话，往往对于经营收益乃至物业自身升值都会产生强烈的负面作用。更为纠结的是，在国内通过散售而实现迅速扩张的商业地产商不在少数，而选择自持物业的发展商却发展缓慢，眼睁睁看着优质资源和发展良机被竞争对手收入囊中。

其三，租售结合。商业地产开发与住宅开发不同，如果选择租赁会沉淀大量的资金，而商业项目开发期需要投入大量的资金，且需要较长时间的养商期，故而在或租或售的选择上，没有"对错"之分，只有"适合与不适合"。换一个角度来看，租售结合更符合内地开发商名利双收的开发需求。通过部分自持，从而保证项目品质至少看起来非常美好；将高价值的部分进行散售，能够获得足够的开发回款，也基本适应了轻资产滚动开发的需求，弥补中国资本市场金融工具欠缺的弊端。

由于现阶段国家金融政策的限制，房地产抵押证券化没有推行，房地产业信托又未普及，商业项目的投资额巨大，广东坚基集团开发130万㎡河源市商业中心，单纯的租赁显然不能满足项目开发对资金的需求，采取租售结合的模式是必然的选择。

选择租售结合，有三个问题必须优先得到解决：第一，租什么卖什么？就是什么物业类型持有出租，什么物业类型出售，不同物业类型有不同的特征，从招商与运营的角度来看，租售方式必须有所区分。第二，租售比例几何？租多了，就达不到资金快速回笼的目的；售多了，跟全部销售没差别。第三，租哪儿卖哪儿？销售部分的产权分散导致经营权分散，给统一运营带来不利，开发商在开发之前做好策划，既要考虑租售位置，还要考虑租售策略，尽最大可能降低分散销售对统一经营的不利影响。

1. 租什么卖什么？

考虑到商业地产的物业组合，从物业类别来看，适合出售的产品类型一般有商铺、写字楼、商务公寓与住宅。如果项目规模不大，或者用地性质限制，致使无公寓或住宅出售，商铺与写字楼更是保证资金回笼的主要方式。

商业地产的成败最终取决于商业运营。为了规避运营风险，前期规划设计时就要确定销售型商铺和持有性商铺，通过巧妙的规划最大可能地减少因散售商铺给后期统一经营带来的负面影响。

商铺种类繁多，诸如商业裙楼、住宅底商、商业街铺、市场类商铺、百货/购物中心商铺、商务楼/写字楼商铺、交通设施商铺等不一而足，简单来说可概括为两大类型：一是街区型独立商铺；二是集中型商业的分割式铺位。

若是分散销售，两种商铺因为不同的形态，面临不同的运营背景：街区型独立商铺独立性相对较强，因此，在前期合理规划的情况下，后期对统一性经营的要求不高，旁边的商铺业态是什么，开业或倒闭对各个经营者并无重大影响。人们很自然地将有"盖"的集中型商业看作一个整体，觉得空间内的各种物业是相互有关的。而分割式铺位产权多元化导致经营权迅速分散，很容易陷入无序状态，若有几家经营不善，就会让人觉得整个商场是冷清的，并会影响整个商场的运营氛围，极易陷入恶性循环。

针对集中型商业而言，分散销售与统一经营存在尖锐对立，首先应该考虑全部自持，若要销售则需要从销售政策、铺位分割与租售位置设置等多个方面提前做好规划。例如，销售政策方面，可以通过售后返租或售后包租的方式，将分散销售的商铺经营权回收，统一规划、统一招商与统一运营；在铺位分割方面，主力店铺位整层保留，即将集中式商业的部分楼层整体出租给大商家，以大商家作为商场经营的主体，发挥他们的品牌效应，将其他楼层作为大商家的辅营区自营或分割出售；在租售位置处理方面，开发企业保留部分主力商铺，临街、主入口商铺控制在手中，避免商场"脸面"受制于人。

2. 租售比例几何?

商业地产与住宅不同，其价值实现不仅在于前期的产品规划上，更在于日后的运营。租的比例过大，资金沉淀；售的比例过大，影响投资者信心。近期来看，影响物业价格与销售速度；远期来看，影响物业增值后的收益与分红。

这种比例没有定式。商业地产开发，首先要解决资金问题，也就是项目存活的问题，需要销售；商业项目要做活，必须有一定比例的可控面积，这需要租赁解决。

解决租售比例问题，即要解决项目运营和开发资金两个问题，两者比例的确定，需要随着项目开发周期和当时开发企业的资金需求来灵活调整。因为体量巨大，130万㎡河源市商业中心走的是分期开发的路径。租售比例不需要在最初就定死，保留一定的弹性，即为将来的持续开发留有空间，也为资产总体升值创造更多可能。

130万㎡的河源市商业中心，在最初规划时，根据项目开发期间的资金使用情况，提前确认好持有物业与销售物业，并保留一定的弹性：其一，全部自持物业，160 m高的地标建筑河源双子塔之一的五星级酒店、22万㎡坚基购物中心、建筑面积1.6万㎡1200座的桃花水母大剧院；其二，全部销售物业，

3 层建筑面积约 2 万㎡的越王直街、70 万㎡住宅以及 7 万㎡商业街区；其三，保持弹性的物业，3 层建筑面积约 4 万㎡的越王环街，因为毗邻 22 万㎡坚基购物中心，如果散售会对购物中心造成不利影响，由广东坚基集团先行持有，与坚基购物中心统一规划、统一招商、统一运营，渡过养商期，商业氛围浓郁之后再行销售。河源双子塔之一的甲级写字楼、建筑面积 10 万㎡会展中心，这两个物业根据企业资金需要与物业增值情况，另行讨论是自持还是出售。

3. 租哪儿卖哪儿?

商业地产的成败最终取决于商业运营。在自持与出售位置的排列布置上，主要衡量的标准就是最大化减轻分散销售对后期运营的不利影响。

从商业地产整体租售来看，自持与销售物业的安排有两种模式。模式一为万达的"大商业出租给主力店 + 街区小商铺零散出售"的模式，即将大商业出租给主力店，在大商业外围，将住宅底商与商业街组合的街区进行零散出售。这种外围街区式的商铺布局，既最大限度保持销售型商铺的独立性，又与自持的大商业保持安全的距离。这种布局有三大好处：其一，提升销售型商铺的可视度，每个独立的商铺均拥有独立的展示面；其二，通过市政街道或住宅小区之间的道路，既与外部交通衔接，又与大体量商业衔接，提升人流的可及性，保证销售型商铺拥有人气；其三，考虑到独立经营的需要，销售型商铺会提前规划好排烟、排污、隔油与上下水等，可以容纳多种业态，便利于经营商户根据市场需要自由调整业态，提高竞争中的生存能力。

模式二是"主力店＋辅营区"的模式，即将集中式商业的部分楼层整体出租给大商家，以大商家作为商场经营的主体，发挥他们的品牌效应，将其他楼层作为大商家的辅营区分割后出售，从而将分散销售对统一经营的风险降到最低。这需要注意三点：其一，主力店的价值要充分利用。铺位分割要有"傍大款"思路，人流因主力店而汇聚,主力店周边的销售型商铺具有高价值，可以高溢价产生高利润。为促进商铺销售，既要考虑充分利用由主力店外部进入内部人流的动线，考虑不影响项目形象档次，划分足够的销售型商铺区域，又要考虑在不影响运营的背景下根据业态规划将销售型商铺铺位面积划小。其二，辅营区最具展示面与人气的"金角"铺位自持，这样既可以避免商场的脸面受制于人，影响商场整体运营与形象档次，又可以获得更具品牌影响力的品牌商家垂青，有利于稳定经营。其三，为提高总收益，辅营区提前规划好业态，动线设置合理以保持人流的均衡流动，避免死角，最大限度地保证散售商铺的均好性。

从单个物业的租售来看，也要考虑分散销售对后期运营的影响。对写字楼而言，散售客户对于写字楼品质和档次有着不利影响，但如果不散售很难找到整层购买的大客户来全部去化，一般的模式是将中低层散售，高层则整售或自持出租，以保证写字楼的整体品质与档次。

（二）商业地产的开发节奏

单一事物，其本身很重要，但涉及多个事物时，就会衍生出相互关系和次序的问题，且各事物的重要程度会超过单个事物本身。从单一物业运作到综合体运作，不可再分离地看待某一物业或各个物业，须重点关注物业间的相互关系与开发运作顺序。

首先，从地块价值与项目核心驱动力的角度考量。130万㎡河源市商业中心，以商业为核心驱动，定义项目所在地块为"CBD商圈"，在开发节奏安排上，商业要集中在一期开发。

其次，与住宅开发的顺序不同，商业地产需要招商先行，主力店优先，建设在后。主力店是商业地产项目的核心，主力店的性质决定着项目的性质，是项目的客源锚固点，是项目后期经营能力的保证。主力店、次主力店与明星店的招商是招商工作的龙头，是招商的重中之重，主力店的招商一旦成功，经营散户必然群起跟进，基本就意味着项目招商工作的成功。另外，尽早签约主力店、次主力店与明星店，吸引经营散户的跟进，招商人员就可以在大范围经营中选择品牌号召力强、租金价格高、符合项目业态规划的商家入驻，既提高了收益，又因为进驻商家符合业态规划保障了后期运营的成功。

商业地产项目的开发企业，九成以上是由开发房地产转换而来，不可避免地带着房地产开发模式，即先做规划设计，建设过程中甚至建完再招商，这时再找主力店招商谈判，开发企业势必处于弱势，被动接受主力店提出合作条件，造成利益受损。商业地产开发，程序与住宅开发颠倒，即一定要先租后建，招商在前，建设在后。一般而言，一个购物中心有多家主力店，不同业态主力店、次主力店与明星店的组合，才能满足商业地产一站式购物的需求，招商在前不仅可以避免在与主力店谈判中处于被动地位，而且能节省投资成本，还能获得额外的租金收益。

在规划设计阶段就要与进驻的主力店对接好，既避免建成后因不符合主力店对硬件的要求，大规模拆改重建造成重大成本浪费，又避免大堂、电梯、卸货区的位置没有规划好，产生无效面积，导致部分面积浪费而不产生租金收益。在这里要特别注意，并非所有的商业地产开发企业皆可以模仿万达的"订单模式"，万达提前签订主力店并根据该主力店特殊要求进行规划设计，底气在于万达拥有足够的影响力与控制力，可以规避主力店在入驻时"逃单"的情况发生。很多商业地产开发企业并不具备万达的影响力，若规划设计阶段即完全按照某主力店的特殊要求进行设计，必须确保该主力店能够进驻，否则要尽可能根据该类业态的通用要求进行规划设计，而非某主力店的特殊要求。以影院为例，并非按某影院的特殊要求来规划设计，而是根据影院业态的通用要求来规划设计，例如层高的通用标准至少 8 米，要跨 2~3 个楼层，配电的通用标准要求，场地必须无立柱，座位是上升坡度，出入口要相对独立，等等。这些通用标准在规划设计时就要明确，避免因主力店"逃单"造成被动与浪费。

再次，项目优势在于大规模商业，大规模商业是应对竞争的利器，是实现"赢家通吃"的基础。在三四线城市，消费需求是相对恒定的量，只有足够大的体量商业才能打造更强的丰富度，从而获得"赢家通吃"的绝对优势地位。在讨论坚基购物中心规模时，有意见认为 22 万㎡ 的体量太大，同期开发的还有 3 层建筑面积约 4 万㎡ 的越王环街，担心人流量不足导致经营问题，建议将其拆分成两期开发。其实拆分两期的风险更大，毕竟本项目位于河源市新区的边缘地带，只有保持更大规模，才能打造更强的丰富度，才能有更强的辐射力与聚客力，小体量的商业既容易被市场忽略，更容易被竞争对手击败。2013 年，河源新市区中心位置的另一家总建筑面积 7 万㎡ 的购物中心突然获得立项，并快速启动开发建设，其地理位置以及周边成熟小区带来足够的人口量，又扼守老市区与新市区到坚基购物中心的交通咽喉，对本项目造成相当大的影响。本项目大体量商业带来的丰富度，是本项目商业在竞争中立于不败之地的原因之一。

综上所述，130 万㎡河源市商业中心具体分三期开发。一期开发的核心物业是 22 万㎡坚基购物中心，考虑到城市广场的人气吸纳能力，特别是越王环街毗邻购物中心统一招商与运营，故而将 3 万㎡越王广场与 3 层建筑面积约 4 万㎡越王环街纳入一期开发范畴。为了平衡开发期内资金平衡，一期同步开发可售型物业为 3 层建筑面积约 2 万㎡越王直街、30 万㎡住宅坚基公馆与坚基·美好城以及由它们底商形成的商业街区。商业集中在一期开发，主力店招商优先完成，既确保"CBD 商圈"概念的落地，又增进市场信心促进销售型物业的销售速度，从而确保现金流安全。

二期的自持物业为建筑面积 1.6 万㎡ 1200 座的桃花水母大剧院，销售物业为总建筑面积 45 万㎡住宅以及底商形成的商业街区，既达到平衡资金需求的目的，又可以利用商业经营实景来提升住宅产品的溢价能力。

三期开发的是 160 米高的由五星级酒店与甲级写字楼组合的地标建筑河源双子塔、建筑面积 10 万㎡会展中心。这两种物业除了五星级酒店为完全自持，甲级写字楼与会展中心根据资金需要另行讨论自持或出售，最大化获取物业增值后的收益与分红。

（三）商业地产的推售节奏

有些商业地产项目，用住宅启动大体量商业地产销售，在刚刚推向市场之际，有赖于周边原住民、拆迁户与周边企事业单位员工这些地缘性客户以及开发企业的关系客户，在刚入市时可以取得不错的销售业绩，但随着销售的持续，客户就仿佛突然消失一般，无论在推广、渠道、活动这几方面如何努力，都不能改善惨淡的销售业绩。

用住宅启动大体量商业地产必然会陷入多重困局：其一，项目难逃初次火暴之后快速冷却。毕竟项目初次入市，有地缘客户与开发企业的关系客支撑，在一定程度上可以引爆初次开盘爆，但是这种火暴会因为客户量跟不上来，热销局面快速冷却。其二，项目越往后开发，价格上涨越缺乏动力。大盘开发周期长，需要持续提升价格，用住宅启动既无法占据相应的高度，又不能充分挖掘足够的价值体系，故而不能支撑项目的上涨空间，会出现价格越卖越低，越来越难卖的局面。

招商先行，以租促售。商业是最外向、最具活力、最有影响力的物业形态。商业是城市综合体的形象代言人，既匹配"地"的价值又要能"反哺"地块，给地块以及地上其他物业类型提供附加价值。住宅是城市综合体中最内向且依赖性最强的一种物业，其外向交流功能很小，不会给其物业类型提供价值激励。对于商业地产来说，销售在先还是招商在先，不仅与运作顺序有关，甚至决定了项目的生死。商业地产的核心问题在于，市场不是生造出来的，而是培育出来的。从专业角度而言，产权发售之际，应该是主力店招商完成之时。主力店的招商成功是实现顺利销售的先决条件，主力店、次主力店与明星店的引入能为项目的销售提供强大的驱动力，成为项目的重大卖点，从而促进项目销售的顺利进行。

新区大体量商业地产项目，"新"的问题首当其冲，首先需要解决市场对地块价值认知不足的问题。用商业启动，就是站在城市的高度，深度挖掘"地"的价值。通过事件营销与价值炒作，系统而全面地输出"地"的价值，为招商与销售制造足够的舆论声势，既为"招商先行"做足铺垫，较住宅销售而言又更有利于"投资型"商铺的销售。

住宅重实景，商业重预期，用投资型商铺入市。对普通住宅而言，需要销售中心、样板房、示范区与看房通道这"三点一线"全面展示与包装。而对于城市综合体住宅而言，不仅需要"三点一线"的展示，更需要展示商业实景，让业主体验到一种全新的生活方式，才能支撑住宅的溢价销售，而这在项目启动期恰恰是难以办到的。商铺投资者是投资未来商铺运营起来后的愿景和收益，最为关心商铺投资收益以及商铺所在区域未来商业氛围，通过未来商业氛围的渲染以及主力店签约就足以支撑。项目以商铺入市，还因为商业投资者一般是当地各界的意见领袖，集中火力针对这些小众群体全面而系统地输出项目价值。得到他们的认可之后，他们会自发自动地将对项目的好感讲给身边的亲友圈或同事圈，从而为项目缔造良好的舆论氛围，为后续其他物业类型的推售做好舆论准备。

商铺体量大，推售的先后顺序如何？城市综合体商铺体量供应较大，若一次性推向市场，势必带来灭顶之灾。操盘手明确商铺推售的先后顺序，控制入市商铺产品的"质"与"量"，才能实现利益最大化。一般情况下，商铺推售顺序的确认，须依据对推售时空背景的判断。判断依据有两个：其一，市场趋势。市场趋势主要分为四类，分别为：上升通道、高位盘整、下降通道与低位盘整。其二，地块成熟程度，主要分两类：劣势地段或生地，优势地段或熟地。若市场趋势为上升或下降通道，则无论地段优劣，皆可判定为"顺境"；若市场趋势为高位盘整或低位盘整，则判定"顺境"与"逆境"的主要依据为地段的优劣。2013年河源市商业中心初次入市时，市场趋势为上升通道，虽然项目地块为劣势，推售的时空背景依旧为"顺境"。在这种背景下，河源市商业中心首次推售的商铺产品为价值较低的越王直街，这样可以在"顺境"下优先去化低价值商铺产品，保证资金的快速回流，并将高价值商铺产品留待项目更加成熟时推售以获取更高溢价。

以河源市商业中心为例，用商业启动项目，一方面"招商前置"，2012年即启动主力店谈判，并在销售启动之前提前签约大型超市与中影巨幕主力店；另一方面以商铺来首次入市，2013年启动销售时，首次入市选择高价值的商铺而非住宅。站在城市的高度，以"CBD商圈"启动炒作，在此过程中释放主力店签约信息，通过主力店进驻夯实"CBD商圈"概念，就这样从城市线逐渐过渡到项目线、产品线，推广"由虚到实"，既提高了项目的市场知名度，又逐渐增强市场对未来商业氛围的预期与信心，既确保了首次开盘的火暴，又迅速奠定了项目市场领导者地位，为招商的全面展开与后续不同物业类型的火暴销售创造了良好的市场环境。

第一阶段，2012年，启动主力店招商，并于2013年初完成大型超市与中影巨幕谈判。

第二阶段，2012年年底，从城市线切入市场，推广与炒作主题是"城市东进，

CBD 商圈崛起"。同期，线下事件营销以"城市东进战略"为主题的论坛，论证与支撑推广主题，引发受众关注的同时提升板块的价值形象。

第三阶段，2013 年 2 月，由城市线过渡到项目线，推广主题："城市综合体，一座城市的中心地标"，传递城市综合体价值，确立项目地标形象，抢占消费者心智第一；针对客户对城市综合体认知方面存在的问题，从 8 个角度论述城市综合体价值，分别为：《城市综合体，一座城市的中心地标》《城市新中心，河源 CBD》《百亿配套，缔造河源新中心》《在 CBD，打造高端商圈》《顶级团队，强强联手，共筑百年基业》《地标之上，构筑国际商务平台》《汇八方人气，聚无限财富》《传承时代荣耀，尊享繁华生活》《双核驱动，引爆商圈核裂变》《一次机遇，一百年的财富与未来》。同期，线下有事件营销、活动营销与渠道拓客进行全方位配合：其一，2013 年 4 月 19 日举办"多彩河源·美丽商城——河源市商业中心开启盛典专场文艺晚会"，邀请四大类总计 3000 名"关键人"，分别为政界意见领袖、商界意见领袖、媒体界意见领袖与前期接洽的珠三角与河源本地品牌商家老板或高管；同时由河源电视台全程现场直播，全面覆盖河源五县一区。由于河源市主要领导的出席与香港明星的加盟，通过全城焦点与全城讨论的舆论环境的缔造，不仅提升品牌的形象与调性，更让品牌在商家与投资客心目的信心得到极大的提升。其二，2013 年 4 月 20 日，展示中心开放，举办"坚基购物中心主力店签约仪式暨展示中心开启盛典"，签约华润超市与中影国际，进一步增强市场对项目的信心。其三，为让意向客户进一步增强对城市综合体的价值感知，既在现场举办"世界城市综合体"巡展，强化意向客户对商业变迁史的理解，确立"城市综合体"作为商业顶级形态的认知，又组织意向客户"开启深圳海岸城体验之旅"系列活动，通过实地考察，体验"什么是城市综合体"，直观感知"商圈"商铺的投资价值。

第四阶段，2013 年 5 月，由项目线过渡到产品线，推广主题"CBD 商圈金铺，以租养贷，升值另外算——贺华润万家、中影国际强势进驻"（后来将大超市由华润万家改为沃尔玛——作者注），通过输出进驻购物中心的主力店与商铺销售的返租策略，释放房地产开发企业的诚意与信心，通过提振市场对商铺的信心来输出产品价值。同期，线下的招商与销售的活动营销分开进行，通过现场体验与氛围营造，提升现场感染力，提高并强化意向客户对产品价值的认同。其一，招商方面，除在洽谈拓展珠三角品牌商家，在河源本地联系各个商会与行业协会，举办各类论坛，通过系统输出坚基购物中心价值与各楼层定位，深挖商户资源。其二，销售方面，既通过饭局营销邀约政商界意见领袖前来展示中心体验，最大限度利用意见领袖的口碑价值，又深入行政机关、企事业单位、社区、商业街、商超与写字楼等渠道拓展客户，并通过活动营销吸引上门。

第五阶段，2013 年 8 月，由产品线过渡到认筹与开盘信息，推广与炒作主题"让 100 位河源人大富起来"，强调商铺的稀缺性，通过稀缺性增强客户紧张感。同期，线下活动重在氛围缔造，引发客户恐慌，提升客户的价格预期。8 月 3 日邀约前期积累的潜在意向客户，举办"商铺新品推介会"，系统而全面地输出"CBD 商圈"价值，通过商业的定位、业态规划与招商进度展示，论证越王直街的投资价值，既强化潜在意向客户对产品的价值感知，又通过现场人满为患的氛围让潜在意向客户感受到充分的竞争压力，产生心理震撼。8 月 10 日集中排队认筹，现场排长队的火暴认筹场面经新闻媒体放大后，制造轰动效应，既吸引了更多的新客户上门了解与 VIP 升级，又推动项目的热度持续向上，达到拔高价格预期与制造市场恐慌的目的。

2013 年 9 月 19 日，越王直街哄抢开盘，当天成交金额 3.5 亿元。其中首层商铺均价 3.5 万元 ~4.2 万元 / ㎡，最高单价 6.8 万元 / ㎡；周边竞品商铺首层普遍 1.5 万元 ~2 万元 / ㎡，2012 年河源单项目最高销量为 7 亿元，无论是销售均价、最高单价还是开盘销量，都开创河源房地产项目开盘历史的多个第一。

越王直街商铺的火暴开盘，"反哺"招商，推动本地商户招商工作的全面展开。广东坚基集团支柱产业为矿业，自 2003 年开发房地产以来，截至 2012 年只开发了两个住宅项目。自 2010 年年底拍得河源市商业中心地块以来，本地市场普遍对 130 万㎡河源市商业中心的开发不甚看好。虽然 2013 年 4 月 19 日举办大型晚会并于 4 月 20 日签约主力店进行大型造势，但是本地招商进展一直困难重重，本地商户对项目一直持怀疑与观望态度，招商人员主动上门拜访亦无法邀约本地商户前来项目参观考察。2013年越王街高溢价火暴开盘，说明350万河源市民特别是投资客认可项目。投资客作为各行业的意见领袖，他们的认可让本地商家认识到在此开店的商机所在，极大地提振了经营商户的市场信心。在这种背景下，招商人员借越王街火暴开盘之"势"，集中邀约本地商家上门洽谈，原本反应平淡甚至抗拒的河源本地商家纷纷积极响应，本地商家的上门量与诚意度大幅提高，本地招商的困境至此得以破局，本地招商工作得以全面展开。

三、CBD商圈的兑现，持有型商业的主题定位与业态规划

住宅开发只需要概念就可以打动购房者，对经营商户与投资者而言，他们本身就是讲概念的专家，较概念而言他们更关注事实，即关注概念是否可兑现。商业地产开发企业需要一个合理的计划去吸引或说服每一个合作伙伴，使其进入项目经营，这个计划的关键就是定位与兑现的可能性。对河源市商业中心而言，兑现本项目"CBD商圈"这一定位，既依靠物业组合，也依靠商业定位与业态规划。

应对大体量商业的挑战，应采取全业态策略，使大体量商业得到合理的分配和消化，让业态分布到项目不同的区块中，并通过丰富的业态提升项目的吸引力，塑造当地其他项目难以逾越的标杆。面对22万㎡坚基购物中心与4万㎡的越王环街，全业态是填满如此大体量的商业可行性方案。受限于三四线城市品牌数量有限，全业态不可避免地带来同质化或无特色，既无法提供让消费者印象深刻的独特的业态组合，给消费者一定要前来的理由，又因为三四线城市流动人口少，消费习惯不容易改变，很难从现存竞争对手中"虎口夺食"。同质化的商业，同样很难应对现实的或潜在的竞争对手的挑战。

正如菲利普·科特勒指出，没有一家公司可以依靠与其他公司相似的产品和服务取得成功。为了建立强势品牌并避免商品陷阱，营销者必须从一开始就持有任何事物都可以差异化的信念。强调通过差异化手段，公司要让自己的产品或服务在目标消费者中获得适当的位置。

商业定位阶段的差异化，就是基于项目位置条件，锁定可及的目标消费群的需求特征，分析区域竞争者情况，了解项目目标品牌的零售需求，最后结合项目硬件特征确定商业定位。商业定位要解决的是"在竞争中脱颖而出"这个问题，要解决这个问题必须先回答"为谁服务"。

（一）服务对象

作为城市级商业中心，本项目的商业不仅依赖半径 3.4km 范围内的核心商圈客源，还需要覆盖整个河源市区与东源县一部分组成的城市圈层，即覆盖半径 10km 范围内的次商圈客源。

对消费者的研究，遵循"由近及远"的原则，即距离本项目商业最近的，是最可及的消费群，他们在本项目商业定位中占的比例是最高的，所以更要关注他们的需求和反馈意见。由此，重点研究项目 3.4km 半径范围内的核心商圈消费者群，这些消费者集中在河源市新市区与东源县新县城。经过周密调查与系统研究，总结如下：

其一，以家庭为主，核心商圈存在六大主流家庭类型。

原住民家庭。新市区原住民，或在城中村自建房居住，或就近拆迁安置居住。

本地年轻人家庭。因年轻人毕业、结婚或生小孩从原家庭独立出来。三四线城市的年轻人一般结婚较早，其经历较短的单身状态即进入婚姻与有小孩状态。

"新河源人"家庭。一方面是外地年轻人来河源就业，特别是进入行政事业单位。另一方面是五县年轻人进城，因工作原因进入河源，在河源扎根并快速结婚生子。

中年改善家庭。可能是市区本地改善，也可能是五县进城改善，孩子一般已经上中小学，一部分行政事业单位中年人因"二胎政策"再多生一胎。

陪读家庭。河源本地人在外打拼，为小孩子读书返乡置业，或五县为小孩受更好的教育在市区置业，妻子或父母带小孩子陪读。

未来养老家庭。一部分是五县行政事业员工、个体工商户或私营企业主，一部分是已经在珠三角置业的河源本地人，在市区置业源于将来养老的需要，这类家庭一般在周末或节假日到市区居住或探亲访友。

其二，三四线城市居民收入两极分化，核心商圈家庭收入普遍较高。

河源新市区经过 20 多年的规划发展，无论是基础配套还是居住条件皆优于老城，房价一直远高于老城。其中"东城西片区"更是河源房价标杆，有实力在新城区置业的多属于河源市区或五县较富裕家庭。

从新市区居民行业背景来看，从事金融证券、行政事业单位、教育行业（大学城片区）、医疗行业、国企以及私营业主占据较大比重。

从 CBD 区居民职业背景来看，以公务员、事业单位员工、私营业主（含个体）、专业技术人员、国企员工、私企管理者与公司白领为主。

其三，四口之家是家庭的主体，家庭型消费需求多为目的性。

客家人偏好多生育，"二胎"政策放开后，行政事业单位的中年家庭也多选再生一个，两个孩子的家庭是常态。

河源客家人重视家庭关系，一家人一起"逛街"的占多数，家庭成员的消费需求具有目的性。对整个家庭而言，"逛街"的需求是生活必需品、家庭品质生活用品与家庭聚餐与娱乐；对父母而言，"逛街"的需求是休闲、娱乐与社交；对儿童而言，"逛街"的需求是娱乐、益智与教育。

其四，年轻人购房与带孩子依赖父母，经济与生活上的依赖，购物与娱乐受其影响。

河源本地大中专院校数量少，本地就业机会有限且收入不高，不同于一二线城市年轻人口净流入，单身的年轻人口净流出。

鉴于河源本地就业机会有限且收入不高，年轻人购房多需要父母支持，并且年轻人单身状态较短，结婚成家后又依赖父母帮忙带孩子。这种经济与生活上对父母的依赖，再加上客家人的传统习惯，使得年轻人在娱乐与购物上或明或暗地受到父母的影响。

其五，消费注重性价比，对价格高度敏感。

三四线城市的经济规模和消费水平与一二线城市的差距不仅仅体现在宏观数字上，实际上，城市等级的差距与城市居民消费水平、消费品位的关系不是简单的线性关系。

三四线城市，消费者的消费行为多是满足马斯洛较低层次的需求，对他们而言，价格具有高度的敏感性，"消费"这件事比"在哪儿消费"重要得多：消费者选择购物消费，性价比仍然是很重要的考量因素；对品牌的价值诉求体现为对品质和品位的追求，而不是身份标签和符号。

项目核心商圈消费者调查发现，追求时尚，不追求名牌，同时会考虑商品价格因素的"时尚务实型"消费占比超四成；买东西时首先会考虑商品价格，不在乎商品的款式与购物环境的"价格导向型"消费占比超三成；而首先考虑商品是否符合自己的品位，愿意为品牌或服务支付较高价格的"品位导向型"消费仅占两成左右。

其六，较单纯地购物，人们更愿意"逛街"，注重休闲与体验。

随着交通设施加速建设与传播生态的变化，三四线城市与一二线城市的城市生活的差距正逐渐变小，消费习惯和消费意识也在逐渐改变。跨国企业员工随着公司的入驻来到小城市，私营业主因工作需求往返大、中、小城市之间，节假日年轻人会结伴到广州、深圳、香港购物，三四线城市的孩子则有机会被送到一线城市上学或者出国留学……一切都在发生改变。

随着当地居民收入水平的提升，城市居民对旅游、休闲的需求大大提升，人们不再将商场看作一个单纯的购物场所，而是希望在其中能够实现购物、休闲、聚会等系列活动，"逛街"承载亲友聚会与社交等多种功能。

三四线城市人口总量的限制以及消费特征的差异，意味着三四线城市商业地产与一二线城市存在差别。一二线城市空间大，商业地产需要细分消费对象来避免同质化，三四线城市商业地产开发讲究"全"与"一站式"。依据项目所在核心商圈的消费者特征研究，本项目22万㎡坚基购物中心与4万㎡越王环街，以家庭型消费者为主要对象，兼顾商务及旅游顾客。本项目商业定位于家庭型购物中心，利用大体量的优势，围绕家庭所有成员的需求，提供全方位满足其购物、餐饮、娱乐、休闲等方面的产品和服务，打造"全龄层、全生活、全业态"的消费场所。

（二）主题定位

本项目大体量商业与核心商圈的消费者特征，决定了以家庭型消费者为主要对象，打造"全龄层、全生活、全业态"的家庭型购物中心。在本项目商业定位之后，如何将"家庭型购物中心"这一定位落地，需要直面两大问题：

其一，三四线城市品牌数量有限，因大体量商业与"全龄层、全生活、全业态"家庭型购物中心势必会导致同质化，如何在竞争中脱颖而出？

其二，应对狭长型城市格局与交通不便导致到达性差，且周边人口不足，如何吸引更大范围内更多家庭到达？

因为商业体量大，可以通过整合多元业态来提供最丰富的功能，打造"全龄层、全生活、全业态"这种一站式家庭型购物中心。这种购物中心提供丰富功能的同时，受限于三四线城市品牌数量有限，招商困难，常常出现为了招商而缺乏差异化。

解决这一问题的方法，就在于在提供丰富功能以更贴近顾客需求的同时，通过将一个或几个品类做到最大的方式，塑造一个或几个特色主题，围绕特色主题，塑造差异性。即通过主题定位的方式能够使项目提供丰富功能的同时塑造独特的形象，既匹配家庭型购物中心定位，又与现实或潜在竞争对手形成鲜明的差异化。

通过差异化的主题定位，可以形成长久的品牌优势，既在消费者心中占据独特的形象，又能有效地应对竞争者的挑战，从而推动商业的持续旺场。在众多的购物中心中，每个购物中心都有百货、超市、步行街与餐饮娱乐，因为主题不同，会使消费者得到不同的体验；即使两个主题不同的购物中心引入同一品牌百货商场，也会因为购物中心营造的主题的差异性而使消费者得到不同的感受。这种体验的得来，与商业氛围相关，与购物中心自身所营造的主题更是息息相关。

商业地产最讲究地段。锁定了黄金地段，相当于绑定了地块周边的有效消费群体。除了看项目周边是否有规模相匹配的消费群体，还应该分析这些辐射人群的可到达性以及到达动力。也就是说，是否有一定规模的人群足够支撑商业项目，才是"地段"的真正价值所在。项目位于"由南向北"的狭长型新市区的边缘地带，交通不便捷，达到性差，辐射受阻，唯有引入目的性业态，才能让商业具有足够的吸引力与穿透力，从而吸引更大范围更多家庭的目的性到达。

本项目商业的主题定位方向，应该从吸引更大范围更多家庭目的达到的业态中找寻，将它们之中的一个或几个品类做到最大，从而使项目提供丰富功能的同时塑造独特的形象，满足家庭型购物中心定位的同时，又能应对现实或潜在竞争对手的挑战，形成长久的品牌优势。

那么，项目能够辐射的家庭型消费群，有哪些集中的目的性需求可作为主题定位方向？

1. 儿童业态

核心商圈存在六大主流家庭类型，除"未来养老家庭"之外，其他五类家庭之中，随着80后、90后渐渐成为主力，随着"二胎政策"放开，两个孩子的家庭是常态，作为家庭重心的孩子亦是家庭消费的重心。数据显示，儿童消费支出已占家庭收入的25%，儿童越来越多地参与家庭决策，在很多家庭中孩子的消费需求成为家长"逛街"的动力。

有儿童消费的家庭成员结构通常为"1+1"至"1+4"模式，儿童消费的"虹吸效应"可以带来"全家消费"的效果，又能延长家庭人员在商场的逗留时间，一般有儿童的客群驻留时间约为4.5小时，明显增强客户的黏性，从而刺激顾客的随机性消费。与此同时，一个家庭可能有四位甚至六位家长争先为孩子消费埋单，孩子消费有足够的支撑。调查数据显示，截至2015年，全国购物中心儿童业态商业总面积已达916.1万㎡，较2011年的143.4万㎡增长了5.38倍。儿童业态在购物中心的结构占比由5%上升至15%。

儿童业态增长的同时，儿童业态的结构也在发生变化，由过去单一的儿童零售为主向儿童教育、儿童拓展、儿童职业体验、儿童游乐、儿童餐饮、儿童摄影、母婴服务等业态领域扩展，类型趋于多元化。数据显示，在儿童消费支出构成中，儿童教育和儿童娱乐消费占比逐年增加，占儿童消费总支出的54%。"儿童教育"是儿童业态中很重要的部分，是家长最愿意花钱的领域，也是消费频次最高的领域。区别于传统的教育模式，购物中心的儿童教育将教育与休闲、娱乐结合，使孩子在轻松的氛围中完成学习并获得知识的益智教育，从而获得家长的认可与孩子的喜爱。"儿童娱乐"是孩子的最爱，绝对的人气引擎。儿童娱乐项目已不局限于家长观看、儿童玩耍的传统模式，而是将家长引入共同参与儿童娱乐中，实现亲子互动；在儿童娱乐业态中，更有 19% 的收入来自于家长陪同的消费。

2. 餐饮功能

一方面，随着人们收入水平、文化素质的持续提高，人们不再将商场看作一个单纯的购物场所，而是希望在其中能够实现购物、休闲、聚会等系列活动；另一方面，就餐承载着亲人聚会、朋友及社会交往等主要功能。在商业地产的业态比例中，过去一直有这样一条参考标准，即购物、餐饮、娱乐休闲"5∶2∶3"的黄金比例，但这一黄金法则正在被打破。

餐饮类业态属于目的性消费，是吸引人流消费的主力业态。相比服装等"快消品"，餐饮不仅重复购买频次高，在吸引客流方面效果明显，还能延长顾客逗留时间。若某购物中心餐饮业态建筑面积 4 万 ㎡，按单桌占用建筑面积（含公摊）4 ㎡ 预估，则可容纳餐饮总桌数为 1 万桌。若以平均每日翻台率 3 次计算，则餐饮业态每日营业总桌数 3 万桌，按 4 人每桌且 50% 的使用率预估，每天餐饮业态为购物中心带动客流量 6 万人次。"购物中心是吃出来的"已经成为至理名言，餐饮业态对于购物中心来说，地位越来越重要。

购物中心餐饮业态有三大变化：其一，高端餐饮比重减少，主题休闲餐饮比重增加。因反腐制约导致高端餐饮比重减少，满足家庭式、一站式消费的大众餐饮崛起。特别是主题型餐饮因其大众性、特色性，能够吸引更多的消费者，对提升商场的人气、留住消费者、延长消费时间而增加消费机会更加具有意义。随着高端餐饮的减少，家庭型购物中心之中的餐饮业态客单价一般在 20 元 / 人 ~200 元 / 人，其中占主导地位的为 50 元 / 人左右；根据业种次不同，特色餐饮一般在 50 元 / 人左右，零食小吃一般为 20 元 / 人左右，高档商务或宴请类餐饮一般在 100 元 / 人 ~200 元 / 人。其二，高楼层餐饮比重减少，各楼层穿插的餐饮比重增加。除朋友聚餐的目的性强之外，休闲以及情侣约会的餐饮选择较为随机，因此餐饮业态也不再只集中在商场高层，而是从顶层穿插在各个楼层。其三，大店面餐饮比重减少，小店面餐饮比重增加。相对于大中型餐饮动辄数千平方米的面积需求，小店面餐饮主要满足青年主力消费群体的好友聚会与家庭聚餐需求，100~300 ㎡的中小型餐饮成为购物中心餐饮业态的中流砥柱。

3. 休闲娱乐

随着收入水平的提升，人们有能力购买更多的非必需品，消费者对娱乐、休闲、文化、游乐、运动的需求大大提升，城市的公共休闲场所与设施普遍匮乏，造成周末人们可选择的休闲地点十分有限。购物中心的休闲娱乐业态，可以良好满足家庭人群长时间游玩，从而成为全家休闲欢聚的目的地，扩大购物中心的辐射半径，提高市场占有率。

随着生活节奏的加快，邻里疏于来往，人们在购物中心不仅可以休闲、健身，还可以交友。这种大型综合性的购物中心可以让人一待一天，起码可以玩几个小时，休闲娱乐业态增加了人们的滞留时间。以电影院为例，按多数院线单店年票房1100万元估算，单日票房约3万元，除以平均票价30元，则该影院每天能为购物中心带来1000名顾客。与此同时，影院业态使这些顾客在购物中心逗留时间增加了2~3个小时，且电影院的有效转换率达到70%，则这1000名观影顾客中有约700位顾客将会带动其他业态消费。

"购物中心是吃出来的"的论断言犹在耳，"购物中心是玩出来的"便訇然而出。娱乐业态已然与零售、餐饮形成三分天下的局面，购物中心越来越关注娱乐业态对客群所带来的高黏性、高趣味性和人流效应，从而强化其主题特色而实现市场竞争活力。

购物中心休闲娱乐业态是市场发展和选择的结果，从最初的相对单一的影院、电玩、KTV，到现在涉及高科技、健康、生态、人文等多方面的选择，休闲娱乐业态多元呈现，健身中心、足疗、SPA、游乐场、蹦极、海底世界等均进入到购物中心里面，成为基本涵盖全年龄层的商业功能。

大型化与游乐化是休闲娱乐业态的趋势之一，国内文旅项目如火如荼，大型化、游乐化项目主要集中在海洋馆、滑雪馆、摩天轮、室内过山车、大型组合电竞、游乐园等功能方向。科技、健康与人文是娱乐业态的趋势之二，而相比普通游乐功能，休闲娱乐业态将与前沿科技、体育运动、艺术人文结合，打造独特体验、营造主题空间、强化人文艺术的重要角色。例如，各类基于VR技术的娱乐体验业态如探索火星、射击僵尸、凡·高绘画、海底探险等登堂入室，大有颠覆传统院线、电竞的趋势。

4. 生活服务

综合超市是将超市和折扣店的经营优势结合为一体的新型零售业态。我国国家标准《零售业态分类》将其定义为：实际营业面积6000㎡以上，品种齐全，满足顾客一次性购齐的零售业态，主营食品和日用品，选址于市或区商业中心、城郊结合部、交通要道和大型居住区，服务半径2km以上，目标顾客以居民和流动顾客为主。

综合超市是规模相当大的、成本低、毛利低、销售量大的自我服务的经营机构，其目的是满足顾客对食品和家庭日用品的全部需要，高频率消费与日常目的消费结合，具有很强的人流聚合效应。按照超市发展的规律可知，当一国人均GDP达到2000~4000美元时，是综合超市发展的黄金时期；人均GDP达到8000~10000美元时，超市的发展开始减缓或停滞，大型购物中心及品牌专卖店开始逐渐演变为大众消费的主要场所。彼时河源人均GDP约2万元人民币，消费者选择购物消费，性价比仍然是重要的考量因素。综合超市商品的价格相对低廉，正好迎合这一消费特征，从而其处于快速发展的黄金阶段。

一般而言，综合超市中有10%~15%的顾客会转化为购物中心其他业态的有效客流。目前国内一线城市之外的其他大多数城市，"商圈"都是围绕着一家或几家大型超市而形成的，就是这一规律的具体体现。特别在三四线城市，经济欠发达、交通不便、人口外流、消费倾向低，家庭消费者对于提供日常基本生活用品的综合超市相当依赖。

以综合超市为核心，扩容生活必需的各项产品与服务，例如引进便民类的烟酒专卖、水果店、打印与复印、花店、宠物美容或宠物医院、面包店或休闲食品店等，引进服务类的家政服务、理发与美容美甲、地产中介、快递、银行网站或 ATM、邮政与快递、通讯营业厅、旅游网点、票务机构等，引进维修类的家电维修、采风、配钥匙与洗修车等。通过扩容生活配套与服务功能，提高生活服务类业态的饱和度，打造完善的生活服务生态系统，满足全家各个年龄段家庭成员生活必需品与家庭品质生活用品各个层次的需求，扩大了商业的辐射范围，吸引更广范围的更多家庭前来目的性消费。

本项目的大体量商业，通过全业态提供丰富度，充分发挥大体量优势，零售类有主力店综合超市沃尔玛、拉夏贝尔集合店、1500 ㎡ 的迪卡侬与 1100 ㎡ 的快时尚品牌 ULIFESYLE、女士概念鞋店 SATURDAY MODE 等，电器类有主力店苏宁易购，休闲娱乐类有主力店中影国际影城、胡桃里音乐酒吧、喜约派对 KTV、BIU BIU 卡丁车、宝加利亚健身中心、夏日海豚无边际泳池等，餐饮类有主力店法兰度航空餐厅、九毛九、坚基美食广场等，儿童业态有主力店丹尼熊成长乐园、反斗乐园、星际传奇、冒险岛、宝贝港母婴世界、杜鹃花月子中心等，家居类有主力店简爱家居等。

全业态基础上，在儿童、餐饮、娱乐与超市这些目的性业态方面主题化，主题定位为"生活服务功能河源市最全""女性时尚购物粤东北最潮""餐饮休闲体验广东省最爽""少儿成长主题全中国最特"，既差异化于竞争对手，更提高本项目商业的穿透力，吸引更大范围内更多家庭不惧交通不便到此消费，并通过目的性消费带动随机性消费，从而形成长久的品牌优势。

在档次定位方面，主要考虑三四线城市主流市民的消费特征：其一，消费者的消费行为多是满足马斯洛较低层次的需求，对他们而言，价格具有高度的敏感性，"消费"这件事比"在哪儿消费"重要得多；其二，高端消费存在溢出效应；其三，消费者对消费习惯的固守，不要试图改变消费习惯，而应随着经营的深入，不断调整品牌结构，将品牌逐步提升，逐渐潜移默化地引导消费。本项目的商业并没有主观追求高档，而是以合理的组合服务于主流市民，引进的高端品牌数量占比 15%~20%，中端品牌数量占比 50%，低端品牌占比 30%~35%。

四、保障现金流，销售型商业销售策略与产品研究

（一）分散销售与统一经营的矛盾呼唤"返租"

由于现阶段国家金融政策的限制，房地产抵押证券化没有被推行，房地产业信托又未普及，商业项目的投资额巨大，动辄数亿甚至上十亿元。而国内开发商投资开发房地产项目的自有资金比例通常不足 10%，开发商必须广泛融资才具备开发实力。如一个商业地产项目，采取只租不卖的营运模式，开发商大约要 20 年甚至更长的成本回收期。在如此长的期间内，开发商要抵御经济危机、政策规划变动、经营失败、楼市贬值等各种风险。快速的商铺销售是解决资金紧张，融资渠道有限的不二之选。商业地产四种主要销售模式分别为：直接销售、售后返租、带租约销售与 REITS 产权销售。

其一，直接销售。一般是通过炒作，在商业还未经营运作前，以销售铺位潜力的方式，诱惑投资者与经营者购买商铺，达到资金回笼与利润回报的目的。其优点是开发商可在短期内回笼资金，降低项目整体资金压力，无须承担返租补贴与相关税费。其缺点是销售与经营难度大，商业做旺主要依靠市场自身调整，所需时间较长，投资者短期信心不强，很难下手；产权分散，无法控制和统一经营业态，经营风险大。

其二，售后返租。售后返租是指房地产开发企业以在一定期限内承租或者代为出租买受人所购该企业商品房的方式销售商品房的行为。它的典型运作模式是先由开发商开发建设商业项目，然后按照一定的布局和设计，分割成面积较小的若干单元即产权式商铺，并将此出售给投资者；投资者拥有产权式商铺的产权，但并不独立经营，而是将其交由开发商自建或委托的第三方商业管理公司统一经营，第三方商管公司按约定向投资者支付固定的租金或浮动收益。一方面，为提高市场接纳力，开发商需要对商业项目分割成面积较小的若干单元即产权式商铺，实现快速销售回收大量资金；另一方面，在统一经营的背景下，最大限度实现商业物业的整体经营价值，同时使建筑单体获得最大的价值与租金增长空间。

在实践中，产权式商铺主要有两种形式：一种是"独立产权式商铺"，即开发商商业地产项目进行物理形态分割，商铺间以内隔物理墙等形式予以区分；小业主拥有分割部分的独立产权，商铺的业主可以自营，也可以自己出租或交由开发商或经营公司返租。另一种是"虚拟产权式商铺"，即开发商将诸如商场这类集中式商业地产项目进行面积分割，小商铺间无内墙隔离，且不划分实际区域，产权登记在投资者名下，并在一定期限委托经营，委托经营期间往往对各小商铺进行重新布局或合并使用。

其三，带租约销售。一般是先通过招商方式引进经营者，营造商业氛围、提升商业价值，增加投资信心，然后再将商铺带租约出售给投资客，发展商不负任何连带责任。其中"带租约销售"，即先招商，再销售。它与售后返租的区别只是时间节点的不同，售后返租是先销售再招商。

其四，REITS产权销售。REITS即房地产投资信托基金（Real Estate Investment Trusts，"REITS"），是一种以发行信托基金的方式募集资金，由专业投资机构负责进行房地产投资，并将投资收益按比例分配给基金持有者的一种基金信托产品。根据国外商业地产发展经历分析，通过发放信托基金方式解决融资问题，是未来商业地产开发比较有效的商业销售模式。

由于目前尚少单位、机构、法人投资购买商业地产，整层整栋的规模销售几乎不存在，而销售商业地产的对象只有自然人。鉴于自然人的投资能力和水平的限制，只有把商业项目分割成面积较小的若干单元即产权式商铺，才能迎合自然人的购买需求。

若直接销售，商业做旺主要依靠市场自身调整，所需时间较长，投资者短期信心不强，商铺销售速度缓慢，起不到缓解开发期资金紧张的局面。由于产权式商铺的产权分散，无法统一规划、统一招商与统一运营，后期经营风险大。

若带租约销售，一方面需要先招商，销售期延后，同样起不到缓解项目开发期资金紧张的局面；另一方面，发展商为了做旺商业，以非常优惠的租金引进主力商家，但转租约时投资者不易接受，商铺容易滞销。更为重要的是，带租约销售的商铺销售价格一般较高，从而带给业主较高的租金预期，租期结束后，业权再次回到业主手中后，为了达到更高的租金收益，业主就会自作打算，原先经过统一规划业态就在更高的租金收益驱动下重新调整，不管是科学性还是市场的契合度都不会理想，原先发展较好的项目又将陷入危机之中。

若REITS产权销售，并非每个商业地产开发商都能做到，能否成功上市，与企业及项目具体情况有着密切联系，大多数商业地产开发商还只能通过其他的销售模式进行商铺销售。

售后返租采取所有权、经营权、使用权三权分立的模式，所有权属于投资者，经营权由专业商业管理公司掌控，经营商户拥有物业使用权，实现了三权分立。投资者可以根据自身的实力投入资金，获得相应的产权与收益权，经营者统一经营，抗风险的能力大为提高，保障支付给投资者的租金回报，达到投资者、经营者与开发商的共赢。售后返租解决了产权式商铺产权主体分散与统一经营的矛盾。更重要的是，房地产开发商完成项目开发后，与投资者签订协议，交由商业管理公司进行统一经营，在收回投资成本后全身而退，无须承担任务的市场风险。同时，开发商自建或引入了第三方经营公司对商业项目进行统一经营，开发商只起到中介作用，开发商与承租商户便在法律上分割开来，成功实现了对售后包租禁止性规定的规避。

运营管理是决定商业地产成败的关键。商业地产的运作过程包括定位、设计、招商、销售、运营等五个重要环节；运营管理虽然在最后一个环节，却百分之百地决定了商铺的现实回报和未来升值空间，决定了投资者的终极利益。只有良好的运营才能实现商业良性运转，商业的客流量得到保证，商户的生意就好做，销售额得到提升，自然就有了相应的利润；商业的旺场，商户利润的增长，会吸引越来越多的商户想要入场经营，商铺租金节节攀升，租金水平又直接决定着商业物业的升值空间，这就是商业运营的价值所在。商业地产的成败最终取决于商业运营的成败。

售后返租的特征是开发商分割商业产权快速销售回收资金，通过长达几年至十几年不等的返租回报，将经营权从投资者手中取回，然后自建或委托专业的商业管理公司进行统一规划、统一招商与统一运营，用租金回报投资者。

在返租期内，投资者可获得开发商每年以购房总价款的 5%~8%，更高利率支付的租金；返租期满后，投资者可以自由处理所购的物业，或转租，或转卖，或自主经营。这种回收商铺经营权归专业商业管理公司统一经营管理，并承诺一定期限内租金回报的方式，既提高投资者对商铺租金的预期，又增强了对未来商业经营的信心，极大地促进了商铺的销售。在某些商业地产售后返租中，开发商为了打消投资者疑虑，在租金之外增加"保值或增值回购"条款，即业主与开发商签订一份协议，就是业主对自己的房产是否"回购"有自主选择权，业主可以决定卖或者不卖，买卖双方对于如何卖，以多少价格卖也是有谈判协商的余地。这样一来，投资者购买商铺仿佛上了一个双保险，投资者会认为，即使商铺做不起来，也可以选择回购，至少购买商铺不会吃亏，进一步增强安全保障。

（二）产权式商铺售后返租模式

售后返租采取所有权、经营权与使用权三权分离方式，实现"大商业，小业主"的运作方式，即投资者购买产权式商铺后，只拥有商铺的所有权，而不拥有所购商铺的经营权与使用权。任何房屋的使用权都是衍生在所有权之中的，因此，产权式商铺的售后返租必须建立在确立所有权的同时剥离经营权与使用权的基础上。可见产权式商铺售后返租势必历经两个程序过程，发生两种经济行为，建立两种法律关系，创造两种收益模式。

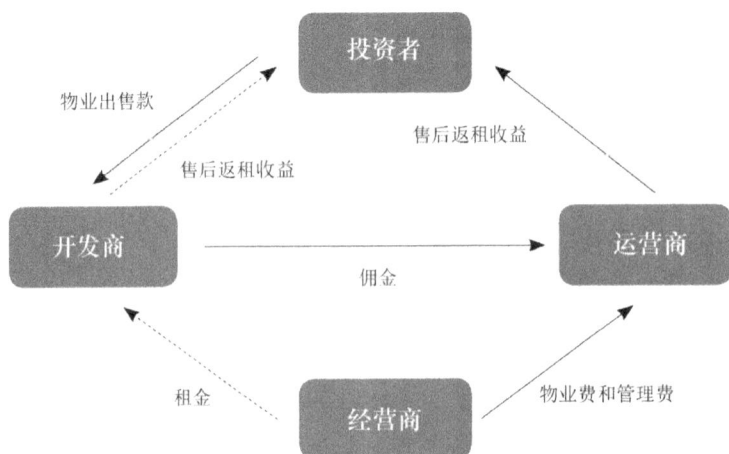

1. 售后返租法律关系

产权式商铺售后返租模式一般涉及开发商、小业主（投资者）、实际经营商户、管理公司、担保方、银行等多方当事人，法律关系远比一般房产买卖复杂。具体来说主要有以下几种法律关系：

（1）买卖合同法律关系

投资者就购买产权式商铺与开发商签订《商铺买卖合同》后，双方即成立买卖合同法律关系。在该法律关系中，开发商的主要义务是如约交付商铺，且承担瑕疵担保责任。而投资者向开发商支付商铺价款后取得商铺产权。与一般房屋买卖法律关系相比，该法律关系有其特殊性：第一，一般房屋买卖追求的是房产价值，而产权式商铺交易则追求投资、经营收益，因此产权商铺的实际价值受市场波动和时间影响较大；第二，投资者购买商铺后须将商铺租赁给开发商或开发商指定的第三方，因此在产权式商铺模式中，投资者往往获得商铺的有限所有权；第三，产权式商铺具有房产证券化的特征。

（2）租赁合同法律关系

投资者购得商铺后，不是用于自己经营，而是将商铺租于开发商自建或招入的第三方商业管理公司统一经营，因此投资者与第三方商业管理公司之间就发生了租赁法律关系。业主的主要义务是交付商铺，主要权利是收取约定的租金。由于产权式商铺经营模式的特殊性，投资者购买带租约的商铺或委托出租存在一定的投资风险，表现在：第一，我国商业用房的权利期限为40年或者更长，而根据我国《合同法》的规定，租赁期限最长时间不得超过20年，目前产权式商铺租期普遍是10~20年，租赁期满后，如何处理商铺或继续保证投资回报率必将引发纠纷；第二，因开发商在销售带租约的产权式商铺前，已经对经营模式、租赁期限、租金标准及合同解除的相关条款做出约定，故投资者须接受开发商的游戏规则，当发生争议时，很难通过解除租赁合同来收回商铺。

（3）委托经营法律关系

在产权商铺售后返租中，投资者和开发商均不自己直接经营商铺，而是委托第三方进行经营管理。双方签订《委托经营合同》，如此，在开发商或投资者与实际经营的第三方商业管理公司之间建立委托经营法律关系。该法律关系的基本特征是委托方委托受托方在一定年限内对物业整体进行经营管理，受托方在委托年限内占有使用物业并完成约定的经营指标，收取经营费用。在此种模式下，投资者的收益源自经营收益，开发商或管理公司并不直接承担经营风险。这种委托经营法律关系与一般的委托合同存在区别：第一，为确保实际经营方经营期的稳定性、长期性，投资者签订的委托经营合同往往约定投资者不得单方提前解除合同，而我国《合同法》规定，委托人或者受托者可以随时解除委托合同。第二，产权式商铺的小业主并不直接向开发商或管理公司支付委托经营费用，而我国《合同法》则规定，委托人应当预付处理委托事务的费用。第三，产权式商铺的业主，不得干预商铺的经营、管理，受托人甚至不必亲自处理受托事务，而我国《合同法》规定，受托人应当按照委托人的指示处理委托事务，需要变更委托人指示的，应当经委托人同意。第四，典型意义上的委托合同最大的特征是风险由委托人承担。而产权式商铺的委托统一经营管理合同却往往约定，无论受托人是否取得收益或收益多少，均应向委托人支付约定的投资回报收益。

（4）担保合同法律关系

有些开发商为提高商业地产吸引力，打消投资者对经营风险的疑虑，增强投资者的投资信心，往往会寻找专业担保公司或者银行介入，承诺为投资者的投资收益提供多种形式的担保，如资产担保、公司信誉担保、经营收益担保、金融机构担保等。严格说来，房地产开发商的这种固定回报承诺并不属于严格法律意义上的担保。目前市场上关于产权商铺投资的担保措施大多不具有真正的法律效力。比如由于其担保的标的额本身并不确定，因此担保人的担保责任也无法确定。另外有的开发商以关联公司的"营业收入"为投资者的投资收益提供担保，但关联公司的"营业收入"本身具有不确定性，因此，房地产开发商对投资回报提供担保的承诺通常并不具有可行性。

（5）转租合同法律关系

商业管理公司在获得投资者购买的商业地产的使用权后，通常会对外进行统一招商，通过转租商业地产的方式引进经营商户的进驻，因此，商业地产实际经营商户与商业管理公司之间又构成转租合同法律关系。

2. 售后返租操作流程

整个返租过程，需要用严格的合同和流程进行约束，从而保证各种权利按预想流转。

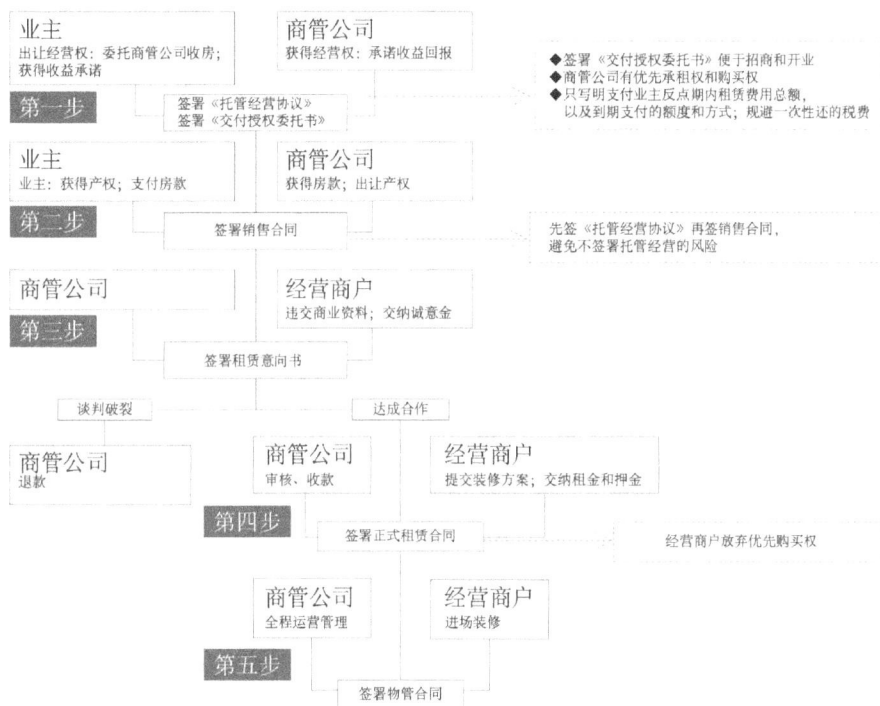

业主
出让经营权：委托商管公司收房；
获得收益承诺

商管公司
获得经营权：承诺收益回报

第一步
签署《托管经营协议》
签署《交付授权委托书》

◆ 签署《交付授权委托书》便于招商和开业
◆ 商管公司有优先承租权和购买权
◆ 只写明支付业主反点期内租赁费用总额，以及到期支付的额度和方式，规避一次性还的税费

业主
业主：获得产权；支付房款

商管公司
获得房款；出让产权

第二步
签署销售合同

先签《托管经营协议》再签销售合同，避免不签署托管经营的风险

商管公司

经营商户
递交商业资料；交纳诚意金

第三步
签署租赁意向书

谈判破裂   达成合作

商管公司
退款

商管公司
审核、收款

经营商户
提交装修方案；交纳租金和押金

第四步
签署正式租赁合同

经营商户放弃优先购买权

商管公司
全程运营管理

经营商户
进场装修

第五步
签署物管合同

第一步：签署《托管经营协议》，签署《交付授权委托书》

开发商要求投资者与第三方商业管理公司统一签订《托管经营协议》与《交付授权委托书》，实现将商铺的经营权从投资者手中重新回收的目的，由商业管理公司保证每年向投资者支付固定租金或浮动收益。

第一，签署《交付授权委托书》便于招商和开业；第二，明确商业管理公司有优先承租权和购买权；第三，只写明支付业主返点期内租赁费用总额，以及到期支付的额度和方式，规避一次性返还的税费。

第二步：签署《商品房买卖合同》

投资者与开发商签订《商品房买卖合同》，投资者支付购房款，获得商铺产权;开发商获得购房款,出让商铺产权。注意先签《托管经营协议》再签《商品房买卖合同》,避免不签署托管经营的风险。

第三步：签署《租赁意向书》

管理公司在获得商铺的租赁权后,将商铺进行统一规划与统一招商,引进经营商户进驻,双方有合作意向,签署《租赁意向书》,商户递交商业资料供商管公司审核,并交纳诚意金。

第四步：签署正式租赁合同

在合同中,对经营商户的开业时间、装修时间、经营业态、租金水平等进行明确约定。签署《正式租赁合同》之后,经营商户交纳租金与押金,并提交装修方案给商管公司审核。

第五步：签署物管合同

签署物管合同之后,商户进场装修,由商管公司负责全程运营管理。

（三）售后返租的四种模式

1. 按租金返还方式分类

按租金返还方式,售后返租分一次性即返、分阶段返还或两者结合。

一次性抵扣房款的即返模式很少单独使用,开发商会在表价中返还,很容易被投资客解读为变相打折,因此,常与其他返租方式或服务式招商组合。

分阶段返还,即商管公司按月度、季度、半年度或年度支付租金,通常按季度或年度。

一次性即返与分阶段返还结合,一般适用于返租年限较长的商业地产项目。若八年返租回报,通常采用"3+5"返租模式,即前三年将租金一次性从房款中扣除,后五年租金按季度或年度支付。佣金回报点数可以是固定收益,也可以是浮动分成。以固定收益为例,收益率可以每年固定,也可以逐年递增,例如八年返租收益率按"6%、6%、7%、7%、7%、8%、8%、9%"梯度增长,可以通过租金增长暗示投资者前景明朗,提升投资者信心。

无论是一次性抵扣还是分阶段返还,返租年限的设置,既要考虑返租年限对表价的影响,考虑业态首次调整年限,还要考虑产品类别。其一,考虑返租年限对表价的影响。在商业地产中，投资人主要关心的是单价与总价；内心权衡的是，自己有多少钱，能投多大面积商铺。至于投资回收期，其实是没有太多概念的，投资人不是不关心，而是获取信息不对称，更坚信自己的直观和主观判断。以一次性即返为例，返租年限越高，表价越高；表价越高，投资客的抗性越高。如果开发商想实收 3.6 万元 / ㎡，返租回报固定 6%，按三年一次性即返计算表价，则表价 =4.39 万 / ㎡ ×（3.6/（1-3×6%））；按五年一次性即返计算表价，则表价 =5.14 万 / ㎡ ×（3.6/（1-5×6%））。其二，要考虑业态首次调整的最长年限。业态首次调整的最长年限，主要依据租期最短业态的最长签约期，例如零售业态最长签约期一般以三年或者五年为准。其三，考虑产品类别。如果是独立产权商铺，返租时间可以灵活设置；如果是虚拟产权商铺，则返租时间设置要充分考虑统一经营的需要。

某项目业态与反租年限、回报方式结合案例					
	返租期	保底回报率	分成回报率	分成比例	租金涨幅
零售业态（5 年返租）	5 年	7%	/	/	/
餐饮业态（10 年返租）	1~5 年	5%	/	/	/
	6~10 年	5%	7	7/3	≥ 10%

2. 按租金回报方式分类

按租金回报方式分类，售后返租分真实回报、虚拟回报或两者结合。

真实回报，指年度收益率的点数固定，例如固定的每年 6%，也可以按 6%、7%、8% 的梯度递增，租金回报有确定的点数，是真实的承诺。真实回报适用于经营前景不乐观项目，投资客认为项目经营前景不乐观，对未来租金收益预期比较低，需要通过固定的返点给投资客一个可以接受的收益；后期的返款压力会较大，但能够提前收拢一笔资金，一般用于销售型集中商业。

虚拟回报，指租金收益回报并不确定，属于"随行就市"，在实际操作中用年度总租金收入 – 年度总运营成本，租金的盈余部分在商业管理公司与投资者之间按约定的比例分配，但租金水平具有不确定性。虚拟回报适用地段较佳租金可预期项目，开发商压力小，通常与一次性返还组合。

真实回报与虚拟回报结合，一般适用于较长的返租年限。以十年为例，采用"5+5"返租模式：其一，前五年采用真实回报，这种真实回报可以是固定的，例如每年6%，也可以是梯度递增的，例如"6%、7%、7%、8%、8%"。其二，后五年采用虚拟回报，针对租金的盈余部分，在商业运营公司与投资者之间按约定的比例分成。这样做的好处有两点：一是前几年通过保底的真实回报可以增强投资者的信心，同时这种前几年的真实回报可以与一次性即返相结合，在购房款中一次性扣除；二是后几年的虚拟回报，是建立在前几年的真实回报基础之上，会让投资者感觉受益更高，进一步增强其投资信息的同时，又最大可能避免开发商风险。

某项目回报方式与返租年限结合案例						
	返租期	保底回报率		分成回报率	分成比例	租金涨幅
方案A 10年返租 (71%)	1~3 年	6%		6%	7/3	/
	4~6 年	7%		7%	7/3	≥10%
	7~10 年	8%		8%	7/3	≥10%
方案B 20年返租 (138.5%)	1~5 年	1~3 年	6.50%	7%	8/2 7/3	/
		4~5 年	7%	7%	8/2 7/3	/
	6~10 年	7%		7%	8/2 7/3	≥10%
	11~15 年	7%		7%	8/2 7/3	≥10%
	16~20 年	7%		7%	8/2 7/3	≥10%
方案C 20年返租 (120%)	1~5 年	6%		6%	7/3	/
	6~10 年	6%		6.50%	7/3	≥10%
	11~15 年	6%		7.50%	7/3	≥10%
	16~20 年	6%		9%	7/3	≥10%

真实回报，返租点数的设置，不应低于项目成熟期的租金回报，具体值不仅参考同类运营成熟商业项目的租金回报率，更需要参照银行理财产品的

收益率。同时，要注意不能偏离市场上的返点情况。返点太低会影响客户的投资收益，影响去化；返点太高，会增加后期运营压力，增加客户对风险的预期。例如，银行理财产品的年化收益率普遍为 4.5% 左右，同时考虑购物中心租金回报率一般在 2%~3%，优秀的达到 3%~4%，那么返租点数一般可以设置在 7% 左右，既确保高于理财产品投资回报率，商管公司实际的租金收益率与返租点数之间的差距较小可以通过开发商返还的方式弥补，且不会造成太大的后续问题。

3. 按租金抵扣方式分类

按租金抵扣方式分类，分抵扣总款返租与抵扣首付款返租。

抵扣总款返租，即返租回报在总款中扣除。例如三年一次性即返，年收益率 6%，总款返租是直接在总房价中抵扣 18%。

抵扣首付款返租，即返租回报在首付款中扣除，这是一种为了解决投资客入市购买门槛而采用的返租方式。住宅按揭成数普遍为总款的七成，而商铺按揭成数一般为总款的五成，最高也不过六成。这样，一个总值 20 万元的商铺，首付款需要 10 万元，相当于一套总价 40 万元住宅的首付款。如同小户型住宅拥有广泛的客户群一样，实施首付款返租可使商铺投资客的层面扩大，这样花几千元就可以买到一个商铺。以 50 ㎡ 摊位为例，若售价为 3 万元 / ㎡，则总售价为 150 万元，五成首付款需 75 万元。若按八年返租回报的"3+5"返租模式，前三年收益率 6% 在首付款中一次性即返，后五年采用浮动收益，则投资客实际支付的首付款仅为 39 万元（75 万元 –150 万元 × 3 × 8%），既能降低市场门槛，又能在培育期统一经营。

4. 按返租时间长短分类

按返租时间长短分类，一般分为短期返租（一般 1~3 年）与长期返租（一般 8~10 年，甚至长达 20 年）。从销售角度看，短期返租与长期返租都会使得销售速度加快，两者不会对销售结果产生非常大的区别。

短期返租，前期由商管公司统一控制招商和经营，能确保既定的商业定位与规划，如果是独立产权式商铺，3 年的时间进行培育有可能做旺商业，既能坚定投资者信心，又能在返租后卸下返租包袱。如果是虚拟产权式商铺，纵然 3 年时间做旺商业后，将商铺交还给业主，租期结束后由业主自己招租，产权分散的问题就会暴露，缺乏统一的运营势必导致项目陷入危机之中。

长期返租，由商管公司统一控制招商和运营，前期确保既定的商业定位与规划，后期能确保商业的调整与培育，无论是独立产权式商铺还是虚拟产权式商铺，都能较大程度上有利于商业氛围的培育与加速商业旺场。如果经营管理非常成功，远期将会产生远超返租回报的物业租金收益。一方面，从风险角度看，较短期返租而言，长期返租的后期返租压力大，风险大，特别是经营管理或大商业出现经营问题，承诺的固定回报就可能得不到兑现；同时也更能趋向政府相关政策，避免政策风险。另一方面，从升值的角度来看，长期返租因为较为固定的年收益率，纵然是浮动收益毕竟租金增长空间有限，在一定程度上制约了商铺的升值空间。

具体商业项目的售后返租政策，一般是以上四种返租模式的综合运用。例如，一个商铺 50 ㎡，销售面价 4 万元 / ㎡，设定返租期限十年，自入伙开始计算回报，前三年 6% 的固定回报，前三年租金一次性即返抵扣首付款，第四年返还 7%，第五年返还 8%，第六年至第十年商管公司与投资客按租金收益 1∶9 分成。《托管经营协议》只注明前五年租赁费用总额，不含一次性返还费用，规避前三年税费。《商品房买卖合同》只保留扣除前三年租金一次性即返之后的金额，规避开发税费。返租具体回报与租赁税费详见下图：

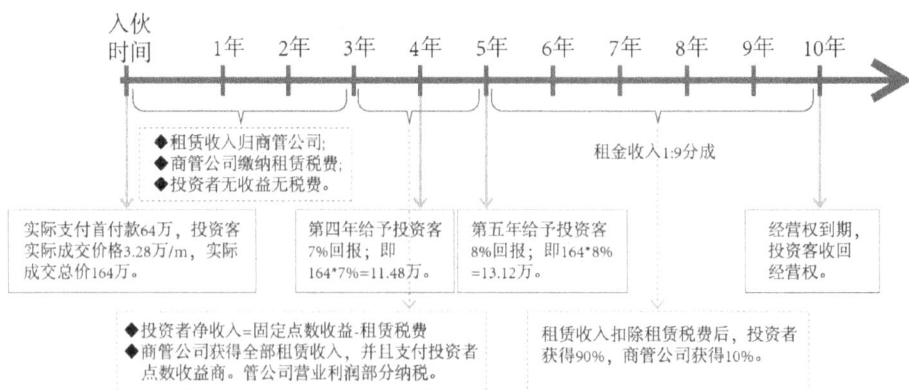

主体	收入和税费	避税方式	收入和税费	收入和税费
某项目回报方式与返租年限结合案例				
投资客	无收入，无税费	《托管经营协议》只注明前五年租赁费用总额24.6万元（不含一次性返还费用），以及第四年开始支付租金的额度和方式。这样规避了前三年一次性返还款的税费。	投资者净收入＝固定点数收益＝租赁税费	租赁收入扣除租赁税费后；或得90%
商管公司	租赁收入，缴纳相应的租赁税		商管公司获得全部租赁收入，并且支付投资者点数收益。商管公司须缴纳租赁税费的收入＝租赁总收入＋物业管理收入－投资者点数收益。	租赁收入扣除租赁税费后；或得10%

（四）售后返租的风险与规避

售后返租，既需要了解返租过程中的运营风险，也需要了解返租过程中的法律风险，以事先预防风险，实现利益最大化。

1. 租金与售价不合理风险

在售后返租中，投资者看中的是6%~10%的投资回报率，而非业态定位与经营管理，开发商追求的是高额快速销售，没考虑到将来的经营管理是否能给予业主8%~10%的回报。大商家作为一个商业的整体租赁者，其承租的租金必然比较低，租金与返租回报之间存在一定的差距，使得开发商不得不为了支持较高的返租回报去补贴一定的资金。

假设某主力店租用某大商场10年时间，综合考虑起租的租金、递增率及商铺项目对应的市场售价，其10年的平均回报率为5.8%，而开发商承诺投资客户的回报率为8%，这之间就存在2.2%的差距。假设本项目的最终销售价值为1亿元，则开发商在这10年承租期中共需补贴2200万元（1亿元 ×10年 ×0.022），从而为开发商留下包袱，产生了风险。

在开发商提供了长期的较高回报保障前提下，项目的市场销售价值可得到一定程度的提高，在一定程度上可适当弥补回报的补贴。但要注意这种较高回报一定要在市场允许的合理范围内，脱离了市场规律的回报不具备实现的可行性。另外，返租回报尽可能不要长期固化，可以采用固定回报与浮动收益相结合的方式。

2. 大商家经营不良风险

在承租期中，由于大商家的经营管理不良，从而无法再继续经营，导致大商家不支付租金，而开发商却需要刚性兑付小业主的承诺回报，这时开发商所承担的回报压力就非常大。

公司在考虑出租时，不能仅以租金的角度选择承租客，而是应该对其行业、资质、背景及其履约能力进行考量，尽量选择一些"优质"大商家租客，以获得一个长期的有保证的租约，以保证给公司稳定、持续、健康的回报率。

在可能的前提下，开发商可以采取与大商家合资或合作经营，甚至尽量自营一部分。这样既可以增强开发商对商业地产项目的整体控制力度，有利于整个商业物业的长期经营，又可增强其他经营商家与之合作的信心。

3. 期满产权分散风险

分割销售后所带来的产权分散与商业统一经营的矛盾，一直是困扰商铺营销的主要问题。虽然大型商家整体承租的销售模式在一定时期内解决了这个矛盾，但在返租期满后又将如何解决这个问题来保障众多小业主的利益呢？为了更好地实现商业的销售价值，发展商需提前解决好这一问题。

要成立业主委员会。由业主委员会来统筹安排商场的未来租赁权及经营权，并按照小业主的投资额合理地划分比例关系，通过类似"股权"的形式在实现整体效益的情况下，全面、公平地保障所有业主的收益。具体运作可通过业主投资额的大小，确定所有业主的分配权利，业主委员会可通过自行运作或委托专业商业机构代管、代租等形式以实现商场的统一经营。

在项目前期分割规划中，要充分考虑今后经营的需要。要合理组织人流走向通道，合理设置通道的长与宽，尽量保证铺位的分割，做到"分则好售，合则好用"。这样，即使返租期满后大型商家不再租用，也可以通过商场本身布局，组织成立相应的主题商场以对应招商。

4.铺位改造风险

承租人通常都会对承租铺位进行不同程度的装修改造。为避免双方陷入争执的僵局，事先的约定是非常必要的。须约定：其一，必须事先得到商业管理公司的书面同意；其二，不能损害原主体结构，影响建筑安全；其三，装修工程的消防报批和验收责任由承租人负责；其四，合同期满或提前终止时，装修归公司所有。

5.铺位转租风险

转租通常分为两种方式：一种方式是指承租人在租赁期间将其承租房屋的部分或者全部再出租的行为；另一种方式是房屋承租权转让，指在房屋租赁期限内，承租人将其在房屋租赁合同中的权利、义务一并转移给第三人，由第三人取代原承租人的地位，继续履行房屋租赁合同的行为。对此，必须约定承租人未经公司书面同意擅自转租，则构成违约行为，解除租赁合同，收回铺位。

（五）主流销售型商铺产品研究

商铺的形式多种多样，在各种商业区、住宅区、专业市场，以及百货商场与购物中心等商业地产里面，随处可见商铺，商业设施就是由大大小小的商铺组成。尽管都是商铺，但很显然，不同地方、不同类型的商铺，其商业环境、运营特点、投资特点都会显著不同。在此对商铺进行必要分类，有助于对商铺个性化的了解，便于匹配不同的租售模式。

根据国内商业地产租售模式分析，虽然表面上看来，商铺销售好像都是一样的，但是在销售的比例上和销售的区域上，以及不同销售模式对资金回笼造成的影响及其对后期经营的影响方面，不同的销售模式天然地存在较大的区别。对一些商业项目来说，采取某种销售模式是正确的，商铺销售出去之后不会给其后期经营带来巨大的影响，商铺分割销售带来的产权分散可以通过后天的经营去修正。对另一些商业项目来说，前期规划中没有明确租售关系，销售比例与销售区域设置不合理，没有根据商业项目的实际采用合适的销售模式，由此造成的后果则是恶劣的，损失难以弥补。

商业地产开发，租售关系是永远绕不过去的选择。租售结合更符合内地开发商的名利双收的开发需求。如果考虑到分散销售与统一经营的协调，既要快速销售，又要避免产权分散给后期运营带来不可弥补的损失。按开发形式划分的七类商铺，可以概括归纳为三类主流销售型商铺，分别为：外围街区式商铺、集中商业的分割式铺位与 BLOCK 街区式商铺。

1. 外围街区式商铺

外围街区式商铺销售历来有之，只是这种销售方式被万达发扬光大了。万达的"大商业出租给主力店 + 小商铺零散出售"模式，即集中式大商业由开发商自持，出租给主力店与品牌商家；小商铺与集中式商业分离，以街区的形式存在，散售给投资客。这样做的好处是显而易见的，集中式大商业由自建或招入的专业商业管理公司，统一规划、统一招商与统一运营，保障大商业的旺场；大商业的旺场既提高了租金收益，又带动了开发商自持物业的升值，还因为开发商自持商业与零散出售小商铺分离开来，最大限度上消减零散出售小商铺培育与调整期对大商业商业氛围的负面影响。小商铺与大商业分离，零散出售，达到快速回笼资金的目的，还因为小商铺以街区的形式存在，自身拥有一定的抗风险能力，更因为稳定经营的大商业提升了整个商业项目的商业氛围，既在一定程度上缓解了产权分散与统一经营的矛盾，又缩短了小商铺的商业培育与调整时间。外围街区式商铺有以下几个特点：

（1）商铺面积大

外围街区式商铺面积一般都较大，这是独立临街商铺的共同特点。一个商铺要能够独立经营，必须有合理的进深和开间，有独立的上下水和厕所等，如果满足不了这些要求，这个商铺就无法独立使用，就无法满足商家的使用要求。一般而言，外围街区式商铺开间为 4~8m，进深为 10~16m，单层面积为 40~128 ㎡。万达在外围街区式商铺的面积控制上，开间采取 4.2m，进深10m，单层面积 42 ㎡，采用一拖二的商铺，一卡商铺总建筑面积 84 ㎡，虽然较集中式商业分割铺而言建筑面积大，但这基本上是满足商户独立使用的最小面积，再要继续分割成更小面积的商铺几乎是不可能的。

（2）商铺总价高

外围街区式商铺面积较大，商铺单价较高，这样就使得外围街区商铺的总价偏高。以一间临街商铺为例，如其建筑面积为 100 ㎡，销售单价为 2 万元 / ㎡，则该商铺的销售总价达到 200 万元，总价越高对销售速度的影响越大。解决这个问题有两个方法：其一，减层数，加层高。一方面，将两层商铺分拆开来销售，通过在一层与二层之间增加楼梯的方式，用"双首层"提高二层商铺商业价值。与此同时，为增加首层商铺价值，可以将层高设置为 5.9m，经营商户可以内置夹层，增加经营价值。其二，返租策略，采用"3+2"返租模式，即前三年一次性即返抵扣首付款与后两年收益分成。实收总价 200 万元的商铺，五成首付金额 100 万元；若前三年固定租金收益率 6% 返算回去，销售面价 244 万元，抵扣后实付首付款 78 万元；后两年租金分成则避免投资客将返租理解为噱头，进一步提升其投资信心。

（3）商铺数量少

任何一个商业地产项目的平面边界都是有限的，以一个购物中心为例，如四面的边长之和为 400m，则围绕着这个购物中心的外围街区式商铺的总面宽之和最大值必然低于 400m；假设将该项目的商铺进深设定为 10m，则外围街区式商铺的总销售面积低于 4000 ㎡。实际上，除掉购物中心四个面预留的人流主出入口、车库出入口和消防通道等，该项目的外围街区式商铺的总可售面积为 3000 ㎡左右。解决这一问题的做法，一般有两种：其一，在动线设计上采用环形阴阳动线的方式。例如，万达的街区式商铺，围绕大商业划分为一环铺、二环铺与三环铺，通过环形动线的方式解决了街区式商铺数量少的不足。其二，往空中发展，即发展多楼层的商业。但是无论是向上和向下，商铺的价值都会随着大幅衰减，万达的做法是只做一拖二的两层商铺，最大可能避免商铺价值的衰减。

（4）经营问题少

外围街区式商铺都是独立临街商铺，商家可以独立经营，不必受到展示面、室内通道的制约。投资者在心态上可以接受这样的商铺产品，认为这样的商铺经营风险不大，使得这一类型的商铺投资需求畅旺。外围街区式商铺，开发商大多采用不负责经营的方式进行销售，也就是销售后就不管了，由小业主自己租赁，商业业态与品牌由经营商户根据市场自发调整，存在时间长短不一的市场培育与调整期。为避免外围街区式商铺在此期间对自持的集中式商业产生不利影响，一方面，可以在规划设计时就将外围街区式商铺与集中式大商业进行隔离，预设防火墙；另一方面，外围街区式商铺也采用抵扣首付类返租，回收经营权，由商管公司统一规划、统一招商与运营，既可以增强投资客信心，降低首付扩大投资客数量，还可以避免经营商户根据市场自发调节业态，缩短商业培育与调整周期，最大可能降低对开发商自持大商业的不利影响。

2. 集中商业的分割式铺位

不同于外围街区式商铺，集中商业的分割式铺位，指开发商开发的集中式商业场所，分割为成百上千个小面积的产权单位，也就是一个个小铺位，将它们销售给投资者或经营者。万达早期的第一代产品、第二代产品所指的"卖底铺"，就是一种低楼层的集中商业的分割式铺位。

（1）分割式铺位特点

其一，缺乏独立性。分割出来的商业铺位，集中在一个集中式的商业盒子里面，具有经营上的一损俱损一荣俱荣特点。虽然每个商业铺位的位置和价值各不相同，但是所有分割式铺位价值均取决于整个商场的经营状况，各个铺位之间既相互竞争，又相互作用，每个铺位都难以独善其身。

其二，铺位面积易控制。分割式铺位的过道可以根据需要划分，这样就决定了铺位的数量、面积大小均可以控制。一般而言，为实现较快的销售速度，将商铺面积划小是一个最为有效的手段，对于临街商铺来说这是不可能实现的事，但分割式铺位可以通过对集中式商业的划分获得大量的小面积商业铺位。这是分割式铺位的一大优势。

其三，产权的分散危害经营。分割式铺位使得产权高度分散，产权多元化导致经营权迅速分散，使得整个商场只有星星没有月亮与太阳，若无专业商管公司统一规划与管控，势必陷入无序状态，甚至个别业主的反对意见，都可能使商场某个区域、某个楼层，甚至整个商场的运营遭遇障碍，一旦某个区域或某个楼层运营不佳，极易陷入恶性循环。

其四,公摊面积大。分割式铺位的公摊面积接近50%,投资回报相对较低。

（2）分割式铺位返租策略

开发商拆零产权快速销售回收资金,开发商自建或委托第三方商业管理公司,以长达10~20年的返租回报,将经营权从投资者手中取回,由商业管理公司进行统一规划、统一招商与统一运营,确保商业旺场,持续获得租金收益,回报投资者。在统一管控与经营的背景下,最大限度实现商业物业的整体经营价值,同时使建筑单体获得最大的价值与租金增长空间。具体而言,分割式铺位的返租要注意以下几点:

其一,集中商业的分割式铺位,通过商业管理公司统一规划、统一招商与统一管理,类似于全产权式独立商铺与购物中心之间的产品,它集合了产权式独立商铺易回收资金的优点和购物中心统一经营与管理的优势,既能够在短期内回收大量资金,又可以避免零售产权导致经营混乱的局面。

其二,集中商业的分割式铺位,在投资者与商业管理公司签订的投资回报合同中,为保证主力商家的长期经营,一般合同期长达10~20年,类似于整体自营的大型商场,确保商业稳定经营的持续性,不断提升商业价值。

其三,商业管理公司在整体经营上,对于项目定位、业态规划、经营内容、商家品质等有着清晰的界定,有助于经营商户入驻前对项目整体营运规划与发展前景进行了解,从而做出正确的决策,有利于经营商户规划租赁期限,保障了租金收益的稳定。

（3）集中式商业持有策略

从租售比例上来看,集中式商业最佳租售比的搭配是:开发商持有三分之一的商铺自主经营,三分之一的商铺出租经营,三分之一的商铺销售。其中,出售的部分也要由开发商自建或招入的商业管理公司进行统一的业态规划,实施返租回报政策。在这种模式中,由于商业管理公司控制集中式商业的业态规划与招商,在市场培育初期可以保证这个商业项目的主题统一性,又能减轻开发商的部分资金压力。经过3年至5年市场培育期,商业运营进入正轨,市场秩序稳定,盈利能力渐强时,开发商就没有必要再持有这么大比例的物业了,此时开发商可以适当出售已经增值的带租约的三分之一物业出租。同理,待市场进入成熟期后，开发商也可以将剩余的三分之一自营物业出售。这样，集中式商业项目既可以完全回笼现金，又能获得持有期间的增值溢价，同时确保整个商场具有一定的主题与活力。

开发商持有产权的铺位位置，可以有两种选择：其一，开发商保留部分主力商铺，临街、主入口商铺控制在手中，避免商场"脸面"受制于人；其二，主力店铺位整层保留，即将集中式商业的部分楼层整体出租给大商家，以大商家作为商场经营的主体，发挥他们的品牌效应，将其他楼层作为大商家的辅营区自营或分割出售。

（4）集中式商业划铺方法

为促进商铺销售，应尽可能将铺位面积划小，但并非铺位面积越小越好，铺位的分割对项目的销售、招商与运营影响深远，需要平衡每一个要素。

其一，业态定位决定分割标准。

在以经营为导向的商铺营销时代，铺位分割已经不是一味地划小铺，划蚂蚁铺的时代。铺位分割固然考虑到销售压力，但这并不意味着一味地划小，而要寻求销售和经营的平衡点，做到兼顾销售、招商与经营。

铺位分割标准的确定，主要取决于项目的业态定位。专业市场有专业市场的分割标准，零售市场有零售市场的分割标准。在零售市场的分割标准中，街铺有街铺的分割标准，内铺有内铺的分割标准，对于零售主题商城的分割，甚至还分为铺位和柜台的区别等，标准不同，铺位分割的方法和方式差别很大，不能一概而论。

商铺的分割主要结合主题定位与业态规划进行。如果商铺的定位是以服装、音像业为主，则开间进深比非常重要，服装商铺开间大，开间进深比控制在1：3比较合理，而音像铺就可以大于4：1，因为经营服装与音像不需要太宽的门店，而商铺的后部又可以用来存货。如果项目将来的主要商业定位是以餐饮、零售业为主，则要求必须有较宽的门店。

其二，明确铺位分割三要素：通道、开间与进深。

在明确了铺位分割标准的基础上，具体进行铺位分割时，还要确定铺位分割三要素，即通道、开间与进深。这里需要注意的是，以柱点为自然分界点，以电梯的口为中心排列通道，同时考虑主通道与次要通道的区别，开间和进深需要注意二者之间的合理比例。

尽量减少鱼骨形通道，多设置回字形通道。在实际操作中，大平层面积分割成大量的小面积铺位，势必导致通道多且复杂，鱼骨形通道就成为常态。在实际经营中，鱼骨形通道的人流性较差，商户的经营效益不理想。而回字形通道的人流量较佳，商户的经营效果好于鱼骨形通道，因此在通道设计中应尽量减少鱼骨形通道，多设置回字形通道。

不少商业项目在进行铺位分割时，为了销售利益最大化，不注意商铺开间与进深比例，分割出开间狭窄或进深狭长的商铺，这样的商铺很难适应业态经营，最后导致商铺无法出租使用。

边线应尽可能以直线为主，要两边同时有摊位，忌讳一侧有一侧无。对于边线中有不规则的，则尽可能拉直处理，虽然会使摊位面积不均匀，但会使道路齐整，便于人流贯通；如遇边角区域不规则，部分区域面积过大，则可以考虑适当弯曲，使之面积差不要过大。

其三，尽可能利用有效空间面积。

大面积平层商铺的分割，一方面是商铺面积小，另一方面是通道多而复杂，还有就是商铺的公摊面积大。铺位分割必须遵循科学利用原则，即在满足消防要求的前提下，尽可能充分利用有效空间面积，所有可有可无的空余面积都应该利用起来作为商铺，尽量减少和压缩辅助功能区的面积，这是提高使用率、降低公摊比例的唯一方法。辅助功能区，是指商业场所中那些必须具备，而又不能用来当作商铺销售创造利润的面积，例如楼梯、通道、厕所、休闲空地、设备间等，应尽可能减少。辅助功能区太多，主要是楼梯太多、厕所太多、空闲场地太多，正所谓"三多"不除，公摊不减。例如，有的商业项目内部分布了十几个厕所，但实际并不需要这么多，按照正常的标准每层保留一个公共厕所即可，这样不仅节约了面积与建安费用，还省下一大笔卫生设备购买、维护的费用，实在是一举多得。

铺位分割还要考虑柱网结构与死角铺位的处理。进行铺位分割并不是确定了铺位分割的标准和三要素，铺位分割就能顺利完成，在铺位分割的具体实施过程中，还要考虑柱网结构的问题，9m柱距是商业地产开发比较常用的选择，要合理处理柱网与铺位分割之间的矛盾，譬如柱子不能在铺位中间，不能影响商铺的使用，柱子不能影响铺位的展示面等，还要注意铺位分割后的卖场人流导向和环通问题。

此外，死角铺位的处理也需要注意，任何一个卖场在进行铺位分割的过程中，都或多或少遇到此类问题，对于铺位分割的死角，可以通过在保证整体实用率不至于太低的前提下，适当地划分休闲区，以增加死角区域对于人流的吸引力，从而在一定程度上解决铺位死角。

3.BLOCK 街区式商铺

传统意义上的街区是带状的，即以步行街为主轴，临街商铺分布于两边，是为带状区；而BLOCK街区就意味着街区式块状的，这种"块状"不是集中式商业单层大平层的大块状，而是独栋的小块状。

假设一个集中式商业单层面积为6400 ㎡，共3层，则总建筑面积为19200 ㎡，四面边长之和为320m。如果将这个商场全部销售出去，假设开发商不愿意背经营包袱，不愿意采用集中式商业的分割铺位，仅仅销售临街商铺，则可销售面积又极为有限，以该集中式商业四面边长320 m、进深统一10 m计算，按一拖三这种独立临街商铺规划，除去商场入口与消防通道，实际可销售的临街商铺总建筑面积低于8000 ㎡。这种情况下，集中式商业还剩余约11200 ㎡的商铺需要处理，这是一个难以处理的问题。将该商场全部销售出去，且不愿意背负经营的包袱，BLOCK街区就可以解决。

假如将该集中式商场像豆腐一样平均切成8栋，8栋各自独立为独栋商场，每个商场的单层建筑面积约为800 ㎡。这样一来，一个单层面积6400 ㎡的集中式商场，就变成了8栋单层面积800 ㎡的小商场。这8个独栋分开摆放，中间街道保持合理的距离，这就是BLOCK街区，其最大的好处就是使临街商铺的门脸大大加长。对比发现，单层面积6400 ㎡集中式商业，临街面最大可利用的长度为320m；将这个集中式商业切成8个独栋之后，8个独栋的临街面之和约为900m，较集中式商业临街面四面之和要长很多，即临街商铺的门脸大大加长。与此同时，按照商业的进深来看，这8个独栋由于临街门脸大大加长，每个独栋首层 6400 ㎡的商铺可以全部分割成独立的临街商铺，这是 BLOCK 街区的核心优势。概括起来，BLOCK 街区独栋商铺具有以下特征：

其一，外围街区式商铺呈带状，如果是单边铺则一面临街，如果是背靠背商铺则两面临街；集中式商业呈块状，虽然四面临街，但分割为临街铺时，既导致临街铺面积少，又导致集中式商业中间的大量空间不能有效利用。BLOCK 街区式商铺集中两者的优势又摒弃两者不足，不仅增加临街面长度，首层更可以全部分割成独立的临街商铺。

其二，BLOCK 街区式商铺，首层全部分割成独立的商铺，各独栋之间的二层、三层可以通过连廊连接，通过水平动线相互贯通，确保每一层的每卡商铺都是独立的，可以自主经营自主租赁，既控制了单个商铺面积，又保障了单个商铺独立经营。

其三，BLOCK 街区式商铺，首层商铺全部是独立的单层临街商铺，不仅可以独立出售，还可以与二层、三层结合成一拖二或一拖三商铺，通过内置楼梯或电梯，解决垂直动线问题，作为二层、三层某个商铺或多个商铺的出入口，在销售时采用一拖二或一拖三方式。

其四，外围街区式商铺如果采用一拖二或一拖三方式销售，垂直动线只有内部楼梯，二、三层商铺价值大幅下降，且因为面积控制导致业态受到局限，大多只适合于零售业态；BLOCK 街区的商铺，采用一拖二或一拖三方式销售时，一方面，二层与三层的面积可以根据业态需要自由划分，二层与三层可以划分成 200 ㎡至 800 ㎡不等的小平层餐饮、娱乐商铺；另一方面，不仅可以在首层商铺设置电梯或楼梯解决垂直动线，还可以在每栋的二层、三层之间设置连廊，解决水平动线问题。

其五，BLOCK 街区式商铺的任意一个楼层，任意一间商铺，都有最佳可视面，不像集中式商场那样藏在里面。

第六，BLOCK 街区式商铺，不足在于独栋的分布造成动线不明确，不易凝聚首层的商业氛围，相比较而言，带状分布的外围街区式商铺更容易凝聚商业氛围，易于成行成市。

精准项目定位的"3231"模型

"销售时流的泪，是项目定位时脑子里进的水"，定位决定了项目的成败。一个正确的定位往往能为房地产企业带来滚滚的财源，而错误的定位很可能会导致巨额投资血本无归。很多房地产项目在设计、建造、招商与销售方面都做得很好，但因定位错误或偏差导致项目最终以失败而告终，这样惨痛的案例比比皆是。

艾·里斯与杰克·特劳特所著《定位》一书中指出，"定位，就是让你在潜在客户的心智中与众不同"，"定位是一种观念，它从产品开始，可以是一件商品、一项服务、一家公司、一个机构，甚至是一个人，也许就是你自己"。房地产领域的定位含义广阔，可以是地块定位、市场定位、客户定位、产品定位，也可以是公司定位、营销定位等。我们这里讲的项目定位，特指在土地获取前后开展的，与后期项目的设计、建造、招商、销售、运营息息相关的，是项目伊始最重要的工作。

项目定位，是指在合适的土地上，为合适的客户提供与之匹配的具有竞争优势的产品，在了解土地价值的基础上选择与之匹配的客户，通过客户判断与市场竞争分析寻找机会。市场竞争分析是项目定位的核心基础条件，土地分析和客户分析是确定项目定位，获得产品建议的前提条件。项目定位的实质是企业通过差异化手段使本项目与竞争对手区分开来，顾客能够用这种明显的差别做出购买决策。

项目定位的"3231 模型"，指对土地价值、目标客户、市场竞争这三个维度进行研究与分析，提出定位的可能性方向，再运用企业运营与对标项目这两大指标对可能性方案进行过滤与选择，解决竞争占位（明确项目在市场中所占位置）、客户定位（为土地寻找客户）与产品定位（为客户打造产品）这三大关键问题，明确产品开发思路，最后运用财务指标对方案进行评估的过程。

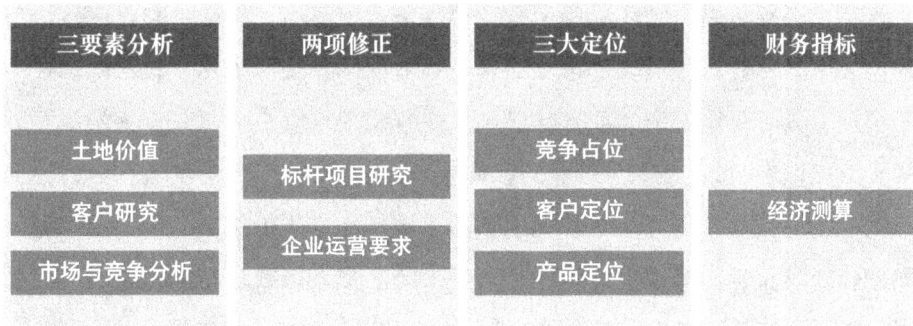

三要素分析	两项修正	三大定位	财务指标
土地价值		竞争占位	
客户研究	标杆项目研究	客户定位	经济测算
市场与竞争分析	企业运营要求	产品定位	

一、定位分析三要素

（一）土地价值研究

李嘉诚名言，决定房地产价值的因素，"第一是地段，第二是地段，第三还是地段"。房地产的价值分两种：一种是"地"的价值，这是先天的价值，既需要操盘手进行深度挖掘与系统归纳，不能只停留在静态土地价值的挖掘上，还需要从规划与城市发展角度进行动态的预判；另一种是"产"的价值，即后天增加的地上物业的价值，地上物业类型既要匹配地的价值又要能"反哺"地块，给地块提供附加价值。地块研究决定着项目价值和风险大小，项目做什么、怎么做都是由地块决定的，项目开发必须起始于地块研究。

地块研究主要涉及四个方面：第一，研究地块与城市的关系。诸如地块距离市中心的远近、城市的经济结构、城市角色与定位、城市文化特性等。地块距离市中心远近不同，地块价值不同。按距离市中心的远近，地块分为市区、城郊、郊区等不同类型，因拥有不同的城市配套与资源导致地块价值不同。城市经济结构不同，人口的收入结构也不同，例如深圳外贸与高新技术产业发达，按收入区分的人口结构呈纺锤形，中层收入人口占主要比重；东莞工业占主导地位，按收入区分的人口结构呈哑铃型，老板与打工仔占据较大比重。第二，研究地块周边环境、周边配套与交通条件。地块周边的自然环境、人文环境决定项目的价值，项目周边的资源决定项目的规划方向，项目必须与周边的环境相融合或相匹配；项目周边配套是判定项目价值的重要因素，针对主流住宅市场而言，商业配套、交通配套、教育配套在一定程度上具有决定意义；项目交通条件是判定项目客户来源与竞争的重要因素。第三，研究城市规划对地块的影响。诸如区域定位、产业职能、人口规划、市政配套与交通规划等。城市规划预示了地块的未来价值、人口、产业定位等变化，既直接影响区域经济，又直接影响区域人口数量与人口结构，对项目定位起到重要制约作用。第四，研究用地指标。诸如项目位置、四至、规模、地形、容积率、限高等经济技术指标。项目经济技术指标直接影响项目的产品形态。

土地价值研究的内容纷繁复杂，在不同时空背景下会有不同的偏重。一般而言，针对主流住宅市场，重点做好以下六个方面的研究：

1. 研究土地价值，首先认识地价

通常我们所说的地价，无论是按平方米计算出来的还是除以容积率之后的楼面地价，皆为"狭义地价"，如局限于狭义地价很难准确评估土地费用。一方面，要考虑土地改善所投入的费用。例如，土地是否完成"三通一平"或"七通一平"，是否需要额外投入？例如土地是否有退让，是否有公建配套？例如，土地属性改善或品类升级，对于 G2 品类（城市改善）而言，土地改善费用较小，而对于 T2 品类（郊区享受）或 C 品类（城郊改善）地块而言，需要投入可观的费用进行土地属性改善。另一方面，要考虑周边新出让土地价格，若新出让地块价格上涨，则其代表土地最新价值，由此引发地块品类判断的改变；若新出让地块较低，则未来有出现低价竞争的可能。

2.分析土地属性，判断土地品类

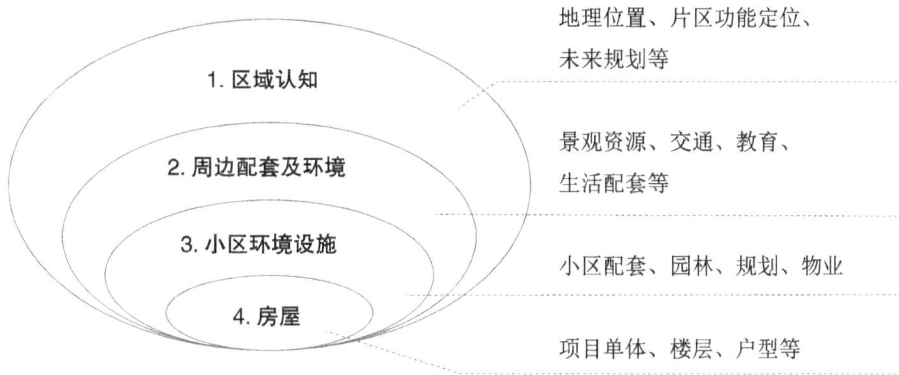

客户买的不仅是房子，更是以后的生活。房地产产品不仅仅指户型，而是由四个维度组成，由外而内分为：第一层是区域位置，重点是地块的地理位置、地块所在片区的功能定位、地块所在片区的未来规划；第二层是周边环境、周边配套与交通条件，这些因素与生活的便利性息息相关；第三层是小区环境与配套设施，诸如小区规划布局、小区配套、园林景观、物业服务等；第四层是房屋本身，既指项目单体的户型朝向与分布，又指户型的通风采光、结构布局等。

分析土地属性，即从客户居住价值角度理解土地价值，了解不同属性土地对客户带来的价值差异，主要分析第一层的"区域认知"与第二层的"周边配套及环境"。通过对土地静态属性分析（现状）和动态可塑性（根据政府规划地块预估将来发展趋势）的双重判断和客观评估，来判断土地品类。

自然资源、城市地位与角色是地块与生俱来的，周边配套设施主要依赖于政府的投资与总体规划，是地块分析评价的重点。周边配套又可分解为交通配套、教育配套、医疗配套等、商业配套、休闲配套等。下表为某项目的土地属性评估维度表：

项目	指标	评估结果
区域意义	所在区域是传统意义上的好的区域	×
	所在区域文化氛围浓厚	○
	所在区域被普通认为是高档区域	×
	所在区域是具有发展潜力的新兴域	×
区域内涵	靠近一处或多处历史文化区	×
	靠近写字楼·金融机构集中的区域	○
	靠近繁华商业区	○
交通设施	可选择的交通工具比较多	●
	方便的公交路线	●
	周边道路好、交通顺畅	●
生活设施	出行道路两边景观好	●
	靠近轻轨站/公交停车港	○
	靠近比较好的医院	×
教育设施	靠近大超市·购物中心·餐饮等生活设施	○
	靠近农贸市场	×
	靠近大学等高等教育院校教育	●
休闲设施	靠近高质量的小学中学学校	×
	靠近公园1绿化带等人工景观	×
	靠近运动场馆等比较好的健身1休闲设施	●
自然资源	风水比较好	●
	靠近山·水·湖景等自然风景物	●
	靠近温泉资源	×

表格说明：×不是　●可能发展是　▲是

分析土地属性，最直接的目的就是判断土地品类。土地品类，就是在理解客户对土地不同居住需求的基础上，对土地进行的分类。根据房地产行业通行标准，土地可以细分为八大品类。只有确认土地品类，才能为土地找到与之匹配的客户，最终实现为客户打造具有竞争优势的产品。表格中土地品类的评估维度一定要实实在在，既要善于发掘土地价值，但又不能过分拔高土地属性。下表即八大土地品类划分及判断依据：

地块性质	品类	土地属性	项目价值	
TOP 系列 （高档住宅）	TOP1（城市私享）	➤ 位于城市稀缺地块或占有城市稀缺景观资源	占有稀缺资源	销售价格在市区均价2倍以上
	TOP2（郊区私享）	➤ 位于郊区，占有稀缺景观资源		
GOLDEN 系列 （城市住宅）	G1（商务住宅）	➤ 地块商务属性高，周边写字楼密集，交通高度发达，享受市中心级别配套 ➤ 地块可能有不利因素影响，如交通噪音干扰大以及周边人群复杂的情况 ➤ 商业价值高 ➤ 居住价值一般	便捷的城市生活	注重工作便利，关注产品服务及品质
	G2（城市改善）	➤ 周边配套完善，交通便捷，通常较为安静 ➤ 适宜居住		追求居住改善和品质
	G3（城郊改善）	➤ 要求公共交通密集，站点在步行距离内 ➤ 周边有较完善的生活配套 ➤ 居住价值一般		低总价优势
CITY 系列 （城郊住宅）	C（城郊改善）	➤ 交通便捷，可快速到达，离城市成熟区域比较近 ➤ 相对市中心居住密度低 ➤ 地块所在区域居住氛围良好（水质、空气质量好）	舒适居住	第一居住所，追求舒适居住
TOWN 系列 （郊区住宅）	T1（郊区栖居）	➤ 距离目标客户原有居住（工作）地点较远 ➤ 交通不便利，公交线路缺乏或基本没有 ➤ 项目周边通常无配套，依赖小区内部解决 ➤ 要有小区环境 ➤ 地块条件通常只有三能（水、电、路）	低价格	价格务实
	T2（郊区享受）	➤ 有自然资源 ➤ 距离城市较远，但有快速道路可达 ➤ 没完善生活配套，但地块周边可能有休闲配套（或有条件可做到）	舒适居住	第二居住所，考虑父母养老或休闲

判定土地品类时，要注意以下三点：

其一，静态分析的地块属性，是判断土地品类的依据；同时要考虑地块的可塑性，结合城市规划，从地块周边配套、自然资源或交通等角度，寻求土地属性的可能改善机会，预判未来可提升改造的空间，动态判断土地品类。

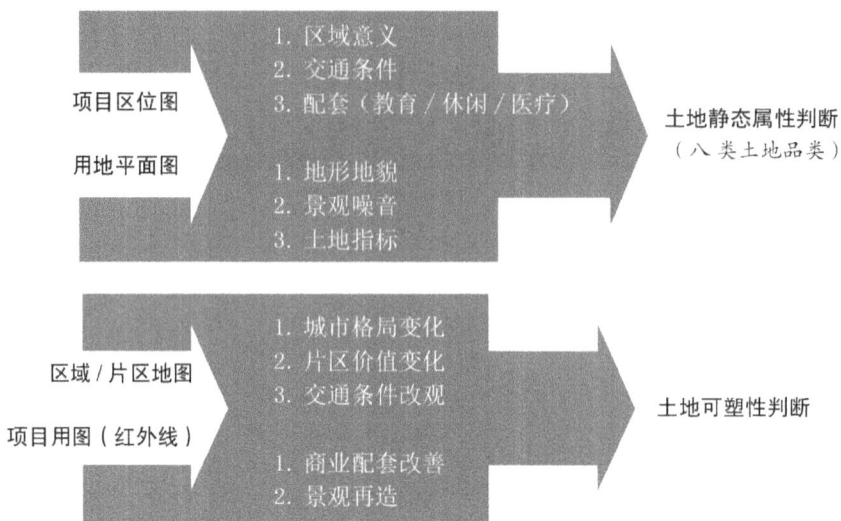

其二，土地品类会随城市发展而变化，同一块土地的土地属性可变，可根据城市规划、经济、交通与人口发展等进行品类预判。今天的首次置业地块明天可能成为首次改善用地，在制定整体开发策略时，必须考虑未来特别是销售期内土地属性以及客户组成的改变，相应调整我们的产品规划。

第三，根据潜在目标客户需求，改善土地属性，甚至可以升级土地品类。通常情况下，地块条件是比较难去改变的，地块的位置及周边配套决定了土地属性，决定了目标客户群。但有时我们为了获得更高的溢价，往往会拔高土地属性，这就需要针对地块的一些先天不足进行改良（通过项目自身配套可以改善的）。下表是某项目改善土地属性的具体建议：

	分类	现状	改造（措施）	效果	协助部门
区域价值	交通配套	北环大道快速路，车流量大	1. 了解北环市政化时间，公交线路完善 2. 北环加隔音屏 3. 北侧预留小区车行出入口	北环市政化前须有意隔绝小区与北环的关系；北环市政后须预留通过北环的出行空间	发展部
周边环境	景观资源	山景资源	1. 北侧塘朗山有无可能做郊野公园，如做郊野公园，在安托山附近有无公园出入口 2. 高压走廊有无迁移计划	楼体中高部分山景资源利用	发展部、设计部
	教育配套	侨香九年一贯制学校明年8月完工	1. 与教育局协商将学区划分到侨香学校 2. 与教育局、侨香村协商，引进名校，引进名师	巨牛的小学及初中可打造成项目卖点	发展部
	商业配套	社区商业与地铁商业的结合	1. 引进天虹等百货或超市，满足客户功能性需求 2. 形成特色商业食街，设计预留该部分商业空间		发展部、设计部

从上表中可以看出，我们需要根据客户对项目配套的重点关注点，进行针对性的改造，防止客户对项目本身属性的抗性。

3. 区分地块内部等级差异，确定开发顺序与规划布局

地块内部的价值等级不同，可以从进入性、昭示性、景观资源、私密性、噪音等几个方面进行综合判断。一般而言，地块的商业价值更注重进入性与昭示性等因素的影响，地块的居住价值更注重景观资源、私密性、噪音等因素的影响。下图为某地块居住价值等级差异示意图：

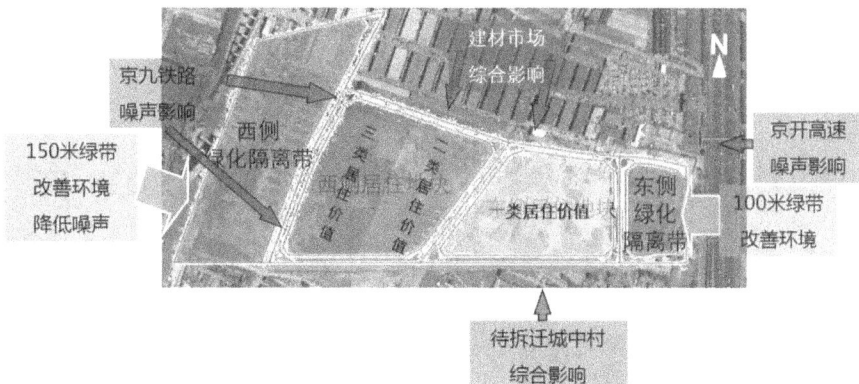

一方面，项目定位决定开发顺序。首置首改型项目定位，需要带有商业、生活、教育配套的地块先行，控制户型面积，为项目积聚人气，扩大市场影响，为提升土地价值和后期开发奠定更好的基础。再改型项目定位，最好的资源留到最后，为项目博取更多溢价。TOP 型项目定位，较好的资源起势，奠定市场影响力，建立品牌和形象；另一方面，项目规划布局最重要的原则就是"价值最大化"，既要确保最好的资源分配给最好的产品，使资源集中形成价值标杆，又要注重资源分配的均好性，确保销售无障碍。

4. 初判地块辐射客源，制作客户地图

项目定位的两个关键问题：其一，为土地找到合适的客户。其二，为客户打造具备竞争力的优势产品。什么样的客户才是地块的合适客户？首先，需要找到地块辐射范围内的客户，即根据土地属性对不同客户的影响，建立客户与土地的关系；其次，再对地块辐射范围内的客户进行分类。

找到地块辐射的客源，是找到合适客户的第一步。首先，地块周边的"三缘"客户是地块的辐射范围内的主要客群。与地块有血缘、地缘、业缘关系的"三缘"客户对项目有天生的认同感：血缘关系，指客户有亲朋好友在周边居住或工作；地缘关系，指客户在周边居住、工作或经常路过；业缘关系，指与建造项目者有亲密关系，例如开发公司员工、公司员工亲友、合作单位员工、业主等。其次，由交通、产业、资源或配套等因素导入的客户属于次要客群。例如，地块周边有高速、地铁或高铁，由于交通便利而吸引其他区域特别是市区客群；例如，地块周边新建产业园区，吸引大型企业进驻，由此导入的产业客群；例如，地块周边有重点中小学配套，由此吸引的教育改善类客群。最后，因价格、产品或品牌等因素吸引来的客户属于偶得客群。例如，因价格较低吸引的价格敏感性客群。

判断客源时要注意三点：其一，土地品类不同，对客户的辐射范围不同。其二，产品类别不同，对客户的辐射范围不同。其二，大盘随着开发时间的延长，主要客群来源会发生变化。

客户地图

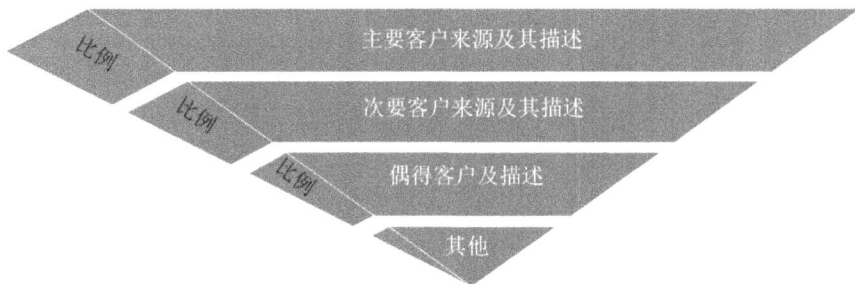

5. 依据土地品类，初判地块产品类别

根据地块的价格与地理位置，地块可以细分为八大品类。对于主流客户而言，每一个地块，只能从属于一种土地品类，但每一种土地品类则可以开发多种产品线组合，这个主要与特定的竞争环境下的目标客户的选择有关。例如，D"郊区栖居"土地可以首置与首改产品为主，而C2城市改善可以首改或再改为主。

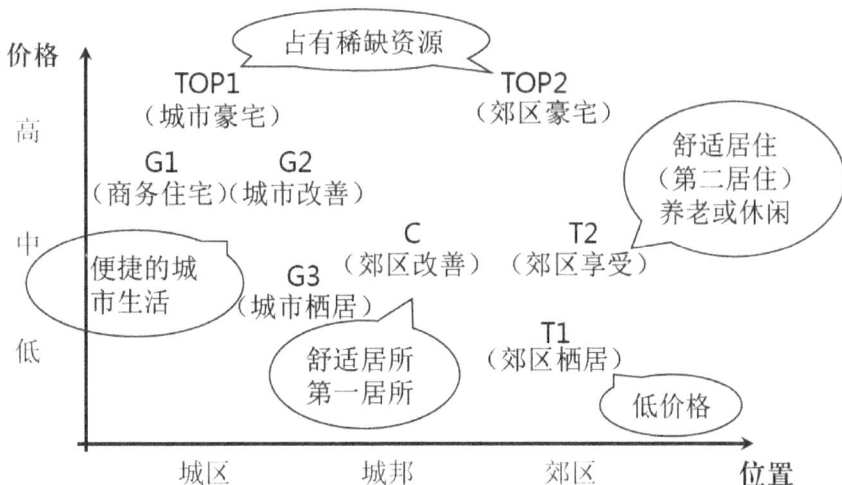

此外，产品线还受用地指标的影响。其中容积率、总建筑面积、限高等经济技术指标直接影响产品形态。如下图所示，住宅项目容积率与产品类别的参照关系：

住宅项目容积率与产品对应关系参考						
项目容积率	可能的产品形式					
	项常规均好性做法		适当进行指标拆分			
	产品类型	层次	常见产品组合类型			层次
			拆分方式1	拆分方式2	拆分方式3	
≤0.4	独栋	2/2.5/3				
0.4-0.5	双拼	2.5/3	独栋+联排	双排+联排	类独栋	2-3
0.6-0.8	联排	2.5/3	双排+联排	双排+叠拼	合院/类独栋	2-4
0.8-1.0	叠拼	4-5	联排+叠拼	联排+洋房	院/类独栋	2.5-5
1.0-1.2	洋房/叠拼	5-6	联排+洋房	联排+小高程	叠拼+洋房	2.5-11
1.3-1.7	洋房/类洋房	6-9	联排+小高层	洋房+小高层	叠排+小高层	5.5-11
1.8-2.0	小高程	10-11.5	联排+小高层	叠排+小高层	洋房+小高层	2.5-15
2.1-2.5	高层	12-18	小高层+高层	洋房+高层		6-8
2.6-3.0	高层	18-27	小高层+高层	洋房+高层		11/33
3.0-3.5	高层	27-33	小高层+高层			15/33
≤3.5	高层	≤30				

6. 界定市场范围，识别竞争

"谁是我们的朋友，谁是我们的敌人，这是革命的首要问题。"界定市场范围是进行市场研究的前提。

第一步，界定地块所属板块

房地产的产品是一种"大宗不动产"，通常其所处的位置和交通条件，决定了其目标客户群体的主要覆盖范围，据此逐渐形成了"板块"的概念。板块的划分一般与行政区域有所差异，与区域市场的成长过程密切相关。一般而言，板块界定的过程，就是了解区域的市场成长过程以及发展趋势的过程。在这里要注意两点：其一，随着城市的发展或道路的开通，板块的划分也会发生变化；其二，不同板块之间，存在竞争关系。

鉴于客户的购房行为具有"首选区域，再选项目"的特征，界定板块之后，既要了解板块内部竞争，又要确认竞争板块。如何判断竞争板块？首先，根据客户来源判断，即客户来源有交叉重合的板块就是竞争板块；其次，根据板块相似性判断，板块相似性高的属于竞争板块；再次，根据交通条件判断，同一条高速、地铁或高铁路过的板块，亦可能属于竞争板块。

第二步，对板块内市场进行细分

同一板块内，存在各种不同的产品满足不同的客户，只有通过市场细分，才能有助于识别市场主流需求及空白领域。鉴于客户的置业次数同其需求特征之间的对应关系较为明显，一般将市场做如下细分：

土地产品	90㎡以下一居、小两居、两居半	90~125㎡三居、小四居	125~144㎡三居、小四居	144~180㎡大三居、四居	180㎡以上大三居大四居+
G1 商务公寓	商务公寓产品线				
G2 城市改善	首置：青年之家、小太阳	首改：青年持家、小太阳	再改1（功能）：后小太阳、孩子三代	再改2（舒适）：后小太阳、孩子三代	再改3（享受）：后小太阳、孩子三代
G3 城市栖居					
C 城郊改善					
T1 郊区栖居					
T2 郊区享受	第二居所1产品线（公寓）、第二居所2产品线（别墅）				
TOP1 城市豪宅	高端产品线				
TOP2 郊区豪宅					

第三步，根据产品特性细分产品类型

在界定板块、市场细分后，有时需要结合更细致的产品特性进行深入分析。按"资源""面积""户型""建筑类型"等特性细分产品类型。

产品特性	典型项目类别	主要特征
资源	度假类产品	海景、山景、高尔夫球会……
面积	别墅类产品	200~300㎡、300~100㎡……
户型	主流产品	1房、2房、小3房、大3房……
建筑类型	别墅类产品	公寓、复式、联排、叠拼、双拼、独栋……

（二）目标客户研究

项目定位，要围绕客户来进行，最终须接受市场检验。客户研究的重点，就是了解我们的潜在客户是谁，从哪里来，如何加以归类，与土地怎么联系，不同类型的客户都有什么需求，与产品的触点在哪里等。

一般而言，客户研究分为客户访谈、专业访谈和专家访谈这三类，通过客户访谈，可以直观获得不同类型客户的个性化需求和认知，通过专业访谈和专家访谈，主要是获得共性需求特征及趋势。其中，针对主流产品线客户研究主要采取客户访谈和专业访谈的方式；针对别墅等高端产品，以专业访谈和专家访谈为主。

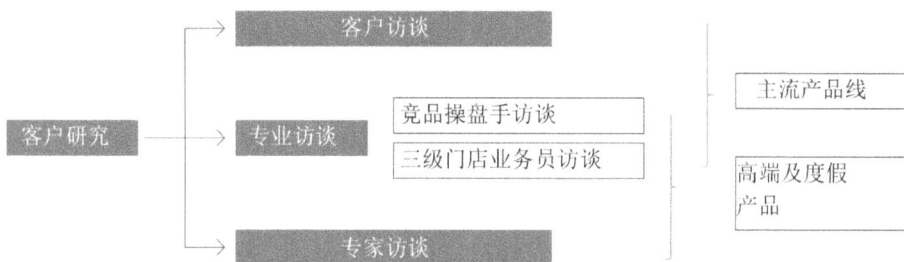

客户研究关键是要做好两点：一是客户筛选；二是客户调研问卷。客户筛选，指研究的客户范围不可太过宽泛，要针对地块的潜在目标客户群进行研究，依据地块辐射的客户范围制作客户地图；亦指研究的对象是客户家庭，而非客户个人。调研问卷则一方面要了解客户的基本特征，另一方面要了解客户对项目及产品的认识，从宏观到微观依次为：客户眼中的土地价值、突破及可改善方向；客户对园林、架空层、大堂、立面等需求；客户对房子各功能空间的认识；客户支付能力和支付意愿。

第一步，依据土地属性，锁定客户来源

锁定客户来源，即答复"我的客户在哪儿"？既要分析主要客源、次要客源与偶得客源的来源地，又要定量地分析实际客源的构成比例。下图即某项目客户来源及构成示意图：

- 首先了解板块客户来源、类型及特征：本项目根据地块特征预测客户来源以白沙洲本地居民和拆迁户、南湖和武昌老城区居民、外地大学毕业生等首置首改人群为主。

某项目客户来源 ▶ 其次了解客户置业需求、支付能力、置业动机及敏感点：本项目按重要性分类区分来源客户，区分核心、次要、潜在三类客群，确定白沙洲本地居民、本地拆迁户为其主要客户，并且通过访谈、问卷等形式，了解不同客群初步的购房动机和对本区域的基本认识。

主要客群：白沙洲本地居民、本地拆迁户

客群属性：区域情节；看好区域发展

出击方向：本地居民、本地拆迁户、周边企事业单位客户、白沙洲钢材交易中心、农贸市场生意人

次要客群：南湖/武昌老城区/街道口置首置首改客户、外地大学毕业生

客群属性：熟悉白沙洲、距离较近，看好万科品牌和区域发展

出击方向：南湖首置年轻客群、中老年首改客群；武昌老城区拆迁户、首改客群；街道口、中南上班族、在武汉工作的外地首置客群

潜在客群：积玉桥拆迁户、投资客

客群属性：熟悉白沙洲、对区域未来发展看好，目前存在一定抗性

出击方向：积玉桥少量投资客、重居住品质拆迁户

第二步，研究客户特征，细分客户类别

通过对客户来源范围内的客户群体进行研究，全面了解客户的年龄与学历、职业与收入、家庭结构、置业经历、置业目的、关注要素、媒介偏好、产品需求、附加值需求、价格接受程度等要素。细分客户要素详见下图：

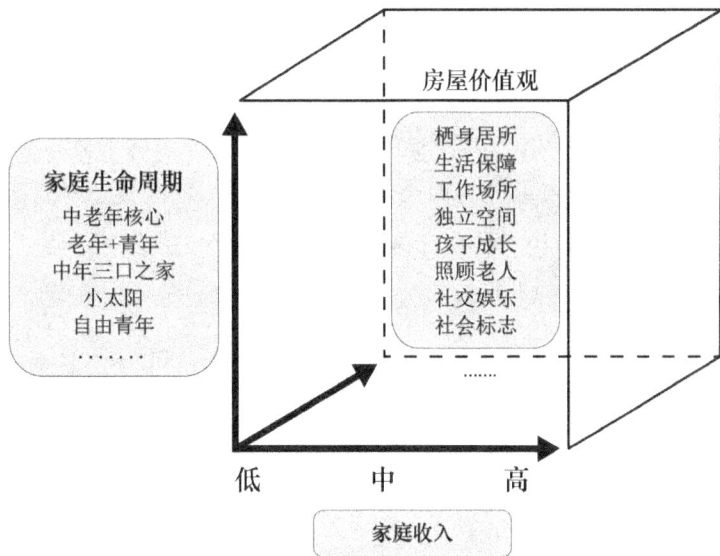

在了解客户特征基础上，以家庭为单位，按家庭收入、家庭生命周期、房屋价值观这三个维度，对整体客户、片区客户、竞品客户或项目已成交客户进行分类。一般而言客户细分为五大类 11 小类，在不同城市或不同市场背景下有所微调，详情如下表所示：

价值纬度	家庭生命周期纬度	细分指标	详细描述
社会新锐	青年之家	业主年龄、是否父母（老人）同住	年龄 25-44 岁的青年或青年伴侣（无孩子、无父母）
	青年持家		年龄 25-34 岁或者已经结婚的青年 + 父母（老人）
望子成龙	小太阳	孩子年龄、是否父母（老人）同住	0-11 岁小孩 + 业主
	后小太阳		12-17 岁小孩 + 业主
	三代孩子		老人 + 业主 +18 岁以下的孩子
	中年之家	业主和子女年龄	中年夫妇 +18-24 岁的孩子
健康养老	老人 1 代	有老人家庭的直系关系	（准）空巢中年或老年
	老人 2 代		老人 + 中年夫妻
	老人 3 代		老人 + 中年夫妻 +18 岁以上的孩子
富贵之家	富贵之家	家庭年收入	收入（包括教育、职务等资源）远高于其他家庭的家庭
经济务实	务实之家	家庭年收入	收入（包括教育、职务等资源）远低于其他家庭的家庭

对市场主流客户而言，工作、结婚、生子、小孩上学等家庭生命周期是购房核心驱动要素，只要支付能力跟得上就可以产生购房或换房需求。主流客户对产品的需求，大致可分为四类基本产品品类：首次置业、首次改善、再次改善与活跃空巢。其中"再次改善"可以再细分为三类，分别为"再改 1（功能型）""再改 2（舒适型）"与"再改 3（享受型）"，具体如下图所示：

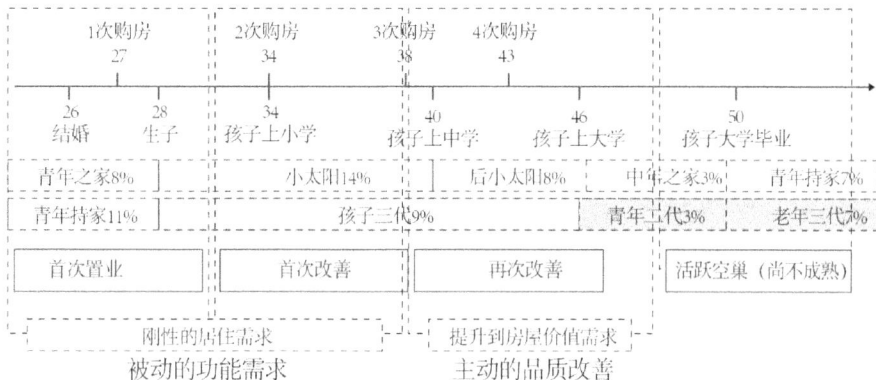

第三步，匹配土地属性与客户需求，初步定位客户

我们针对土地属性进行了分析，又有了五大类 11 小类的客户细分结果以及特征描述，那接下来我们就需要根据对土地属性的分析来初步明确目标客户群，即初步定位客户。

下面这个表格，纵向是项目属性分析，横向是目标客户群，那什么是我们最合适的客户呢？一般地，不同细分客户群体都有自身对项目的要求，我们要选择客户要求与项目属性匹配度最高的客户，比如项目属性有的最好目标客户也有这个要求，项目属性不能满足的要尽可能少，这样才能最大限度获得客户认可。

项目	土地属性评价结果	价格敏感的务实家庭	注重家庭的望子成龙家庭	关心健康的老龄化家庭	注重享受的社会新锐	彰显地位的成功家庭
区域意义	所在区域是传统意义上的好的区域	×		▲			
	所在区域文化氛围浓厚	○		▲			
	所在区域被普通认为是高档区域	×					▲
	所在区域是具有发展潜力的新兴域	×				▲	
	靠近一处或多处历史文化区	×					
区域内涵	靠近写字楼·金融机构集中的区域	○				▲	
	靠近繁华商业区	○				▲	
交通设施	可选择的交通工具比较多	●	▲	▲	▲	▲	
	方便的公交路线	●		▲	▲	▲	
	周边道路好、交通顺畅	●	▲	▲	▲	▲	▲
	出行道路两边景观好	●		▲	▲	▲	▲
	靠近轻轨站/公交停车港	○	▲	▲	▲	▲	
生活设施	靠近比较好的医院	×	▲	▲	▲	▲	▲
	靠近大超市·购物中心·餐饮等生活设施	○	▲	▲	▲	▲	▲
	靠近农贸市场	×	▲	▲	▲		
教育设施	靠近大学等高等教育院校教育	●		▲			
	靠近高质量的小学中学学校	×		▲			
休闲设施	靠近公园1绿化带等人工景观	×		▲	▲		
	靠近运动场馆等比较好的健身1休闲设施	●		▲	▲	▲	▲
自然资源	风水比较好	●			▲		▲
	靠近山·水·湖景等自然风景物	●			▲		▲
	靠近温泉资源	×			▲		

表格说明：×不是　●可能发展是　▲是　○目标客户看中因素

例如，从上表中分析，注重享受的社会新锐与土地属性匹配度最高，因此，初步确定核心目标客户群应该是注重享受的社会新锐。

第四步，客户访谈提炼客户需求曲线，验证客户定位

在基于土地属性得到初步客户定位后，还需要通过客户访谈来进一步验证目标客户群是否准确，客户是否认同土地属性及价值，做进一步验证。

访谈对象要根据前期定位锚定的客户大类进行选样，要从客户来源、生命周期、支付能力、房屋价值观及其他物理特征来筛选样本，进而进行客户访谈。客户访谈的内容，包括客户背景、生活方式、土地价值认知、小区需求、户型需求和支付意愿，详见《潜在客户访谈模板》：

客户姓名		客户背景	居住 / 工作 / 事业地点、行业、年龄、来深时间（访谈时间）
客户家庭状况	常住人口数量、主要家庭成员年龄、非常住人口到访频率、目前居住情况		
客户生活习惯	爱好（消费地点 / 频率）		
主要观点			
关于地块	对项目地段、交通、配套、景观、土地指标的评价		
关于户型	房间数量、各功能空间功能 / 面积要求、不同功能空间价值排序		
关于价格	单价期望、总价期望、对比项目及评价		
重要客户语录	1. 土地价值认知 2. 对配套、小区、单体的期望值 3. 生活方式描述		
积极购买因素	交通 / 配套 / 景观 / 小区 / 户型 / 氛围 / 价格 / 购买时机		
影响购买因素	交通 / 配套 / 景观 / 小区 / 户型 / 氛围 / 价格 / 购买时机		

通过客户访谈，详细了解初步定位的客户群需求，这样就能够发挥承前启后的两个作用：第一，根据客户访谈信息，提炼客户需求曲线，验证基于土地属性推导出的目标客户群假设是否准确，确认项目是否能够获得这样的客户的认同；第二，明确目标客户群各自意向的产品是什么，关注点是什么，就为后续产品设计提供了具体要求和方向。

某项目初步客户定位为再改 1（功能型）、再改 2（舒适型）与再改 3（享受型）客户，下图是根据客户访谈提炼的客户需求曲线，从图中可以发现：第一，首置、首改客户，最重视交通与配套，但是本项目高速与轨道交通短期难以改善，无法满足需求；第二，再改 1（功能型）、再改 2（舒适型），重视均好性，尤其关注社区环境与房屋品质，本项目可以满足；再改 3（享受型）与高端客户，重视地段、景观与安静度，本项目条件匹配。项目的客户定位由此得到验证。

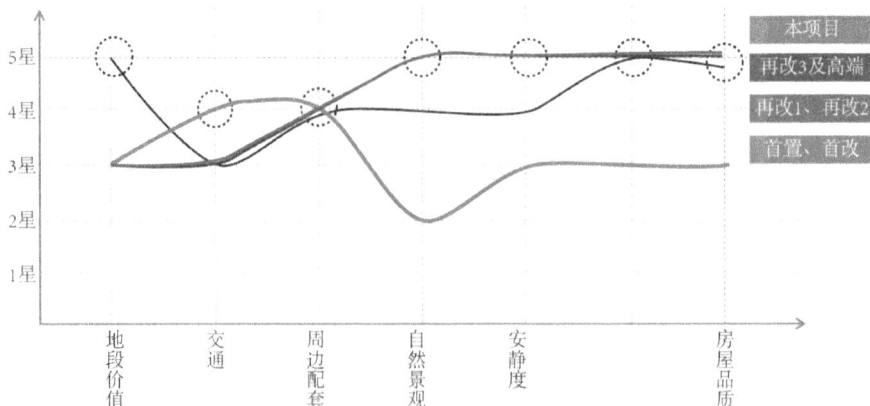

（三）市场与竞争分析

在艾·里斯与杰克·特劳特看来，定位理论首先是竞争导向的：定位首先要针对你的敌人进行，它不仅反映出你的优势和劣势，也反映出你竞争对手的优势和劣势。项目定位，要围绕客户来进行，最终必须接受市场检验。商场如战场，营销就是一场战争，竞争对手是我们的敌人，最终目标是攻占消费者心智以获得优先选择；竞争导向最重要的就是分析竞争形势找到竞争对手，让项目与竞争对手区分开来，实现差异化，最终将生意从竞争对手那里转化过来。

市场选择与竞争分析是项目定位的核心基础条件，基于对土地价值和客群分布的理解，首先，界定市场范围、细分市场与识别竞争；其次，在已界定的细分市场内，了解板块发展历史、供求关系与价格走向，预判市场趋势；再次，通过板块市场扫描，识别主流市场，寻找市场机会点；最后，重点分析典型竞争项目，验证和深化客户定位。

1. 研究市场与供求，预判市场趋势

一般而言，市场趋势上行，表现为量价齐升，被称之为"顺势"；市场趋势下行，表现为量价齐缩，被称之为"逆势"。"顺势"背景下，开发策略一般采取"快速开发，放量推售"，抓住机会快速出货，快速滚动；"逆势"时，开发策略一般是"缩量供应，小步快跑"。从开发顺序来看，针对地块内不同

等级区域,"顺势"背景下优先开发较低等级区域或冷区;"逆势"背景下优先开发较高等级区域或热区。从土地属性归属来看,"顺势"背景下,可适当拔高土地属性,进而拔高客户定位与产品定位,实现经济效益的最大化;"逆势"背景下,要避免拔高土地属性,客户定位切合实际,产品定位多以首置、首改为主,加快去化速度优先。

市场趋势可以从三个方面衡量:第一,宏观市场趋势,受政策影响,特别是金融与行政政策影响较大;同时,一二线城市的成交量与价格,对周边的三四线城市起到明显的影响。第二,中观板块趋势,既要关注区域房地产市场特点即发展阶段,又要了解区域房地产市场不同类型、不同品类产品的市场容量与变化趋势,还要关注区域市场供求关系及变化趋势。供求关系研究,包括供应量研究、需求量研究、价格走势与比值分析。供应量,主要指库存量与新增量之和,库存量通常比较容易获取,未来新增需要通过借助"中介"等渠道进行了解,或根据工程进度等推测;需求量,指在不考虑价格变动的影响下,以历史成交量为主要依据,线性推测未来市场容量的规模。通常,在二级市场供应充足的情况下,选择二级市场数据进行分析;在二级市场供应不足的情况下,会增加三级市场数据,作为判断依据的补充。价格走势,指通过分析历史的成交价格,判断同类产品的价格趋势。比值分析,包含供求比、存销比与推售比,主要反映供求关系与竞争状况。第三,微观项目趋势,主要由项目地段、规划、开发进度、产品、营销、招商与运营等多种因素共同作用的结果。

2. 研究市场结构,找寻市场机会点

在已界定的市场范围内进行结构性分析。结构性分析包含:板块结构分析、产品线(首置、首改、再改、豪宅)结构分析、产品类型(别墅、非别墅)结构分析。

以主流住宅市场为例,研究板块内的产品线结构,看什么产品什么楼盘最畅销,什么是市场急需但是供应远远不足的,所在市场客户有没有什么禁忌的,找到市场主流需求及空白领域。下表是某项目的市场结构分析,纵向是客户置业目的及需求,横向是市场价格:

	100万元以内	100 150万元	150 200万元	...	600 800万元	800万元以上
首置 （90 ㎡以下）	321	524	57	...	0	0
首改 （90~125 ㎡）	0	1	98	...	0	0
再改1 （125~144 ㎡）	0	0	0	...	186	110
再改2 （144~180 ㎡）	0	0	0	...	53	42
再改3 （180 ㎡以上）	0	0	0	...	44	24
合计	...	...	...	...	...	...

从表中可以得出两个结论：第一，首置客户和再改1客户成交量最为活跃；第二，首置客户接受度最高的是总价200万元以下的房子，再改1客户接受度最高的是600万元以上的房子。了解到这一信息，后续在产品设计时我们就可以重点控制总价，户型面积的设置尽量匹配市场需求。

鉴于房地产开发周期较长，研究市场结构要注重前瞻性，不仅要关注现存市场的结构，还要特别关注考虑未来竞争变化，以应对经常变化的房地产市场，不会因为市场的变化而导致产品过时或滞销。

3. 典型竞品研究，验证市场机会

找到你的竞争对手，可能是营销中最重要的抉择。一般而言，在竞争激烈的市场中，通常80%的销售额归属20%的竞争者占有，因此，利用"二八法则"筛选竞争者是一条捷径。如何锁定竞争者？在房地产行业里，房地产企业通过分析客户购房的三个关键关注点来锁定竞争者。第一，区位因素。竞争者在地缘、交通、资源、配套等外部环境角度上跟项目类似，可以是全国知名大项目，也可以是区域竞争力较强、销售情况比较理想的区域性项目。第二，产品因素。竞争者在产品上要具备三个前提：与本项目同类型；可提供借鉴经验的项目或是可替代型项目；有直接竞争关系。这样更容易明确项

目的优劣势以利于打造差异化竞争力。第三，价格因素。竞争者要与本项目销售单价或总价相类似，通过对竞争者销售情况、客户来源、客户群体等方面分析，能帮助本项目制定有效策略，抢占市场份额。

锁定竞争者之后，根据项目的竞争强度，还可以把确定的竞争者进行层级划分。按照与本项目的竞争关系强度排列，可分为"核心竞争者""直接竞争者"与"一般性竞争者"。"核心竞争者"指位于项目核心辐射区域范围内，并能对项目构成强烈威胁的竞争者。"直接竞争者"指位于项目有效辐射区域范围内，与项目条件接近的竞争者。"一般性竞争者"指本项目的有效辐射区域与该项目的有效辐射区域存在交叉，会与项目发生对潜在客户的争夺。

下表为某项目在售竞品的成交房源对比分析，从中可以发现，首置、首改产品去化速度最快，这个结论用于进一步验证细分市场的市场机会。

竞争项目	产品类型	主力户型面积	均价区间	总价区间	周销售套数
凤凰×	投资型	40-60	7500	30万~45万	10
××大都会	投资型	55-89	7000	39万~63万	25
××国际	再改3	220-250	8500	180万~210万	2
××公馆	首置、首改	89-125	7000	63万~88万	10
××家园	首置、首改	80-120	7500	60万~90万	5
××山	首置、首改	130~160	8000	105万~130万	7

二、修正定位方向的两大要素

经过土地价值研究、目标客户研究、市场与竞争分析，操盘者基本可以确认定位的几个方向。这几个方向是否可行？是否还有更合适的定位方向没被发现？这个时候就要借鉴标杆项目，从标杆项目研究中发现规律或者发现成功的经验或失败的教训；与此同时，还要明确企业的运营要求，明确地块承载的使命，从而从多个方案中挑选最合适的项目定位。

（一）标杆项目研究，探索竞争策略

标杆管理已经成为众多企业快速学习成长和追求卓越的重要管理工具。美国的企业界常常将标杆瞄准当成是一种竞争策略工具，任何与营运有关的重要项目只要是可以与竞争对手比较的都会去进行标杆研究。正所谓：知已知彼，百战不殆。将竞争对手作为标杆瞄准的对象，主要目的在于专注焦点在彼此间的差距。在房地产行业，进行标杆研究时，一般围绕四个维度进行分析：概况、产品、客户与营销，这四个维度之下又可以分出更为具体的内容做对比，如产品、企业品牌、销售价格、客户来源、营销方式、成交状况等等。

位置、区域规划、地块环境
道路交通、经济指标
开发商、项目定位
概况

竞争产品研究

市区排布、配套、建筑风格
绿化、装修标准、设备用财
配积配比、物业服务
产品

客户属性、来源分布
需求类型、购买动机
客户

营销总纲、形象包装
推广策略、推案策略
价格策略、销售情况
营销

竞争产品分析主要分析维度

尽管标杆项目的产品、服务以及作业流程并不见得是行业内的最佳作业典范，但透过竞争性标杆研究所获得的信息很宝贵，因为竞争对手的作业方式会直接影响你的目标市场，通过竞争性标杆的研究，可以让企业更能有系统地去分析竞争对手与产业环境，获得比起传统的商业情报搜集更加有价值的信息，因此对企业在进行策略分析及市场定位有更大的帮助。学习竞争对手的成功经验，通过竞品案例验证市场反应，最终确定项目产品可行性定位方向，提高定位准确度，有效规避定位风险进行借鉴和模仿；同时，可以针对客户关注度高但竞争对手表现弱的地方去重点发力，形成区隔优势。

竞争分析的工作要点

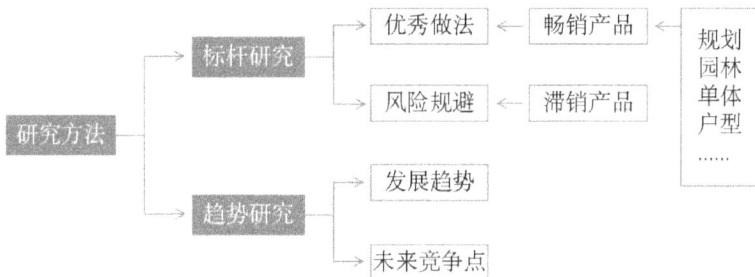

1. 明确标杆项目产品优劣势，采取模仿或规避策略

运用"二维坐标分析法"迅速找到竞争项目的优劣势：首先，要通过标杆研究，明确市场热销产品、热销户型，为后续产品定位和设计提供方向指导；其次，还要研究竞争对手在产品力表现方面如园林、外立面、精装修等方面的表现，到底哪些要素是客户最关注的，哪些没有获得市场认可，这样我们在后续产品设计环节，就可以相对借鉴这些成功要素，而对于竞争项目花了很大代价但是客户并不认可的点，后续我们则需要规避。

如下图所示，某项目通过标杆研究，寻找市场典型项目的产品优势。

安托山项目案例

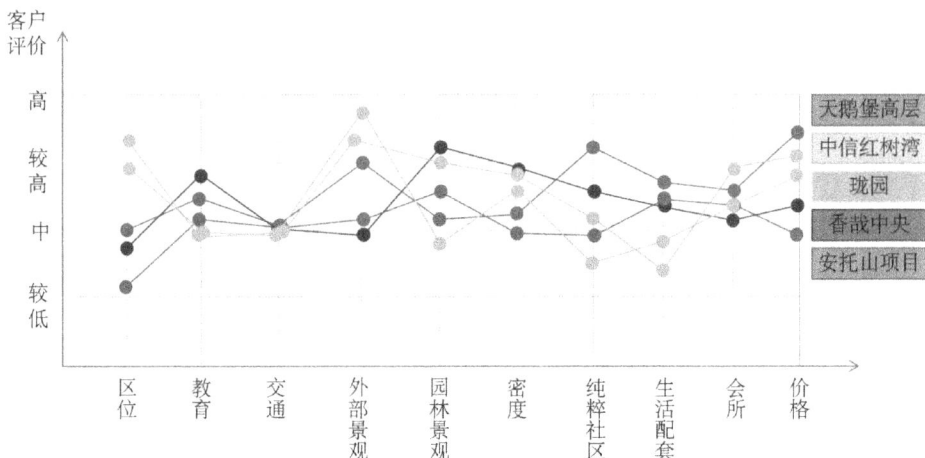

标杆研究（安托山案例）：寻找市场典型项目的产品优势

2. 找到本项目发力点，形成差异化区隔优势

在借鉴标杆项目和竞争对手优势的同时，为了形成自身差异化优势，我们还可以找到其他的发力点，主要有两点：一个是针对竞品项目产品力不足的点，如果客户比较看重，兑现成本在可接受范围内，则也可以作为项目自身发力的点；另一个是我们还可以研究尚未满足的客户需求点，明确新的发力方向，例如万科的 15 ㎡户型。通过这样的综合分析，最终在各产品力点上，找到自身核心发力方向，如下图所示：

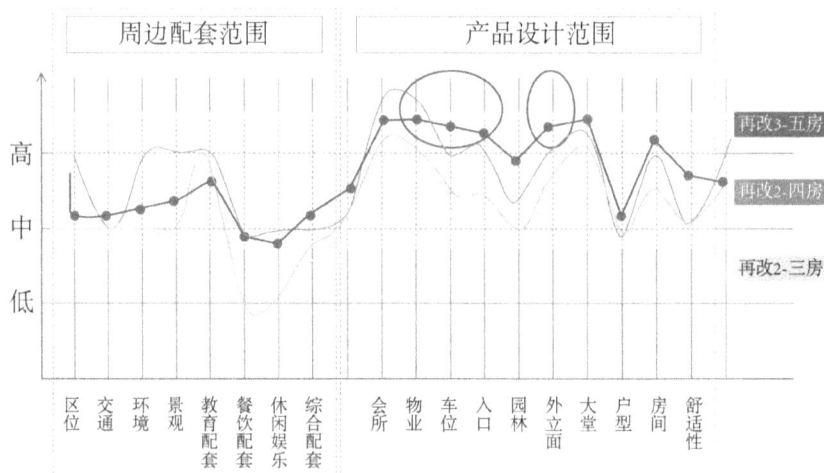

如上图所示，这是一个豪宅项目，通过客户分析及竞品分析，找到项目突破方向，即以入口和外立面来凸显产品尊贵感，从而达到最终打动客户的目标。

（二）根据公司运营要求，明确地块使命

对同一企业而言，不同的地块，所需要承担的使命不同；对企业不同的发展阶段而言，同一地块扮演的角色也不一样。对企业运营进行分析与了解，可以使项目开发契合企业发展的整体要求。

1. 判断土地等级，选择开发策略

根据"地块资源等级＋类似地块获取难度""未来的溢价能力＋竞争环境宽松程度"对地块进行分类。

未来的溢价能力+竞争环境宽松程度

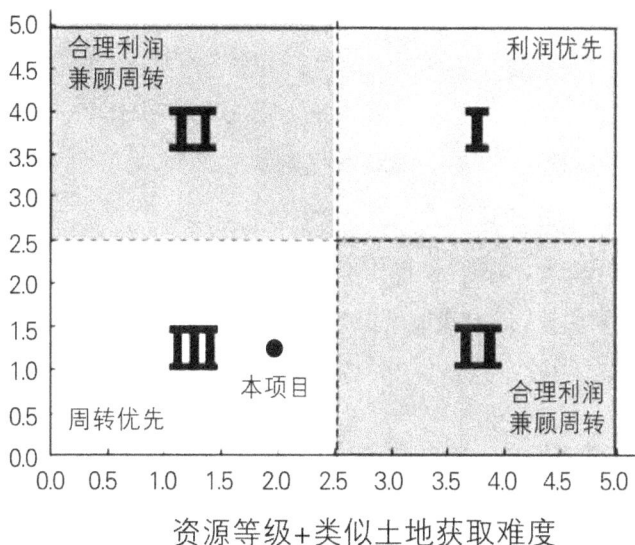

资源等级+类似土地获取难度

　　不同等级的土地采取不同的开发策略：第一类，地块资源等级高、类似土地获取难度高，未来溢价幅度大、竞争环境较宽松，是典型的利润优先型地块，通过延长开发周期，最大可能提高项目利润。第二类，地块资源等级高、类似土地获取难度高，但未来溢价幅度有限、竞争环境激烈，属于合理的利润导向、兼顾现金流周转型地块，要在产品上做足功夫，最大可能地通过产品来区隔竞品并实现溢价。第三类，地块资源等级低、类似土地获取相对容易，同时未来溢价幅度有限、竞争环境激烈，属于典型的现金周转优先型地块，要快速开发，快速周转，快速回笼现金。第四类，地块资源等级低、类似土地获取相对容易，但是未来溢价幅度大、竞争环境较宽松，属于合理的周转导向、兼顾利润型地块，创新空间大，可通过产品创新实现价值最大化。

　　在这里要特别注意，针对开发期较长的地块，根据周边地块开发情况，需要在不同的时间节点做土地等级判断。以河源市商业中心住宅地块开发为例，在项目开发初期，地块的资源等级一般，周边存在大量的待开发地块，虽然未来有溢价能力，但是市场对于兑现普遍存在疑虑，同时竞争环境较宽松，地块属于第四类"合理的利润导向、兼顾现金流周转型地块"，重点在产品上做足功夫，最大可能地通过产品来区隔竞品并实现溢价。随着 22 万 ㎡ 坚基购物中心运营日趋稳定，地块的资源等级升高，随着周边地块逐渐开发完毕导致类似土地获取难度极大提高，虽然竞争环境的激烈程度有所上升，但是随着坚基购物中心的发展打消市场疑虑，市场对项目未来的溢价能力认可度提升，地块属于第一类"典型的利润优先型地块"，采取延缓开发周期的策略，最大可能提高项目利润。

2. 明确企业运营目标，指引项目定位方向

企业运营目标，指引项目定位方向。按经验分，企业目标主要分三类：第一，利润最大化。一般有强势资源或强势产品力支撑，通常是高形象、低成本、高价格的组合，定位乐观，产品注重附加值。第二，现金流导向，快速走量，在企业战略中承担现金流的项目，一般是高形象、高销售、高回款的组合，定位主流产品，产品注重性价比。第三，品牌形象导向。一般是高形象、高品质、高投入的组合，利用品质提升或产品差异化，赢得口碑，确立品牌。

在实践中，企业运营目标根据企业自身需求，在不同城市有不同的目标，在同一城市的不同阶段，目标也不一样。以河源市商业中心为例，2013 年第一批产品入市时，项目处在建设之中，运营目标是"品牌形象导向"，通过高形象、高品质与高投入的组合，赢得口碑，确立"河源市商业中心"品牌形象是重中之重。随着项目建设的推进，对资金的渴求量剧增，2015 年运营目标调整为"现金流导向"，项目在企业战略中承担快速走量、快速回款的职责，定位主流产品，注重性价比。进入 2017 年，随着项目周边地块基本开发完毕，项目自身 22 万 ㎡ 坚基购物中心运营日趋成熟，企业运营目标为"利润最大化"，注重产品附加值缔造，最大化实现高溢价高利润。

三、定位的三大关键问题

项目定位，最重要的就是解决三大关键问题：竞争占位、客户定位与产品定位。

（一）竞争占位，选择竞争策略

杰克·特劳特指出，《韦氏词典》对战略的定义是针对敌人（竞争对手）确立最具优势的位置，从而赢得客户的优先选择。项目定位的第一要务，就是明确项目相对于竞争对手而言，占据一个什么样的位置。现代营销学之中，竞争策略有四种，分别是：领导者策略、挑战者策略、追随者策略与补缺者策略。依据定位分析，再参考企业运营要求与对标项目研究，选择不同的竞争策略，相对于竞争者而言抢占优势位置，从而为客户定位与产品定位提供方向指导与依据。

第一，领导者策略。一方面，通过创新获取垄断优势，掌握市场话语权；当区域市场的某些客户需求严重未得到满足，同时项目具备达到相应产品条件时，可考虑采取领导者策略，通过创新获取垄断优势，掌握市场话语权。另一方面，只有市场领导者才考虑积极防御，最好的防御是进攻自我的勇气。河源市商业中心住宅项目坚基·美好城定位于首改与再改产品，当周边竞品瞄准空当，进攻首置产品时，随后开发的住宅项目坚基·美丽城第1批主推首置首改产品，快速去化，抢占市场占有率，这就是进攻自我。

第二，挑战者策略。当区域市场发展较为成熟，尚有一些客户需求未被满足，采取挑战者策略，通过深入分析领导者项目特点，找到某一两个客户比较关注但是领导者做得一般的点去重点突破，强调产品的特色与差异化，引领区域市场。

第三，追随者策略。当区域市场发展非常成熟，客户需求已经基本得到满足，同时自身项目品质较领导者有一定差距时，可考虑采取跟随型策略，借领导者之势为我所用。比如通过研究领导者，我们发现卖得好的原因，就可以模仿领导者的产品线与产品结构，用价格战启动市场。

　　第四，补缺者策略。选择补缺者策略，应首先发现市场空隙，然后去填补需求。市场空隙包含需求空白点与推盘时间空白点。在成熟的市场，竞争对手遍布各个细分需求，市场没有真空地带，但是在推盘档期上却可能存在空档。例如，河源市商业中心推售的精装小户型公寓产品，就是选择竞争对手普遍推售普通住宅、别墅与商铺的空档期，成为市场唯一，从而在 2014 年的淡市获得成功。

　　实践中，操盘者要从市场现实竞争者、潜在竞争者与替代竞争者的实际出发，围绕客户需求的满足，进行产品定位并规划产品线结构，保证各类产品出场顺序或差异化，或弥补空白，或价格厮杀，或引领市场，各司其职。这里重点强调两点：其一，一个楼盘的不同产品可能采取不同的竞争策略。例如明星产品采取挑战者策略，瘦狗产品采取追随者策略，现金牛产品采取补缺者策略。2013 年河源市商业中心初次入市时，既有商铺又有住宅，商铺因位于 CBD 商圈占据位置优势，从而采取领导者策略，打造具有创新性的双首层商业街商铺，产品的创新性使得商业街产品获得市场垄断地位。而同期住宅，相对于周边某知名品牌而言，小区环境、教育配套、品牌知名度等皆处于弱势，故而模仿领导者的产品线与产品结构，采取追随者策略。其二，同一个项目在不同时期也可能采取不同的竞争策略。例如，前期采取追随者策略，中期采取挑战者策略，后期采取领导者策略。以河源市商业中心住宅项目坚基·美丽城为例，坚基·美丽城第 1 批产品，地块位置毗邻医院而导致客户抗拒较大，故而采取挑战者策略，主攻首置与首改客户，在河源市场上首创 95 ㎡三房两厅两卫，针对客户重视客厅开间与通透性的特性，对 125 ㎡四房户型进行改良，从而使得三房、四房产品皆获得差异化优势。而坚基·美丽城第 2 批产品，因地块毗邻 2000 亩客家森林公园，且距离医院较远，是整个坚基·美丽城地块最好的位置，故而采取领导者策略，主攻首改、再改 1（功能型）与再改 2（舒适型），打造河源市场首个客厅开间 5.1 m 的 155 ㎡四房两厅三卫（可改五房两厅两卫）户型与客厅开间 4.9 m 的 141~144 ㎡四房两厅两卫（主卧独立南北通透）户型，获得成功。

(二) 客户定位,提炼客户价值曲线

这里的客户定位问题是一个选择题,即企业通过前期的土地价值研究、客户研究与市场竞争分析,初判目标客户类别之后,再考虑企业运营与竞争策略选择,最终选择满足哪类客户需求的问题。

以河源市商业中心住宅项目坚基·美丽城为例,根据土地价值研究、客户研究,坚基·美丽城地块适合首改与再改客户,分析市场与竞争,发现市场主流产品为首置与首改、再改1(功能型)与再改2(舒适型);基于企业运营的现金流导向兼顾利润的要求,结合第1批推售产品采取挑战者策略,第2批推售产品采取领导者策略,坚基·美丽城客户定位于首置、首改与再改1(功能型)与再改2(舒适型);在此基础上,考虑坚基·美丽城地块一与地块二因位置不同带来的价值差异,地块一客户定位于首置、首改,地块二客户定位于首改、再改1(功能型)与再改2(舒适型)。

不同的客户对产品的需求都是不同的。针对不同的客户群,要明确客户的核心需求点及敏感点,找到客户对项目对产品的重要需求和兴奋需求,了解客户购买的驱动因素,为后续产品定位提供支撑。下图为某高端项目客户价值需求曲线,从图中可以得出以下两点结论:

其一,三类客户在区位、配套、绿化、入口等公共空间需求存在共性,户型方面在朝向、客厅、景观阳台、餐厅等公共地方需求存在共性,而具体到内部细节和舒适性上存在差异。

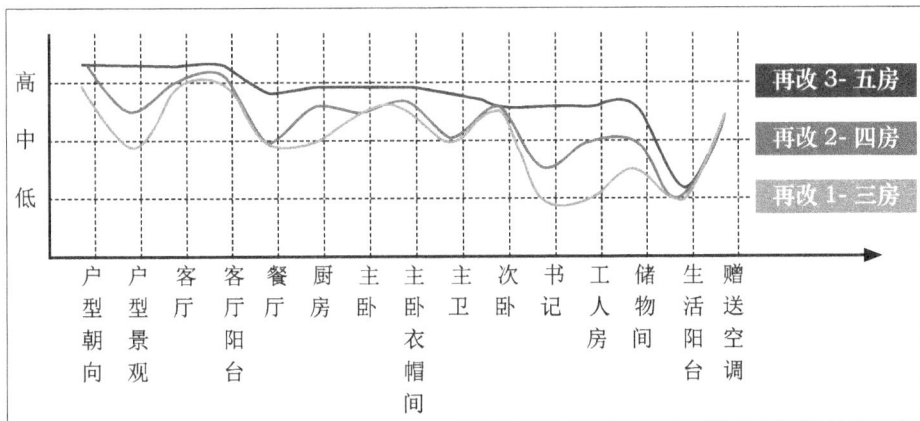

其二，户型内的公共空间最大化，在朝向和景观不兼容的情况下，朝向大于景观。

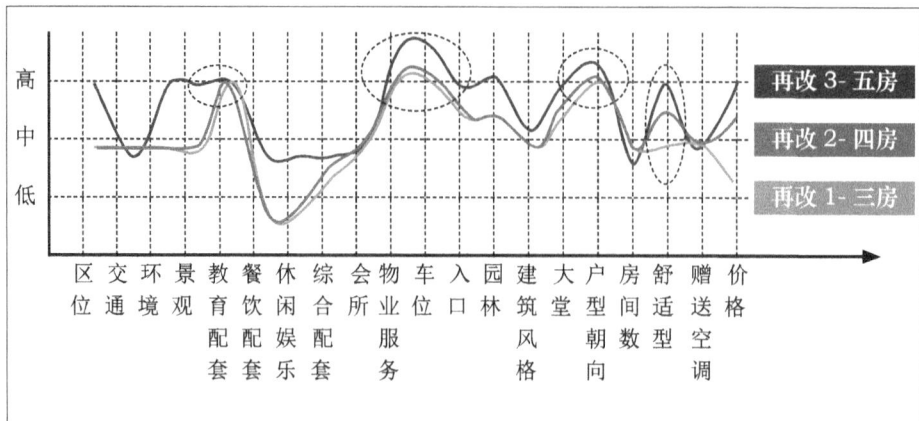

（三）产品定位，缔造优势产品

在找准目标客户后，如何为目标客户提供合适的产品呢？找对产品，至少要回答以下四个问题：

1. 容积率如何分解

已有规划容积率，项目是否应该做满？同样的容积率，在产品规划上既可以选择"均质型"产品，例如全部为高层，还可以选择"级差型"产品组合，例如"别墅+洋房+高层"的组合。土地研究、客户分析及市场竞争分析做到位的话，再加上容积率、建筑密度等规划条件的约束，还有一个是不同产品组合的盈利能力测算（最后一个环节财务评价会说），这个问题的答案应该是水到渠成了。

2. 产品类型定位

建筑单体，因功能不同，收益不同甚至差别很大。以高层为例，可以是高层住宅，还可以是高层公寓、酒店、写字楼等。以河源市商业中心的坚基·美好城地块规划为例，该地块分为A、B两个部分，A地块产品定位"城市综合体豪宅典范"，根据地块与周边地块特别是与坚基购物中心、越王广场的关系，采用大围合的布局，打造3万㎡的泰式皇家园林，但是剩余一部分容积率得不到充分利用。在这种背景下，要将剩余部分的容积率调整至原规划为交通中转站的 B 地块之中，但是具体是规划为高层住宅、高层公寓、酒店还是写字楼？第一，分析地块价值。其一，地块正对着河源唯一的三甲医院河源市人民医院，具有极强的昭示性；其二，交通中转站具有便捷的易达性；其三，地块归属于 130 万㎡城市综合体带来的配套齐全。第二，分析客户。随着坚基购物中心的开业与越王广场的开放，投资客户对 130 万㎡城市综合体的升值潜力日趋认同，对投资型产品有较强的认可度。第三，分析市场竞争。市场上写字楼在体量上存在激烈的竞争，一方面，B 地块独特的土地价值，让其自带强劲的竞争优势；另一方面，可以通过控制面积降低规格来错位竞争。在这种背景下，虽然 130 万㎡河源市商业中心已经规划了 2 栋 43 层 160 米高的河源双子塔，一栋为五星级酒店，一栋为甲级写字楼，考虑到企业快速回笼现金的运营目标，还是将剩余的容积率转移到相对独立的 B 地块，打造写字楼产品"坚基·美好大厦"，收益较高层住宅与高层公寓皆大幅提高。

3. 户型定位

户型定位，就是解决产品组合的问题，即各类产品按多少比例进行组合的问题，最重要的是户型类型配比与户型面积设置。所谓"户型类型配比"，以主流住宅市场为例，就是单间、两房、三房、四房、五房各占多少比例？这与客户定位密切相关，首置、首改、再改客户，因支付能力、家庭生命周期与房屋价值观的不同，对户型功能空间的需求不同，再结合市场与竞品分析，得出具体的户型配比。所谓"户型面积设置"，就是不同类型产品的具体面积设置，例如三房是 80~100 ㎡的紧凑型三房还是 100~120 ㎡的舒适型三房？具体面积多大？一方面，户型面积与项目定位密切相关；另一方面，户型的面积决定其总价。而对于市场上大部分消费者来说，总价与其支付能力密切相关，因此，每种户型都有其最具竞争力的面积区间，相对于竞争对手而言更具有竞争力，更能获得潜在目标客户群体的青睐。

营销部门给设计院提交的产品组合建议，是一项非常重要的工作。户型配比的失调，户型面积的失控，将直接导致销售受阻，影响项目的生死存亡。规划的产品组合是否合理？有一个工具可以进行评价与检验，就是"波士顿矩阵"。房地产行业的"波士顿矩阵"，根据"市场差异化程度"与"占有的地块资源"这两个因素对产品组合进行分类，具体分为：

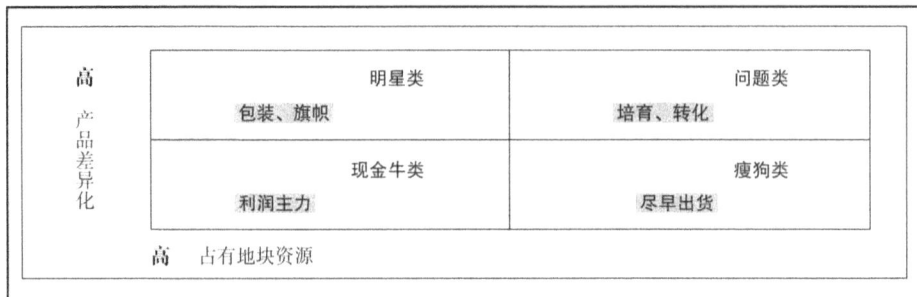

高	明星类	问题类
产品差异化	包装、旗帜	培育、转化
	现金牛类	瘦狗类
	利润主力	尽早出货
高 占有地块资源		

图5-2 房地产波士顿矩阵

第一类，明星产品。既占有最佳的地块资源，同时产品的创新程度、附加价值等方面，较市场竞争对手而言具有明显的差异化优势，甚至占据同类产品第一的位置，深受潜在目标客群追捧，可实现高市场价值。

第二类，现金牛产品。占据较佳的地块资源，属于市场主流产品，较市场竞争对手而言又具备一定的差异化优势，是市场主流产品的领导者，具有最广泛的目标客群，是项目现金流的主要来源，可实现较高的市场价值的同时保证较快地去化速度。

第三类，问题产品。占有的地块资源较少，较市场的竞品而言差异化程度较高，属于市场少见的创新型产品。这类产品需要不断投入以增强其竞争能力，可通过持续投资如现场展示、概念包装、整合推广等将其发展成为明星产品。即针对潜在目标客群而言，产品价值未得到充分认知，经过转化后才可能实现较高的市场价值。

第四类，瘦狗类产品。占有的地块资源较少，同时产品的差异化程度较低，市场竞争力较弱，客户认可度一般，可实现较低的市场价值。

由"波士顿矩阵"可以看出，一个项目理想从产品组合，应该满足以下四大要素：

第一，产品组合内部梯次明显，无明显的内部竞争。例如，某项目客户定位为首置与首改，户型以三房、四房为主，三房面积分110 ㎡三房与120

㎡两个面积段，四房面积分 125 ㎡与 150 ㎡两个面积段，这种产品组合，三房内部、三房与四房之间的梯次不明显，产品组合内部竞争激烈。

第二，必须有价值标杆，即必须打造楼王单位。通过楼王单位与普通单位的产品与价格对比，既挤压普通单位走量，又通过楼王单位实现利润最大化。

第三，必须有创新型产品。创新型产品可以通过差异化获得竞争优势，甚至抢占市场第一。

第四，权衡速度与利润，问题类产品与瘦狗类产品占比不能过多。

4. 缔造优势产品

第一，明确产品溢价要素，形成差异化区隔优势。

要形成产品溢价，需要诸多因素一起推动才行，每一个要素的组合都影响客户对产品的感知和评价，需要我们整体审视，通过要素组合找到提升产品溢价的好方法，产品溢价因素构成如下图所示：

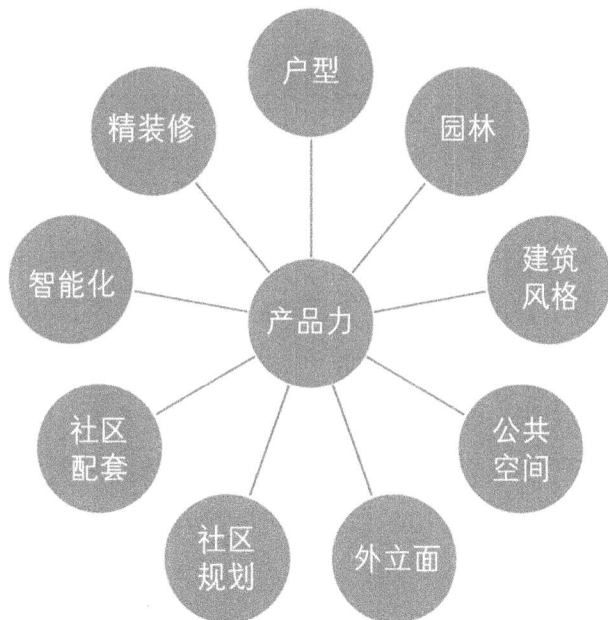

但上面驱动因素这么多，我们无法面面俱到，如果全部做到，成本就难以控制。那怎么办呢？重点是把握两大原则：一是借势原则，比如针对竞争对手亮点可以拿来主义，直接借鉴；二是区隔原则，可以寻求与竞争对手差异化的优势，而这些点恰好也是目标客户群所非常关注但竞争对手表现薄弱的。举个例子：

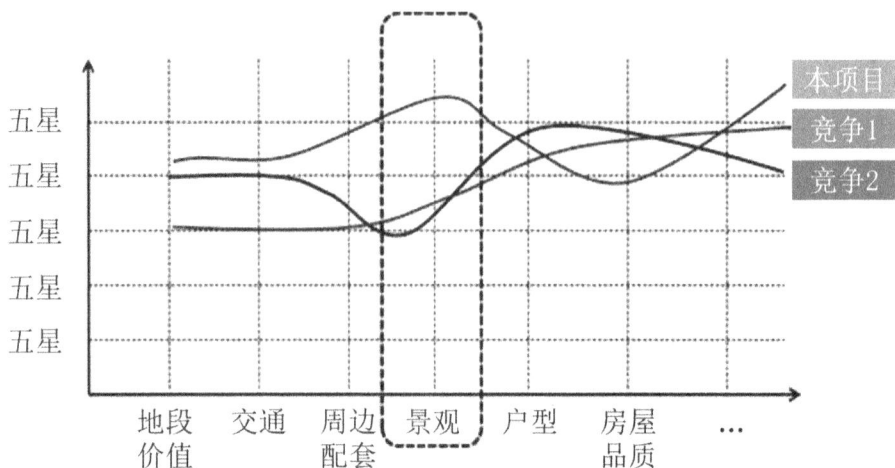

比如上表是某标杆企业为提升产品价值而做的横向对比分析，项目各方面条件都差不多，地段、交通都类似，但是竞争对手楼盘景观做得不咋样，而这种面子工程恰恰是客户最关注的，直接影响客户对楼盘品质的评价，所以该企业就在景观上加大成本，以此来提升楼盘品质，结果效果出奇的好。

第二，针对敏感要素做二次细分，好钢用在刀刃上。

以户型为例，户型的功能划分、功能摆布、开间尺度、景观、朝向、赠送面积、创新、交通组织都会影响客户对产品的评价和认知，最终影响整个产品的溢价能力，但是有些要素可能是互斥的，很难都满足，比如景观和朝向的矛盾，那怎么办呢？我们就需要针对客户核心关注点做倾斜性的投入和倾斜，达到四两拨千斤的效果。下表是某项目针对客户敏感点做的排序分析：

产品价值分支	敏感点	客户敏感等级		
		高	中	低
户　型	功能化分 各个功能区间的实用性和完备性	▲		
	开间尺度 主要功能区间的开间、进深比、空间的舒适性	▲		
	功能摆布 功能区间单体内的布局及实用性		▲	
	赠送面积 赠送面积所占总建面的比例及实用性		▲	
	朝向 通风采光、主要功能空间的朝向	▲		
	景观 主要功能区间的景观面	▲		
	户型创新			
	交通组织			▲

从上表中可以看出客户对要素的构成方面也是有差异的，因此，要在不同建筑面积条件下保证主人房、客厅、厨房基本功能区间的舒适尺度和景观朝向，通过内庭院、入户花园、露台等方式进行实在的面积赠送，确保赠送面积的灵活使用性。

四、回归类财务指标：收益最大化

在上述所有内容完成后，如何来评估定位方案的优劣呢？这就最终需要通过财务指标来检验。在进行项目的财务测算之前需要确定的数据包括项目的基本物业数据、开发时序、开发面积、成本费用、借入资金以及税费等。上述数据中，除了基本物业数据之外，其他数据在项目真正建成或销售经营之前都是不确定的，此时财务测算中采用的只能是大量的经验数据。那如何最大限度地提高测算的准确性，避免测算结果的失真呢？主要有两个方法：

（一）通过历史项目及市场比较法使测算数据逼近真实值

以住宅项目的价格确认为例，通行方法是市场比较法：

项目		×× 项目	竞争 项目 1	竞争 项目 2	竞争 项目 3	竞争 项目 4
平均价格（元 / m²）		5300	4700	5500	7400	5600
权重（%）			40	30	10	20
位置及环境	30	25	26	29	31	28
规划设计及景观	20	18	14	11	16	13
小区及周边配套	30	22	25	29	32	26
物业管理	5	4.5	4	4	4.5	4
营销策划	15	11	9.5	8	12	10
总分	100	80.5	78.5	82	95.5	81

在定位阶段测算价格，就是通过多个竞争项目的多个指标之间的比较和打分，加权平均后分析得到现有项目的价格，通过这样的方式，使价格尽可能地接近于实际水平，防止过于主观臆断市场承受能力。

（二）通过敏感性分析识别防范风险

在基于市场比较法确定盈利测算的基本数据尽可能逼近真实后，为了进一步测试盈利的抗风险能力，还可以同时进行敏感性分析，看随着价格、成本等的波动，对项目利润及 IRR 到底影响程度如何。

序号	售价 项目	盈亏平衡 时的售价	售价1（下 浮10%）	售价2（下 浮5%）	基准售价	售价3（上 浮5%）	售价4（上 浮10%）
	平均售价（元／㎡）						
1	收入						
2	支出（万元）						
2.1	土地费用（万元）						
2.2	除利息、管理费、营销费用 外的成本						
	管理费、营销费用（万元）						
2.3	管理费、营销费用（万元）						
2.4	利息（万元）						
2.5	销售税费（万元）						
2.6	土地增值税（万元）						
	其中：适用税率（%）						
	速算扣除数（%）						
2.7	所得税（万元）						
3	税后净利润（万元）						
4	单位土地面积净利润（元／ 平方米）						
5	单位建筑面积净利润						
6	销售平衡比例						
7	成本净利润率						

表头标题：**成本、盈利指标测算及敏感性分析（静态评估）**

总之，通过上述"3231"定位模型，首先分析影响定位的三大要素，从而挖掘项目的独特价值，找到市场急需或者空白的地带，实现差异化竞争；其次，围绕找准客户，找对产品两大问题，通过科学步骤进行解决，最终基于财务视角维度来评判定位的好坏。

节奏，操盘者的指挥棒

一首乐曲的起伏变化，叫作节奏。楼盘销售就像一首曲子，有它的韵律与节奏，如同乐队需要一个指挥。节奏，就是操盘者的指挥棒。

节奏，是对操盘的秩序化，围绕总目标或阶段目标，结合市场情况与项目实际，用全局观念将操盘过程划分为几个阶段，分期、分批地向市场推售产品，统一部署各阶段的时间长度、推货量与结构、客户对象与数量、价格策略、广告推广、营销活动、拓客渠道、展示包装与销售管理等，使各阶段之间实现无缝衔接，通过均衡、有序销售来实现收益最大化的过程。

节奏没有定式，它随市场变化而变化，"兵无常势，水无常形"，是节奏总的特性。为了便于读者掌握节奏的规律与技巧，本章重点从两个方面来剖析节奏：其一，通过年度目标的确认与分解来剖析年度节奏铺排；其二，以一个理想化的开盘过程来划分销售阶段，剖析不同销售阶段的不同目的、不同工作重点，各销售阶段的无缝衔接就是一个完整的开盘节奏。

上篇：八步铺排年度节奏

控制节奏的关键，在于控制向市场推售产品的量与结构，避免好房源被迅速抢尽、劣房源形成积压的局面，从而实现收益最大化。要做到这一点，就需要以全局的观念，围绕目标，进行周详的计划与安排。接下来介绍的就是年度节奏铺排的八大步骤。

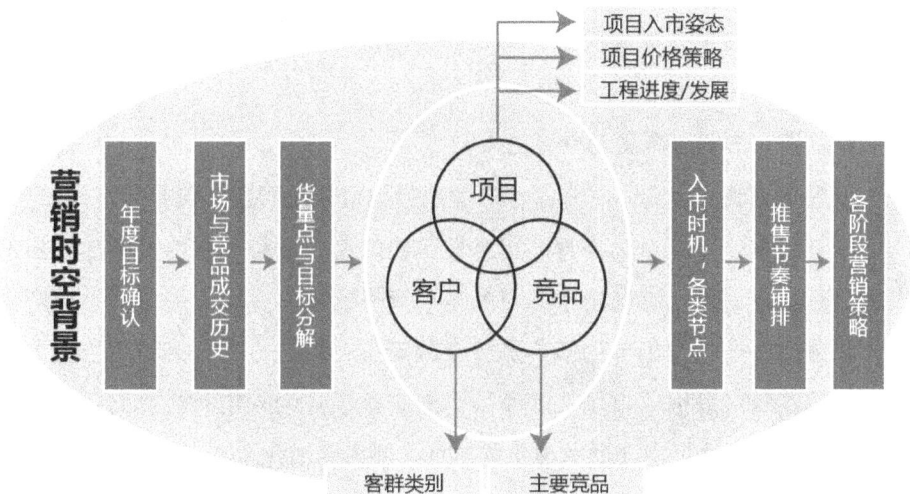

第一步，确认营销时空背景

根据"市场趋势"与"地块成熟程度"确认营销的时空背景，不同时空背景呈现不同的市场规律。市场趋势主要分四类：上升通道、高位盘整、下降通道与低位盘整。地块成熟度主要分两类：劣势地段或生地、优势地段或熟地。若市场趋势为上升通道或下降通道，则无论地段优劣，皆可以判定为"顺境"；若市场趋势为高位盘整或低位盘整，则判定"顺境"还是"逆境"的主要依据是地段的优劣。

时空背景为"顺境"时，多采用"长蓄短爆，集中开盘"的节奏，优先推售明星产品或高附加值产品，单次推货量大，蓄客周期长，通过集中开盘制造声势，拉高客户价格预期，充分博取高利润，奠定高端形象。时空背景为"逆境"时，多采用"短蓄短爆，小步快跑"的节奏，优先推售瘦狗类或现金牛类产品，单次推货量少，开盘频次大大增加，有时甚至采取周开盘、日开盘，最大可能转化意向客户，避免客户流失，加速产品去化。

第二步，确认年度销售目标

若公司是单项目运作，则公司年度销售目标即项目年度销售目标。若公司是多项目运作，则要将公司年度目标分解至各个项目，既要考虑各项目面临的市场形势与竞争环境，还要考虑各项目的规模、开发进度与产品类别。

还有一种情况，即公司未明确年度销售目标，则需要操盘手根据市场与主要竞品成交历史，盘点项目自身货量与结构，结合开发进度，拟定项目年度目标。

第三步，市场与竞品成交历史

分析市场成交历史，一方面，搞清楚当地市场总容量、价格与产品结构，既可以判断本项目的目标是否超出当地市场限制，若超出则需要考虑如何扩大项目总容量，还可以预判本项目的各类产品的去化速度，进而对不同产品线之间或同一产品线内部的节奏进行合理安排；另一方面，搞清楚当地市场的淡旺季，既可以根据市场淡旺季恰当地安排项目的入市时机，又可以根据市场淡旺季，预估集中开盘的消化量与日常销售期消化量。

分析竞争项目各类产品去化速度与去化量，既可以修正对各类产品去化量与去化速度的预估，还可以修正对项目集中开盘消化量与日常销售期消化量的预估。

第四步，货量盘点与目标分解

首先，盘点项目货量。一方面，指盘点存量与新增量，不仅盘点总货量，还要盘点货量结构，既指不同产品类别结构分布，也指同类产品不同户型结构分布；另一方面，通过市场比较法预估各类产品均价，将货量转化为货值。例如，某项目年度目标为 10 亿元，产品类别有住宅 1000 套、商铺 200 卡，住宅套均面积 125 ㎡、商铺套均面积 55 ㎡，根据市场比较法预估均价之后，预估该项目货值为住宅 10 亿元、商铺 4 亿元。

其次，将年度目标分解为三个指标：首次开盘目标、若干次集中开盘目标与日常销售目标。以该项目为例，根据市场与竞品的成交历史分析，商铺首次集中开盘目标 120 套，日常销售去化率 10%（20 套），则年度销量为 2.8

亿元;住宅日常销售期间日均去化 1 套,住宅去化时间集中在下半年的 6 个月,则日常销售量为 1.8 亿元,剩余的 5.4 亿元(约 540 套)通过 3 次集中开盘完成,日常集中开盘每次可售约 100 套,则首次集中开盘指标 340 套。

第五步,项目、客户与竞品分析

(1)分析项目

其一,明确入市姿态。项目的入市姿态由竞争策略决定,需要产品策略配合。关于竞争策略:一方面,考虑相对于竞争对手,我们需要占据领导者、挑战者、追随者还是补缺者的地位?另一方面,考虑竞争对手的推售铺排与推售产品,我们采取正面对抗战、侧翼迂回战还是游击战?关于产品策略:一方面,根据竞争策略明确各个产品线之间组合或同一产品线内部组合。既指不同产品类别之间的组合,又指同一类产品内部不同价值产品的组合。例如,某项目包含商铺、住宅与公寓,这三类产品之间如何组合;例如,首推住宅,住宅内部的明星类产品、现金牛产品与瘦狗类产品之间如何组合。另一方面,考虑市场、竞争与项目自身需要,明确推售量。130 万㎡河源市商业中心于 2013 年入市时,采取正面对抗策略,以打造高端形象并占据领导者地位,虽然住宅与商铺同步蓄客,但优先推售高价值的越王直街商铺,然后,根据市场情况与竞争需要,特别是项目商铺蓄客情况,一次性推售全部 210 卡商铺,用高销量支撑的高溢价,一举奠定项目领导者地位与标杆形象。

其二,明确价格策略。有六种价格策略:低开高走、平开高走、高开高走、高开低走、平稳推进与波浪螺旋。不管采用哪种价格策略,都为了实现两个目的:一是确定一个坚强的底部。结合客户置业保值的心理需求,在开盘时最好能够为项目的整盘运作确定一个价格底线,这个底线并不一定表现为最低价格,而是相对于竞争对手和项目当期的自身价值,相对于供需比和客户对价格的心理预期,足以形成很强的支持即可。二是塑造一条清晰的价格上扬曲线。想要保持项目整盘运作过程中消费市场的信心,就必须坚决地在客户心理层面上拉出这条上扬曲线,不管是采取销售说辞的变通还是实际操作,必须通过后续优势产品的替代,实现持续价格的小幅提升,以增强消费群体的购买信心。

其三，工程与展示进度。实操中，很多项目的营销节奏多受制于项目的工程进度与展示进度，一方面，需要铺排时就充分考虑进度问题；另一方面，根据营销节奏对工程与展示进度提出合理的要求与建议。

（2）分析客户

推售产品类别不同，客户类别也不同。不同的客户类别，对销售周期的时间安排有很大的影响。例如，商铺与住宅客户的蓄客时间与成交周期完全不同；再例如，住宅产品，首置首改产品与再改产品的蓄客时间与成交周期也存在很大差异，在铺排营销节奏时要予以充分考虑。

（3）分析竞品

其一，要明确竞争对手是谁。基于区域竞争、项目特征与总价区间等因素锁定核心竞争对手。其二，明确竞争对手给我们留下什么机会。这个市场机会可以从竞争对手的产品线与产品结构中寻找，人也可以从竞争对手的推售档期中寻找，还可以从区域市场结构中寻找。竞品营销节奏与推售产品会对我们的销售周期产生影响，2015 年 7 月，130 万 ㎡ 河源市商业中心周边竞品主推首置首改产品，再改产品存在市场空白，坚基·美好城 7 月启动 1#、2#、3# 蓄客，主力户型 160 ㎡ 与 249 ㎡，就是抓住市场空白，蓄客时间较正常历史经验大幅缩短，8 月 29 日即蓄客完毕火暴开盘。

第六步，确认入市时机，梳理各类节点

依据宏观市场的利好或利空因素、购房者的购房习惯、市场竞争状况、项目工程进度与资金需求，确定入市最佳时机。

营销采用"节点爆破"，节奏离不开节点。这里的节点既有常规的春节、端午、中秋这类节假日节点，还有拍地、奠基、销售中心开放与样板房开放这类工程类节点，也有认筹、加推、开盘这类营销节点等。从房地产营销角度，详细的节点类别详见下表：

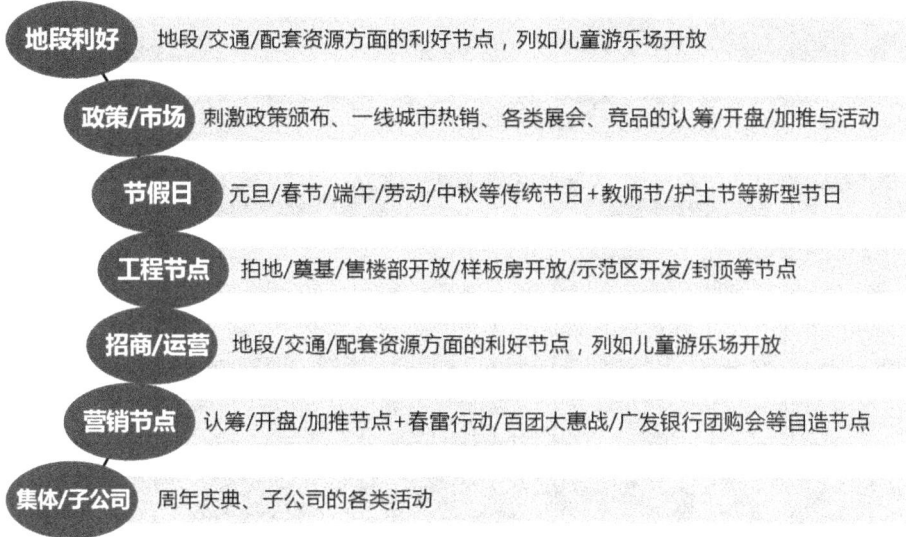

地段利好	地段/交通/配套资源方面的利好节点，列如儿童游乐场开放
政策/市场	刺激政策颁布、一线城市热销、各类展会、竞品的认筹/开盘/加推与活动
节假日	元旦/春节/端午/劳动/中秋等传统节日+教师节/护士节等新型节日
工程节点	拍地/奠基/售楼部开放/样板房开放/示范区开发/封顶等节点
招商/运营	地段/交通/配套资源方面的利好节点，列如儿童游乐场开放
营销节点	认筹/开盘/加推节点+春雷行动/百团大惠战/广发银行团购会等自造节点
集体/子公司	周年庆典、子公司的各类活动

上图案例是 2015 年 130 万 ㎡ 河源市商业中心节点图，营销节奏正是通过这一个个的节点来完成"势能"的积蓄与引爆。

第七步，年度目标细分，铺排营销节奏

为实现目标，依据对项目、客户与竞品的分析，结合节点设置，有控制地分期、分批，有节奏地向市场推售产品，通过均衡、有序的销售实现利益最大化。下图案例所示，即为实现 130 万 ㎡ 河源市商业中心 2015 年 5.5 亿元目标的年度营销节奏铺排。

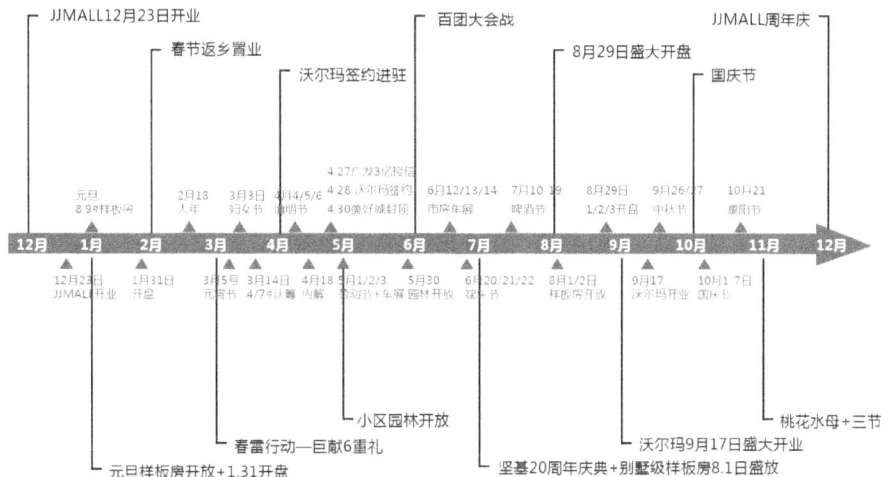

1月认购7000万　　2月认购5000万　　3月认购2000万　　4月认购3500万　　5月认购5000万　　6月认购4000万
　　1月31日　　　　　　　　　　　　3月5日　　　　　　4月中旬
　　8#/9#开盘　　　　　　　　　　　元宵节　　　　　　6#/7#开盘

| 1月 | 2月 | 3月 | 4月 | 5月 | 6月 | 7月 |

　　　　　　2月18日　　3月7日　　　　　　　　　　　　　　　　　5月底
　　　　　　大年三十　　6#/7#认筹　　　　　　　　　　　　　　　园林开放+4#加推

| 8#/9#认筹至开盘 | | 6#/7#认筹至开盘 | | 4#加推 | |
| 8#/9#强销 | | | 6#/7#强销 | |

7月认购1500万　　8月认购12000万　　9月认购5000万　　10月认购5000万　　11月认购3000万　　12月认购2000万
　　7月初　　　　　　　　　　　　　　9月中旬　　　　　　　　　　　　　　　11月下旬
　　1#/2#/3#开盘　　　　　　　　　　5#加推　　　　　　　　　　　　　　　车位开盘

| 7月 | 8月 | 9月 | 10月 | 11月 | 12月 |

　　　　　　8月底　　　　　　　　10月中下旬
　　　　　1#/2#/3#开盘　　　　　10#加推

| 1#/2#/3#认筹至开盘 | | 5#加推 | 10#加推 | 车位开盘 | 疯狂促销季 |
| 4#/6#/7#/8#/9#强销 | | 1#/2#/3#强销 | | 5#/10#强销 | |

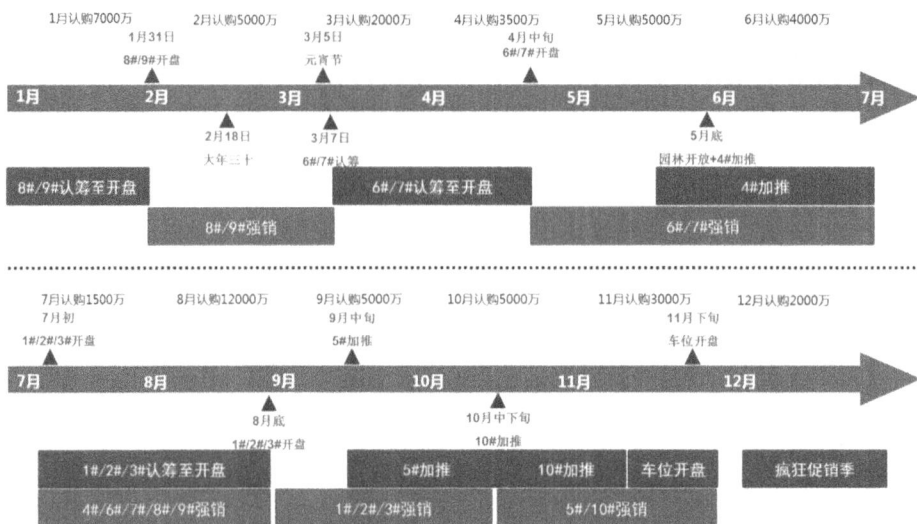

第八步：拟定各阶段营销策略

通过铺排营销节奏，明确各阶段目标、推货量与结构、客户对象、价格策略与时间长度，接下来就是运用营销策略支撑阶段目标的实现，并使各阶段实现无缝衔接。一方面，要按营销节奏实施，就需要各阶段有工程进度与招商进度配合，故营销节奏也是全年工程进度安排的指引；另一方面，拟定各阶段的广告推广、营销活动、拓客渠道、展示包装与销售管理等策略。

下篇：完美开盘的七个销售阶段

如同一首曲子由多个乐章组成一样，节奏也由几个阶段组成。本部分以一个新项目的理想化开盘过程来划分销售阶段。这几个阶段分别为筹备期、入市期、蓄客期、预热期、开盘期、强销期与持销期。不同的销售阶段有不同的目的主题和不同的工作重点，各阶段的无缝衔接就是一个完整的开盘节奏安排。请读者务必注意，现实中，销售阶段划分并非一定要以该理想化、固定化的方式进行，操盘中需要变通地加以应用。

```
┌─────────────────┐
│     筹备期       │
└────────┬────────┘
         ↓
┌─────────────────┐                      ┌──────┐
│     入市期       │←─────────────────────│      │
└────────┬────────┘                      │ 再   │
         ↓                               │ 次   │
┌─────────────────┐                      │ 引   │
│     蓄客期       │                      │ 爆   │
└────────┬────────┘                      │      │
         ↓                               └──────┘
┌─────────────────┐                         ↑
│     预热器       │                         │
└────────┬────────┘                         │
         ↓                                  │
┌─────────────────┐                         │
│     开盘期       │                         │
└────────┬────────┘                         │
         ↓                                  │
┌─────────────────┐                         │
│     强销期       │─────────────────────────┘
└────────┬────────┘
         ↓
┌─────────────────┐
│     持销期       │
└─────────────────┘
```

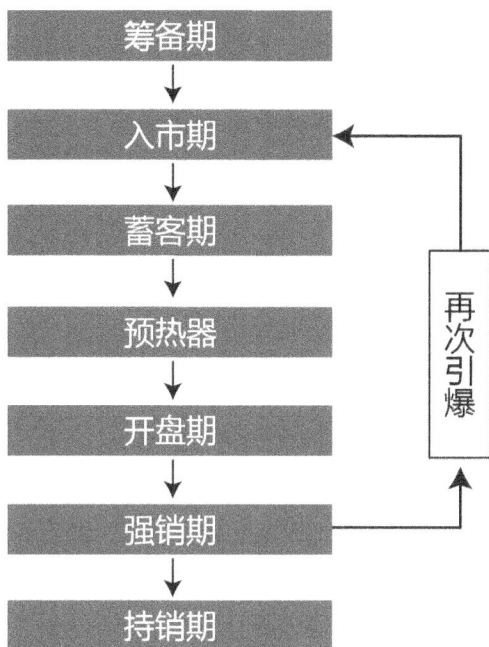

一、筹备期：充分准备，拓客先行

所谓筹备期，指统筹安排工作的时间，任何一个房地产项目，在正式形象亮相之前，所做的工作都属于筹备期工作，不同的项目，筹备周期也不尽相同，短则几十天或几个月，长则数年之久。为了便于理解，这里的筹备期是指以前期论证与项目定位已经完成，项目正式形象亮相之前所进行的一系列工作的统称。

筹备期，一方面要求准备充分，若市场动向不清，推售节奏不明，营销工具不齐，展示包装不到位，强行入市，难免漏洞百出，"第一印象"不佳很难挽回与改变；另一方面要求拓客先行，通过筹备期的拓客，既可以验证项目定位是否符合市场，还可以指引或小范围验证形象定位与推广策略，也可以为项目批量积累潜在客户，加速开盘与回款。

筹备期的营销工作，事项烦琐，其中重点有六项，它们分别是：第一，细分开盘目标，拟定开盘节奏；第二，明确客户是谁，客户在哪儿？第三，价格策略与放价战术；第四，形象定位与推广节奏；第五，营销道具与物料制作；第六，营销系统搭建。在这里介绍第一至第三点，第四至第六点在后面的章节有详述，在此不做阐述。

（一）细分开盘目标，拟定开盘节奏

第一步：明确开盘目标与开盘范围

根据前述内容，开盘目标在拟定年度推售节奏时已经明确，在这里重点是根据市场竞争与前期销售实际情况，对开盘目标予以再次确认。开盘目标确认后，先将开盘目标分解至套数目标，再根据认筹转化率将成交套数目标转化为认筹量目标，最后根据认筹量目标确定上门量目标。

开盘范围指在项目开盘时向市场推出的可售单位范围，这个范围既指量的范围，又指结构的范围。"量"指的是推售货值或套数，"结构"既指不同产品类别之间的组合，又指同一类产品内部不同价值产品的组合。要注意在客户认筹时就明确开盘推售范围，既便于准确把握客户的购买意向，又便于对客户进行引导与分流。

以130万㎡河源市商业中心2016年上半年推售的中央金街2期为例，推售范围为中央金街2期商铺，总货量226卡，开盘目标为1.5亿元。首先，明确一次全推还是有步骤地分批推售。依据价格目标，分析市场与竞争，结合本项目商铺销售历史与操盘经验，这226卡商铺一次性全推。其次，将开盘1.5亿元目标转化为套数目标为161卡。再次，按开盘解筹率50%~60%预估，需要有效筹量268~322批（中间值295），考虑到认筹政策导致水客约占总筹量25%，需要总筹量357~429批（中间值393）。最后，按上门转认筹比率30%预估，总筹393批需上门客户1310批。

第二步：确定入市时间，梳理各类节点

依据宏观市场的利好、利空因素、购房者的购房习惯、市场竞争状况、项目自身工程进度与资金需求，确定最佳入市时间。中央金街2期此次入市

时间，既考虑商铺客户的蓄客需求，还考虑项目自身的工程进度与资金需求，最终确定4月2日至4日（清明节）入市亮相。

梳理上半年各类节点。根据项目商铺销售的历史与操盘经验，2016年2月15日新年开工进行筹备，3月下旬启动认筹至6月9日可以完成商铺的开盘蓄客量要求。上半年各类节点分别为2月15日（新年开工）、3月26日（认筹启动）、4月2日至4日清明节（高调亮相）、4月30日至5与2日劳动节、5月21日（VIP客户推介会）与6月9日至11日端午节。

第三步：开盘目标分解，划分销售阶段

根据入市时间与商铺销售经验划分销售阶段，中央金街2期的销售阶段分别为筹备期（2月15日至3月25日）、蓄客期（其中，4月2日至4日为入市期，4月5日至5月20日为蓄客期）、开盘期（其中，5月21日至6月8日为预热期，6月9日至6月11日为开盘期）、强销期（6月12日至6月30日）、持销扫尾期（下半年）。

与住宅客户积累不同，商铺客户的积累过程短促且非线性均衡，它有个井喷过程，随后趋于平淡，这个井喷过程有长有短。刚开始积累时，热度较高，客户上门量大，后来逐渐下降，趋于平淡，甚至零登记。在接近开盘时，会再有一波高峰。鉴于商铺蓄客周期短且非线性均衡的特征，将认筹量目标与上门量目标分解至各个时间段。具体如下图所示：

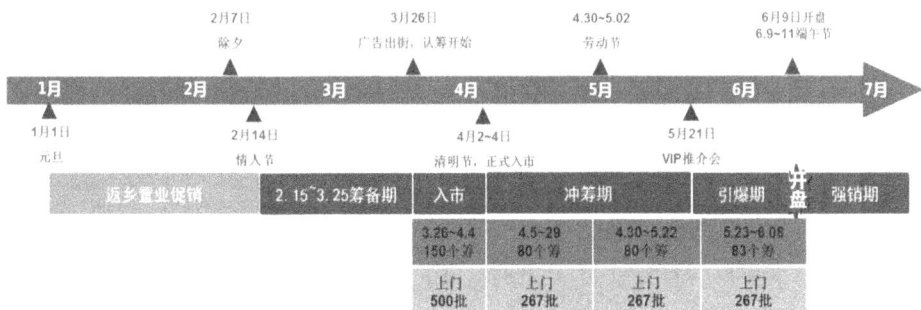

第四步：拟定营销策略，提出工程进度要求

为支撑阶段目标的实现，并使各阶段实现无缝衔接，一方面，对各阶段的工程与展示进度提出明确的要求；另一方面，根据各阶段的目标，拟定各

阶段的广告推广、营销活动、拓客渠道、展示包装与销售管理等策略，确保各阶段目标的实现。

（二）明确客户是谁，客户在哪儿

项目定位阶段已经有客户定位，但鉴于项目定位阶段至筹备期存在长短不一的时间差，无论从市场趋势、竞争环境、销售价格还是客户特征都可能会发生变化，在蓄客阶段重新对客户进行定位，既要了解客户特征与需求，还要知道在哪儿找到客户。

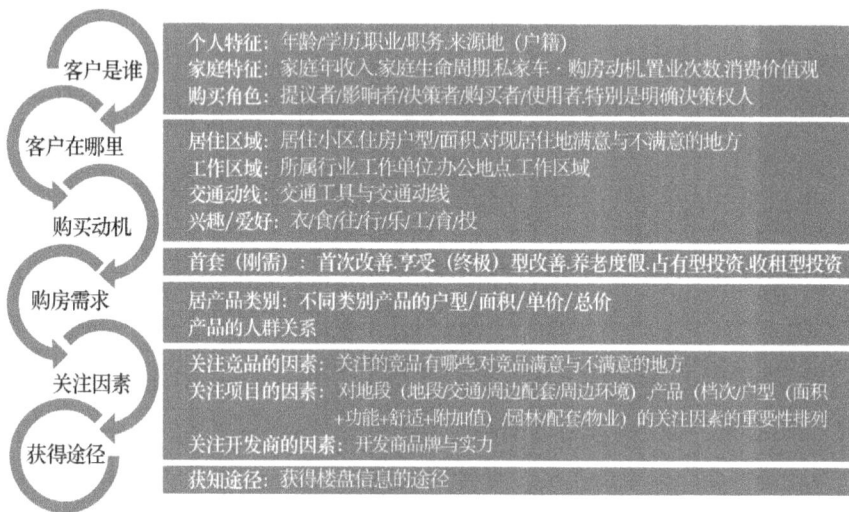

客户分析始终要围绕营销的逻辑展开，永远要回答这四个问题：客户是谁、在哪儿、如何吸引到售楼部和转化成交。客户很实在，客户分析也就没必要花俏。客户分析由虚到实的一个重要特征是，过去我们主要研究客户是谁以及他们的特征／价值观与情感偏好，到现在我们还要进一步将客户落实到物理的空间地图上，也就是要研究"客户在哪儿，如何吸引到售楼部"。

客户价值分四类，分别为：直接或重复购买、推介购买、口碑传播与示范效应，由此在找寻客户"是谁、在哪儿"时，不仅要关注直接或重复购买客户，还要关注有推介购买、口碑传播与示范效应的客户。

客户在哪儿？从客户价值角度来找寻，有四个判断标准，它们分别是"认同""匹配""导入""人气"。

第一判断标准：认同。与项目有血缘、地缘、业缘关系的"三缘客户"对项目天生认同。血缘关系，指潜在客户有亲朋好友在项目周边居住、工作。例如，项目周边的原居民或拆迁户以及他们的亲友。地缘关系，指在周边居住、工作或路过的潜在客户。例如，周边的行政事业单位。业缘关系，指潜在客户与项目建造者关系密切。例如，老板或高管圈层。

第二判断标准：匹配。匹配相当于婚嫁中的"门当户对"。所谓"好马配好鞍"，什么品位的人穿什么样衣服，什么收入的人消费什么档次商品，与项目消费档次匹配的其他消费品客户就是你的客户。首先，项目未成交客户，来访就说明客户与项目匹配，未成交只说明未挖掘出匹配客户需求的利益点，未成交客户的圈层依旧匹配本项目。其次，在售竞争对手的客户。再次，与总价匹配的客户。最后，与产品或客群匹配的客户，例如中央金街2期的潜在投资客，既可以从商业街规划业态的经营业主中找寻，还可以从临街商铺或写字楼的业主中找寻。

第三判断标准：导入。因配套、资源或交通导入的客群。例如，因项目周边优质教育资源吸引而来的客群，或因项目开通高铁吸引而来的客群，或项目周边新建产业园区而导入的产业客群。

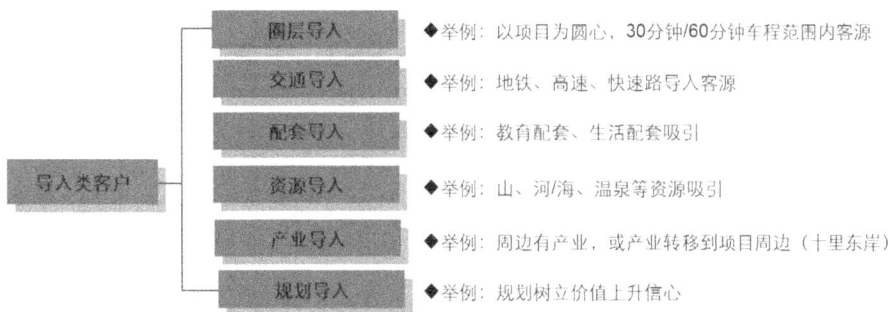

第四判断标准：人气。人气旺的场合，例如商场、写字楼、交通枢纽、住宅社区、公园、展会等地点，"广泛撒网，重点抓鱼"，找寻潜在客户。

以130万㎡河源市商业中心|中央金街2期为例，对投资商铺的潜在客户是这样研究的：

1. 投资商铺的潜在客群

第一类，与商业街定位及业态规划相关的经营者群体。

➤ 工程、装饰公司与五金建材公司老板，多为坚基集团合作单位。

➤ 便利店、超市、专卖店、中小商场这类零售业的老板。

➤ 经营孕婴儿童品牌的老板。

➤ 经营药店与医疗器械的老板。

➤ 经营餐饮、茶叶与烟酒店的老板。

第二类，投资者群体。

➤ 中小企业主。

➤ 行政单位官员、事业单位（医院、学校）、国企高管。

➤ 专业投资群体。

➤ 家庭妇女投资群体。

➤ 相关行业从业人员（例如放数群体、拆迁户群体）。

2. 商铺潜在客户特征与投资动机

第一，约30%的客户拥有一次以上买铺经历，属于专业投资客。他们判断力强，不易被忽悠，对投资机会嗅觉敏锐，惯于投资最优位置、高单价或单价低面积大的产品，一般选择买最好的或者最便宜的，回报要求较理性，回收周期15年之内皆可。约70%的客户属于初次购买，属于初次投资客户。他们经验不足，决策易受干扰，在意价格，不敢投资高单价产品，须控制投资总价，一般选择相对稳妥的商圈投资，愿意投资熟悉的区域，成交周期较短，回报要求较高，希望10~12年回本。

第二，35~45岁大多买给自己，既信奉"一铺养三代"，又想规避未来风险；45~60岁大多买给子女，希望给子女提供一个稳定的收入来源。

第三，投资商铺的客户大多用的是"闲钱"。

第四，规避风险意识强，规避生意风险，规避通货膨胀风险，规避老无所养风险等。

第五，现有投资渠道狭窄且风险高，通货膨胀持续，客户投资意愿强却无好的投资标的。

第六，商铺比男人与孩子可靠。

第七，商铺投资四大痒点：升值快、租金高、收益稳、风险低。从不动产投资的需求特征上来看，住宅是一种必需品，客户是自发需求，不买房结不了婚、小孩上不了学、工作不方便、没有安全感、无法享受三代同堂的快乐诸如此类；投资品非必需品，可选择种类多，客户需要激发和诱导，客户看重的是升值、租金、收益与风险。

3. 商铺潜在投资客群按重要性分类，在哪儿

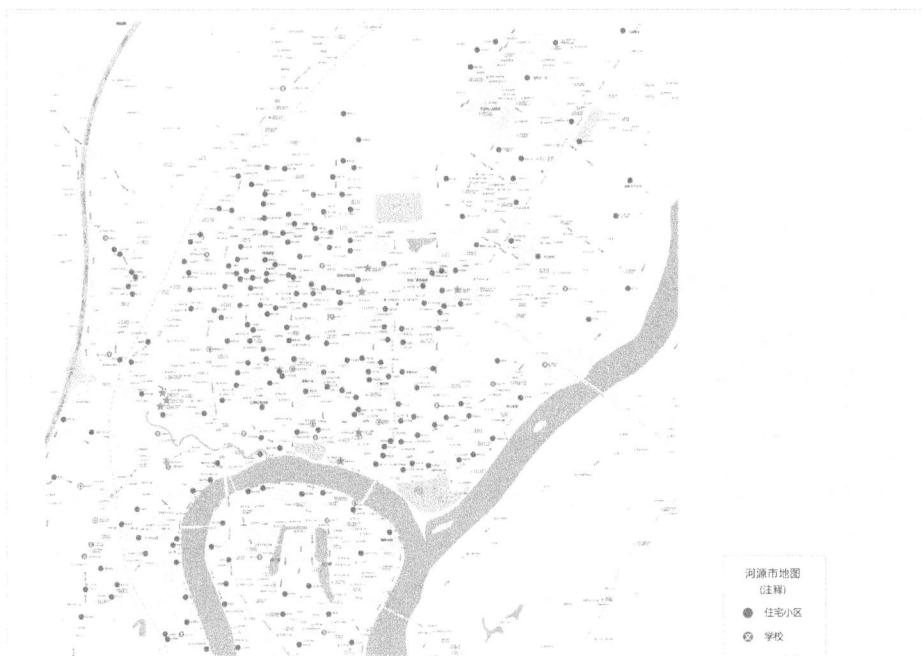

河源市地图
（注释）
● 住宅小区
⊗ 学校

第一，抓牢"核心客户"，特指三缘"认同"类客户。

➤ 公司内部的老板、高管、员工及其亲友人脉圈层。

➤ 坚基品牌住宅与商铺业主，以及项目前期商铺上门未成交的"老客户"。

➤ 坚基购物中心商家与钻石会员。

➤ 周边行政、企事业单位与周边小区业主。

➤ 项目周边过路人流。

➤ 竞争对手客户。

第二，保住"重点客户"。其一，政商媒体界意见领袖；其二，与商铺"匹配"的客户。

➢ 规划、房管、税务、银行等主管单位的公务员（含事业单位）群体，直接购买的比重大幅下降，作为意见领袖具有较佳的口碑推荐效果。

➢ 合作的建筑商、供应商老板及其圈层。

➢ 房地产同行与媒体合作伙伴。

➢ 市区别墅区、高端住宅区、自建房业主与拆迁村拆迁户。

➢ 专业投资群体，例如商业区或住宅区的商铺业主、写字楼业主等。

➢ 重点行业经营者，例如医疗器械、母婴用品、茶叶、烟酒、超市/商店、五金建材等行业经营者或其协会或商会。

第三，吸引"游离客户"与"偶得客户"。

"游离客户"指交通、配套、资源等"导入"类客户。例如，因教育与城市配套吸引的河源下辖五县客户，因赣深高铁2020年开通吸引的河源籍的异地客户。"偶得客户"既指商场、住宅、交通枢纽这类人气集中场所的人群，还指那些与商铺总价匹配的银行VIP、汽车4S店VIP、美容院VIP等圈层客户。

在筹备期，通过对"客户是谁、在哪儿"的精准判断，既确定客户特征、投资动机与需求，又对客群按重要性进行分类，明确核心客群、重点客群、游离客群与偶得客群"在哪儿"，一方面，指引项目的形象定位与概念包装；另一方面，指引拓客地图制作与拟定媒介组合。

（三）价格策略与放价战术

中央金街2期采取"高开平走"这种高溢价的价格策略，原因有三：其一，2016年春季，受去库存政策影响，河源楼市上门量与成交量开始回暖；其二，22万㎡坚基购物中心经营困难，依托定位、规模、业态规划与品牌组合，长期看来运营向好；其三，坚基·美丽城商铺总建筑面积约4万㎡，其中1.5万㎡的双首层步行街（中央金街2期）属于高价值的明星类产品，只有通过高溢价确定价格标杆，既能提高2013年推售的越王直街与2014年推售的中央金街1期业主的满意度，又可以提高剩余1.5万㎡商铺的价格预期，最终提高总体收益。

放价战术关系到销售势能的积蓄，目的在于不断提高客户心理预期，最终实现销售量与价的目标。放价的常规战术，指在初定均价的基础上，确定不同阶段对外放价的范围。对外放价要遵循聚焦原则，即"逐步缩小放价范围，逼近客户心理价位上限"。对于新开盘的项目，开盘前至少经历三次放价过程：第一，蓄客前期，无任何价格信息的背景下静默蓄客，目的是探索客户的价格底线，并观察在无价格指引状态下客户需求在产品类别、楼栋、梯腿与户型之间的分布；第二，认筹期，在初定均价的基础上，视情况上下浮动一定量作为对外放价范围，一般情况下，上限应高于实际开盘均价，为开盘定价创造心理空间；第三，开盘前，根据认筹情况和预期目标进行最后的价格调整，在各单位单价范围的基础上，决策开盘均价，并形成一房一价表。

实际操盘中，放价没有固定的模式，为实现项目的价格目标，既要考虑市场大势，还要考虑竞品动态或解决蓄客过程中存在的问题。2016年3月中央金街2期蓄客时，一方面，考虑市场大势回暖并上行，考虑项目自身不断完善与成熟，更为实现高溢价的价格目标，不能锚定具体的价格区间；另一方面，为快速积累客户，避免竞品分流意向客户，也为拔高客户价格预期，灌输项目核心价值的同时，输出本地成熟商圈商铺价格或类似城市综合体商铺价格，双管齐下。具体价格口径如下：

第一，价格暂时不知道，您先留下联系方式，价格出来我第一时间通知您。

第二，兴源路的商铺价格是3万~4万元，翔丰的商铺5万多元都买不到；越王直街的价格就不说了，中央金街1期是一铺一价，有2万~3万元的，有1~2万元的，还有3万~4万元的，中央金街2期是CBD商圈唯一的独栋商业街铺，价格未定。

第三，住宅中，有天有地的独栋别墅价值最高；独栋商铺，同样是商铺中价值最高的。根据《物权法》第一百四十九条规定，建设用地使用权期满，补交土地出让金可自动续期，独栋商铺真正做到"一铺传永久"。中央金街2期是CBD商圈中唯一的独栋商业街铺，极度稀缺，抢到就是赚到！

第四，中央金街2期是CBD商圈唯一的独栋商业街铺，很多工程施工与材料供应合作单位指名要用这种商铺抵工程款，您要听我的，先抢到购房资格，抢不到铺谈价格没有意义。

二、入市期：高调亮相，市场聚焦

入市期，指完成项目筹备后的第一次公开亮相，时间长短不一，有1~2天的，也有3~5天的，还有2~3周的，主要取决于事件营销推广与炒作周期的时间安排，即短期内通过事件营销与密集的推广炒作，高调告诉市场"我来了"。在房地产项目中，为保证项目开盘顺利和红火，必须使客户积累满足开盘的要求；而入市期的形象亮相则在相当程度上影响后期客户积累的速度与质量。入市期虽然时间短，却是非常重要的节点，与样板房开放、开盘、开业等里程碑式的节点具有同等重要的意义。若没有进行入市前的造势，必然难以形成市场影响力，更不可能推动后续的客户积累。

无造势不入市。营销的"势"就是看你制造的热闹够不够，知名度高不高，关注你认同你的人多不多。招商、销售如同作战，在入市期，操盘手要审时度势，或借助某种"势"，如无"势"可借，可先造"势"，造"势"后再行借"势"，以数倍放大自己的能量，万万不可逆"势"而为。

（一）借势

房地产营销注重借"势"，主要是寻找对本项目的有利支撑点，为"势"的持续升高而努力。住宅项目自土地拍卖开始就不断借"势"，例如深圳香蜜湖1号就借拍卖出的地王进行入市炒作。

以2014年130万㎡河源市商业中心中央金街1期入市为例：

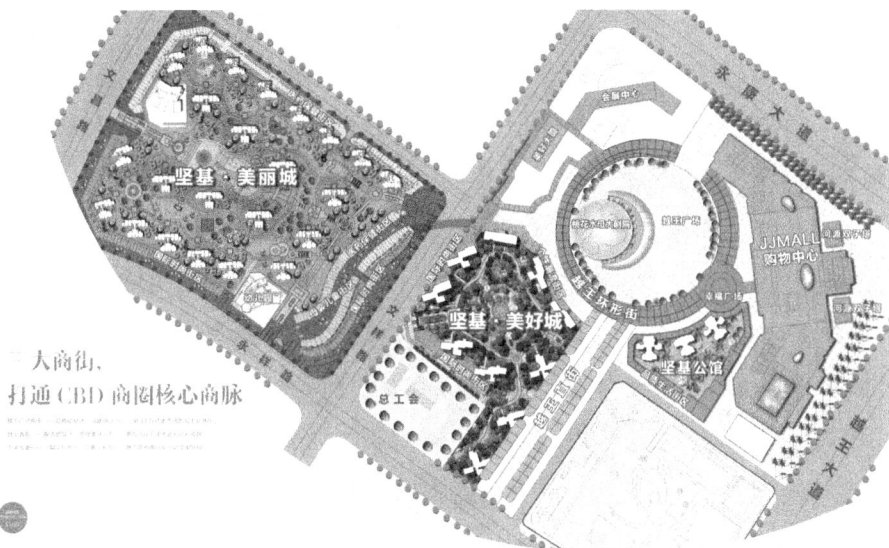

第一，推售安排。自 2014 年 6 月坚基公馆最后一栋住宅开盘后，130 万㎡河源市商业中心一期越王直街商铺与坚基公馆住宅基本售罄。根据工程进度，2014 年年底 130 万㎡河源市商业中心二期坚基·美好城首批住宅产品才能达到预售条件。鉴于 130 万㎡河源市商业中心的 22 万㎡坚基购物中心计划于 2014 年年底开业，公司对现金流极度渴求，在这种背景下为快速回笼大量现金，将一期坚基公馆住宅的底商与二期坚基·美好城住宅底商优先推售，总建筑面积 2.6 万㎡。

第二，市场背景。2014 年上半年，全国房地产市场环境急转直下，河源 2014 年市场供应量巨大，自 2014 年 5 月份河源雅居乐启动价格战以后，客户对未来市场判断日趋悲观。自 2013 年 4 月 19 日造势晚会与 4 月 20 主力店签约暨展示中心开放后，130 万㎡河源市商业中心招商基本无大动作，市场对 JJMALL（坚基购物中心）能否年底开业普遍持悲观预期，客户对 130 万㎡河源市商业中心的市场信心跌入谷底。

在此市场背景下推售坚基公馆与坚基·美好城住宅的底商，建筑面积 2.6 万㎡，若要达到火暴开盘，快速回笼现金的目的，一方面，要对住宅底商进行统一概念包装，打造"中央金街"概念，并根据产品特点与位置规划"国际时尚街区""个性潮流街区"与"品质生活街区"这三个街区；另一方面，入市必须高调，既指寻找对本项目的有利支撑点，借势解决市场信心问题，又指采用高举高打策略，聚焦市场关注，快速打响知名度的同时拔高项目的调性与形象，才能形成市场影响力，才能助推蓄客期的客户积累。

一方面，零售类、餐饮类、电器类、儿童类、休闲娱乐与家居类主力店或特色主力店已基本确认进驻，诸如综合超市、中影国际、简爱家居、追风冰场、喜约派对 KTV、嘉华盛宴、反斗乐园、星际传奇、麦当劳、九毛九、NIKE、周大福、欧时力等百家商户现场签约；另一方面，正式宣布 JJMALL（坚基购物中心）于 2014 年 12 月 23 日开业。通过事前、事中、事后宣传推广与活动现场的推介，既巩固与扩大招商成果，又坚定品牌商户进驻信心。

以"招商签约大会暨开业倒计时仪式"为契机与支撑点，130 万 ㎡ 河源市商业中心中央金街 1 期于 2014 年 7 月下旬高调入市。从政府支持、招商进度与品牌落位、专家团队、坚基购物中心工程与装修进度、桃花水母剧院与越王广场工程进度等角度，全渠道、全方位且持续地向河源五县一区 350 万人口输出"信心"，让他们相信 JJMALL 在 12 月 23 日盛大开业有足够保障，有力支撑"商圈大繁华，物业大升值"这一概念，由此刺激商铺投资客户的投资欲望。而在"招商签约大会暨开业倒计时仪式"炒作接近尾声时，举办大型活动"好莱坞英雄空降河源"，既保证市场关注度的延续，又有针对性地收集各个渠道的潜在客户，在销售中心现场集中向客户输出 130 万 ㎡ 河源市商业中心中央金街 1 期的价值。这既提振了市场信心，又放大了 130 万 ㎡ 河源市商业中心的市场影响力，助推客户的快速积累，确保中央金街 1 期于 2014 年 11 月 29 日火暴开盘，并再次借助 JJMALL（坚基购物中心）在 12 月 23 日火暴开业期进行强销，实现尾货的快速去化。

城市综合体开发，可寻找支撑点来借势，招商与销售亦可以互为借势，以 2013 年坚基购物中心招商借势越王直街火暴开盘为例：

广东坚基集团支柱产业为矿业，自 2003 年开发房地产以来，至 2012 年为止，累计开发了 2 个住宅项目与 1 个酒店项目，虽然在河源本地具备一定的知名度，但是自 2010 年年底拍得河源市商业中心地块以来，市场普遍对

130 万㎡河源市商业中心的开发不甚看好。虽然 2013 年 4 月 19 日举办大型晚会并于 4 月 20 日签约主力店进行大型造势，但是招商进展一直困难重重，特别是河源本地商户对项目一直持怀疑与观望态度，招商人员主动上门拜访亦无法邀约本地商户前来项目参观考察。

事情的转机出现在 2013 年 9 月 19 日越王直街火暴开盘。作为 130 万㎡河源市商业中心首次开盘的商铺产品，越王直街总建筑面积 2.1 万㎡，2013 年 9 月 19 日开盘当天销售金额 3.5 亿元，其中首层商铺均价 3.5 万 ~4.2 万 / ㎡，最高单价 6.8 万 / ㎡；周边竞品商铺首层普遍 2 万元 / ㎡左右，2012 年河源单项目最高销量为 7 亿元，无论是销售均价、最高单价还是开盘销量，都开创河源房地产项目开盘历史的多个第一。

其一，越王直街火暴开盘不仅引发市场轰动，更一举奠定了河源市商业中心的市场领导者地位；其二，商铺的热销说明 350 万河源市民特别是投资客认可项目，河源市民的认可让商家认识到在此开店的商机所在，提振了商户的市场信心。此时，招商团队借越王直街火暴开盘之"势"，集中邀约本地商家上门洽谈，获得本地商家的积极响应，本地商家的上门量与诚意度大幅提高，本地招商进度趁此打开局面并快速推进。

（二）造势

如无"势"可借，可先造"势"，制造出惊人的力量，造"势"后再行借"势"，目的在于将"势"不断推高，达到"势"险如"转圆石于千仞之山"。

第一，提高知名度造势。

如果项目开发商是初次涉入该行业，在业内无知名度，既可以通过政府要员来访、参加重要论坛等方式提升名气，还可以通过慈善捐款、冠名或赞助某些知名活动，提升知名度，也可以通过明星来访或明星晚会，快速提高知名度。

广东坚基集团支柱产业为矿业，房地产开发经验不足，河源市商业中心是其开发的首个商业地产项目，市场普遍对项目的开发前景不甚看好。2013 年 4 月 20 日展示中心开放，于 4 月 19 日举办"多彩河源·美丽商城——河源市商业中心开启盛典专场文艺晚会"这个事件进行入市期造势，自3月中下旬开始围绕该事件展开高密度、全方位的营销推广与新闻炒作，耗时将近1个月，不仅全面覆盖河源五县一区350万人口，更将影响力辐射至珠三角地区。特别是明星邀约方面，既考虑匹配招商商户、投资者与政商界意见领袖的喜好，又考虑到明星形象与档次匹配项目形象需要，晚会既特邀港台明星谭咏麟与高胜美等加盟演出，又特邀市政府主要领导揭幕，并获得河源电视台的全程直播，河源市商业中心的品牌知名度与品牌形象得到极大提升。

第二，提高可信度造势。

正在热播的小罐茶广告，应对商务用茶的产品定位，重点宣传的是"八位制茶大师"，通过大师级的合作伙伴，暗示小罐茶的品质值得信赖。在一些住宅项目中，我们经常看到诸如最具人气奖、人居工程奖、最适宜居住奖等奖项评选，评选机构五花八门，其实这些都是提升项目可信度的一种方式。

商业项目亦如此，如评选最具发展前景商业金奖、最具投资价值商业金奖等诸如此类的奖项包装，使项目在投资人和商户中产生共鸣，吸引其投资或进驻。此外，还可以通过与某知名市场结盟为兄弟市场或姐妹市场，以形成强强联手之势，提升项目可信度。

第三，主力店引进造势。

每个行业或业态中都有一些比较有影响力的品牌，大型商家、知名品牌、人气商家……它们有共同的代号——主力店。它是商业组合中的"造市"强将，拥有"一锤定音"的爆发力，是商业经营的主角。

其一，这些品牌有较高的知名度；其二，这些品牌能提升城市综合体特别是购物中心的品牌形象；其三，这些品牌有较为严格的选址开店程序，无论商户还是投资客，都会将这些知名品牌的进驻视作风向标。这些主力店具有较强的号召力，需要提前接触洽谈，无论是这些主力店上门考察，还是意向签约，都能营造项目"被看好"的势头，形成商户或投资客追捧的局面。

鉴于商业项目的客户积累过程短促且呈非线性均衡的特征，商业的客户积累特征与住宅存在很大差异，商业项目对入市期的要求较住宅项目要高很多。在实际运作中，要根据市场环境与客户对项目认同度的强弱，在入市期灵活借势与造势，才能在形象亮相阶段一炮而红，高度聚焦市场关注，快速打响知名度的同时拔高项目的调性与形象，才能形成市场影响力，才能助推蓄客期客户的快速积累。

三、蓄客期：积累客户，积极摸排

蓄客期，指项目形象入市至开盘这段时间，核心任务是通过不断提升项目的热度，加速客户储备，蓄势待发。入市期虽短但意义重大，为了加深读者对入市期作用的认识，故在前面笔者特别将入市期单独阐述。

蓄客就是把客户蓄住，通过采取各种手段拉近与客户的关系：一方面，依据客户地图，运用"推"式策略与"拉"式策略，将客户吸引上门，从而将潜在客户转化为意向客户。"拉"式策略指通过事件、公关与广告，制造影响力，吸引客户主动上门；"推"式策略，指通过营销活动与拓客渠道主动接触客户，推动客户上门。"推"式策略与"拉"式策略在后面章节有详细介绍，在此不做详述。另一方面，通过持续的客户摸排，将意向客户转化为准客户直至业主。潜在客户，指在市场上一切不拒绝我们的产品与服务，并且有一般购买欲望的客户；意向客户，指基本认可我们的产品与服务，处于选择阶段和购买前期的客户；准客户，指基本认定我们的产品或服务，具有较高诚意度，一般指缴纳一定的诚意金或认筹金的客户；业主，指已签订《认购协议》，即将签订《商品房买卖合同》的客户。

（一）客户摸排的方法

要确保开盘的成功，客户的转化是关键，这就离不开客户摸排。通过客户摸排，既可以了解蓄客的"量"及其变动，例如进线量、上门量、办卡量、认筹量及其变动情况；还可以了解蓄客的"质"及其变动，例如客户诚意度、置业目的、需求房源与面积、意向价格与预算、置业偏好、认知途径、居住区域、工作区域以及客户疑问与抗性以及它们的变动情况；还可以了解项目热度，例如项目知名度、市场认同度以及客户需求的迫切程度等等。

客户摸排贯穿蓄客全过程，操盘者不仅要通过统计报表了解，更要各种晨会、夕会、周会或专题会议与销售员深度交谈，还要直接在销售中心观察与感受客户的状态。一般而言，通过诸如产品发布会、园林开放或样板房开放等节点，分三大阶段对客户进行集中摸排，分别为蓄客前期客户摸排、认筹期客户摸排与开盘前客户摸排。

1. 蓄客前期的客户摸排

蓄客前期，一般指只进行客户登记而不交钱的阶段。蓄客前期的客户摸排，有四项关键动作：其一，盘点意向客户有效性；其二，探寻意向客户价格底线；其三，分析无价格指引状态下的供求比；其四，客户分级与认筹预判。

其一，盘点客户的有效性与意向客户价格底线。主要分三个环节：一是收集完整信息，二是信息反复筛查，三是化解购买抗性。

一是收集完整信息。销售员在与客户沟通过程中，主要通过以下10类问题来收集客户的完整信息，具体如下表所示：

1问	客户背景	家庭结构与人口数/获知渠道/置业目的/购房需求/价值排序/工作居住区域/购房时间等等
2问	限购条件	如仍未开放限购，是否符合政策条件？
3问	限贷情况	是否贷款？首套？二套？是否有其他名额可替代？
4问	资金实力	意向买多少钱的房子？首付有多少钱？还能够筹到多少钱？
5问	意向房源	意向户型或面积是什么具体楼栋/楼层？可替代楼栋及楼层区间多少套？
6问	价格问题	意向价格是多少？目前价格口径是否认可？价格接受上限？敏感价格临界点
7问	决策人问题	决策人是谁？父母？夫妻？是否都来看过？是否已经确认意向？意见是否统一？
8问	价格认可度	是否认可项目？对项目认可点在哪里？是否有不认可之处？
9问	竞品参考	参考对比项目认可点在哪里？是否接受我司竞品说辞？客户倾向性？
10问	客户抗性点	客户有哪些顾虑？是否接受我司抗性说辞？还有那些抗性需求解决？

收集完整信息是为了提高客户有效性，从而提高成交转化率，故而不同的问题需要了解的深度与应对方式不同。例如，了解"价值排序"是为了提高客户对项目价值的认可度，这就需要经过客户价值排序确认（前三位即可）、排序结果与项目价值比对、客户价值重塑三个环节。

二是信息反复筛查。收集完整信息后，案场负责人带领销售团队于每天晨、夕会对收集到的信息进行反复筛查分析，主要动作分为四项：首先是"强价值"，即要求销售员对客户强化项目价值的灌输与引导；其次是"弱抗性"，即根据客户抗性问题拟定统一的应对说辞；第三是"严口径"，即严格要求销售员按统一的价格或价值口径输出，不得篡改；第四是"造声势"，即要求销售员传递推售量少但意向客户很多的信息，让客户的关注重点集中在选择哪个户型以及是否能选上。

三是化解购买抗性。解决问题能力越强，转化率越高，抗性化解的关键在于找到问题的核心。例如客户表达"价格贵"，此抗性问题的核心是什么？如果问题核心是"因购买力不足而无法承担"，若因首付不足，帮客户找寻其他解决方式，诸如信用贷款、信用卡透支、亲友相借、抵押贷款等，若因月供不足，了解不足部分额度，看是否寻求父母或子女帮忙共同还贷；如果问题核心是"客户购买力充足但认为不值"，导致这种情况出现的原因在于客户未能接受本项目价值体系，就需要销售员重新灌输项目价值体系，提高客户对项目价值的认可度；如果问题核心是"客户参照某个项目价格认为价格贵"，销售员需要了解对比项目及对比的关键点，根据优劣势对比分析，让客户认可本项目物超所值。

其二，探寻意向客户价格底线。探寻客户价格底线一般需要向客户了解三个信息：一是意向价格，即没有太大成交阻力客户都能成交的价格；二是价格接受上限，即超过此价格客户即放弃购买，是决定追销量还是追利润的重要依据；三是敏感价格零界点，即当低于此价格时，客户会放弃考虑一些抗性问题选择购买。收集信息的方法有三种，既可以直接问，例如价格是交易双方都非常想知道的重要信息之一，通过《客户调查问卷》收集，或直接口头询问。还可以间接获取，诸如了解客户的首付预算、帮助客户预测月供等。还可以分析其他信息，诸如客户现居住房产情况、工作、私家车品牌等等。

其三，分析无价格指引状态下的供求比。统计在无价格指引状态下的不同产品类型、不同楼栋、不同梯腿与不同户型的供求比，实际操作中，一般运用《客户接待登记表》《客户意向户型统计表》这两大工具；针对需求严重不足的产品类型、楼栋、梯腿或户型，要尽早采取应对措施，从价值挖掘、拓客渠道、说辞口径、价格系数以及销售员激励等多个方面进行调整，加快该类产品的蓄客速度与蓄客量。

客户意向户型统计表															
幢号	T7														
室号	01			02			03			04			05		
面积	125.32			82.37			123.13			101.35（东）			101.35（西）		
意向顺序	1	2	3	1	2	3	1	2	3	1	2	3	1	2	3
低区 6-10	3	0	0	5	1	0	1	0	0	3	0	0	1	1	0
中区 11-20	8	0	0	4	0	0	1	0	0	4	0	0	1	0	0
高区 21-30	1	0	0	2	1	0	3	0	0	0	2	0	1	0	0
小计	12	0	0	11	2	0	5	2	0	7	2	0	3	1	0
目标	10			23			10			13			13		
供应	26			26			26			26			26		
供需比	0.16			0.42			0.19			0.27			0.12		
总计 A	89														

其四，客户分级与认筹预判。通过对意向客户进行分析，依据具体的标准，将客户的诚意度细分为 ABCD 几个级别，既用于指导不同级别客户之间的转化，亦用于预估认筹数量与结构，以选择合适的认筹方法，还用于验证项目价值体系、推广渠道组合与客户地图。

客户分级评判标准							
客户级别	购房需求	产品认同			购房能力	预计成交时间	沟通频次/深度
	购房动机初判	区域认同度	项目认同度	价格承受能力	资金到位	预计成交时间	主动沟通频次 / 认购流程及银行按揭政策须知
A类客户	购买动机明确清晰,认可项目即可购买	认可区域价值无抗性无其他区域性的对比和考虑	产品符合其需求	若项目价格对比市场同类产品无明显偏差则无明显抗性	近期可下叉,资金没问题,具备贷款资格	一周内	到访当日或7日内主动回访现场或电话咨询产房或项目信息1-3次 / 关注付款方式、银行按揭贷款,担心是否符合办理按揭的条件,主动且愿意配合征信的查询和提交相关按揭办理资料
B类客户	购买动机明确清晰,认可项目即可购买	认可区域价值或对区域价值有一室抗性但可引导	产品符合其需求,对个别素存在抗性但可引导	若项目价格对比市场同类产品存在抗性,但可引导	资金存在一定的问题,但近期可以解决,具备贷款资格	一周到两周内	到付当日或7日内每月主动沟通,15日内主动回访现场或电话咨询房产或项目信息1-3次 / 关注付款方式银行按揭贷款,担心是否符合办理按揭条件,主动且愿意配合征信的查询和提交相关按揭办理资料
C类客户	购房动机不明确,思路不清,对比、观望情绪浓厚	基本认可或不太认可区域价值,有一定抗性,或正在对比和考虑其他区域	产品存在不可引导性的抗性,通过后期推出产品可解决	对价格存在不可引导抗性,通过后期促销产品可解决	资金存在难以解决的问题,1-2个月甚至更长的时间,具备贷款资格	一个月左右	到访后一直没有主动沟通,被动沟通时表现冷淡 / 对认购和按揭相关政策流程有一定了解,不愿意主动配合填写表单、查询等事宜
D类客户	客户自己明确表示无购房意向,只是随便看看或为了领取礼品等	不认可区域价值,购房的区域意向待定	不认可产品,存在极大抗性,后期也无产品可满足该客户	对价格存在不可引导性抗性,不接受市场同类产品价格,差异很大	资金不足或无法办理贷款	不会购买	到访后一直没有主动沟通,被动沟通,被动沟通时明确表示放弃 / 不关注认购和按揭相关流程,不配合填写表单、查询等事宜

意向客户盘客表

梳理次数：第 * 次																		
梳理日期：** 年 ** 月 ** 日																		
参加人员																		

置业顾问	基本信息							置业信息						价格			客户级别	备注
	姓名	年龄段	家庭结构	人口数	居住区域	居住小区	工作区域	工作行业	认知途径	置业目的	意向户型	意向面积	存在抗性	对比楼盘	心理价位	预算总价	付款方式	

2. 认筹期的客户摸排

认筹期，一般会在初定均价的基础上，视情况上下浮动一定量对客户放价。认筹期的客户摸排，有三项关键动作：其一，预判客户诚意度；其二，预估开盘前认筹量；其三，分析不同产品类型、楼栋、梯腿与户型的供求比。

其一，预判客户诚意度。认筹期预判客户的诚意度，主要用于评估客户开盘购买的概率。

认筹期客户诚意度判定标准

选项	一	二	三	四				五
客户诚意度	客户姓名	是否认筹	资金准备 包括：单价、总价均能接受；首付已准备好；月供能接受；具备银行贷款资格等。	资金准备 包括：购房本人具备购买资格；或者可以实现用亲属、朋友名义购买；或者可以补缴完税或社保等。	家庭意见统一，决策者到场。	资金准备 对项目认可：包括区域、品牌、产品形态、户型、周围环境等。	没有明显的竞品比较，不会分流。	对大势持观望态度，观望本项目价格。	近期内有购房打算
A		✓	✓	✓	✓	✓	✓		✓
B+		✓	✓	✓	✓	✓	✓	✓	✓
B-		✓	✓	✗					✓
C+			✓	✓					✓
C-			✓	✗					✓
D									✗

其二，预计开盘前筹量。这是一个预估值，是在假定价格口径不再变化的前提下，到开盘前可能的分户型及整体筹量。用预估的开盘前供需比与达成开盘销售目标所需的供需比进行比较，如预估开盘前供需比低于目标供需比则须下调整体均价；反之，则须上调整体均价。

其三，分析不同产品类型、楼栋、梯腿与户型的供求比。通过比较某一户型与整体供求比例关系，可以了解到某一户型的认筹速度。如果某一种户型的供需比小于整体供需比，则说明该户型认筹速度偏慢，应下调该户型的价格，以提升认筹速度；反之，则说明该户型认筹速度偏快，应上调该户型的价格，为其他户型产品留出价格下调空间。不仅要分析不同户型的供需比，还要分析客户在楼栋以及高、中、低楼层的供需比。

3. 开盘前的客户摸排

开盘前的客户摸排，一方面检验认筹期对客户诚意度、认筹量与认筹结构的预判；另一方面，需要做好三项工作，分别为，其一，明确开盘推货量与配比；其二，明确价格关系，修定一房一价表；其三，依据预销控，对客户进行引导与分流。

（二）认筹的方式方法

蓄客过程中，为了更精确的判断客户的诚意，大都会设置一个标准或门槛，诸如查征信、会员卡、验资、冻结与诚意金等，详见下图：

甄别办法	操作	备注	效果
查征信	客户提出申请，由银行查询客户的征信及产房信息	可得出客户的购买资格及意向	效果差，但可以积累大量客户
会员卡	➤ 填相关资料即可免费申领会员卡 ➤ 与商户合作，须交纳相关费用申领会员卡	➤ 凭卡方可购买项目商品房 ➤ 凭卡有额外购房优惠 ➤ 凭卡有其他合作单位或商户优惠 ➤ 凭卡参加相关活动	免费申领效果一般，须缴纳费用效果较好
验资	客户提供证明，资产达到一定额度方可认筹	➤ 广泛验资：所有资产（包括股票，基金，理财产品等） ➤ 狭义验资，活期银行账户	效果一般
冻结	➤ 采用与银行合作的形式，利用银行发行的金融产品（专项资金冻结） ➤ 现场银行定存资金自至开盘	冻结资金可在开盘后直接转定金	效果较好
诚意金	直接收取现金至发展商账户	➤ 开盘如不购买可退 ➤ 可采取抵房款的优惠形式 ➤ 须达到预售条件	效果较好

很多项目采用VIP卡检验客户诚意度，这种方式的一个典型特征就是客户需要购买一个"筹"，这个"筹"类似一个购房的筹码，这就是认筹的由来。在认筹过程中，房地产企业或多或少的通过一些优惠措施，使意向购房者预

先通过某种方式表示某种诚意，这种额外优惠主要有两种：其一，优先选房权，即正式销售期间持有此卡者可优先选房；其二，特别现金优惠，例如"几万抵几万""享受开盘额外优惠折扣""抽大奖"等。需要说明的是，凡是未取得预售许可证即收取诚意金的行为属于非法。这里重点介绍 VIP 卡认筹的五种形式：

形式一，与银行联合开卡。在项目开盘前举办一次客户入会活动，入户条件为"在企业指定的银行开户，且该账户的资金必须办理定期三个月以上"，账户存款在购房时会自动转为合同房款，并可享受一定折扣优惠。

形式二，限量发售 VIP 卡。指从项目蓄客期开始，即对外限量发售 VIP 会员卡。办卡的客户不但可享受开盘当天优先选房权，还可凭 VIP 卡享受不同额度的购房优惠。此种方式可对来访客源进行二次筛选，在开盘前能准确估算蓄客量。

形式三，直接卖 VIP 卡。这种方式虽然许多地方已经禁止，但仍有些地方变相操作。认筹开始时发售 VIP 卡，如 8000~10000 元 / 张，凭借此卡，除可参与开盘期的优惠活动外，购房时还可以冲抵一定的房款，此种方式，可避免流失部分冲动客源。

形式四，多变 VIP 卡。发多变 VIP 卡，形式多样，如可 1000 元变 5000 元或 10000 元，让客户有个挑选的余地，也可以通过差异性分流，还可以制定一些优惠政策，如定卡就有优先选房权，选房次序按照卡号来排等。如果开盘未选到合适房源，可以自动轮序到下一期产品选房或退款。

形式五，真实储值卡。以储值卡的方式蓄客，很低的办卡启动资金，办卡当天就激活可充值。根据蓄客情况，限定客户在固定的周期内必须到销售中心进行充值。每次充值费用不等，最终都可以作为房款抵用。

由于认筹与解筹或开盘息息相关,认筹选房政策要兼顾开盘操作。在这里，根据开盘选房方式，有三种认筹方式，各有优劣，需要操盘者根据市场趋势、竞争态势以及当地客户特征，灵活运用。这三种认筹方式分别为:不排序认筹、排序不选房认筹、排序选房认筹。

客户储备方式	优势	劣势	适用条件及先房方式
不排序认筹	由于客户认筹先后对选房没有影响，利于后期客户的认筹；所有客户认筹都不分先后，对外显示比较公平；客户认购的筹码没有顺序，竞争对手不易判断客户储备情况	由于客户认筹不分先后，对前期交筹的忠诚客户不利，可能影响此类客户的购房热情；客户认筹没有紧迫感，要临近开盘才去交筹，可以造成部分流失	1. 需求＞供应 2. 摇号/抽签选房，排队选房（客户到场先后顺序选房）
排序不选房认筹	由于筹码有先后顺序，对前期客户交筹有较大的促进；客户认筹的诚意度较高，有效客户比例较大，开盘现场跳空情况较少	由于筹码序号靠后的客户选到意向单位的机会不大，后期客户的交筹积极性不大；客户的实际认筹数量对外透明度较高，若认筹效果不理想则不利于项目市场形象	1. 供需平衡 2. 按筹码先后顺序选房
排序选房认筹	由于筹码与房号相对应，客户有明确的认筹目标，客户认筹积极性较大，诚意度较高；有条件在认筹阶段对客户需求进行明确引导，促进不同户型单位的销售均衡性，减轻开盘的销售压力	由于房号已被筹码锁定，后来的客户可能由于没有可选的房源而放弃认筹；客户认筹金是可退的，若开盘时客户放弃购买，则前期的客户引导就前功尽弃，而且还浪费了房源，使我方较为被动；若开盘时认筹客户高放弃认购权，新客户现场购买操作比较困难，容易造成客户流失	1. 高端产品适合，替代性差的项目合适； 2. 需求＜供应； 3. 客户认购筹码所对应的房号； 4. 若筹码与房号是多对一的关系，则采取抽签形式确定客户购房顺序
备注	（1）以上排序是指客户认购的筹码有顺序编号，并且此编号为客户选房的先后顺序； （2）以上排序是指客户认购的筹码与意向单位有对应关系，根据对应方式的不同； 主要有一对一关系和多对一关系，一对一关系是指筹码与房号一一对应，多对一关系是指有多个筹码与一个房号有对应关系		

（三）蓄客期常见问题

关于认筹时间。很多营销书籍认为不宜过长，一般以正式开盘前1个月为宜。从实际操盘经验来看，认筹时间的长短取决于蓄客的"量"与蓄客的"质"，取决于项目热度，与时间长短没有必然的联系。如果项目蓄客的速度够快，蓄客的质量够高，项目的热度不断上升又恰好满足开盘的热度需要，那么无论时间长短皆可以立即开盘。但是，这种蓄客是一种较为理想的过程，也有项目一直处在不温不火的状态，经过较长时间的蓄客，半年或好几个月才能满足量的要求，那么这个时候要做的就是判断蓄客的"质"与项目热度。一般而言，蓄客的"质"会随时间的推移而发生变化，同时项目的热度也有一个衰减的过程，没有"质"的量，就没有热度，若强行开盘，转化率是很低的。这时，可以在开盘前进行认筹升级，这样既可以对诚意客户再进行一次集中摸排，又可以通过认筹升级提升项目热度，最终让蓄客的"量"与"质"以及项目的热度全部满足开盘的需求，确保开盘的火暴。

关于边蓄边售。某些项目由于资金或开业时间的压力，采取边蓄客边销售的模式，常见的就是先交款先挑铺位，它会形成"三日现象"：即头几天比较热闹，把临街的、电梯口的、通道交叉口的好铺位一抢而光，之后迅速进入平淡期，一天卖不了几个铺位。如果是小项目，还可以磨一段时间，慢慢消化；如果是大项目，则需要重新调整技术性错误，重新启动蓄客，这样一来前期工作算是失败了。住宅可以采用这种模式，因为住宅的周期较长，可长达半年、一年甚至几年，但商业项目由于周期较短，特别是专业市场的销售周期可能短至十几天甚至几天，对于蓄客的要求也截然不同。无经验的操盘者在这一点上容易犯错误，用住宅的思路来操作商业。如果大项目一次性完成不全推所需的蓄客总量，就需要分批开盘，形成波浪式推进，强行一次性全推，在蓄客过程中的变数很多，常见的就是时间的延长导致蓄客量上去了但是蓄客的"质"下降。与此同时，由于大项目包含的业态比较多，各业态之间的蓄客也不均衡，热度的认同也不同，因此分批是很有必要的。

关于一卡还是多卡。认筹时采用一款 VIP 卡还是两款 VIP 卡，这个主要看认筹的目的是什么。认筹只是甄别客户诚意度的手段，通过认筹来从潜在客户中提纯出诚意客户。从客户的角度来看，采用两款 VIP 卡：一方面，无法检验提纯效果，因为诚意金都是可以退的，由于趋利的原因大部分客户都会选择优惠多的卡；另一方面，容易引起一些客户的反感，由此会导致一部分客户的流失，因为认筹本身就是一个从意向客户中提纯准客户的过程，没必要再分一个等级。从销售的角度来看，一方面，销售员介绍两种 VIP 卡时比较烦琐，影响效率；另一方面，过程太复杂，执行力差，开盘当天不仅折扣不容易把握，并且很容易引起混乱。

四、预热期：开盘预热，引发恐慌

开盘预热，就是通过预热使项目热度快速升高，热度基本接近沸腾这个巅峰状态，满足火暴开盘的热度要求。房地产项目的开盘不同于商场、酒店的开业，开业只是为了聚集人气，而开盘则是把长时间来聚集的人气与热度在极短的时间内集中释放。

在蓄客过程中通过客户积累、诚意度甄别与客户摸排，大约可判断出开盘的红火程度。为确保开盘成功，在开盘前一两周进行预热也是必需的，核心任务就是通过开盘预热，在开盘前再添加一把火，让市场热度达到沸腾状态，意向客户与准客户的需求迫切程度高涨，市场弥漫恐慌的氛围。热度不够时，切不可开盘，此时若强行开盘，很容易造成"冷开盘"的局面，强销不顺利，很快就会进入持销期，必须处理错误后，再择机开盘。

热度是认同度的一种表现形式，是操盘手在操盘过程中的关键考察指标，热度是项目的知名度、市场的认同度、客户需求的迫切程度这几个指标的综合。单个指标并不能作为热度的唯一判断依据，许多操盘手在这点上容易犯错误。对热度的判断，经验丰富的操盘手不仅参考上述指标，还可以"见微知著"，例如预热期前来销售中心刺探军情的客户逐渐增多，很多意向客户与准客户会在这时通过各种途径找关系希望提前入场或选房等，这些都是辅助判断市场热度的征兆。

常见的预热方法有拍卖、入围、内部认购、认筹或认筹升级等。

（一）拍卖

无论是产权拍卖、使用权拍卖还是租赁拍卖，都是对铺位价值差的一种市场化表现方法。针对一些好铺位，例如电梯口、交通交叉口、门面铺位等进行拍卖，使市场普遍认同较高的铺位，在拍卖中产生不同的溢价。拍卖的溢价是个虚价，通过虚价锚定价格标杆，制造一个新"势"，为其他铺位的价格借势创造条件。

拍卖通常在认同度较高的项目或项目某些认同度较高的区域采用。拍卖预热是一种限制性预热的方法，它更多的是体现在价格操作和调整的技巧上。

拍卖的作用是能对价格进行有效控制，能切实对市场的认同度、资金承受度等有一个理性的认知。拍卖品起价意义不大，关键是对价格有效控制，从而为拔高客户价格预期打下基础。在进行拍卖品序号排列时，不要用最好和最差的铺位作为第一个拍卖品，可选一个中等偏上的铺位作为拍卖预热，预热之后，在拍卖第五或第六个铺位时选择较好的铺位，使之快速拉高，在排列中参照弧形心理曲线来安排拍卖铺位。

每个区域的好位置铺位，其价格标杆作用明显，对同一区域或相邻区域的其他铺位价格参考作用极大，必要时对这些重要铺位进行拍卖价格控制。为了使价格达到一个预期值，可以安排内部人拉高，在价格拉高时可考虑分批拍卖，但是时间间隔不能太久，最好控制在一周以内。

（二）入围

入围实际是进行客户筛选的一种方法，易和其他方法结合使用。入围是对于认同度较高的项目进行限量控制挑选高质量客户而采用的。如同审核一样，虽然审核表在汇总分析时，将商户品质和能否入围已分清，但通过形式上的一种入围手续可以加深认同度和气氛渲染，尤其在大项目或分批开盘的项目上采用较多，小型项目由于周期太短、铺位量太少，而较少采用。

入围可以做入围证。入围证是在大范围内针对目标客户群使用的道具，类似发号单，一般做成卡片形式。通过入围，让客户的积极性进一步提高，然后在入围环节炒作一下，使得入围证变得抢手，从而为下一步顺利开盘打下基础。

如果是热销项目，入围就是开盘；在非热销项目，入围只是为开盘营造条件和热度。通过入围，即"小开盘"来修正错误，调整思路。在冷销项目中，通过入围证可以做铺垫，使入围证在流通过程中产生溢价从而升值，使得商户对项目产生信心。

（三）内部认购

内部认购的量和热度是判定预热程度的一种方法。内部认购通常在开盘前三天左右，一旦内部认购开始，通过内部人员的口碑宣传，使散户产生期待，从而在开盘时形成抢购热潮，项目热度上升，便可迅速进入开盘环节，所以说内部认购是开盘的导火索。

内部认购有一个环节，就是针对主力客户或大客户的提前落位，即优先选择安排，这类客户在蓄客期进行提前销售，本身就可达到预热的效果。在进行大客户提前落位时，很可能会引起散户的跟进，这个环节，如果热度较高，可紧随着针对散户开盘；如果热度较低，则需要利用这些大客户已优先落位作为"势"，形成一个炒作点进行宣传，然后进入开盘。例如，某小商品城，通过内部认购将大户事先圈定，然后放量，引起散户迅速跟风。

（四）认筹或认筹升级

认筹或认筹升级，就是在预热期对前期客户进行集中认筹或认筹升级，金额可分几百几千甚至几万元不等。这种方法在许多项目中被大量采用，几乎成了一种惯例。如果蓄客期采用客户登记的方式，则预热期采用认筹来预热，如果蓄客期采用认筹的方式，则预热期采用认筹升级来预热。

2013年越王直街采用"坚基会"蓄客，只做客户登记，不收取任何形式的"诚意金"，在开盘前一个月左右，蓄客量完全满足开盘要求，但是意向客户对项目的价格预期达不到项目期望的高溢价目标。为快速拉升客户的价格预期，采取两个手段：一是认筹前一周，举办新品发布会，从项目定位、业态规划与投资前景几个角度阐述商铺的投资价值，全面而系统地提升客户的价值感知，与此同时现场超400批客户出席，让客户感受到充分的竞争压力，引发市场热度不断高涨；二是新品发布会之后的下一个周六采取排队集中认筹，制造出"千人抢铺"的景象，不仅让所有参与认筹的客户产生心理震撼，而且这种震撼快速向市场全面扩散引发市场恐慌，市场均衡至此全面逆转，由"买方市场"转变为"卖方市场"，圆满完成市场预热所要达到的拔高价格预期与制造市场恐慌的目的。

在实际运作中，根据客户对项目认同度的强弱和项目所处市场环境，在集中预热方法的选择上也有所不同。使用拍卖手法的项目多为认同度相对较高的项目，一般而言，在需要打破某种旧的观念或博弈现状时，使用拍卖手法较多，或者项目认同度极高，为了获取超出正常价值的超额利润，也可以使用拍卖；也有为了平衡矛盾，铺位分配关系不好处理时，使用拍卖。利用拍卖造势后，较易采用的就是入围或内部认购。入围一般是过渡性环节，也可以单独使用，通过入围让客户加深对项目的热捧。内部认购的主要目的并不在于提前对项目进行销售，而是在于通过内部认购期的推售活动，达到测试市场反应的目的，通过内部认购期对市场反应的及时分析和判断，对项目销售策略与价格策略进行相应调整，保证项目开盘的成功执行。

以某产权式商铺销售为例，该项目大约 30 天就完成了 1500 个客户量的积累，这说明认同度很高。据此，先对主通道铺位进行拍卖，把价格预期拉升到预期值，紧接着做入围，使热度和追捧度再次上升。当入围证到某些人手中升值时，对入围客户进行内部认购，从而在内部认购环节大量放量，以完成销售，而对外宣称的开盘环节则实际就是放量收尾环节。

《曹刿论战》讲"一鼓作气，再而衰，三而竭"，强调作战要趁热打铁、一鼓作气，操盘亦如此。从拍卖到认筹、入围、内部认购这几种预热方式，其预热到开盘时间最长不超过一个半月。如果恰逢淡季也要开盘，因为开盘与淡旺季关联不大，只与蓄客量、热度有最直接的关系。如果时间间隔太长，热度就会下降，再重新预热代价很大。在拍卖环节，间隔可以稍长一些，一个月至一个半月都可以，而在内部认购环节，一般也就 7~10 天；认筹（认筹升级）至开盘最长不要超过一个月。入围和拍卖都在一个月内效果为佳，这样使热度维持在上升趋势中。

在实操中，若客户相对比较集中或彼此之间比较熟悉，还可能出现客户抱团与开发商博弈的现象，虽然蓄客量足够，但在预热的时候还是会出现客户抱团观望，抗拒预热的情况。当客户抱团观望时，很大程度上是客户担心定价过高的原因导致，此时不可盲目降价或降低价格预期，否则只会引发更大一批客户观望。以 2014 年 7 月中下旬形象亮相的河源市商业中心中央金街 1 期为例，总货量 189 卡，自 7 月中下旬启动诚意登记以来，截至 10 月 24 日共登记 VIP 会员 786 批，10 月 25 日通过集中认筹进行开盘前预热，25 日当天仅认筹 76 个，问题十分严峻。究其原因，就在于越王直街 2013 年 11 月 19 日开盘销售高溢价，客户普遍担心中央金街 1 期价格过高，且不少客户参与了越王直街的集中认筹预热，故此次客户相互抱团，集体观望。采取四大措施予以解决：其一，拉动大客户，从内部瓦解，对前期认筹客户给予额外优惠；其二，造势挤压，即虚拟大批量外地投资客以及 2013 年未抢购到越王直街的客户继续购买中央金街 1 期，挤压本地投资客，打破客户妄图通过抱团拒绝认筹与开发商博弈价格的心理；其三，向市场全面释放 11 月 30 日开盘的信息，击破客户的观望心理；其四，挑选犹疑观望客户前往深圳海岸城体验，增强客户的认同度。于是，客户认筹量快速增加，市场热度快速上升，确保 11 月 30 日火暴开盘。

如果是规模较小或是认同度较高的项目，不做预热直接进入销售还可以。如果项目认同度一般，不做预热直接进入销售则危险性很大，开盘如同大作战一样，在大作战开始之前要先试探一下情况以做到心中有数，预热其实就是大作战前的加热和试水的过程。

五、开盘期：高位引爆，哄抢开盘

开盘，指项目对外公开发售并收取定金。开盘期，指在预热完成后，项目热度基本接近沸腾这个巅峰状态时，选定某个时间将长时间来聚集的热度或人气集中释放，实现集中成交，快速回款。

开盘是项目具有里程碑意义的节点，时间虽短，但它是决定项目前景最重要的一道关口。与形象亮相的公开日不同，虽然都是面向客户的第一天，但差别却很大，有可能形象亮相之际积极登记的第一批人群在开盘交款时却不见踪影，开盘的红火才是营销的真正成功。

按开盘放量的时间长短，开盘的特征有三种：井喷式、间歇式和导入式。

其一，井喷式。井喷，就是指短时间内量的迅速喷发。经过蓄客期与预热期，使项目的热度在开盘之日达到巅峰状态，客户的热情与需求的迫切程度亦同步达到高潮，开盘蜂拥而至，迅速成交并完成开盘目标，这也是众多项目所追求的理想结果。其二，间歇式。间歇式在大型项目中较为普遍，例如，大型商业项目一般都采用分批放量，即根据业态、楼层和客群的不同，将大型项目拆成几个中小项目来开盘。间歇式开盘其实是若干个井喷式开盘的组合，大项目通常拆分进行分批放量，从而出现多个开盘高潮。间歇式开盘，就是开盘与开盘之间像波浪一样互动，形成一波一波的高潮，推动项目的热度由一个高峰向另一个高峰不断升高。其三，导入式。导入式多在预热期已经大量放量的项目中出现，这种开盘就像导入一样，不会出现井喷现象。

投资客户特征与项目热度决定开盘的特征。如果销售面临的客户是商户群体，例如在一些产权商铺销售中，因为商户群体是窄众群体且较为集中，并且开盘放量之前已经将大客户与主力店落位完毕，开盘只针对散户放量，属于井喷式开盘。例如某商业广场，购买产权商铺的大部分是该商圈的经营户，他们与租赁客户也是同一个群体，开盘特征就是井喷式。如果销售面临的客户是投资客群体，那么在蓄客量足够且项目热度高时，开盘更容易形成井喷，因为跟经营商户相比，投资客群体要盲目一些；如果项目的蓄客量不足或热度不够，开盘高潮一过，因为投资客比商户甚至住宅购买者更加分散，不易找寻，项目就会快速地由强销期陷入漫长的持销期，销售周期被严重拉长，比住宅更漫长。

开盘决策主要涉及四大核心问题：其一，开盘时机；其二，推售范围；其三，开盘策略；其四，选房方式。

其一，开盘时机。无论处于何种市场背景，开盘的时机与淡旺季无关，只与蓄客的"质"与"量"有关，当项目热度达到一定高度时就可以开盘。否则会使热度下降，一旦热度下降再重新启动升温，不仅营销费用投入非常大，还可能增加不必要的变数。开盘时间有"虚实"之分，例如，某项目对外确定告知一个开盘时间，常规则认为这就是正式开盘日期，而实际上，有可能在开盘前一周左右就开始内部认购。内部认购才是真实的开盘时间，而对外宣称告知的开盘时间则是虚假的开盘时间。如果内部认购不成功，则将工作重心转换到开盘之日，那么告知的开盘时间就转变成真正意义上的开盘，内部认购就成了虚假的开盘，虚实相互转化。这种方式多在项目受追捧时采用，根据"虚实"相间而采取相应的行动方式，使客户不易产生博弈行为，易于控制局面，从而取得开盘的顺利成功。

其二，推售范围。推售范围，指在项目开盘时首批向市场推出的可售单位范围、产品结构与推售量。通过对比可能成交量与开盘目标，对比客户储备数量意向落位和模拟销控，对初选拟推范围进行调整，最终确定开盘推售范围。具体而言指四个方面：推哪种类型的产品、推什么户型与面积、推哪个位置、推多少量。确定开盘推售范围，重要的是制定最有利于维持价格的体系，通过模拟销控掌握客户需求分布，在满足公司策略性"销售控制"的前提下，推售范围尽可能与客户需求量相匹配，既要最大化消化有效储备客户，实现有效开盘目标，又要避免开盘即被哄抢一空。

楼盘的推售范围必须在认筹前就框定好，在开盘前夕根据客户的购买意向以及对意向引导的结果，最终确定推售范围。这其中最关键的是，开盘推售量一定要少于认筹客户总量，通常比例是15%~20%，即推售量占认筹客户总量的八成左右。

有些项目，根据认筹量，还要额外考虑加推计划。加推计划即开盘时的预备方案，它建立在开盘销售达到预期理想目标的基础上，它的启动需要一定的销售条件，开盘加推计划的主要内容包括加推条件、加推范围、加推价格、现场加推宣传口径、加推方式与加推时机等。

其三，开盘策略。开盘有两种策略：引导型策略与突击型策略。

引导型策略即通过逐步的价格信息释放和调整，在开盘前使客户对价格形成相对充分的了解和认可，引导客户与房源基本形成一对一的落位关系，通过开盘实现认筹客户的解筹。引导型策略的优势在于，在价格测试与客户引导的过程中，通过销售人员与客户的深度沟通，解决客户的落位问题，同时能够有效对客户需求进行疏导，通过开盘当天合理的现场销售组织，避免客户的流失。引导型策略是较为常见的一种开盘节奏选择，在不同的市场状态下，针对不同的物业类型，均普遍适用，但不同的项目，其引导信息的释放精确度可能略有不同。

突击型策略指在进行客户蓄水时，并不充分释放价格信息，甚至不进行精准的客户落位，以强势宣传的手段，制造项目拥有独特价值的悬念来配合认筹客户的积累，开盘时披露价格，不给客户充分时间进行考虑和选择，依靠超出客户期望的性价比和开盘现场火暴的氛围，局部缔造供不应求的火暴场面，在现场挤压式氛围刺激下以最接近定价上限的价格成交。突击型策略的优势在于发挥了快的长处，不给客户过多思考和犹豫的时间，不给竞争对手反击的机会，通过开盘现场人为造势，给予认筹客户压迫感，进而促进转筹率。事实上，该策略多用于批次供应量有限并追求高价实现的个案，并不适合在淡市下广泛运用。该策略的运用需要在售产品的性价比很突出，在市场竞争中明显处于优势地位，甚至因具备特殊价值而超出客户期望，项目拥有一定的品牌积累与追随者，且客户整体购买欲望强烈。

其四，开盘选房方式。开盘选房方式的选择，既要考虑成交客户最大化，还要考虑营造热烈的氛围以利于成交；既要考虑开盘方式对有效客户数量的要求，还要考虑不同档次楼盘或不同产品类型客户的消费习惯与客户感受。以不同档次楼盘的开盘选房方式为例，普通住宅以排队、摇号解筹模式为主，别墅由于其物业的特殊性以及客户群体的不同，解筹模式也有所不同，多以办理 VIP 卡直接选房的方式为主，同时也兼有排号、摇号的模式。

一般而言，开盘选房方式主要有直接解筹、卡序解筹、排队解筹、摇号解筹等四种，这四种方式可以再细分为以下七类：

开盘方式	基本做法	储备方式	适用条件	注意事项
摇号选房	开盘现场通过公开摇号（抽签）确定客户购房顺序，按顺序让客户进场选房	不排序认筹	比较适用于认筹客户数量较多的情况，客户数量理与推盘数量之比一般不低于1.5	避免过多客户不到场而出现冷场的局面；注意整个操作的公正性与透明度
分组摇号选房	将认筹客户预先分组，每组控制在8~12人，开盘现场通过公开摇号（抽签）确定各组别入场的先后顺序，同组内客户按交筹的先后顺序选房	不排序认筹	适宜客户诚意度非常高；供应需求数量都很大	注意整个操作过程的公正性与透明度；要清楚告知客户选房的具体流程
排队（按到场顺序选房）	预先告知客户开始选房的具体时间，按客户到场的先后顺序进行选房	不排序认筹	忠诚客户较多，容易在卖场形成人龙；客户心理不抵触此类方式；由于客户比较辛苦，在观望市场及高端项目要慎用	对外说法要明确是客户自愿行为，我方之前没有预计到；注意在现场为客户提供便利服务，避免客户出现抱怨，相互之间发生纠纷
按认筹顺序选房	在规定的开盘时间内，按客户认购筹码的先后顺序进行选房	排序不选房认筹	客户比较理性；认筹客户数量≤推盘数量	注意通过房源推介鼓励后期客户交筹；注意开盘现场的气氛营造，刺激客户集中成交
按筹码对应房号认购（一对一）	客户认购的筹码与推出房源一一对应该，开盘时客户只能选购筹码所对应的房号	排序选房认筹（一对一）	需求<供应；高端市场较合适	与客户的沟通至关重要，要保证客户对房源信息的充分消化；由于认筹时已进入实质性的房源推介阶段，要保证认筹单位的高成交率；开盘单位定价要与客户需求比较吻合，避免客户流失
按筹码对应房号认购（多对一）	开盘推出的单个房源与多个客户认购筹码（控制在5个以内）相对应，开盘时根据抽签确定客户购房顺序，客户只能选购筹码所对应的房号	排序选房认筹（多对一）	客户对房源品质有较高要求，需要进行房源推介，适当分流；对客户需求判断没有充分把握，需要保证推出房源的高成交率；需求>供应	与客户沟通，保证客户对房源信息充分消化；由于认筹时已进入实质性的房源推介阶段，要保证认筹单位的高成交率；注意整个操作过程的公正性与透明度
有意向认筹，尽快成交，开盘集中签约	客户认筹时在开盘推售范围内选定意向单位，在取得销售许可后尽快分别成交，开盘时集中签约	排序选房认筹（松散）	需求≤供应；高端市场比较适合	客户认购筹码与意向单位对应，没有强制性，一个筹码可能对应1~3个意向单位；尽快分别成交主要防止客户出现流失，减少不必要的集中储备时间；开盘集中签约形式非常重要，关键要提升人气，扩大影响力

开盘现场的火暴氛围非常重要，开盘时要确保现场人气足够，如果人气不足，既需要邀请来宾扮演客户以烘托气氛，还需要放慢选房节奏，延长有

效客户现场逗留时间，甚至可以采取下午领取开盘礼品的方式将火暴氛围延续至开盘一整天。与此同时，还可以人为地制造一些冲突，例如因客户哄抢而被挤碎一地的玻璃门，客户因在焦虑等待过程中发生的肢体冲突等，为火暴热销的炒作提供新闻素材。

六、强销期：延续热销，持续走量

开盘一结束，即意味着强销期开始，开盘期与强销期之间没有泾渭分明的界限。强销期的长短与蓄客量和项目热度息息相关，短的开盘后3~5天即结束强销期，这就是我们所谓的"开盘三日"现象，一般而言火暴开盘后的2~3周为强销期。强销期的工作重点，通过渲染与炒作火暴开盘，同时配以销控与价格策略，既要巩固已认购客户的认同度与满意度，更要加速剩余货量的持续快速出货：其一，利用已成交客户的认同与满意，促进口碑传播与推荐成交；其二，刺激观望犹疑的未成交客户再次上门成交；其三，吸引新客户上门成交。

（一）销控策略

不论项目在何种热度和认同度下，对推售货量都要实行销售控制，无销控的销售是不成功的销售。强销期的放量，切忌不分优劣将开盘剩余货量一次性全部推售，而是要根据实际情况，运用"饥饿销售法"，有差别地分批限量推售，通过销售控制制造卖压让上门的客户感觉货量紧俏，形成紧张气氛，从而快速且顺利放量出货。销控策略一般通过销售中心的销控板予以体现。操盘者要清楚，销控板只是制造卖压的道具，并非真实销售情况的反映，此点上犯错者甚多。

如项目热度高，开盘火暴，则强销期优先推售瘦狗类产品，力求先将瘦狗类产品出清；纵然现金牛类产品或明星类产品暂时未放出去也不用担心，在持销期或下一轮销售周期中可以轻松放量解决。如产权式商铺的销售，在预热期大客户提前认购时，可将不同业态同时推售；而在强销期为了便于气氛烘托，应尽量将同一业态规划的区域一起推售，只有某业态货量接近尾声时，再推售另一业态的商铺，形成波浪式互动。如果商铺与住宅同时开盘，则强销期究竟集中推售商铺还是住宅，则取决于"势"。若商铺"势"强，则先集中于商铺；若住宅"势"强，则先集中于住宅，顺势而为，延续开盘热度快速出货方是上策。如项目是产权销售与租赁组合销售，则不可固守某一个模式，对于一些认同度偏低的项目或产权销售抗性大的项目，先进行产权销售后招商的方式，很容易形成冷场，所以尽可能以"势"的发展为导向，若产权销售的"势"强，则先集中于销售；如租赁的"势"强，则先集中于租赁，然后再带租约销售。

有一点务必注意，强销期的销控不能演变为"惜售"。强销期由于大量客户抢购，形成热销局面，许多开发商会因此冲昏头脑，将大量的产品保留在手中，想谋求日后更高的附加回报，而不愿趁开盘热销在持销期对外大量推售，这就是所谓的"惜售"现象。

"惜售"多存在于热销的项目。开发商要明白，强销期的抢购是开盘热销炒作下的短期现象，现场的热闹与追捧是前期蓄客期、预热期与开盘期操盘得当的结果，也是开闸放水的必然，万万不可因现场客户的冲动而自己也冲动。现场越是热闹，开发商就越需要冷静，抓住时机把瘦狗类产品果断去化掉。太多的经验告诉我们，越是因为惜售留下商铺，一旦市场热度下降，不仅销售周期大幅延长甚至滞销，而且销售价格难以达到强销期的价位，并且营销费用会大幅增加，完全是一种得不偿失的行为。再次重申，切忌不要在强销期"惜售"，以免贻误稍纵即逝的战机。

（二）价格策略

销控都需要价格策略予以配合。强销期的价格有三种：价格上调、价格下调、价格盘整。经过火暴开盘的强销期，价格上调是基本趋势，但是强销期的价格上调要注意两点：

1. 调价要有"势"可借

第一，这个"势"，可以是工程、招商、开盘、开业、市场或竞品之势。例如，

2014 年 11 月 30 日河源市商业中心中央金街 1 期火暴开盘后，借坚基购物中心 12 月 23 日盛大开业之势，强销期的价格分产品类型进行多轮上调。

第二，这个"势"，可以是已售产品之势。开盘后，通过取消开盘优惠拉高所有房源的价格，同时将主推产品按开盘价以"一口价"名义促销，既可以提升开盘认购客户签约时的满意度，又可以利用价差去化主推产品。

第三，这个"势"，可以是租赁价格之势。其一，在产权销售与租赁相结合的项目中，在租赁而非销售的区域，铺位售价只是相对租赁价格的一个参考价，是一个虚设的价格，真正实施的是租金价格。同样，在销售而非租赁的区域，售价是实而租金是虚。通过对虚价的人为拉升或降低，可以有效地进行销售或租赁。例如，针对只销售不租赁的区域，真实的产权售价为 1 万元 / ㎡，租金为 3 元 / ㎡ / 天，将租金上调至 6 元 / ㎡ / 天，制造出投资购买即可获得高回报的印象，促进销售。其二，在城市综合体的购物中心招商的租赁价与商铺的销售价同样可以互为借势。2013 年 9 月 19 日河源市商业中心越王直街的高溢价销售，对招商商家而言，制造出租金便宜、租到就是赚到的印象，促进招商进展。于 2014 年 7 月入市的河源市商业中心中央金街 1 期，给投资客计算投资回报率时，锚定的就是坚基购物中心一层商铺的高租金，制造出投资购买即可获得高回报的印象，促进销售。

2. 调价对象、幅度与频率

第一，结构性涨价而非普涨。要区分产品类别，现金牛类产品可以适当调价，明星类产品可以大幅调价，瘦狗类产品基本不调价，目的既在于利用开盘热度在强销期优先出清瘦狗类产品，又可以通过现金牛类或明星类产品进一步获得额外溢价。

第二，价格上调幅度，服从于销售目标。其一，若市场大势上行，可根据项目热度大幅调价；若市场大势下行，纵然项目热度高，调价幅度与频率多采用"小步快跑"。其二，强销期走量主导，调价幅度小；强销期利润主导，则调价幅度大。其三，高溢价产品可大幅调价，进一步确立标杆；走量产品调价幅度小，小幅度调价目的在于逼定成交。

第三，价格上调，明涨还是暗涨。其一，俗话说"咬人的狗不叫，叫得欢的狗不咬人"，真正要涨价时，基本上都是暗涨。凡是大张旗鼓要涨价的，基本上都是制造恐慌促成成交的手段。其二，若市场下行或项目热度不够，价格上调的同时，需要相应的缓冲手段，例如赠送礼品等；若市场上行或项目热度足够，价格上调时，不需要相应的缓冲手段，是实质性获益。

3. 开盘冷场

强销期还有一种操盘者都不愿面对的情况，即开盘冷场，因为冷场即意味着开盘失败。在开盘失败后，强销期的工作重心就无法趁开盘热销之势快速去化货量，转而全面盘点货量与客户，从三个角度予以调整：其一，换市场；其二，换产品；其三，换客户。

换市场，即扩大推售的地域范围，以增加市场容量。虽然房地产是具有强烈地域属性的产品，但由于现代交通工具的发达，房地产商品的有效区域范围随之扩大，所以，如果能有效解决客户对地域的心智抗性问题，扩大区域展开营销，是能够产生营销成效的。例如，太原星河湾，针对太原市场容量不够，提出"晋英回家"全国客户召集的营销解决方案。

换产品，一方面指改变推售节奏，另一方面指更换产品营销概念，目的都是增加市场容量。改变推售策略，即改变产品的销售组合策略，源自于对客户需求的分析和竞品供货的盘点，通过供应产品的品类变化或增减，改变或调整客户群体，以刺激购买；改变产品营销概念，即改变产品对外展示的形象。例如，河源市商业中心于 2013 年入市之前，最初希望主打"城市综合体"这一概念，但内部测试时发现市民与潜在客户对该概念不明就里，也没法用一句话讲清楚这一概念，若要强行改变客户观念，花费巨大还不一定能成功；最终，项目正式入市时的概念调整为"CBD 商圈"，迅速被普通市民、商户与投资客户接受并认可。

换客户，即改变或增加细分客户，以增加市场容量。与换市场的不同之处在于，换市场侧重在市场的地域范围的扩大；换客户则是对客户细分后，对主力细分客户的转化。例如，某精装公寓产品，客户定位于有钱的投资客，开盘冷场后发现，有钱人看不上小户型公寓的租金回报而不愿意投资，将客户定位于跳广场舞的大妈与首次置业客户，销售立即打开局面。

七、持销期：完美收官，确保利润

经过火暴开盘与强销期的持续去化，到持销期时，项目的去化率已经基本接近七八成，只剩余两三成左右的货量。对于开发商而言，这两三成的剩余货量基本上是沉淀的利润，去化的快慢决定了一个项目的利润指标，而操盘手不仅是有本事有能力有方法解决问题的人，更是事先预知问题、规避问题从而达到化解问题于无形的人。

持销期的重点就是完美去化，确保利润的完全回收，有"上中下"三策：

1. 上策，将尾货消灭在前期

其一，产品方面，打造"均好性、无硬伤"的优质产品。最彻底的解决办法其实是"把尾盘消灭在图纸上"，打造出真正的"均好性、无硬伤"的优质产品，唯有善始，方能善终。当产品在规划设计上无懈可击时，所谓的难卖尾盘即消失于无形。其二，营销方面，优劣搭配，销控严谨，巧妙利用价格杠杆。面对在所难免的瑕疵产品，应在项目入市前就做好应对策略，配以价格杠杆，通过开盘与强销，优先出清瘦狗类产品。

2. 中策，精细化营销，有的放矢

方法一，推新去旧。分期开发的大盘，新房源在蓄客过程中，通过真实的价格差或巧妙的价格设置，新房源蓄客的同时去化持销期的尾货。方法二，聚合资源，整体放盘。此举主要针对同期开发楼盘数量较多的开发商，每个盘剩下少则几十套多则几百套，牵扯数千万至数亿元不等的沉淀资金，故而将尾盘打包整体营销。方法三，重新定义市场。重新定义市场，重新界定客户群，同时在可能的情况下对产品进行改造，都会是很好的解决办法。例如2016年下半年河源市商业中心中央金街 2 期持销期，为集中去化 2 层商铺尾货，集中力量去河源市各大中心市场找经营者，从中挖掘出潜在客户。方法四，重新定义产品。某住宅项目在持销期批量剩余底层单位，将底层单位结合底商楼顶打造"空中庭院"概念。

3. 下策，价格促销，快速回笼

存量不多，急于回款的尾货，可以显性降价，与其搁置多年，不如以九

折销售。这里特别说明，大部分持销期的产品不宜采用直接降价的方式，必须针对不同的产品制定差异化的价格策略，利用相对价差去化。与直接的价格促销不同，还可以通过降低首付、送家私家电或装修等方式隐性降价。

除此之外，可以抵扣工程承建商、分包商或供货商的货款或工程款，可以采用租赁的方式带租约销售，还可以抵押给银行套现等。

让品牌在潜在客户的心智中与众不同

一、定位的中心与基本点

定位，就是让品牌在潜在客户的心智中占据有利位置。可以从以下三个方面理解：

（一）定位以打造品牌为中心

产品要被客户选择，首先要被客户认知。你不能直接从事实到被选择，事实要通过感知来认知、解读，这个过程就是事实要经过大脑的过滤、解读，最终体现事实的是认知。品牌是传播产品信息的基础，品牌是消费者选购你而非竞争对手的主要依据，因而品牌成为产品与消费者连接的桥梁。

大竞争时代，消费者只记得品牌，品牌是商业竞争的基本单位。在艾·里斯和杰克·特劳特看来，定位不是你对产品要做的事，而是你对潜在客户要做的事。换句话说，你要在潜在客户的头脑里给产品定位，是客户而不是你自己给产品定位。你的产品会给顾客多方面的体验，但顾客最终把它们都浓缩到你的名字里存入记忆。正如艾·里斯指出，品牌是消费者心智中与某一品类相关联的一个词语或概念，品牌不是形象，品牌是代表品类的名字。名字就是一个钩，客户关于你的一切联想都靠它来勾住，从而将产品挂在客户的心智阶梯上。如格兰仕代表"微波炉"，喜之郎代表"果冻"，高露洁代表"防蛀"，而云南白药代表"止血"。

商业竞争表现为企业之间的竞争，其实质是品牌、品类之间的竞争。商战的基本单位不是企业，企业太大，东西太多，消费者大脑装不下。商战的基本单位也不是产品，若以产品为商战的基本单位，必然会认为商战的输赢完全取决于质量更好、成本更低、产品更多。从顾客心智的角度讲，只有一种定位，就是品牌定位。

消费者用品类来思考，以品牌来表达。美国认知心理学先驱乔治·米勒发现，消费者心智处理信息的通常方式，是把信息归类，然后加以命名，最后储存的是这个命名而非输入信息本身。也就是说，消费者面对成千上万的产品信息，习惯于把相似的进行归类，而且通常只会记住该类产品的代表性品牌。餐厅的服务生问："想喝什么？"顾客会想："我是要喝啤酒、鸡尾酒、红酒还是软饮料？"想了一会儿，顾客会说："我要一杯可口可乐。"消费者的第一决定是对品类的选择，消费者用品类来思考，再用品牌来表达品类的选择。

（二）占据心智资源是定位的出发点与归宿

占据心智资源，建立认知优势，获得优先选择是定位的出发点与归宿。杰克·特劳特认为，"商业不是商品之战而是顾客心智之战"。营销之战不是事实之战，不是产品之战，不是市场之战，而是认知之战。商战的地点不是事实，不是产品，不是市场，而是心智。正因为可口可乐占据了顾客的心智，因此即使一把火烧掉它的工厂也烧不掉顾客的心智资源。

心智不会改变。心智中没有事实，只有观念，没有真相，只有认知。心智中既有的认知、观念会让你有选择地接收信息，你"看到""听到""尝到"的事物往往是你"希望看到""希望听到""希望尝到"的事物。一方面，既然思维很难改变，不如避难就易，重拾旧观念。定位思想的本质在于，把认知当成事实来接收，然后重构这些认知，并在顾客心智中占领一个位置；另一方面，如果某个品牌进入心智并建立定位，改变这些心智几乎是不可能的。柯达是什么？胶卷。这让柯达不管怎么努力向数字业务转型，总是难以摆脱亏损的阴影。万科是什么？中国最大的专业住宅开发企业。这让万科不管怎么努力向商业转型，总是难以摆脱这一认知。商战的本质是认知之争，你的成败机会就在顾客的脑子里，如果他把你放在一个不利的位置上，你干吗还赖着不走呢？

心智容量有限。人类的记忆具有分类特征，为了应付产品爆炸与传播过度，人们学会了在心智上给产品分类，给品牌分级。想象直观一点，最好的办法也许是想象心智中有一个个的梯子，每个梯子代表某一类产品，梯子的每一阶上是一个品牌名称。最上层是领导者，位居第二的排在第二层，位居第三的排在第三层，心智阶梯的层数不一，常见的是三层，最多是七层。只有品牌进入消费者的心智阶梯的数一数二的位置，才算品牌占据了这个定位。人们只会对品牌保留有限的信息，大多数生意都集中在排名前两位的品牌。

心智厌恶混乱。想让信息穿过层层屏障，避开竞争者的噪音，抵达顾客的心智，要求传播者尽量简化信息，你一定要"削尖"你的信息，使其能刺入人的心智，一定要抛弃意义含糊、模棱两可的词语，用具体、简化、差别化竞争对手的"一个词语"来占领顾客心智。这就是艾·里斯与杰克·特劳特把"有价值的位置"进一步明确发展成"一词占领大脑"的理念，即"定位就是让你的品牌在顾客大脑中占有一个字眼"。

心智会失去焦点。公司从盈利的角度审视他们的品牌，公司热衷于将一个集中代表某类产品或观念的品牌，改造成定位模糊的品牌，让其代表两种、三种或者更多的产品或观念。品牌延伸的问题可以从大脑思维登记角度加以探讨，你想让品牌代表的东西越多，思维的焦点就越容易模糊，这为竞争对手占据你原有的定位敞开了大门。

（三）定位的竞争导向要求与众不同

商场如战场，营销就是一场战争，竞争对手是我们的敌人。找到你的竞争对手，可能是营销中最重要的抉择。找到你的竞争对手，就是找到你的生意来源，找到你进入顾客心智的角度，找到你摆脱低价竞争的方法。找到你的竞争对手，是你进行有效差异化定位的前提。"定位"这个词的字典定义是"针对敌人确立最有利的位置"。定位一定是在一个参照系中针对一个参照物进行的，离开这个参照系、参照物谈定位，必然陷入误区。当然这个参照系、参照物是潜在顾客心智认知中的，不是物理意义上的。

无论是老业务还是全新的业务，新进入者的业务获取一定是从潜在的竞争对手那里夺来的，因为顾客的需要或需求在进入者进入以前一定是被别人（新进入者的潜在竞争对手）满足了的，即使是全新的业务也是这样。全新业务一定是从老业务中分化而来的，我们不能创造需要，需要一直就存在，一直以一种有时是不被人注意的方式满足着，一种新的满足方式与原来的满足方式就形成了竞争关系。大竞争时代，几乎所有的人类需要都被开发出来，满足需求的方式则早以令人眼花缭乱，人们面临前所未有的选择，新业务与老业务、老业务与老业务之间这种竞争关系更加显性化和残酷化。定位是建立在竞争之上，竞争导向要求营销者首先考虑的问题是如何让自己的品牌与竞争品牌区分开来，实现差异化，把生意从竞争对手那里抢过来。

在大竞争的时代背景下，顾客需求的企业生产、提供的产品或服务越来越相同或相似，最终陷于价格战的泥潭，致使企业进入没有利润的红海。要彻底摆脱低价竞争，就一定要树立竞争导向的营销观念，从找到你的最主要的竞争对手开始，建立和发展你的差异化定位。因为你提供了与你的竞争对手以及其他为代表的参照系不同的价值，你可以获得超出平均利润以上的超额利润。

大竞争时代，人类所有的需求都面临太多太多的选择，信息太多到了泛滥的程度，如何被顾客认知、进入顾客心智而被顾客优先选择成了问题。市场不是商家与客户两家的游戏，市场至少是由商家、竞争对手与客户三方参与的游戏，客户可以选择你也可以选择竞争对手，顾客购买你的产品或服务而不是竞争对手的理由，不仅是你的产品或服务提供了与竞争对手不同的、独特的东西，关键是你找到的差异一定是基于顾客心智认知中的差异，是顾客心智认知中被优先选择的差异，因为这种差异化才能进入顾客心智。营销不是比对手干得更好，而是比对手干得不同；你可能干得更好，但是顾客既不一定分辨出，又不一定这样认为，只有你干得不同，顾客才认为你干得更好。现在的市场已经找不到可能独步天下的产品，品牌要脱颖而出，必须尽力塑造差异，只有与众不同才容易吸引人的注意力。

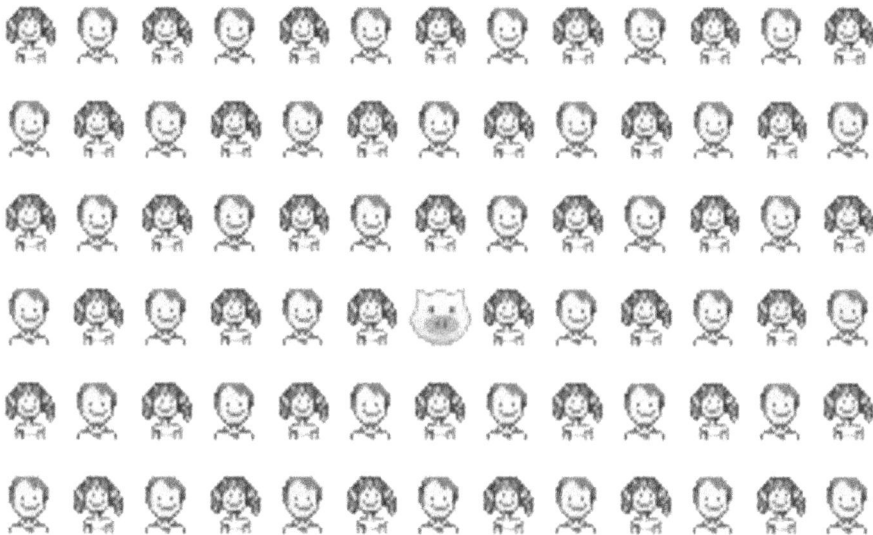

人海茫茫，不过我还是一眼就发现了你

　　"与众不同"进化到"第一"。在大竞争时代和长期效应来看，一般的与众不同还不够，因为满足顾客需求的品类在不断分化，代表与众不同的品牌越来越多，而人类的心智空间又非常有限；只有第一才更容易进入顾客心智而被选择，最新的定位理论更强调与众不同就是利用分化成为第一或是与原来的第一对立成为第一，于是，与众不同进化到第一。这里的"第一"是心智品类的第一，因为品类是认知的入口，心智认知从搞清楚你是谁开始，品牌在某种意义上只是品类的代表。第一胜过与众不同，是指定位理论认识到，你是第一个进入潜在顾客心智的，潜在顾客心智就会认为你是业界先锋、是原创，别人是跟随你的、模仿你的，心智会自然而然地认为你更好；如果你直接说你更好，顾客会认为你是吹牛而把你忽视掉。

二、"三位一体"的品牌观

当我们说"玫瑰"时，脑海中浮现的是"一种蔷薇科植物"这个形象，它代表的意义是"爱情"。根据美国逻辑学家皮尔斯的符号"三元理论"：其一，"玫瑰"的发音或文字是"符号形体"，或者说代表项，在某一方面或以某种能量代表某一事物的东西；其二，玫瑰指代的这种"蔷薇科植物"是"符号对象"，就是符号形体所代表的那个"某一事物"；其三，"爱情"是符号解释，即符号可表达的意义。在皮尔斯看来，符号的三要素，即"符号形体""符号对象"与"符号意义"是三位一体的。所谓"三位一体"，是指这三大要素在人们认知中的关联性，只要提及其中一个要素，另外两个要素即会反映出来。例如，提及"玫瑰花"这个文字或发音，人们的大脑中就能立即对应上这种蔷薇科植物以及它所代表的"爱情"这个意义。

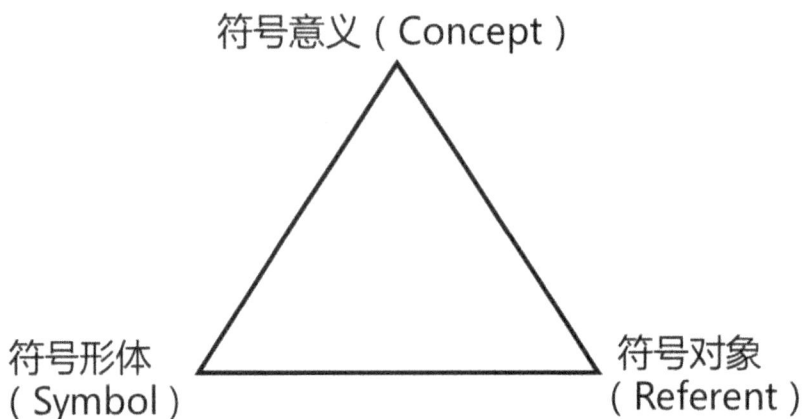

符号意义（Concept）

符号形体
（Symbol）

符号对象
（Referent）

品牌就是符号。与符号一样，品牌也由三要素组成。例如，"VOLVO"这个符号指代沃尔沃轿车这个产品。对于消费者而言，"沃尔沃"这个符号意味着"安全"。这三要素是"三位一体"关系，即只要提及这三要素中的任意要素，另外两个要素立即在人们的心智中反映出来。

品牌，是核心价值、核心产品与核心符号在潜在客户心智中的三位一体组合。

（一）品牌核心价值

本质上看，消费者购买的是对某种需要的满足，顾客购买和消费的绝不是产品而是价值（彼得·德鲁克）。正如消费者在市场购买钻头时，其需要的并非"钻头"，而是"洞"，他是为了满足打一个洞的需要购买钻头。品牌核心价值是产品的卖点／顾客的买点（最看重的利益点）与有别于竞争对手的区隔点的交集。核心价值的选择是否正确决定了品牌的生死，核心价值是品牌管理的中轴。例如，相对于飘柔的"柔顺"、海飞丝的"去屑"与潘婷的"修复"，"霸王"洗发水的核心价值是"防脱"，属于品牌卖点、客户买点与有别于竞争对手区隔点的交集，这是它在竞争中获胜的关键；"蜂花"则因核心价值界定不清，难以获得突破。

品牌核心价值是一个品牌的灵魂所在，是消费者喜欢乃至爱上一个品牌的主要力量。凯勒（Keller）认为，品牌核心价值是一组描述品牌最基本、最重要特征的产品属性或利益的组合。品牌核心价值是品牌带给消费者独特的价值感，是精确表达品牌核心优势与核心主张的独特基因，即品牌 DNA。品牌核心价值分功能价值、情感价值、自我表达价值与社会归属价值这四个维度。

其一，功能价值。功能价值是品牌在物理属性和产品功能上为顾客的问题解决所创造的价值，大多数品牌在创建初期阶段偏向于采取这种基调。功能性价值必须以产品自身"独特卖点"为依据，这种"独特卖点"须具备三个条件：该产品首先或独有的；这个卖点是一个具体的承诺，它为竞争者所没有或没有提出的；这个承诺可以打动成千上万的消费者，具有很强的传播力。例如飘柔的"头发柔顺"、舒肤佳的"有效除菌"。

其二，情感价值。消费者在购买与使用过程中获得的情感满足，"当我购买或使用这个品牌时，我感到爱、友谊、关怀、牵挂、温暖、真情……"将人类情感中的关怀、牵挂、思念、温暖、怀旧、爱等情感内涵融入品牌，使消费者在购买、使用产品的过程中获得这些情感体验，从而唤起消费者内心深处的认同和共鸣。情感利益增加了品牌的内容和深度，也增加了消费者拥有和使用品牌的体验，为消费者带来与众不同的、具有情感体验的使用经历，从而塑造出更强大的品牌。随着科技的进步，产品的同质化越来越严重，持续保持优势性的功能价值越来越艰难，品牌会超越功能利益而与消费者的情感相联系，如迪士尼的"童年的乐趣"、麦当劳的"家庭的温馨"等都使好几代的消费者与品牌形成了共同语言。

其三，自我表达价值。消费者购买产品或服务，不仅为了它们能够做什么，而且为了它们代表什么。品牌成为消费者表达财富、身份地位、个性、修养、价值观与审美品位的一种载体与媒介的时候，品牌就具有自我表达价值。每个人都有多重角色，一位女性会是妻子、律师、母亲、网球选手、音乐迷、徒步旅行者，无论哪种角色，每个人都会有相关的自我概念、表达自我概念的需求以及满足这一需求的品牌。

其四，社会归属价值。人是社会性动物，有寻求归属感的强烈心理需要。在判断何为正确时，我们会根据别人的意见行事，"榜样"的力量是无穷的，"其他人都这么做，为什么你不？"一个品牌会让一个个体感到他归属于某个社会群体，从而传递社会价值，"当我购买或使用这个品牌时，与我联系在一起的人是同一类型的"。按年龄、阶级、性别、地区、政治和教育等多种因素可以分成不同的群体。当品牌自身的内涵能够定义某个参考群体或与之形成某种联系时，你就能成功地说服这个群体的个体：他们购买、使用你的产品，以此表明他们现在属于这个群体。

品牌的核心价值既可以是功能性价值，也可以是情感价值、自我表达价值与社会归属价值。对于某一个具体品牌而言，以哪种核心价值为主，以哪种核心价值对目标消费群起到最大的感染力并与竞争者形成鲜明的差异为原则。品牌的核心价值极可能是四种利益中的一种，也可能是二种乃至四种都有。

（二）品牌核心产品

品牌化有三条路径，大多数企业的情况可以产品为起点，先提炼产品的核心价值，再创造承载品牌核心价值的符号系统；还可以价值为起点，挖掘出核心价值，先将核心价值演绎为具体的产品，再用具体的符号承载核心价值和产品；还可以符号为起点，先捕捉符号的核心价值，再根据符号及其核心价值设计出与之匹配的产品。无论哪一条路径，都离不开产品或服务，产品或服务是品牌核心价值的依托。

一个品牌可能有多种不同形态的产品以及服务项目，品牌核心价值必须有一个与之对应的代表品项，并且该系或该类产品是相对不变的。这种代表品项一般称之为核心产品、招牌产品、旗舰产品、广告产品或标杆产品，诸如奔驰 600、路虎发现、肯德基的炸鸡、麦当劳的汉堡、310 ml 红颜色灌装的王老吉、6.5 盎司经典弧形瓶的可口可乐。

品牌应该极力打造自己的代表品项，选择一个好的代表品项，是企业最佳的形象代言和宣传物料。通过企业的不断打造，消费者的心智中就会对这个品牌形成深刻印象，并且代表品项的突出形象，能够让消费者在心智中留足位置，形成清晰认知。

（三）品牌核心符号

品牌符号类型多样，如名称、标志、标准色、品牌吉祥物、产品造型、包装、品牌故事、广告语等，如同区别一个人，只需要搞清楚姓名与相貌一样，品牌的核心符号指可以独立代表和识别品牌的两个符号：一个是语音文本识别符号"名字"，另一个是视觉识别符号"标志"。其中，"标志"又分四类：第一，标志图，如宝马的 LOGO 就是图形；第二，标志字，如"IBM"；第三，造型卡通，如米老鼠；第四，产品造型，例如甲壳虫汽车。

三、三元素品牌定位法

品牌核心价值是产品的价值点、顾客的需求点（最看重的利益点）与有别于竞争对手的区隔点的交集。所谓品牌定位，就是通过区隔竞争对手，彰显消费者利益，使品牌在潜在客户的心智阶梯中针对竞争对手占据最有利的位置，从而获得优先选择权。

（一）明确品类归属，了解心智"需求"

世界就是认知，认知就是归类。大脑思维惯用"产品是什么"来开启整个定位过程，消费者的心智只是储存品类及其代表性品牌，面对其他的宣传以及选择，消费者则倾向于忽视，这就意味着顾客只有判断清楚品牌所代表的品类后，才能为该品牌分配出位置并暂时储存下来。潜在客户的心智是定位的出发点与归宿。

了解潜在客户心智，清楚自己在潜在客户心智中的品类归属。2013年河源市商业中心初次入市时，最初打算主推"城市综合体"这一产品属性，但当地客户心智中没有这一品类，在本地客户的认知中存在"商圈"的类别划分，故而输出地块价值"CBD商圈"，既借助潜在客户内在的心智归属，又区别于当地市场普通"商圈"。正如杰克·特劳特指出，定位实质上是一种攻心战略，它不是去创作某种新奇的与众不同的东西，而是去操作已存在于受众心中的东西，以受众心智为出发点，寻求在他们的心目中占据一个独特的位置。

了解潜在客户心智，清楚自己在品类心智阶梯上的排位。针对商铺潜在客户的深度访谈，发现潜在目标客户心智中有三个关键点：一是商铺投资客希望投资的商铺"升值快""租金高""收益稳"并且"风险低"。二是将商铺视作投资品，对应的竞争对手有：地皮、别墅、办公楼、商铺、集资、开店与股票。其中，最受认可的前三名投资品依次为商铺、集资与开店。三是关于"商铺"产品的类别，客户的心智中只有三种，即住宅底商、商业街与商场内铺，虽然有"商圈"的概念，但不了解"商圈"的真正价值，没有"商圈商铺"的概念，只是简单地将河源市商业中心的商铺与周边的住宅底商进行对比。由此可见，在潜在客户的心智排序中，"商铺"是众多投资品中的首选，这是优势所在。但是，搞不清商圈价值，特别是潜在客户心智中并没有"商圈商铺"的概念，导致将本项目的商铺与周边的住宅底商或社区临街铺进行对比，选择的参照物影响本项目商铺价值兑现与提升，找到竞争对手与自己在潜在客户心智中的强势与弱势，为品牌定位与策略制定指明方向。

了解潜在客户心智，找到客户心智"需求点"。针对河源市商业中心潜在商铺投资者而言,最看重的"需求点"有四项,分别为"升值快""租金高""收益稳"并且"风险低"。针对住宅潜在客户的深度访谈,发现他们对河源本地住宅按地理位置重要性排序,依次为:CBD 区域、老城区、东源区域与高新区。CBD 区域的商品房在其心智资源上的排序:毗邻东江的江景资源楼盘占第一位,诸如 ×× 东江湾、×× 外滩八号;全国性知名房企开发的小区占第二位,诸如 ×× 名都与 ×× 花园;河源市商业中心住宅项目占第三位;本地开发商开发的普通楼盘占第四位。针对住宅潜在客户而言,最看重的"需求点"依次为:自然资源、区位地段、品牌开发商与户型。找到潜在客户"需求点",为项目"价值点"的提炼指明方向,即产品属性与产品特征的落脚点在于客户利益。究竟是侧重于功能价值、情感价值、自我表达价值还是社会归属价值,由客户的心智认知与心智"需求点"指引。

除此以外,了解潜在客户心智,可以协助界定竞争范围与竞争对手。河源市商业中心的住宅项目,主要面临本区域内部的江景资源项目与全国性知名房企开发的楼盘竞争;河源市商业中心的商铺项目,既面临 CBD 区域的住宅底商或社区临街铺的分流,还面临成熟商圈二手商业街铺分流,同时地皮以及集资对商铺投资产生较大影响,在售的办公楼与别墅亦对项目产生干扰。

(二)界定核心产品,提炼项目"价值"

大脑思维惯用"产品是什么"来开启整个产品的定位过程。决定销售或招商的第一步,是用客户能够理解并能复述的简单术语阐述你的产品类别,产品类别复杂或者含糊不清,客户就不可能将产品在大脑中归类。要知道,产品类别并非源于公司,而是由客户加以定义的,客户要么使用你的类别命名,要么不为所动。

多产品类别的房地产项目,优先界定核心产品类别;同一产品类别,优先界定核心产品。例如,130万㎡河源市商业中心这个城市综合体,有购物中心、城市广场、大剧院、商铺、住宅、酒店与写字楼,若面面俱到,则产品类别复杂,被客户遗弃,所以必须优先界定产品类别,即明确以哪一类产品类别为核心类别,否则客户就无法理解你,你就无法进入客户大脑,更别说被客户转述传播了。据此选择"商业"作为核心类别，项目名称即"河源市商业中心"，客户很容易将项目归为"商业"类，在心智中有清晰的认知并且容易传播。不少城市综合体项目，从开发企业的角度希望一个品牌包罗万象，貌似节省成本，但是从人们的心智来看，一个品牌或侧重住宅或侧重商业，与产品不匹配从而让心智认知不协调，最终不能顺利进入商家、投资者、购房者与消费者的心智。

各自针对商铺或住宅，需要优先界定核心产品。例如，河源市商业中心中央金街 2 期商铺，有三类商铺：一拖二的临街铺、内街 5.9m 高 1F 商铺、内街 4.8 m 高 2F 商铺。确认一拖二的临街铺为"核心产品"，这一核心产品的的产品属性即"独栋临街"。例如坚基·美丽城住宅，主力户型有五种，分别为约 95 ㎡ 与约 108 ㎡ 三房，125 ㎡、140 ㎡ 与 155 ㎡ 四房，确认 140 ㎡ 与 155 ㎡ 四房为"核心产品"，这一核心产品的产品属性即"大宅"。

提炼项目"价值"要注意三个方面：

其一，项目价值的提炼角度有五个，分别为地段价值、产品价值、服务价值、品牌价值、人文价值。详见下图：

价值购成

地段价值	产品价值	服务价值	品牌价值	人文价值
外部配套	规划设计	物业客服	企业品牌	场所精神
区位价值	景观打造	增值服务	项目品牌	项目精神
通达价值	内部配套	个性化服务		
自然景观	材料工法			
社会认知	创新价值			

有形价值　　　　　　　　　　无形价值

其二，价值提炼的起点是产品属性或产品特征，落脚点是消费者利益。产品属性即产品所包含的客观现实，指的是这是个什么样的产品或有什么样的功能，包括产品的事实、数据和信息。消费者利益既要围绕上述的"心智""需""求"，还要考虑提炼至价值的哪一个层面。例如河源市商业中心中央金街2期商铺，"商圈"商铺带给消费者的利益就是"升值快""租金高"与"收益稳"；"5.9m层高"这一产品属性，带给消费者的利益就是"买一层送一层"，就是"性价比高"；"临街商铺"这一产品属性，带给消费者的利益就是"风险低"；"2F商铺"带给消费者的利益就是"2层独栋商铺，价值高"，等等。

其三，价值要能被客户心智感知，且有充分的"信任状"，否则就会被视为不可信。因为消费者对广告主的抗拒心态，总有一种不信任感，价值要有充分的产品依据，并且能被客户心智感知。例如，经过全面梳理坚基·美丽城的价值体系，围绕品牌定位提炼的项目定位"河源唯一五好项目"。这一项目定位的"信任状"如下：

（三）界定竞争对象，寻找关键"区隔"

找到你的竞争对手，可能是营销中最重要的抉择。找到你的竞争对手，避开竞争对手在消费者心智中的强势，利用竞争对手在消费者心智中的弱点，才能在潜在客户心智中建立区隔，才能让潜在客户感知我们的与众不同，才能获得优先选择权。

房地产项目的竞争既含板块竞争，又指项目竞争。定位的最终目的是让客户"买房首选本区域，本区域必选本项目"。优先界定竞争范围，然后界定竞争项目。要从近似性、交通、资源、配套等条件入手，深入洞察潜在客户的心智认知，界定竞争板块。从区域竞争的角度来看，河源市商业中心所在片区原本属于东城西片区，因考虑到板块的特征：一方面，城市配套丰富，拥有21家行政事业单位、河源唯一的三甲医院、2000亩客家森林公园、河源市政府授权命名的"河源市商业中心"，等等；另一方面，交通便捷，拥有高铁、高速与公交这三大交通网络，所以采用"重新定义区域属性"的方法，将本区域定义为"CBD（中央商务区）"，建立与其他区域的区隔。

界定竞争板块之后，再根据产品的相同或相似性、单价或总价的相近性以及推售时间安排等方面，深入洞察潜在客户的心智认知，界定竞争项目。要充分了解竞争对手提供的价值体系并与本项目价值体系进行对比，找寻竞争对手给我们留下什么机会，最后确认这个机会是否是潜在客户心智认可并优先选择的。

以坚基·美丽城住宅为例，针对"江景资源"类竞争对手，我们的区隔点为"CBD""2000亩客家森林公园"以及"户型"；针对"品牌开发商"类竞争对手，虽然毗邻我们，共享CBD区域与2000亩客家森林公园，但因竞争对手现期开发的位置距离2000亩客家森林公园较远，故森林公园资源并非他们的诉求重点，区隔点为"2000亩客家森林公园"与"户型"。综合而言，较"江景资源"类竞争对手与"品牌开发商"竞争对手而言，潜在客户最看重的坚基·美丽城的区隔点分别为："CBD""2000亩客家森林公园"与"户型"。

以河源市商业中心中央金街2期为例，针对商铺类竞争对手（住宅底商、商业街与商场内铺）而言，依据潜在客户对商铺的心智需求，"住宅底商与社区临街铺"升值缓慢且租金收益一般，且在电子商务冲击下颓势明显；"商场内铺"因产权不明晰与委托经营，风险高；"商业街"目前已成熟，多为二手，升值空间不大。针对集资而言，其最大的缺陷在于风险太高，有可能本息皆失。针对开店而言，风险之一，经营前景不明朗，如何将前期的利润固化；风险之二，开店的时间有期限，要提前选址下一个店铺。从客户心智需求来看，针对商铺、集资与开店这三类竞争对手，若要全部满足"升值快""租金高""收益稳"并且"风险低"，需要拔高客户价值，不再满足于打造与众不同，而是创建一个全新的品类，即借助客户认可的"商圈"价值，打造一个新的"商圈商铺"品类。再从直接竞争对手"商铺"来看，中央金街 2 期的产品区隔点在于"独栋"与"临街"。

经过上述三步提炼出核心价值之后，最后要对核心价值进行提炼与总结，提炼出品牌定位语。方法一，针对某个独特利益或核心价值进行放大再放大；方法二，对一组独特利益或核心价值进行提炼、归纳与概括。例如，河源市商业中心中央金街 2 期的核心价值为"CBD 商圈""独栋"与"临街"，品牌定位语提炼为"CBD 商圈唯一独栋临街金铺"。坚基·美丽城的核心价值为"CBD区域""2000 亩客家森林公园"与"大宅"，品牌定位语提炼为"CBD 最后的公园森林大宅"。与此同时，围绕"CBD 最后的公园森林大宅"这句品牌定位语，全面梳理坚基·美丽城项目价值体系，先将项目产品特征提炼为客户价值"身体好健康""孩子好前途""生活好便利""社交好圈层""升值好前景"，再进一步概括为项目定位"河源唯一五好项目"，作为"CBD 最后的公园森林大宅"的论证与支撑。

品牌定位语的创作，关键要打动消费者。从传播学角度来看，"说"有"说清""说服"与"说动"这三个层次，但它们不是前后相继的三个阶段，要说动，既不需要说清，也不需要说服。"说动"，就是一句话说动消费者，这个"动"既指消费者心动，更指消费者上门与购买这个行动。"CBD 最后的公园森林大宅"，这句话把坚基·美丽城说清了吗？肯定没有人会认为说清了，城市综合体之中住宅项目的价值岂是这一句话能说得清？这句话能说服潜在客户吗？

恐怕没有哪一个客户是听到这句话就信服的。一方面，这句品牌定位语包括四重信息，足够说"动"潜在客户：其一，"CBD"意味着城市配套丰富，不仅生活便利、教育便利、交通便捷，还彰显身份地位，且保障升值；其二，"公园森林"意味着自然资源，不仅有利于养生养老，靠山更意味着风水好；其三，"大宅"意味着生活的舒适度，亦是身份的标签；其四，"最后的"强调稀缺性，强调不可再生性，进一步提升价值。另一方面，"传播"不仅要"播"给客户听，还要激发客户之间的"口口相传"，后者成本低可信度高。品牌定位语不仅要说给消费者听，还是让消费者说给他的亲朋好友听，消费者不需要解释他的亲朋好友一听就明白，一听就被说动。"CBD最后的公园森林大宅""河源唯一五好项目"，口口相传时，对方一听就明白，一听就会记住，一听就被说动。

四、好名字价值百万

品牌是消费者心智中与某一品类相关联的一个词语或概念。品牌不是形象，品牌是代表品类的名字。一个好名字引发良好的联想，一个坏名字引发连串的坏印象。位于加勒比海上的猪岛在改名为天堂岛之前一直默默无闻，云南省一座籍籍无名的小县城中甸县更名为香格里拉后声名鹊起。名字就是一个钩，客户关于你的一切联想都靠它来勾住，从而将产品挂在客户的心智阶梯上。

你的产品会给顾客多方面的体验，但顾客最终把它们都浓缩到你的名字里存入记忆。事实上，不管你花了多少钱，起作用的只是名字而已。定位理论认为，营销的核心就是打造品牌，而你最重要的营销决策就是给产品取名字。

（一）命名的三大原则与三项注意

命名的第一原则是低成本。我们要使用低成本的名字，即名字的理解成本低、记忆成本低、传播成本低、传达成本低、使用成本低、营销成本低。企业建立品牌，就是让消费者指名购买我们的商品，这样我们的营销成本就降低了。品牌就是符号，哪种名字成本最低？就是被重复了几百上千年的公共词语或文化词语，就是老百姓日常说话时常用的词语，这些词语是人们本来就记得、喜欢、耳熟能详的，是蕴藏在人类文化里的原力。例如，"苹果"是低成本的词语而"戴尔"不是，"娃哈哈"是低成本的词语而"乐百氏"不是。"河源市商业中心""中央金街""坚基·美好城""坚基·美丽城"都是用老百姓日常说话经常使用的词语，这些"耳熟能详"的词语，不仅不会在理解上引发歧义，还能让受众一听到就产生"过目不忘"的效果。

命名的第二原则是显示品类。从企业的品牌管理视角来看，是品牌管理的三要素：核心价值、核心产品与核心符号，但是站在顾客的认知视角来看，其实是消费者认知品牌的三个基本问题：是什么？是谁？对我有何用？"是什么？"就询问产品类别，这是人类认知世界的基本方法。你是开餐饮的，你的名字听上去就是餐饮类，否则肚子饿的人找不进来；你是卖药的，你的名字听上去就是药类，否则想买药的人找不到。"河源市商业中心"听上去就是全河源市的商业中心，"中央金街"听上去就是卖商铺的，"坚基·美好城"与"坚基·美丽城"听上去就是卖住宅的。

命名的第三原则是召唤价值。召唤，是词语的能动性，指词语能将品牌价值召唤出来，"天堂岛"能召唤品牌价值而"猪岛"则不能，"香格里拉"能召唤品牌价值而"中甸县"则不能，"阿里巴巴"则直接嫁接了人类文化的巨大财富，因为"一千零一夜""阿里巴巴""芝麻开门"传达了企业的价值——天下没有难做的生意。"中央金街""坚基·美好城"与"坚基·美丽城"能召唤价值，给受众美好的联想。商铺有"临街铺"与"内街铺"两类，但是"内街铺"在客户的价值认知里面属于低价值区，故而我们将"内街铺"根据产品特点与区位分别命名为"对街铺"与"广场铺"，提升了客户的价值感知。

命名的三项注意：其一，使用口语词汇。消费者偏听觉，因为口语历史非常悠久，而人类使用文字的历史较为短暂，欧洲的荷马史诗，由行吟诗人纯粹背诵，传唱千年之后，才由文字记载。大脑会将记录下来的书面语言内化为一种有声语言，大脑好像必须将书面语言转换为对等的有声语言，才能理解语言负载的含义，例如初学阅读的人会禁不住移动嘴唇。使用口语词汇，不仅达到一看就明白，更要求一听就明白。其二，使用汉字而非英文。英文产生的最大不利是传播效率低下与成本浪费。例如，河源市商业中心的购物中心，最初命名"JJMALL"，人们或者不会读或者乱读，不能"望文生义"，不仅需要向每个商家、投资者、购房者与普通市民讲解读音，还要解释意义，传播效率极低且产生较大的认知混乱；中途对此案名进行修订调整为"JJMALL（坚基购物中心）"，但传播效率低与传播成本高昂的问题并未得到彻底解决；最终，改为汉字案名"坚基购物中心"才让问题得以解决。其三，命名可视化。将所传达的信息可视化，是确保每一位对象都能真正接收到同样观点的唯一方法。伊索寓言是世界上流传时间最长流传范围最广的故事之一，例如《狐狸与葡萄》《龟兔赛跑》《披着羊皮的狼》等，这就得益于其独特的编码方式，因为它们唤起了可视化形象。例如，《狐狸与葡萄》这个故事流传千年，就因为唤起了狐狸、葡萄，以及狐狸对葡萄是酸的评论，如果直接输出观念"面对失败请勿愤世嫉俗"，它的寿命应该会大打折扣吧。

（二）用"标志字"，而非"标志"

标志的本质功能是什么？是降低成本，降低品牌识别、记忆与传播的成本。从消费者的角度来看，消费者只有一个记忆任务，要记住我们的标志对应的这个名字。标志的设计师应该帮消费者完成这个任务，而不是把他的一个记忆任务变成三个记忆任务，既要记住名字，还要记住标志，还要记住标志对应的就是这个名字，这样做把消费者的识别与记忆成本大幅提高了。

如何做到低成本、高效率的标志？有一个判断标准，就是一目了然。即标志要让消费者看第一眼就了然是张三还是李四，最好的办法就是直接写上"张三"或"李四"。标志设计的原则：尽量做"标志字"，不要做标志。一目了然见名字，以字为中心进行设计。很多人会认为这样没创意，但是创意的目的就是解决问题。有人认为银行的标志设计都有一枚铜钱是低俗，但这也是一目了然，是一目了然见行业，让消费者远远就知道这是一家银行而不是药店或理发店。

（三）规避品牌延伸的陷阱

公司从经济角度看待他们的品牌，使原来代表一种产品或概念的品牌，去代表两种或更多的产品或概念。这种做法是必错无疑的，原因很明显，一个广为人知的名字代表着某种事物，它已经在潜在客户的心智中占据了一个位置，品牌延伸使品牌在人们心智中的清晰印象变得模糊。

从心智的角度看待品牌延伸，一个品牌代表的产品越多，越容易失去焦点，削弱了品牌识别度与独特性，逐渐在人们的心智中失去意义。宝洁公司给每一项产品定位并单独命名，使它能在潜在顾客心智中占据一个特殊的位置，例如飘柔的"柔顺"、潘婷的"营养"、海飞丝的"去屑"、沙宣的"专业护发"。宝洁 51 个主要品牌，高露洁 65 个主要品牌，业务量方面宝洁是高露洁的两倍，利润是它的三倍。

品牌延伸是对定位的最大破坏，因为这会导致品牌在人们的心智中没有自己独立的位置。新产品需要新名字。"河源市商业中心"作为 130 万㎡城市综合体的母品牌，在心智中类别归属为"商业"，所属的主要子产品各自命名，例如"坚基购物中心""桃花水母大剧院""中央金街""坚基·美好城"等。

坚基购物中心在品牌使用上，以开业为节点分两个阶段，分别为：开业前的招商期与开业后的运营期。招商期，与母品牌保持从属关系，品牌组合为"河源市商业中心坚基购物中心"；运营期，单独使用"坚基购物中心"这个品牌。

销售类子产品分为两类：一类是投资品，例如商铺、写字楼与公寓；另一类是住宅产品。一方面，投资品单独命名，在使用时与母品牌保持从属关系。例如"河源市商业中心越王直街""河源市商业中心中央金街""河源市商业中心美好大厦""河源市商业中心精装 SOHO"；另一方面，住宅产品单独命名，因为客户在心智需求上既要享受商业的繁华与便利，又要与商业保持适当的距离，在使用时单独使用，例如"坚基·美好城""坚基·美丽城"。

五、感人肺腑的品牌故事

NewBalance 讲了一个李宗盛《致匠心》的故事，使其品牌格调又陡然升了一截；褚橙讲了一个褚时健老当益壮的故事，就将其他千千万万的橙子落下不知几条街；王石讲了一个登山的故事，为万科节省了数亿广告费；海尔只讲了一个砸冰箱的故事，从而让人们认识了海尔，相信了海尔产品的品质；可口可乐的配方故事让人永远记得它独特的味道……这些故事塑造了大众眼中的品牌形象，鲜活而令人印象深刻，乃至引起主动传播。

没人爱听大道理，最好讲个小故事。这无关人的智商与地位，《故事会》和《知音》有各自的受众群体，机场里的财经杂志同样也靠商业故事让白领达人们沉醉。凡是成功的品牌，都很擅长"讲故事"，它们懂得如何把品牌的历史、内涵、精神向消费者娓娓道来，并在潜移默化中完成品牌理念的灌输。

品牌故事就是以品牌为核心，对品牌的创立或发展历史进行故事化讲述，从而将与品牌相关的时代背景、文化内涵、经营理念等信息进行深度展示。当一个适当合理的品牌故事被一而再再而三地传播，无疑会增加消费者对品牌的正面认知，增强品牌的说服力和亲和力。情感是促进品牌传播效果的重要因素，故事正好具备情感的特点。

杜纳·E.科耐普曾说："品牌故事赋予品牌以生机，增加了人性化的感觉，也把品牌融入了顾客的生活……因为，人们都青睐真实，真实就是品牌得以成功的秘籍。"

（一）六类常见的品牌故事

第一，创业型故事。

在讲创业故事方面，奢侈品品牌绝对算是高手。奢侈品品牌每进入一个新的市场，抑或每次推出新产品，讲故事往往是其开场白。

香奈儿的创业故事分为 12 章，在其官网上以视频的形式播放。在这种故事中，创始人个性、大事记这两样东西是主角。在品牌叙事中，香奈儿不但是时尚界举足轻重的品牌，ChanelStyle 更成为社交场上名女人优雅时髦品位的象征。创办人 Gabriella "Coco" Chanel 女士一生的崛起、名利、成就、遭遇都带给她无穷的创作灵感。Coco Chanel 的故事就是品牌的故事，品牌的故事也是她的故事。顾客对 Chanel 这个品牌的迷恋很大程度上是对 Coco Chanel 女士的致敬，也是一种精神面貌的投射。

第二，历史型故事。

时间有时也是品牌资产的一部分，在漫长的岁月中，大浪淘沙，优秀的品牌才能做到历久弥新。热水器，是一种很难彰显"性格"的品类，很多 80 后可能还记得一本土热水器品牌"万家乐、乐万家"，当年这样一句广告词通过电视传遍千家万户，但我们也只是记住了这句广告词，对于这个品牌还是一无所知。

而另一美国热水器品牌则要聪明许多，"我家的 A.O. 史密斯热水器已经用了 52 年"，表达出的信息量却要多得多：该品牌热水器的品质即刻被传达，品牌的历史厚度被形象化表达。

第三，传播型故事。

老企业有老企业的讲法，新企业和新产品也可以有动听的故事。对于新品牌，一个好的故事就等于省去大笔的广告费，还可以使品牌迅速在同类产品中脱颖而出。如褚橙的故事就是一个典型的例子，以褚时健的传奇人生为线索，加上十年磨一剑的毅力，很多人首先就被这个故事打动了。

"衡量一个人成功的标志，不是看他登到顶峰的高度，而是看他跌到谷底后的反弹力。"在北京看到褚橙上市后，王石在微博上引用巴顿将军的话对之评论，这是一个曾经登顶珠峰的男人对于褚时健和褚橙由衷的致敬。在故事传播的过程中，褚橙被附着了一层光晕——励志、上进。

第四，相关型故事。

如果品牌有足够好的资本，那么完全可以自顾自讲故事，使品牌本身成为焦点，吸引更多的消费者。如果没有，那不妨从"相关性"入手，将品牌身份与消费者需求紧密结合起来，加强二者之间的双向沟通，通过建立联系，实现品牌目的。

宜家与 MEC 娱乐公司合作，在美国 A&E 电视台曾开辟了名为"改造我家厨房"的实境节目。在每一集约 30 分钟的节目中，制作单位会从主动报名的观众中，挑选适合改造的家庭，并观察他们的作息和兴趣，再由主持人和知名主厨，在五天内为这一家人打造专属的厨房。在每一集的节目中，制作单位都运用宜家产品，为一家人带来翻天覆地的大改造，也细心地介绍那些产品特色，可以让生活更便利，即使观众都清楚节目是由宜家赞助制作，但实用的信息仍满足了消费者迫切的需求。

第五，风格型故事。

有些故事就是为了塑造自己的风格，走差异化路线。人们只要一想到某种风格，就会马上想到这个品牌。因为在饮料行业，产品的同质化很普遍，所以这一点最为明显。

如葡萄酒行业已经形成一套标准的规程，产地、酿造过程、历史、风味，甚至与怎样的食物搭配都决定着品牌的内涵，乃至价格，哪怕是相邻的葡萄酒庄园，这些故事的元素不同，价格也不同。再如中国的白酒也分很多种，不同白酒品牌会有不同的特色。洋河是绵柔的味道，古井是年份的味道，种子是柔和的味道，口子是窖藏的味道，迎驾是生态的味道，景芝是芝麻香的味道，你能想到的品牌都有一种独特的味道，味道体验越清晰的品牌其发展往往越好。

第六，细节型故事。

小细节也可以做大文章，有些就是从一些小细节入手，非常碎片化，但是能达到见微知著的效果。别人看到这个细节，就能感受到你的企业形象。

很多人没有注意到，谷歌悄悄更改了自己的 LOGO。新标志的变化十分的细微，一般人很难看出来，其原有标志中的 G 和 l 稍稍挪动了一点位置，G 向右侧移动了一个像素，l 向右下方移动了一个像素。这个故事的标题为"99.9% 的人都没有发现的改动"，反而激起大家去发现的"兴趣"，每个人都争相成为那 0.1% 的人。于是，一次改动成了一个故事，一个故事成了一次传播。谷歌把这个故事讲出来，同时也展现出品牌一丝不苟、精益求精的形象。

（二）向电影情节学讲故事

第一，"挑战"。

威尔·史密斯主演过一部电影，叫《当幸福来敲门》。电影的主角是一位濒临破产的父亲，穷到只能和儿子挤在男厕所里过夜。但主人公积极进取，最终通过严酷的选拔，成为华尔街的理财精英。国产电影《中国合伙人》，讲的是主人公找不到出路，从办非法补习班开始，最终成为大公司创始人的故事。这些电影的主人公，遇到了难以逾越的挑战，所以故事讲出来，观众就被他们不畏艰难、战胜挑战的桥段深深吸引。很多创业故事也可以这么讲，锤子科技创始人罗永浩就是个特别会讲挑战型故事的人。作为一个外行，他最初进入手机行业的时候并不被人看好。所以第一代锤子手机开发布会的时候，他就花了大把时间去讲，小公司怎么被供应商拒绝，弱小的团队怎么克服重重障碍，怎么解决了一个又一个问题。这些故事和上面所述的电影情节特别像，所以听众被打动了。发布会结束后，市场声音一片好评。

第二，"反差"。

"反差"，就是把两个差异巨大的事物放到一起，塑造强烈的冲击感。《泰坦尼克号》里，一个穷小子杰克和上流社会的白富美露丝之间，竟然产生了旷世恋情，这种反差下的爱情征服了全世界的观众。经典美剧《越狱》也塑造了这样的反差，男主角作为一个高收入的精英人士，竟然要主动到监狱里当囚犯。类似的这种反差型的创业故事也有很多，比如伏牛堂的故事是，一个北大毕业的硕士竟然跑去卖米粉。按这个思路，《三国演义》里刘备三顾茅庐的故事就可以讲成，为了创业成功，一个上流社会出身的知名创业者，竟然三次上门邀请一个草根农民入伙。你看，换一种说法，立马调动了大家的好奇心。

第三，"反常规"。

这是说，一个故事如果能以打破常识的方式来解决人们心中的疑惑，就能吸引人不断地读下去。比如说，我们想说服一个人通常要动之以情，晓之以理。但《盗梦空间》里的莱昂纳多的解决方法是制造一个梦境，让别人改变主意。再比如，常规盗窃就是拿把枪冲进银行，但《惊天魔盗团》中的主角，竟然靠变魔术的手段来犯罪。这些都属于创造反常规情节。无数的创业故事也用到了这一点，比如说雕爷牛腩花 500 万元买一个秘方，这就是一个解决菜品研发的反常规方法。黄太吉用奔驰送外卖，这是用反常规方法，解决送外卖的问题。

第四，"救赎"。

这是指原本堕落的人良心发现，浪子回头完成自我救赎的桥段。比如说电影《老男孩》，讲的就是两个原本生活落魄，不思进取的人，最终通过参加选秀比赛，不断努力找回自豪感的故事。主人公通常从过去的"自暴自弃，任性懒惰"，到后来一步步的"自信自强，积极勤奋"，这样的情节通常能够让你感同身受，好像自己也跟着主人公一步步变好。许多创业故事就使用了这样的"救赎情结"。比如，兼职猫的创始人王锐旭的故事是"一个曾经的网瘾少年，最后变成一个大学生创业者，还受到了总理的接见"。餐饮品牌西少爷肉夹馍也这么讲过，创始人曾是一个被房价打压，被女朋友抛弃的 loser，经过创业华丽丽地完成了一次救赎。

第五，"惩罚"。

和"救赎"相反，"惩罚"这类故事通常是成功的人变得堕落，然后受到了惩罚。比如说电影《华尔街之狼》里，主角在股票市场获得巨大成功之后，变得忘乎所以，还抛弃了结发妻子，最后自己也染上了毒瘾。这种巨人栽跟头的故事同样吸引眼球。

六、要热销，先出名

"创品牌"解决价值承载的问题，即如何让一个品牌完美地承载核心价值的过程，用产品承载品牌的客观价值，用符号承载顾客的认知价值。核心价值、核心产品与核心符号三个要素三位一体，成为一个品牌整体，便完成了"创"品牌的工作。

如何把这个三位一体的"品牌三角"植入顾客的脑海？这就是"建品牌"

的工作。"建"品牌可以由两条线独立或组合来实现，一条符号主导的顾客沟通线，以符号为信息载体，主导客户沟通，实现顾客的价值认知；一条产品主导的顾客体验线，以产品为体验载体，实现顾客的实受价值。

从消费过程来看，一个完整的消费过程分四个阶段：购买前、购买中、使用中、使用后；相应的，消费者存在四重角色：受众、体验者、购买者与传播者。在"建品牌"的过程中，作为"受众"的消费者，可以通过户外、广播电视、地铁灯箱等大众媒介，可以通过推介会、派单、展厅等拓客渠道，可以是路过看见，还可以通过亲朋好友的口碑注意到项目。作为"体验者"的消费者，在购买前，可以通过广告调性体验项目价值，可以通过参加的活动与现场氛围体验项目价值，还可以通过参观由销售中心、示范区、样板房与看房通道组成的"三点一线"体验到项目价值；在购买后，通过签约、入伙与办证服务体验项目价值，通过入伙后的居住体验与物业服务体验项目价值。作为"购买者"的消费者，感知项目的产品价值、服务价值、人员价值与服务价值大于支付的金钱、时间、体力与精力成本，做出购买决策。作为"传播者"的消费者，可以存在于其注意到项目信息之后的全过程，无论消费者是否购买，甚至不需要现场体验，作为"传播者"的消费者只要关注到项目信息之后，都可以作为传播者通过网络媒介或口口相传向受众进行项目信息的二次或多次传播。

要热销，先出名。上门量低是所有房地产项目的最大痛点，营销的首要任务就是召集客户。获得上门量的客户召集，包含两个层面：一个是精准客户通知；一个是制造品牌影响力。品牌影响力，就是让客户关注项目，让客户记住项目，让客户再传播，从而为后续的蓄客营造有利的舆论环境。通俗地说，只要能让更多的人注意到，就能提高品牌影响力，而这些人是否是我们的潜在目标客户并不重要，因为越多的人知道，越多不同圈层的人知道，品牌越有影响力。

（一）知名度永远都不够

品牌知名度是指品牌为消费者所知晓的程度，具体表现为消费者在想到某一类别产品时，在脑海中想起或辨别出某一品牌的程度。品牌知名度反映的是品牌的影响范围或影响广度。

品牌知名度存在四个层级，分别为品牌无意识、品牌识别度、品牌回想与第一提及知名度，详见下图：

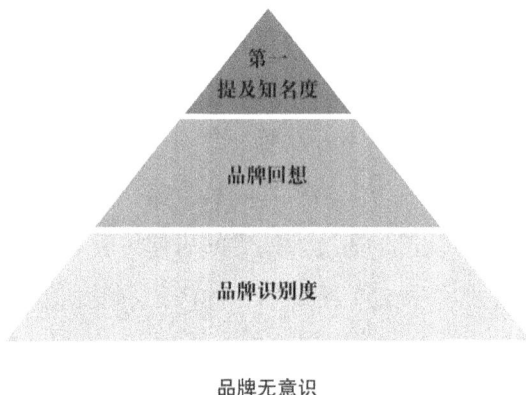

品牌无意识

第四层级，品牌无意识。品牌无意识又称无知名度，指消费者对品牌没有任何印象，原因可能是消费者从未接触过该品牌，或者是该品牌没有任何特色，容易让消费者遗忘。

第三层级，品牌识别度。品牌识别度是消费者印象中的品牌名称，对于品牌来说，品牌识别是品牌知名度的最低水平。例如，当问某人电风扇中有哪些品牌时，他可能说不出什么品牌，但经提示"美的"后给出肯定的回答，那么"美的"就具有品牌识别度。人们喜欢熟悉的东西，有时不必评估产品的特点，熟悉这一产品就足以让人们做出购买决策。品牌识别度有助于消费者在众多品牌中找到稍微熟悉些的品牌，进而帮助其进行品牌的选购。

第二层级，品牌回想。指消费者在不需要任何提示的情况下能够想起来的某种品牌，与第一提及知名度相比，只是没有第一个想到而已。这个层级的品牌名字多则 6~7 个少则 2~3 个，非常重要，是兵家必争之地。品牌回想往往与较强的品牌定位相关联，更能左右潜在购买者的采购决策。

第一层级，第一提及知名度。第一提及知名度，又称指名度，指消费者在没有任何提示的情况下，所想到或说出的某类产品的第一个品牌。第一提及知名度是品牌知名度的最高层次，即品牌在消费者该类产品的心智阶梯中占据第一位置，成为品类的代表。例如，想到碳酸饮料就想到"可口可乐"。在每类产品中，都有某一个具有顶端知名度的品牌，它们是市场领导者，或者说是强势品牌。

知名度永远都不够。宣传的力量，源于重复，这是一切政治宣传家的常识，正如戈培尔所言"重复一万遍，谎言就成为真理"，这种常识却往往被企业品牌部门所遗忘。脑白金十几年持续投资一句话"今年过节不收礼，收礼还收脑白金"，这可能是唯一一句全中国14亿人都会背诵的广告口号。如果你不能确信5亿人已经能脱口而出你的广告口号，请继续重复，因为品牌的价值，就等于品牌定位乘以知名度。第一提及知名度，就等于销售优先权，因为购买行为是一种选择行为，只有在消费者心智阶梯中占据第一的位置，甚至成为该品类的代表，才能被消费者优先选择。

避开美誉度与忠诚度误区。有了知名度，才有品牌联想，才能引发好感，并强化信任。其一，知名度是品牌联想的基础。名称就像是人脑海中的一个特殊文件夹，里面可以装进所有与之相关的事实和情感。没有对品牌的认知，这些事实和情感就缺少了依托，在消费者做出购买决策时，这些信息就无法被消费者"提取"。当以品牌名称为基础的品牌认知建立起来之后，只要将一些新的信息与品牌建立联系即可。例如，"娃哈哈"正是拥有了高知名度，一想到"娃哈哈"人们就自动联想到快乐、健康的孩子。其二，熟悉度引发好感。熟悉意味着拉近距离，意味着减少不安全感；消费者总是喜欢买自己熟悉的品牌，就像人们总是喜欢跟自己熟悉的人打交道。对于熟悉的事物，自然而然就会产生好感。研究表明，无论消费者接触到的是抽象的图画、名称、音乐还是其他东西，接触的次数与喜欢程度之间呈正相关关系。其三，知名度意味着信任。知名度在一定程度上能代表某种承诺，高知名度能让人在心理上产生可信赖的感受，认为这种产品在品质上有保障。人们会认为"名扬天下必然有其道理"，知名度代表的承诺带给消费者信任，从而增强品牌影响力。忠诚度则是个伪命题，永远不要想着消费者会忠于你，反过来，你要时刻忠于消费者，消费者没有义务要忠于你，而你有全部责任要忠于消费者。

（二）引爆知名度，制造影响力

传统营销传播的 AIDMA 模式（Attention 注意、Interest 兴趣、Desire 欲望、Memory 记忆、Action 行动）逻辑是，消费者由注意商品、发生兴趣、产生购买愿望到留下记忆、做出购买行动。

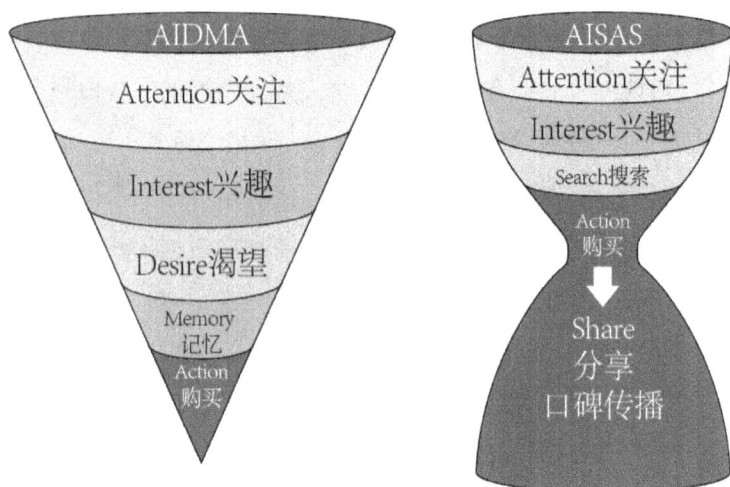

随着互联网的普及，当消费者注意到商品或服务信息之后，开始对感兴趣的信息主动进行深入发掘，并将获得的信息与他人分享，这种主动的信息接触越来越普遍。也就是说，从企业（信息发送方）到消费者（信息接收方）的信息传递之外，消费者自主进行的信息搜索与信息分享这两大行为特征对最终决定购买起到越来越重要的作用。基于网络时代市场特征而重构的营销传播 AISAS 模式（Attention 注意、Interest 兴趣、Search 主动搜索、Action 促成行动、Share 信息分享）由此产生。

具体来说就是如下过程：注意到商品、服务或广告（Attention），对此产生兴趣（Interest）的消费者会针对他们关心的东西，通过互联网、亲戚朋友或主动上门搜索信息。他们会参考他人的意见和感想，对信息做出综合判断，最终决定购买（Action）。购买后，再将自己的感想发表到网上或者与人直接交流，自己也就成为口碑传播中的信息发布者（Share）。

鉴于营销传播模式的变化，房地产项目的知名度打造不再拘泥于线上，而是线上的推广与炒作相结合，线下的事件营销、活动营销与渠道拓客相配合，在短期内，立体化、多渠道、全方位的集中投放引爆知名度，制造营销"势能"，从而为蓄客营造有利的营销环境。

线上，有四条推广与炒作线，分别为：品牌逻辑、城市逻辑、项目逻辑与产品逻辑。这四条推广与炒作线，一般结合项目工程与招商进度，按节奏相互渗透，由虚到实逐渐过渡。在品牌线上，渲染企业品牌形象，告诉市场"我来了"，引发市场关注。在城市线上，借势与造势并重，一般采用"对标"或"类比"的方法深挖城市或区域价值，诸如满世界的"深圳东""深圳北"等，告诉市场"我很牛"，让消费者仰视。在项目线上，输出项目核心价值，告诉市场"我是谁"。在产品线上，重在现场体验，通过现场包装、品牌展示与现场服务，提升品质感。现实操作中，品牌房企在进入新市场时，为短期打响知名度并树立标杆形象，一般将"城市线"与"品牌线"结合，同步输出。而中小型房企，因为品牌知名度低，则一般舍弃"品牌线"，而直接从"城市线"切入市场。

线下，事件营销、活动营销与渠道拓客相互配合。其中，事件营销主要有七大战术，分别为：话题营销、论坛营销、赞助营销、赛事营销、明星营销、晚会营销与公益营销。活动营销主要是节假日大型造势活动、周末暖场活动、针对业主或圈层客户的专项营销活动与病毒营销活动。渠道拓客，协助制造知名度的拓客主要是泛拓客，而非精准拓客，例如全城电营、全城派单等。

以河源市商业中心住宅项目坚基·美丽城2017年入市为例，线上炒作与推广分四个阶段，逐渐由虚到实的过渡；同期线下有事件营销、活动营销与渠道拓客相配合，快速引爆知名度，一步步制造并推高营销"势能"，于7月8日高位引爆开盘成功。

第一阶段，2017年3月上旬从城市线切入市场，推广与炒作主题"CBD

最后的公园森林大宅"，从"CBD"地块价值、"森林"资源、"大宅"产品与稀缺性方面，塑造地标形象。线下活动，借"南海仲裁案"与"歼20"首飞的热点，在清明节举办以"南海卫士'歼20'空降河源市商业中心"为主题的大型造势活动，借造势活动进一步引爆知名度的同时，吸引更多的潜在意向客户前来现场系统了解项目价值。线下拓客，一方面，针对业主与员工资源，通过各种营销活动邀约上门，系统灌输项目价值的同时，充分挖掘其人脉圈层；另一方面，针对各个渠道拓展的意向客户，每周或两周集中邀约上门欣赏"桃花水母"旅游剧，观看前集中宣讲项目价值PPT，既达到集中收客的目的，又系统灌输项目价值，促使渠道客户认同项目的同时激发其口碑传播。

第二阶段，2017年5月上旬，配合活动营销与渠道拓客，推广主题由城市线过渡到项目线，推广主题"河源唯一五好项目"，传递独特的项目价值，抢占消费者心智第一。与此同时，针对当地客户认为江景资源价值优于城市资源价值，从七个角度全面而系统地论证本项目优于江景住宅的七大优势，这七大炒作主题分别为：《七招教你辨别"伪豪宅"》《豪宅只在城市中央》《金山银山，不如家有靠山》《上有老下有小，身体千万不能倒》《教育，就是把成功传给下一代》《在更舒适的尺度上享受人生》《时间是检验资产价值的唯一标准》。线下活动，借农历端午节，举办以"齐天大圣驾到！百妖齐聚河源市商业中心"为主题的大型造势活动，既确保蓄客期市场的持续关注，又助推项目的热度持续上涨，为蓄客缔造良好的舆论环境。

第三阶段，2017年6月中旬，配合7月1日样板房的开放，由项目线过渡到产品线，推广主题"7月1日样板房盛放"。与此同时，全面释放产品信息，针对项目四大主力户型，从竞争的角度提炼户型独特的竞争优势，分别为："坚基·美丽城155㎡双主卧四房！360°观景，5.1米大开间，别墅级的人生尺度""144㎡奢华四房！南北通透3阳台超多赠送面积，请自带计算器""124㎡轻奢四房！95%超高实用率，相当多得一个房，省十多万""95㎡超优3房2厅2卫，告诉你什么叫科学规划、高性价比"。线下活动，借样板房开放这个契机，邀约前期积累客户集中排队进行VIP升级，通过现场排队长龙让潜在意向客户充分感受到竞争压力，产生心理震撼；VIP升级现场的火暴场面，通过新闻传播放大后，既强化了潜在意向客户的恐慌程度，又吸引更多的新客户上门了解与 VIP 升级，推动项目的热度持续向上，达到拔高价格预期与制造市场恐慌的目的。

第四阶段，2017 年 7 月上旬，由产品线过渡到开盘信息，推广主题"坚基·美丽城 7 月 8 日盛大开盘"，市场恐慌达到最高时，选择 7 月 8 日快速开盘引爆；并通过开盘现场的氛围缔造与流程组织，进一步强化了现场意向客户的恐慌，达到高价哄抢开盘的目的。

2017 年 7 月 8 日坚基·美丽城火暴开盘，当天成交金额 3.7 亿元，成交均价高达 8350 元 / ㎡，无论是开盘的成交均价还是成交金额皆远高出周边的江景住宅项目与品牌房企开发的住宅项目，都强化河源市商业中心的市场领导者地位。

（三）激发自传播，扩大知名度

较传统的 AIDMA 模式，AISAS 模式有三大特征：其一，消费者主动分享的"播"的功能被高度强化。消费者的"分享"无处不在。从消费者的四重角色来看，无论是作为"受众""体验者""购买者"还是"传播者"，消费者扮演任何角色时皆会随时随地地分享；从营销传播模式 AISAS 来看，无论是消费者处在"Attention""Interest""Search""Action"还是"Share"之中的任何一个环节，分享都可以随时随地地发生。其二，消费者被动接受的"传"的功能被主动搜索代替。无论是通过互联网、亲朋好友口碑还是主动上门了解，消费者主动搜索的行为都具有明确意图，并影响其对品牌的认知与购买决策。其三，AIDMA 模式强调的是 A → I → D → M → A 的过程，必须一步步有阶段性地推进，而 AISAS 则不必拘泥于过程顺序。

随着传统媒体垄断信息时代的结束与受众媒体使用习惯的改变，人们获取信息的手段愈加多元化，例如报纸杂志、广播电视、户外广告、海报传单、网络媒体、移动客户端、口碑传播甚至产品自身等，任何一个媒体都不会拥有全部受众。人们的时间花在哪里、信任什么渠道的信息，就决定了哪种传播方式成为时代的主宰。当今社会，人人都在玩手机，无刻不在看手机，而这其中大部分时间是在看微信朋友圈、微博等自传播平台上那些网友转发、好友分享的信息。广告主投广告也好，做活动也罢，要扩大品牌知名度，不再只追求单纯的一次曝光，而是追求信息二次甚至多次传播。只有始终激发自传播，才能实现信息的二次或多次传播，才能不断扩大品牌的影响范围或影响广度，甚至制造流行。例如，一个家庭成员从报纸或电视上获得某一感兴趣的消息后，以这条信息作为谈资，会让他的亲朋好友知晓；再例如，一个好玩的东西或信息被你看到后，你会拍照上传朋友圈或评论转发，关注你的人就会看到。

所谓自传播，指的是基于产品、营销或者人物、事件等自身的吸引力，而激发人们自发自愿地分享和传播。激发人们自发自愿地分享与传播，有两大途径：

其一，打造独具特色的产品。好产品自己会"说话"，即依靠产品自身的因素，引起别人自发传播。一方面，产品某方面品质极端出众。iPhone 的革命性设计，Apple MacBook Air 的"薄得可以放进信封"，都是非常鲜明的特点，非常适合传播。而对于一般的公司而言，做好某一个方面的服务，给消费者惊喜，也能激发大量的口碑传播，例如海底捞的服务；另一方面，产品某方面的极端特别。作为洗澡的最佳伴侣小黄鸭大家都很熟悉，熟悉就会被忽略，难以引发关注。但是香港维多利亚港湾的那只高达 16.5 米的"大黄鸭"，令香港一时间沸腾了，无数人前去围观并合影，众多明星也纷纷捧场，一个月时间迷倒 800 万人前往"朝圣"。为什么很多地方都乐于花费重金打造巨型或异型建筑？欲与天公试比高的摩天大楼，"小蛮腰"或"大裤衩"这类奇形怪状的建筑形状，毫无疑问可以引发自传播。

其二，为营销添加自传播机制。有七种自传播机制可以利用，让产品的平面、视频、H5 等广告作品以及各种类型的营销活动，变得吸引人观看和参与，引发自传播。七种自传播机制分别为：可视化、定制化、参与感、超预期、加文案、植彩蛋、抓热点。

可视化。美国搅拌机品牌 Blendtec 将诸如新款 iPod、iPhone、打火机、高尔夫球棒、生蚝等稀奇古怪的东西放进搅拌机中打成粉末，将产品的搅拌功能"可视化",激发了自传播,使得单条视频的播放量迅速超过数百万。在竞争激烈的共享单车领域,酷骑单车推出的"土豪金"版本横空出世,亮瞎了所有人的眼,瞬间实现刷屏效果。房地产营销的可视化无处不在,小到派单与巡展中吸引眼球的人员装备或服装,大到购物中心开业前的亮灯节、写字楼外立面灯光秀、业主装修效果大赛或商家陈列比赛这类"买家秀",皆为激发人们拍照上传朋友圈,快速扩大品牌知名度。

定制化。信用卡的外观一般是银行设计好的,用户再去选择适合自己的。浦发银行的梦卡就推出了定制功能,用户可以提供自己喜欢的图片来做信用卡的封面。房地产行业营销活动多多,采用定制化礼品,让客户感觉受到重视,既可以延长保存时间,还可以在家或办公室展示,扩大传播范围,有创意的礼品还会拍照上传朋友圈来炫耀;定制化的"业主家宴",既提升业主的面子,又挖掘业主的圈层人脉。

参与感。小米手机开始做MU系统时,论坛里只有几个粉丝,但是就靠着手机发烧友的参与感,让米粉们参与到手机研发中来,从几个粉丝发展到数十万。这期间小米没有花费任何推广费用,全部靠粉丝们口口相传。通过有争议的广告,韩后只在《南方都市报》上白纸黑字地写着:"前任张太:你放手吧!输赢已定。好男人,只属于懂得搞好自己的女人!祝你早日醒悟。

搞好自己，愿，天下无三！张太。"花一版报纸的广告费，却登上众多互联网媒体的首页，争议将全民卷入进来讨论，广告主韩后化妆品算是靠"出位"而一炮打响。房地产营销中的参与感比比皆是，无论产品规划阶段的潜在客户访谈，还是营销中的"老带新"政策，无论活动前的抢票、活动环节的DIY、竞赛或者拍卖、活动后的颁奖等，甚至有争议或充满悬念的硬广，无不是通过提升客户参与度，激发客户广为传播。

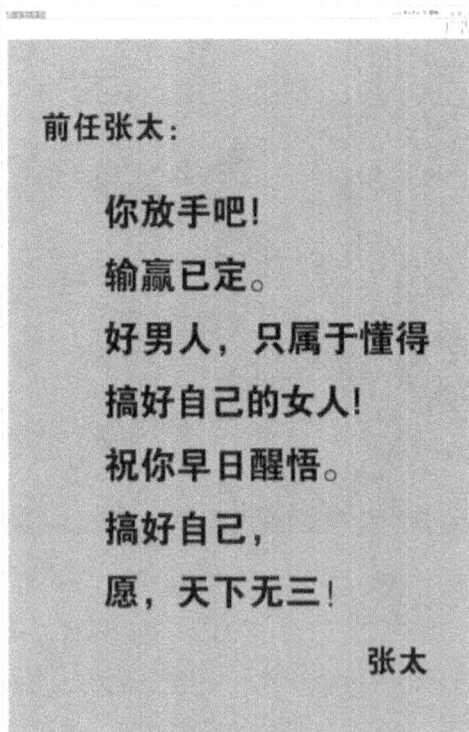

前任张太：

你放手吧！
输赢已定。
好男人，只属于懂得
搞好自己的女人！
祝你早日醒悟。
搞好自己，
愿，天下无三！

张太

超预期。海底捞火锅，能获得巨大口碑传播，靠的不是菜品口味、价格这样的主体验，而是延展体验，比如等位时免费美甲、擦鞋，就餐时服务员主动送果盘、帮助买丝袜等。房地产营销中，无论是产品规划与样板房体验的超预期，还是自客户进入大门开始的指引、敬礼、开车门、打伞还是入住之后的物业服务，皆是通过打造超出客户预期体验来获得客户的认可、称赞与传播。

加文案。例如，一瓶普通的可乐、果汁和白酒，加上了有趣的、有情怀的文案，就瞬间变得不同，既能吸引你的注意力，还能激发自传播、拍照发朋友圈。样板房的"温馨提示"卡牌改为有趣的、有情怀的文案亦有同样的效果。

植彩蛋。全国各地每天举办的大大小小的会议不计其数，能走红的大都因为演讲文案极为犀利和出位，被现场观众拍下来发朋友圈，最后在网上广为流传。房地产有各种各样的品牌、招商或产品推介会，如果在推介会的PPT上能植入此类"彩蛋"，现场客户岂能无动于衷？

抓热点。只要有热点事件，微信朋友圈基本就会相应地刷屏。各种节假日或纪念日，可以提前做好广告规划，结合节假日或热点事件，无疑会引发朋友圈刷屏。

大开大合的渠道导客

1991年海湾战争期间，美国攻打伊拉克主要分为三个阶段：第一阶段是沙漠风暴，派飞机狂轰滥炸，看看还有谁活着；第二阶段是沙漠之狐，就是针对敌人的主要有效兵力实施直接打击；第三阶段叫斩首行动，派出最精良的特种部队直接擒拿首脑，结束战斗。

这种有效的军事模式被商界很快的借鉴和模仿。从房地产营销角度来看，"沙漠风暴"就是引爆品牌知名度，缔造营销"势能"，为蓄客营造了有利的舆论环境。"沙漠之狐"就是针对特定人群展开渠道营销，既协助扩大知名度，又直接拉访上门，还可以缔造口碑效应。"斩首行动"就是客户的转化成交，直接取客户于囊中。

房地产渠道营销的要旨是吸引客户上门，但腿长在客户身上，我们不可能强制客户行动，唯一的手段是向客户传播信息，激发客户的兴趣和需求，引导客户来电或上门。从这个意义上，渠道，就是一个个连接房产和客户之间的传播端，通过信息传播实现客户上门的目的。

在移动互联网兴起之前，大众媒体垄断了信息传播渠道。大众媒体具备覆盖面大、传播速度快、单位成本低的优势，大众媒体，尤其是报纸、广播、网站、户外等是最有效率和效果的传播渠道，广告主投放广告的力度越大，获得的注意力就越多，拥有越多的客户。随着移动互联网的崛起，人们获得信息的渠道多元化，阅读碎片化，不仅传统大众媒体效果减弱，事实上任何一个媒体的边际效果都在减弱。

与此同时，房地产市场亦由"黄金时代"进入"白银时代"。在市场好的时候，人们对房地产信息的兴趣较大，关注度较高，容易产生行动。而当市场不好的时候，人们对房地产信息的关注度降低，而且即便是知道了相关信息，客户兴趣的点燃和需求的激发也转瞬消失，单向或者弱连接的传播渠道很难促使客户来电或上门。

媒体与市场的变化，给房地产营销造成极大的挑战，即上门量降低而召客成本大幅提高。新形势下召客手段发生重大改变：由单纯依靠"大众"媒体完成客户召集，转变为"大众"媒体发布品牌，引爆知名度，制造影响力；"碎片化"媒体与人际传播结合，多渠道高频重复告知，缔造局部舆论优势；地面人员"点对点"地完成客户筛选与邀约。

其一，"大众"媒体。"大众"媒体受众剧烈分流导致传播效果弱化，其承担的职责发生变化，即由以前的来人渠道，变成品牌和信息的发布渠道，常规的大众媒体动作不能停，引爆知名度，制造影响力，在关键营销节点上大众媒体依旧担当主力。例如，报纸、电视等大众媒体一对多传播范围大，但传播到达率不断降低，而且是单向传播，促使客户行动的能力不强。项目现场广告牌、围挡、楼体、精神堡垒、销售中心等直接吸引地缘客户和契合交通动线客户地图的客户，传播精准度高，而且客户来访行动的成本低，是最为有效的传播渠道，必须用好。

其二，"碎片化"媒体。诸如企业内网、小区广播、微信群、定制短信、海报、电梯广告、餐桌纸、手举牌、广告扇、纸巾盒、便利店易拉宝等这类碎片化媒体，受众窄，针对性强，可以统称为渗透到潜在客户生活场景中的"小广告"。这些小广告既可以抢占手机之外的注意力，填补大众媒体覆盖面的不足，扩大知名度，又可以通过多渠道高频度重复告知，强化潜在客户的记忆，抢占潜在客户心智排位前列，从而为地面人员拓客营造局部有利的舆论环境。三种"碎片化"媒体最好用：一是强制阅读媒体。强制阅读即客户"必须看"的，比如写字楼的电梯广告、餐厅的桌面餐垫纸、超市的地下车库广告位，强制阅读带来高曝光率。二是强关系媒体。例如业主微信群、企业内网等，沟通对象之间彼此熟悉，信息可信度高。三是商铺广告资源。一般情况下与老板娘谈妥即可，通过资源交换，可以轻松得到优质广告位，性价比都是很高的。

其三，地面人员。在移动互联网兴起之前，相对大众媒体"大众"的传播属性，地面人员的"点对点"拓客，效率低下且成本高企；在移动互联网兴起之后，在大众媒体投放广告的费效比大幅降低且效果变得不可控，人员召客的相对优势就体现出来：因为房地产的潜在客户可以非常具体精准地落到客户地图上，我们只要投入足够的人力进行覆盖，理论上讲可以将信息传递到每一个潜在客户，而且通过面对面沟通邀约来推动客户行动，最重要的是投入产出可控。

较传统的大众媒体召客而言，新形势下的拓客具有以下三大特征：

第一，高频重复，营造局部舆论优势。无论是碎片化媒体的"窄播"，还是推介、圈层、路演这类"一对多"的告知，甚至派单、电营与拦截这类"一对一"的点播，一方面，可以抢占手机之外的注意力，填补大众媒体覆盖面的不足；另一方面，可以通过针对特定潜在客户重复宣传，强化潜在客户的记忆，抢占潜在客户心智排位前列。此外，在拓客手段中植入自传播的七大要素，还可以激发线上自传播，这些皆有助于知名度的扩大，提高营销"势能"，从而为地面人员拓客营造局部有利的舆论环境。

第二，植入大脑，激发人际口碑传播。无论是碎片化媒体的多渠道高频度重复，还是派单、电营与陌拜，抑或推介、圈层、路演，皆是强制性告知，通过将信息送到潜在意向客户身边，从而植入潜在客户大脑，既能激发潜在意向客户的认同，又能给潜在客户留下深刻的印象，为潜在客户在圈层内的口碑传播提供鲜活的素材；若潜在客户为"意见领袖"或"关键人"，则口碑传播的效果极为可观。

第三，人际互动，筛选与邀约潜在客户。无论是大众媒体的单向广告灌输还是互联网状态下的互动沟通，沟通效果皆比不上"面对面"的互动。拓客人员直面客户，能够快速地判断客户意向，从人群中快速筛选出潜在客户，并通过灵活的手段邀约至销售中心，拓客带来的上门量相对可控。

拓客已经成为当下房地产营销的标配动作，无论是刚需还是高端盘都要拓客，无非是方式和道具有所差异。碧桂园的全民营销、恒大的人海战术、融创的狼性拓客都为业内所津津乐道，但不少渠道营销人员在拓客时却是人云亦云，缺少章法，看上去做了很多动作，却不温不火，终沦为鸡肋。在所有客户召集方法中，线下渠道的拓客在效果与效率上最富弹性，做得好能够成为奇兵，费用低效果好；做得不好就是用了很多人，花了很多钱，只留下满街的垃圾和无效的水客，绝对是劳民伤财。

渠道营销人员在制订拓客方案执行拓客之前，既要明确你的目的和目标是什么，又要知道客户在哪里，还要清晰怎么管控怎么激励团队，从可以整合的内外部资源角度选择拓客方式并进行灵活组合，注重拓客过程中的管控与沟通，再用活动来配合收取客户，确保目的与目标的实现。

一、储客目标的确认与分解

凡事预则立，不预则废。德鲁克认为，并不是有了工作才有目标，而是相反，有了目标才能确定每个人的工作。所以"企业的使命和任务，必须转化为目标"，如果一个领域没有目标，这个领域的工作必然被忽视。

营销团队的"以业绩为导向"，就要求在做每项工作前都要有清晰的目标。营销团队的战斗力不是靠口号喊出来的，也不是靠现金刺激出来的，而是在系统的目标管理过程中不断激发、培育、成长出来的。

（一）确认储客目标

目标的确定，这里面大有文章。目标定得太高，表面上看有利于业绩最大化，实际操作中则会因为目标的未完成而挫伤了团队的激情；目标定得低，又不利于业绩冲刺和团队奋进。最佳做法就是将目标分为两个目标：基本目标与挑战目标，基本目标踮起脚尖就能够得着，确保公司基本业绩的完成与营销团队的士气；挑战目标需要使劲跳才能得到，作为业绩最大化的鞭策与指引。

储客目标源于营销目标，根据营销目标，倒推出认筹目标、办卡目标或上门目标等。在倒推的过程中有两项注意：

其一，根据不同产品类型各自设置储客目标。营销目标，来源于不同产品类型的去化。不同产品类型拥有不同的转化率，我们必须明确不同产品类型各自的储客目标。一方面，不同的产品类型转化率不同，例如，别墅、住宅与商铺的转化率不同；另一方面，同一产品类型，不同产品结构转化率也不同，例如首置产品与再改产品的转化率就不同。

其二，根据不同销售阶段设置不同储客目标。营销目标具有阶段性，各个销售阶段的任务重点不同，在不同的销售阶段，根据不同的任务重点设置不同的储客目标。例如，项目筹备期，拓客前期筹备可能是首要任务，这时候拜访的大客户单位数量可能就是储客考核的首要目标；项目入市期，引爆知名度是首要任务，这时候项目知名度、微信粉丝量、网络搜索指数、派单留电量可能是储客考核的首要目标。

（二）分解储客目标

确认储客目标后，通过不同纬度的目标分解，为总目标的实现画出清晰的路径。确认储客目标后，要分解至各个渠道，再分配到各个人员，进而细化至各个阶段。

1. 分解至各个渠道

根据不同渠道占比，得出各渠道目标。例如，上门量目标 3000 批，根据项目不同渠道上门量的占比，分解至自然上门 500 批、老带新 500 批、巡展 300 批、竞品拦截 200 批、电营 200 批、派单 400 批、圈层 200 批、大客户 300 批、看房团 100 批、中介 300 批。

在分解渠道目标时，有两项注意：

其一，渠道的设置，按费效比铺排，同时受时间限制。一方面，不同的渠道，有不同的费效比，设置中按各渠道的费效比由高到低的排列，确保总目标的实现；另一方面，时间约束渠道的设置与选择。例如，3 个月上门量目标3000批与2个月上门量目标3000批，对渠道数量的要求完全不同。

其二，重点渠道打穿做透。有经验的操盘手都清楚，要根据渠道资源的特征，"榨干"重点渠道资源的价值，而不是不加区别地针对每一个渠道囫囵一刀切，提出同样的要求，给予相同的激励政策。以老带新这个重点渠道为例，发动老带新的关键是现场销售员，我们就可以阶段性地给予销售员一些特殊的激励政策，才能实现老带新这个渠道价值最大化。针对客户地图上的重点区域，我们要通过地面人员对其深耕覆盖，既要对该区域长期坚守多手段并用重复扫荡，又要求拓客人员在规定的时间与地点，按规定的说辞与动作拓客。

2. 分解至各个成员

目标如何分解、分解到何种地步，直接影响营销团队的战斗力与激情。将目标分解落实到每个最基础员工每天最基础工作标准上，是激发团队战斗力与激情的基础性工作。

其一，竞拍而非指令。以各渠道基础储客目标为起拍条件，通过各拓展团队及负责人竞拍储客目标的方式确定其拓展区域，竞拍储客目标最高者得。与此同时，各渠道负责人可以将各个渠道划分为不同的区域，依据该区域内潜在客群数量、距离项目地远近等判断优质、中等、一般三个级别，以区域竞拍形式确定各渠道成员的拓展区域。储客目标与费用挂钩，优势资源倾斜化，争取做到整体平衡。

其二，岗位不同，目标不同。渠道负责人应以成交为维度进行目标设置，小蜜蜂、电营专员等终端客储人员，原则上应设置留电量、上门量等过程目标，尤其在客储早期，此类目标设置更容易调动其积极性。

3. 分解至各个阶段

将各渠道、各成员的储客目标，分解至各个阶段。一方面，应根据工作日、节假日以及不同阶段拓客动作的差异进行合理设置；另一方面，考核时间段不宜过长，根据渠道特征，一般以天或周为考核周期。

目标确定与分解后，操盘者不能甩手坐等结果，而是实施过程管理。过程管理不是简单的监控，而是给予实现目标的指引与支持。如果制定的目标大幅偏离正常值，既要让各渠道开阔思路，并提供相应的资源支持，亦需要操盘者寻找机会调整渠道设置与增加拓客人员数量，让各个渠道看到能够实现目标的希望，从而调动成员的激情，确保储客目标的实现。

（三）目标超限管理

在设置储客目标时，会遇到这样的问题：去年全市别墅销售总套数 800 套，而项目今年别墅销售目标为 1000 套。当客储目标超出市场容量或经验数据时该如何解决？

方法一，调整拓客。拓客自身调整涉及两个方面：其一，延长客储时间。可以推迟开盘时间，延长客储时间；可以利用夜晚，即白天拓客，夜晚回收，相当于一周 7 个周末。其二，优化拓客渠道，既可以通过市场机会的捕捉，在新的空白区域增加新的拓客渠道；还可以针对重点区域或重点渠道，增加拓客人员。

方法二，调整市场。调整市场的"三换"策略：换市场、换产品与换客户。"换市场"即扩大储客的地域范围，以增加市场容量。例如，将储客范围扩容至下辖县市或周边城市。"换产品"，可以改变推售节奏，抢占竞品推售空当，还可以改变产品营销概念，例如增加别墅的投资属性，与目前市场现存的商铺、写字楼等投资品争夺客户。"换客户"，指改变或增加细分客户，例如将别墅客户从富豪扩容至中产阶层。

二、挖掘12大类45小类客户，制作客户地图

拓客是一项系统工程，想要做到高效率有诸多关键要素，高效拓客的第一项关键就是明确客户是谁、在哪儿？在市场供求关系不再倾向于卖方的环境下，对客户的分析有一个由虚到实的变化，不仅要研究客户是谁以及他们的特征、需求与价值观，还需要进一步将客户落实到物理的空间地图上，这样既能够有效地控制营销成本，又提高获取精准客户的机会。

通过分析项目价值体系，重点分析项目的区位、配套、交通、规划以及产品类型、产品结构（户型与面积）、单价区间与总价区间等一系列信息作为

参考，结合板块市场特征，推导出潜在客户的年龄、家庭结构、置业目的与购买能力，勾列出潜在客户的基本情况；在这里要特别强调，不同的产品类型或产品结构，要单独推导各自的潜在客户。在此基础上，借鉴竞品或周边项目经验，更通过与潜在客户或成交客户、同行或二手中介深度访谈，了解潜在不同产品类型或产品结构的潜在客户来源区域、所属行业与职业、关注要素与置业抗性，从而为客户地图的制作做好基础工作。

（一）分析项目，锁定核心客群

所谓核心客户群,就是前述"认同"项目,且符合项目潜在客户特征的客户。与项目有血缘、地缘、业缘关系的"三缘客户"对项目天生认同。

逐一找寻项目"认同"客户群，并且将其归类，共有两大类：关系客群与周边客群。

1. 关系客群

关系客群指"认同"开发企业的潜在客群，的主要包括以下7小类：

➤ 业主，既指项目前期已成交业主，也指开发企业在本地开发的其他小区业主。

➤ 老客户，可以是项目前期未成交老客户，也可以是未到营销节点未成交的上门客户或认筹客户等。

➤ 老板与高管的人脉圈层。

➤ 公司员工及其亲友圈层，公司内部员工既指房地产开发企业的内部员工，又指同一集团内部横向兄弟公司的内部员工。

➤ 政府机关与企事业单位，例如开发报建部对接的国土、规划、城管等政府机关，财务部对接的工商、税务、银行，行政部对接的中石化、中石油，信息办对接的中移动、中联通等等。

➤ 房地产从业者，既指销售员的熟人圈层，又指媒体及其员工，还包括房地产业同行。

➤ 合作单位，既指房地产公司的承建商、分包商、材料供应商、活动公司等等，又指同一集团内部横向兄弟公司的合作伙伴，例如坚基商管公司的进驻商户与坚基购物中心VIP会员等。

2. 周边客群

周边客群主要指项目所属板块内部或项目周边3~5 km范围内的潜在客户，主要包括以下13小类：

> 项目周边的原住民、拆迁户以及他们的亲友圈层。

> 项目周边住宅小区业主及其亲友，包括已入住小区、未入住小区与在售竞品的业主及其亲友。

> 项目周边城中村自建房或住宅小区的租客。

> 项目周边行政机关、街道办事处、村委等。

> 项目周边事业单位，诸如银行、医院、学校等的员工、消费群或学生家长群体。

> 项目周边重点企业，例如水厂、电厂、中石油、中移动这类国企，以及大中型私企。

> 项目周边产业园区，含园区管委会以及进驻的工厂、企业。

> 项目周边写字楼的进驻公司及其员工。

> 项目周边酒店的员工、商旅与休闲娱乐客流。

> 项目周边商业设施，既指诸如商场、商业街、菜市场、专业市场、超市、临街商铺或底商等等的房东或租赁店经营户，又指这些商业设施的消费客群。

> 项目周边交通设施，含高铁、高速、公交站点、中转站或加油站等的路过人群。

> 项目周边娱乐设施，含影院、餐饮、KTV、游乐场等的消费客群。

> 项目周边休闲设施，含公园、绿道等的休闲客群。

（二）研究板块，抓牢重点客群

根据项目定位、资源或规模不同，重点客群存在的范围不同。一般而言，针对主流住宅客户而言，重点客群并非在项目所属板块，而存在于潜在客户较为集中的同城的重点板块或异地城市，这个从城市与板块的宏观经济与产业分析、项目资源分析、竞品客源分析以及潜在客户、同行、二手门店人员的深度访谈中可以获得。确定同城重点板块或异地城市之后，根据前述的"匹配"与"导入"这两大标准，找到符合项目潜在客户特征的客户群。

"匹配"，就是"门当户对"，可以与总价匹配，可以与竞品匹配，可以与产品或客群匹配，可以与消费力或兴趣爱好匹配等。"导入"，就是因配套、资源、产业、交通或规划导入的客户群。在同城重点板块中或异地城市中，逐一找寻项目"匹配"类与"导入"类客户群，并且将其归类，共有五大类：竞品客群、重点社区、大客户单位、重点商圈与圈层客户。

1. 竞品客群

竞品客群找寻中，从三个方面寻找竞争对手。竞品客群分 3 小类：

➢ 根据竞争强度，区分核心竞争者、直接竞争者与一般竞争者，重点抢夺核心竞争者与直接竞争者客群。

➢ 根据板块，区分板块内竞争者与板块外竞争者，既要争抢板块内竞争者客群，又要分流板块外竞争者客群。

➢ 根据现实竞争者、潜在竞争者与替代竞争者，既要抢夺现实竞争者客群，又要参考潜在竞争者的客群情况，例如一线或主要二线城市的二手房市场就属于新房的潜在竞争者，还可以通过找到替代竞争者来扩容客群。

2. 重点社区

先确定重点板块，再分析项目上门与成交客户集中小区，结合竞品客户分析，罗列各重点板块的重点社区清单。找到重点社区之后，有两项重要工作：其一，摸清小区业主的详细情况，例如家庭年收入与结构、消费场所、上班地点与交通路线等；其二，根据重点社区群的产品档次与结构、客户特征与家庭结构以及房龄等特征，找到板块内部或外部的相似小区，对重点社区进行扩容。相应的重点社区细分两小类：

➢ 重点社区业主或租客及其亲友。

➢ 类似社区业主或租客及其亲友。

3. 大客户单位

既包含"匹配"项目产品、单价或总价的同城重点板块或异地城市的行政机关、企事业单位客户群，又包含因交通、配套、资源、规划、产业或交通"导入"的同城重点板块或异地城市的行政机关、企事业单位客户群。例如，从地理上来讲，潜在客群与项目周边主要道路一般都存在着交通联系，即能在可接受的时间范围内通过高铁、高速或公交中的一种或几种达到项目。若某城市能接受的上班时间为 30 分钟，那么我们就可以罗列 30 分钟内到达项目的地铁沿线、高速沿线或公交沿线的机关单位、企事业、写字楼、产业园等等，通过经济实力的"匹配"筛选出潜在客户所在的大客户单位即可。同城重点板块或异地城市中的大客户单位，主要包含以下 5 小类：

> 行政机关、街道办事处、村委等。

> 事业单位，诸如医院、学校与银行。

> 大中型企业，诸如水厂、电厂、中移动、中石油这类国企与大中型私企。

> 写字楼进驻的企业。

> 产业园区或高新区的管委会、与工厂、企业。

4. 重点商圈

即大客户单位与重点社区集中所在板块的商圈。商圈客群含 4 小类：

> 商圈之中的商业街、菜市场、专业市场、底商的房东或经营店老板。

> 商圈中心的商场、超市、菜市场、专业市场或商业街的消费客流。

> 商圈中的酒店员工及其商务、休闲娱乐客流。

> 商圈中的餐饮员工及其客流。

5. 圈层客户

圈层客户，在这里特指除关系客户之外的，符合"匹配"与"导入"特征的强关系圈层，例如项目成交客户集中在某一个或几个行业，则该行业客群可以继续深入挖掘。主要的强关系客群有两类：

> 行业协会，主要看项目上门或成交客户中各行业比重。

> 商会，一般每个城市都存在几个比较有影响力的商会。

（三）以点带面，吸引游离客群

判断游离客群，无论是"导入"类还是"人气"类，都要与项目的产品类别、产品结构、单价区间或总价区间匹配。一般而言，游离客群主要分三大类：中介渠道、跨界客群与看房团。

1. 中介渠道

二手房市场成熟的一线城市、环绕一线城市的周边城市以及二线城市，中介资源丰富，渠道充实，中介渠道极具价值，推荐使用；三线与四线城市二手房市场不成熟，如果强行使用，就变成了以中介之名做拦截之实，失去了中介的意义。中介渠道一般分为3小类：

➢ 代理。

➢ 中介。

➢ 电商。

2. 跨界客群

跨界客群，与潜在客户消费力匹配，一般分2类：

➢ 跨界客户，一般与潜在客户消费力匹配的购物、餐饮、出行、娱乐、休闲、培训、社交与投资相关的会员，例如商场或银行的VIP会员、车友会成员、航空会员、知名品牌会员、美容院会员、少儿培训机构学员、保险参保人员、MBA同学会、证券会员等等。

➢ 跨界员工，一般是跨界的从业人员，例如银行客户经理、保险高管或销售员、4S店销售员、美容院销售员等等。

3. 看房团

看房团，在这里特指两小类看房团：

➢ 媒体渠道组织的看房团。

➢ 房展会现场组织的看房团。

（四）多线突击，覆盖偶得客群

偶得客群主要是符合"人气"，又属于随机获得，主要包含两类：展会客群与公共客户。

1. 展会客户

无论是家居、建材、汽车展，皆可以前往寻找客户。

2. 公共客户

指城市的景点、公园、广场、登山口等人群较为集中的地方。

挖掘出 10 大类 45 小类客户之后，制作客户地图，将客户落实到物理的空间地图上。客户地图，既是媒体选择与组合依据，又是地面拓客人员的指南。客户地图的制作要注意三点：一是需要点状客户地图而非面状客户地图。点状客户地图可执行性强，可以指导终端拓客人员找到潜在客户的具体地址。二是客户地图分三张。一张是居住点位地图，一张是工作点位地图，一张是生活点位地图。三是为不同产品类型制作不同的客户地图。产品类型不同或产品结构不同，客户类型与客户分布存在差异，需要分开制作，以免造成客户结构不均衡。

客户地图的优化。一步到位的客户地图是不存在的，在销售过程中，针对进线客户、上门客户、认筹客户与成交客户的统计分析与深度访谈，不断优化客户地图。其一，正式接待客户后，上门 3 组以上，增加客户点位。一个地方能上门 3 组，就具备更多上门的可能性，要在客户地图上做出点位，并安排地面拓客人员跟进拓展。其二，关注转化率，优化客户地图。若 A 区与 B 区同样 10 名拓客人员，以周为单位计算 A 区上门 100 组，而 B 区上门 50 组，A 区拓客转上门率高于 B 区，这时可以考虑将资源倾斜到 A 区，最大化获取 A 区资源；若 A 区上门量与 B 区上门量接近，但是 B 区成交量大幅领先 A 区，说明 B 区上门转成交率高于 A 区，这时可以考虑将资源倾斜到 B 区，最大化获取 B 区资源。其三，深度访谈销售员与客户，优化客户地图。通过深度访谈，获取客户最详细的信息，例如户籍地非本地，现居住地的详细地址？为何打算在本项目置业？从深度访谈中既可以获得客户最详细的地址，又可以获得客户的置业目的或抗性，既指导客户地图的优化，又指导销售说辞或推广主题的优化。

客户地图的扩容。其一，形成客户地图后，要对比客户容量与当期销售目标，判断是否需要进行客户地图的扩容。一方面，根据销售目标推导储客总量，对比客户总容量与储客总量；另一方面，根据产品类型或产品结构目标，推导不同产品类型或产品结构储客量，对比客户地图中相应产品类型或产品结构的客户容量。无论是客户总容量不足，还是不同产品类型或产品结构的客户容量不足，皆需要对客户地图进行扩容。其二，客户地图扩容方向。既要考虑项目定位、资源条件与规模来判断，还要借鉴类似项目或创造销售奇迹的项目，了解它们是否挖掘了不同于周边竞品的客户区域。若需要扩容至异地城市，既需要研究异地城市的宏观经济、产业特征与房价水平，还需要结合项目与竞品的客户来源，选择合适的异地城市进入。

三、立体化接触，最大化利用渠道资源

上述的 12 大类 45 小类客户渠道，渠道特性不同，拓客方式灵活多样，碧桂园有拓客八式"派单、电营、展点、竞品截流、大客户拜访、圈层营销、组织看房团、编外经纪人"；融创有拓客四式"巡展、CALL 客、派单、大客户拜访"。究其关键，就两个层面："立体化接触"与"渠道资源最大化利用"。

（一）立体化接触，统一形象

1. 立体化接触，多渠道高频重复

进入信息爆炸的时代，要想让客户记住你，除了内容够好，还要出现的次数够多。通过碎片化媒体的"窄播"，推介、圈层、路演这类"一对多"的告知，甚至派单、电营与拦截这类"一对一"的点播，短期内多渠道高频度重复，既能扩大知名度，提高营销"势能"，营造局部舆论优势，围绕客户的立体化接触，将信息植入客户大脑，又能激发客户认同。

试想一下，我们的信息，若一个潜在客户上班时在路口看到立柱广告，午餐时在商场看到展厅，下班后接收到小区广播，夜晚听到邻居在业主微信群谈论，多点接收信息的记忆度一定大于单点传播，从而在他接触地面拓客人员之前，项目知名度已经打开，营销"势能"已经营造。接下来，当他接

触到项目地面拓客人员介绍本项目时，大概率地愿意停留下来倾听与了解。例如，我们拓展一个重点社区，可以在周一至周五通过 15 大渠道立体化覆盖，包括小区周边派单、短信、社区周边便利店餐饮店或理发店台卡或海报、社区广播、社区大门口桁架、物业公告栏、园林横幅或地气球、入户大堂易拉宝、邮箱 DM 投递、电梯轿厢广告、特制名片投递入户、停车场道闸广告、物业管家登门拜访、业主微信群与网络业主论坛等，短期内多渠道高频重复，快速打开知名度，从而为周末的活动收客缔造营销"势能"。

2. 先"面"后"线"再"点"，重点渠道做穿做透

买方市场与大众媒体效果衰减的营销环境下，地面拓展人员如同进攻中的地面部队，若得不到空中部队的有力支援，单独行动势必会被对手的进攻干扰或遏制。与此同时，不同区域、不同客户渠道甚至不同客户的重要性不同，若所有区域所有客户均衡用力，既会造成资源的巨大浪费，且无法在既定的时间内运用有限的资源来完成营销目标。

在拓客过程中，先"面"后"线"再"点"，不同区域不同客户渠道不同客户分配不同的资源，重点渠道与重点客户做穿做透，实现客户价值最大化利用。在全市范围或某几个片区内，舆论先行营造"势能"就是打"面"，将资源倾斜到某几个板块或重点客户渠道就是打"线"，针对重点客户不断地邀约、跟进、转化与维系，实现客户价值的最大化就是打"点"。

"老带新"渠道作为重点渠道，如何做穿做透？有四项关键：

其一，业主要全面激活，避免沉睡。业主沉睡的原因很多，既可能前期开发的小区因为时间久远缺少维系，还可能因为业主低调不愿意让别人知道，可能因为销售员离职导致接手销售员衔接不上，也可能因为销售员自身原因跟进不周等。业主是房企天然的同盟军，业主沉睡既降低房企的地区影响力，又因为大量开发新客户导致营销费用高企。例如，某项目为激活业主，凡是业主到访即获赠 200 元物业费抵用券，并同步参加"老带新"活动，快速激活沉睡业主。例如，某项目针对离职销售员跟进与维系的业主，新交接销售员进行集中宴请，保证所有业主都能感受到新销售员的关怀，增加其项目归属感，避免因销售员流失导致客户沉睡。例如，某项目在业主维系中发现，"老

带新"业主不积极的原因,在于业主虽然知道该政策,但大多业主属于被动介绍,不愿意主动推荐项目;而一部分业主属于各自亲朋好友或同事圈层中的意见领袖,如何让业主在朋友圈晒自己的业主身份,让其亲友知晓他的业主身份,从而主动向其询问置业意见,就成了解决问题的关键。

其二,业主分级分类,差异化维系。一方面,可以将业主根据某个标准划分为关键业主与普通业主。针对关键业主既重视物质激励,更重视精神激励,与情感维系,促进老带新工作;另一方面,可以将业主分本地业主与外地业主。针对本地业主,既可以通过业主大盆菜这类答谢宴会维系,还可以针对业主生活中的小孩教育、美容美妆、老人健康等各种问题,联系各类培训机构在销售中心举办各种培训来召集与维系业主。针对异地业主,他们因为身处外地很少返回,对城市或区域发展规划、周边配套完善情况、项目进度信息以及当地市场楼市信息非常关注但又缺乏知晓途径,针对这类业主的维系就要从日常信息沟通,线上活动重点展示城市发展利好或前景,线下利用节假日大型活动有针对性吸引这三个角度去维系,介入业主在异地城市的居住小区、同乡会或商会进行推介或圈层拓展。

其三,扩大"老带新"范围。鉴于"老带新"的基础是人与人之间的信任,可以放大"老带新"范围获取更多的人际关系资源,既可以奖励成交,也可以奖励上门与认筹;既可以针对业主,也可以针对未成交老客户或认筹客户,还可以针对内部员工与合作伙伴员工。例如,某项目发现物业的客服、保洁与保安人员是很多客户了解项目的重要渠道,就将"老带新"范围扩散至相关项目的物业公司,通过专场的推介与"老带新"宣讲,充分调动物业人员的积极性。

其四,"老带新"的抓手在于一线销售员,需要给予现场销售员相应的资源与培训,并配备相应的考核与激励,充分调动销售员维系与挖掘业主资源的积极性与能动性。

3. 规范说辞,规范动作,统一形象

大众媒介或窄众媒介,传播内容是可控的,但地面人员拓展过程中,因为人的因素的干扰或目标压力驱使,导致口径不统一、虚假承诺等情况出现,

不仅会影响拓客终端输送到销售中心客户的转化率，也会给成交埋下种种隐患。在拓客动作开始之前，必须对政策口径、价格口径、销售说辞做高度统一，保证无论何种拓客方式，针对何种对象，说辞都是高度一致，杜绝后患。另一方面来讲，拓客人员熟记拓客口径可以在一定程度上降低人员素质高低不一对拓客的影响，优秀的说辞可以增加获得客户的概率，使项目形象更加统一。

要提高拓客转化率，一方面需要快速找到匹配度高的意向客户，而实际操作中拓客人员素质与水平参差不齐严重影响找到意向客户的效率；另一方面，要让客户停下来听你讲解项目，并进一步邀约客户上门，又需要客户的心情愉快，至少不能有负面情绪，而实际操作中拓客人员因为目标压力显得狼性过头造成较高的客户抗性。要解决这一问题，就需要对拓客人员的拓客动作进行规范，以一致的动作塑造统一的形象，提高拓客转化率。以河源市商业中心派单为例，对派单对象与派单动作进行规范：①派发对象要求。其一，重点是30~55岁人群；其二，两人同行或家庭同行，选择女性为派发对象；其三，如果进入商铺，针对店主派发；其四，禁止派发给小孩，禁止插车、插门。②标准动作规范：其一，统一着装，面带微笑，倾斜45度迎向客户；其二，海报正面向上，标题字正对客户；其三，派单时必须按口径说一句话邀约理由。

除此之外，还要对现场销售与拓客人员的工作纪律、着装仪表、谈吐气氛等进行规范与管理，打造统一的体验服务标准，让有购房需求的客户在优质服务下在这里成交，让没有购房需求的客户在优质服务下在这里产生需求。

（二）最大化利用渠道资源

对于房地产营销而言，信息的立体化传递只解决了客户"知晓"的问题。对客户而言，"知晓"与"上门""成交"是完全不同的动作。这里就需要利用渠道资源，推动客户上门，并最终转化成交。所谓的利用渠道资源，就是发现、争取并激励各渠道意见领袖或关键人，并将其转变为同盟者以带来客户的过程。

如何最大化利用渠道资源？在这里先看一个菜馆案例。一家新开业的菜馆，拿一道在当地深受欢迎的招牌菜"红烧肘子"，设计专用贵宾卡，消费激励政策"持此卡到店三人消费以上就送价值68元红烧肘子"。贵宾卡做好之后，店老板将这张贵宾卡赠送给各行业有会员的单位，例如银行客户经理、美容院老板、4S店销售员等，借用商家与他们顾客的关系。该贵宾卡的价值快速得到其客户的认可，从而为该菜馆带来大批量的新客源。这项政策的成功有三个关键点：

第一，这家菜馆清楚自己想要什么。其一，需要合作单位的老板重视，业务员重视，他们愿意将菜馆的贵宾卡积极主动地馈赠给自己的客户。其二，贵宾卡有足够的价值与吸引力，这样客户获得之后纵然不使用也会将它转赠给自己的亲友，从而为菜馆吸引源源不断的新客户。针对新开业的菜馆而言，这样既能沉淀大量的回头客，还能通过口碑传播吸引更多的新客户。

第二，这家菜馆清楚客户想要什么。合作单位的老板需要什么？他们希望借助某种赠品促进他自己产品的成交，希望低成本甚至零成本地维系自己的客户。业务员需要什么？既能通过促成成交提升自己的业绩，又能维系自己的客户，还能获得额外的利益。客户需要什么？客户既希望占到便宜，又只珍惜来之不易的馈赠，而对唾手可得的赠品不甚重视。

第三，如何获得？其一，选择的产品满足高价值、高诱惑、相关联与低成本这四个特征。"高价值"既源于这道菜是当地市场认可，无论是合作商家、业务员还是客户，都认可。与此同时，贵宾卡借由商家或业务员赠送自己的客户，而不是直接派送，借助商家或业务员与顾客的人际关系，用答谢馈赠的方式进一步提升贵宾卡的价值。"高诱惑"指的是这道招牌菜是本地人相当喜欢的菜品，拿到贵宾卡后，会激励客户前来菜馆消费。"相关联"指的是菜馆吸引新客户赠送的是招牌菜，如果是手机店吸引人流就不能赠送这种贵宾卡而应换成赠送移动充电器。"低成本"强调的是通过活动实现更多的盈利而非亏损，例如这道招牌菜制作成本22元，附加"三人以上消费"条件，势必会吸引更多的客户更多的消费，从而冲抵成本。其二，赠送的对象是商家及其业务员，而非直接派送客户。例如，将该贵宾卡派送到美容院时，要求美容院业务员这样对他的客户说："我们上次去过某某菜馆，他家的红烧肘子特别好吃，我们老板特意从他店里团购一批贵宾卡过来，只要持卡和朋友过去就可以免费吃价值 68 元的红烧肘子，我们老板给我三张，我刚好还剩一张，就送你吧。"你觉得效果会如何？客户肯定会倍加珍惜，可能会邀约三五同伴一起前来，也可能自己不用转赠自己的亲戚朋友使用。其三，促销政策激励客户组团前往，实现更多到访。"持此卡到店消费三人以上就送价值 68 元的红烧肘子"，就是告诉顾客你三人以下是不行的，迫使顾客邀请朋友过来带动人气。试想想，如果对接 30 家合作单位，意味着每天菜馆一开门，就有其他合作店为你源源不断输送客源。

由此可见，要最大化利用渠道资源，要明确三项关键：我们要什么？对方要什么？如何获得？针对每一个渠道资源，深入询问这三大问题，方可以不变应万变。例如，我们要拓展某个重点大客户单位，这三个问题是什么呢？

1. 针对大客户单位，我们要什么

在这里要特别注意，"我们要什么"，这里面的"什么"是指想要大客户单位做什么，是为了知道"怎么获得"，而不是直接指向"客户"这一终极目标。

第一，针对大客户单位领导，我们要什么？其一，大客户单位的主要领导以及各部门负责人，不仅知晓我们的项目，更认可我们的项目，可能的话愿意直接购买我们的项目；其二，配合与支持我们进驻大客户单位拓展；其三，鉴于他们是自己圈层的意见领袖，愿意将我们的项目向身边亲友推荐；其四，愿意在公共场合表达对我们项目较为乐观的肯定的评价。

第二，针对大客户单位的员工，我们要什么？其一，知晓项目，愿意上门或参加我们组织的活动；其二，认可项目，愿意认购我们的项目；其三，认可项目，愿意将我们的项目向身边亲友推荐。

2. 大客户单位的客户要什么

第一，大客户单位领导要什么？其一，无须增加成本便可增加员工福利；其二，员工购房后在还贷压力下，稳定性大为提高；其三，丰富员工业余活动，提高企业凝聚力；其四，获得精神与物质激励，有面子。

第二，大客户单位员工要什么？其一，可以享受一定的额外优惠；其二，公司把关，提高购房保障。

3. 如何获得

针对重点大客户单位拓展，笔者总结了一套"做穿做透重点大客户的六步法则"，下面是对该方法的详细介绍。

（三）做穿做透重点大客户的六步法则

第一步，找寻意见领袖，拉近情感距离。

"意见领袖"一词最早出现于 20 世纪 40 年代，是由美国著名传播学先驱拉扎斯菲尔德在他的著作《人民的选择》中最先提出。意见领袖是指在人际传播中经常为他人提供信息，同时对他人施加影响的"活跃分子"，他们在大众传播效果的形成过程中起着重要的中介或过滤的作用，由他们将信息扩散给受众，形成信息传递的两级传播。移动互联网背景下，信息可以直接传达到受众，但由于人的依赖、合群、协作心理促使他们在态度和行为上发生预期的改变，还须由意见领袖对信息做出解释、评价，在行为上做出导向。意见领袖并不集中于特定的群体或阶层，而是均匀地分布于社会上任何群体和阶层中，每一个群体都有自己的意见领袖。意见领袖虽然不是市场主体，但他们是市场上最关键的那群人，是营销与传播的种子用户，只有抓住了这群"关键人"，通过他们的一传十、十传百地影响大多数人，才能抓住整个市场。

大客户单位的意见领袖选择非常重要。意见领袖一般有两类：其一，单位主要领导与重要部门负责人；其二，在该单位有一定影响力的号召人，比如政工科、团委、职工委员会负责人，或者在单位非常有人缘的员工。因为在中国社会，各级领导是各单位或部门的天然意见领袖，不仅是房地产项目潜在目标客群，还具有足够强的舆论引导力，并且可以为客户拓展提供足够的支持与帮助。

很多房企在拓展大客户单位时，找寻意见领袖的数量较少，甚至从普通员工或者影响力一般的人员入手，房企拜访意见领袖的人员层次较低，虽然有物质激励配合，既因为少量的意见领袖难以左右大客户单位的舆论力量，无法形成对项目的口碑，又因为普通的接触难以影响意见领袖，难以调动意见领袖对客户拓展的支持力度，导致大多数房企的大客户单位拓展，一味地追求拓展大客户单位的数量与现场组织活动的数量，而没有质量的拓客就如同走过场，难以为销售现场提供高质量的优质客户。

针对大客户单位意见领袖的找寻与拓展。首先，确保找到单位主要领导与重要部门负责人。既可以从房企内部找到联系大客户单位主要领导的资源，还可以通过合作单位甚至政府部门找寻到联系大客户单位主要领导的资源。其次，确保找寻到的意见领袖达到一定数量。某个单位一定数量的意见领袖卷入，他们既是项目潜在目标客户，还可以因为对项目的认可合理左右单位员工对项目的认识。再次，邀约上门，饭局营销，拉近情感距离。既然大客户单位主要领导与重要部门负责人是项目潜在客户，邀约上门参观，了解项目才能认可项目，从而挖掘出直接购买力。更为重要的是，通过房企主要负责人陪同的饭局营销，让大客户单位意见领袖感受到房企的尊重，给意见领袖留足面子，让他们有优越感，从而拉近大客户单位意见领袖对项目情感上的亲近。只有他们认可项目，情感上亲近项目，再通过物质激励才能调动大客户单位意见领袖对拓展配合与支持的力度。

饭局营销可以参考绿城"私宴"主题活动。苏州绿城桃花源特意将一座价值数千万元的样板房开辟出来做家宴，一楼客厅可以开会、品酒、品茗、赏金鸡湖景，二楼宴会厅则可以就餐和娱乐，每个月的菜式都不一样。为了做好"私宴"，绿城特意组建了一支5人团队，其中两人是顶级大厨，据说大厨的税后工资2.5万元，这支团队的任务就是为业主或潜在客户提供定制化的私宴服务，最终取得了非常不错的效果。

第二步，深入大客户单位，信息立体化覆盖。

前面铺垫工作做好之后，接下来就是深入大客户单位，立体化地释放信息。这里面要注意，很多房企一上来就释放团购信息，这是非常不可取的。现在消费者非常理性，不是房企告诉他们有折扣就能达到目的，在客户不了解项目核心价值体系的背景下，输出优惠措施，既不能吸引客户，还有降低客户价格预期，甚至被客户预先将项目打入"廉价"认知区的危险。

在这个阶段，释放信息的目的是吸引客户关注，既让他注意到你的存在，还要通过项目核心价值体系来激发他的兴趣。一方面，根据客户关注重点，有针对性地释放项目的核心价值点，甚至单独一句品牌定位语，目的让客户在到销售现场体验之前，通过聚焦项目定位抢占客户心智认知的制高点；另一方面释放销售现场有吸引力的活动信息，告知活动的主题、时间、地点以及礼品或优惠，"给客户一个上门的理由"。

通过信息立体化覆盖，邀约客户集中上门，大客户单位信息传播的五大主流渠道：

其一，网络渠道，可以是企业内网或内部电邮，可以是企业 OA 系统通知，还可以是企业 QQ 群或微信群告知信息。

其二，线下渠道，邀请函、企业布告栏、横幅、桁架、展板、易拉宝等。

其三，短信渠道，企业内部短信系统群发。

其四，派单与巡展，主要是进入企业各部门办公室派发海报，在食堂或宿舍楼设置巡展点。

其五，电营渠道，这个阶段的电营，可以是大客户单位对接人（主要是工会系统）的电话通知，也可是房地产企业获取电话号码之后电话邀约。

立体推广渠道一览

各单位传播渠道效果

传播方式	企业操作范例	效果评估
企业OA系统	银行、政府	★★★★
企业内部短信	电信、移动、联通	★★★★
集中宣讲	大型国企	★★★
企业内部发文	分支跟多的企业	★★
巡场/派单	有食堂与张贴栏	★★
获取企业员工电话	小型企业	★★★
企业内网发布	大型企业	★★★★

三进 运动指进食堂 进宿舍 进办公楼

第三步，集中收客，通过推介与体验强化认同。

经过大客户单位信息的立体化覆盖，客户对项目有了大致的了解，与此同时，通过活动邀约客户集中前往销售现场。这个阶段的核心目的，一方面，通过项目价值体系的讲解，加深客户对项目的了解，加深对项目核心价值的记忆；另一方面，通过现场触点管理与氛围营销，让客户在体验中感受项目定位，强化对项目定位的认同。

一方面，现场活动的形式多种多样，一般而言，看房团、推介会、私宴、讲座、营销活动皆可。另一方面，可以白天拓客，晚上通过"明星夜""黄金宴"这类主题活动，集中邀约客户上门，确定拓客指标下的有效客户数量；可以周末组织客户需要的暖场活动，集中邀约客户上门，二次盘点有效客户量。

看房团	推介会	宴会
看房团/团购 旅游团/郊团/采摘	内部讲解会 现场推介会	联谊晚会 欢乐烧烤
讲座	**活动嫁接**	**礼品兑换**
养生教育类 投资理财类	行业活动 公司/部门活动	礼品券兑换 抽奖券抽奖

我们在实际操作中，结合 130 万㎡河源市商业中心的子产品"桃花水母"大型梦幻舞台秀来收客。针对拓展的大客户单位，在立体化释放项目信息的同时，告知客户上门即可免费获赠"桃花水母"贵宾票，邀约客户上门拿票既增加接触客户的机会，又便于留下客户的联系方式。客户欣赏"桃花水母"的活动流程设置有五项注意：其一，在入口处签到并投递抽奖券。这既可以确认大客户单位拓客目标下的有效客户量，又可以吸引客户准时前来。其二，正式开场之前，集中抽奖，调动客户激情，引爆现场氛围，为接下来的项目推介环节做好氛围渲染。其三，25 分钟左右的项目推介，通过对项目核心价值体系的梳理与讲解，既加深客户的理解与认可，同时又增强记忆，为客户在单位洽谈与沟通项目提供鲜活的素材，也便于他们向各自亲友圈层进行口碑传播。其四，欣赏"桃花水母"大型梦幻舞台秀。其五，客户离场时，派送项目资料，并赠送接下来活动的邀请函或抽奖券，为接下来的邀约预留接口。

大客户单位的客户前来销售中心，除了组织好现场活动予以配合，还需要与现场销售做好衔接。例如，要提前做好大客户单位员工前来项目现场的运输工具安排。如果路途较远，要借鉴导游的服务流程，在大巴车上对项目或活动进行概况性介绍。如果拓展的外场客户较多，既要设置内场接待的专门流程，确保客户在现场体验时，各个环节衔接自然，无明显漏洞，又需要增设内场销售员与客服人员数量，确保大多数客户能得到高质量的接待与服务等。

第四步，销售跟进，不断增强客户黏性。

活动的结束，才是销售的正式开始。很多现场销售员，寄希望于拓客带上门的客户能当场成交，这种情况不是不存在，只是概率很小。据统计，上门的客户，80%的成交是跟进4次至11次才可能发生。前期在大客户单位立体化传播项目信息，客户对项目有"关注"，参加活动才是与项目第一次亲密接触，客户对项目的认知可能过渡到"兴趣"或"欲望"阶段，也或者需要再进一步"搜集"信息，总之，不大可能第一次亲密接触就做出购买决策。对房地产公司而言，现场活动只是吸引客户上门的手段，目的是从大客户单位中挖掘出潜在客户，并通过持续的销售跟进，不断增加客户黏性，将潜在客户转变成意向客户甚至准客户，最终实现客户锁定。

事实上，一旦客户离开销售中心，销售员若3天以内不跟进，客户的热情就会大幅降低。客户上门参加活动，跟项目与销售员只是一面之缘，印象相当淡薄，销售员务必趁热打铁，在活动结束后快速升温客户关系，这就需要快速切入到客户跟进中来，通过客户跟进，强化双方关系，加深客户对项目特别是销售员的印象，增强信任，从而为客户转化做好铺垫。在这里介绍利用微信快速切入客户跟进的五点技巧：一是积极添加客户微信，发红包拉近客户情感距离。一方面，销售员积极添加客户微信，发红包拉近与客户的情感距离，建立销售员与众不同的形象；另一方面，通过客户的朋友圈或百度搜索，详细了解客户的基本资料。迅速了解对方是个什么样的人，以及相关背景，了解这些资料后，对于销售员后续跟对方沟通会非常有利。因为这些资料能够让销售员在跟进中的沟通内容尽可能多地与对方有关系，毕竟每个人都想听跟自己有关系的事情。二是用心在客户朋友圈评论，吸引客户与销售员互动。做评论这个事情，用心与不用心，效果完全不一样。例如，不用心点个赞就完事，用心的话评论就能结合对方现在的状态，评论到对方内心深处，从而吸引对方与销售员互动。三是大概了解对方并评论互动后，第一时间电话跟进。因为客户上门参加活动，与销售员只有一面之缘，印象相当淡薄。经过销售员对客户的了解，清楚自己与客户沟通的话题，并且通过朋友圈互动增加客户印象，之后第一时间电话跟进，因为能够听到彼此的声音，通过电话能够快速加深彼此的了解，加深客户对项目与销售员的印象。四是给对方发一段自我介绍的微信小视频。为什么呢？因为视频会让整个真实的你再次呈现在对方的面前，不仅你在客户心中的印象会得到增进，还通过激发客户的回忆，提升客户对销售员的信任。就好像朋友圈好久不见的朋友，你某一天突然看到他朋友圈发一个当前状态的视频，是不是关于他的记忆快速被激活？是不是提高信任？是不是想要跟他联系？这就是视频的魅力。五是日常维系与活动邀约，增加熟悉度。日常维系，主要指节假日问候，区域规划或配套的利好消息告知，或者项目进度消息或节点信息的告知，维持客户对销售员的熟悉与记忆。活动邀约，主要指利用销售中心日常暖场或重大节点活动邀约客户上门，利用现场包装、氛围或销售工具，增强客户对项目价值的体验或者实现客户的转化。

销售跟进是一个持续的工作，毕竟80%以上的成交发生在第4次至第11次跟进过程中。销售实践中，稳定一个客户所需的费用是开发一个新客户费用的十分之一，所要投入的精力也只有开发新客户的十分之一，销售跟进不但能稳定客户，还会通过客户的口碑宣传和介绍带来更多的新客户。因此，销售跟进是提高销售能力和拓展市场的重要手段。

高效销售跟进的前提，是对客户进行分类。这里的客户分类，并非根据客户重要性分为 A、B、C、D 类，因为销售员很难判定客户的重要性，而是根据客户所处的状态，将客户分为五类，分别为潜在客户、意向客户、准客户、成交客户与忠诚客户。每一个级别对应的是不同阶段的客户。潜在客户是指在市场上一切不拒绝我们的产品与服务，并且有一般购买欲望的客户。潜在客户是非常重要的，是销售员接触客户的第一步。意向客户是指已经对产品产生了兴趣和需求的客户。准客户是指已经认定我们的产品或服务，进入购买程序，即将与我们签订《商品房买卖合同》的客户。按照这个标准对客户进行分类以后，我们自然就清晰了跟进一位客户分成五步走，当客户还只是潜在客户时，跟进时传播什么信息；当客户成了意向客户，跟进时传播什么信息；当客户成了准客户时又应该做什么动作等。客户五级分类是从销售实战中总结出来的，简单实用，很容易掌握，用在跟进客户方面效果立竿见影。

第五步，节点爆破，实现潜在客户的转化与锁定

客户持续跟进与积累过程中，客户黏性不断增加，客户储备量不断增加，销售"势能"日趋升高，这时就需要在重大节点组织活动，其一，将前期积累的大批量潜在客户或意向客户吸引至销售中心，通过办卡、认筹、开盘、加推或促销等方式，将潜在客户转化为意向客户，或者将意向客户转化为准客户，从而实现客户锁定。其二，爆破产生的能量，不断驱动项目热度上升。其三，一次节点爆破也是一次深度客户体验，为客户的口碑传播提供鲜活的素材，冲击大客户单位犹疑观望的客户，从而促使项目影响力进一步扩散。

在从潜在客户到准客户的转化过程中，离不开各类节点。"节点"既指常规的春节、端午、中秋这类节假日节点，又指项目拍地、奠基、销售中心开放与样板房开放这类工程类节点，还指认筹、加推、开盘这类营销节点等。

第六步，多管齐下，巩固资源与扩大战果。

大客户单位的潜在客户或意向客户，经过节点活动，转化为准客户或成交客户。业主是项目的天然同盟军，随着同盟军数量的增加，进一步强化项目在大客户单位的影响力。

其一，要定期巡查拜访原来的意见领袖，巩固大客户单位的资源优势，保持大客户单位导客的持续。其二，针对未成交客户，考虑到客户有买房意向，其朋友圈层因为同龄关系亦存在购房需求，以未成交客户为关键人，深入挖掘其亲友圈层，获得更多的意向客户。其三，通过"老带新"激励业主，既可以奖励成交，还可以奖励上门与认筹;既放大项目在业主的同事中的影响力，又深度介入业主的圈层人脉。例如通过"业主生日会"，邀请大客户单位成交业主带亲戚朋友参加，从而结识业主的亲朋好友圈层。例如，如果大客户单位某成交业主恰好是某户外运动协会主要负责人，可以通过赞助该户外运动协会活动，扩大项目在该户外运动协会群体中的影响力，进而拓展该群体的潜在客户。

四、拓客激励与管控

白银时代，传统渠道失效，房企在拼资金、拼产品、拼促销的同时，纷纷加大了拓客力度，营销团队战斗力的强弱已成为决胜的重要因素。如何避免拓客玩得嗨但数据不尽如人意？如何组建一支高效狼性的拓客团队以确保拓客效果？这就需要对拓客团队进行激励与管控。正所谓"拓客不管控，到头一场空"。每家公司的管控机制都不一样，做法也不一样。根据我们的经验，拓客管控要从以下三个方面入手：

（一）搭建组织架构

拓客组织架构，每个公司和每个项目都不一样。对于大型房企来说，组建大兵团拓客体系是他们的常用招数，人海战术有一定时效性要求，仅限于蓄客阶段到开盘一个月内。例如，碧桂园的拓客模式，以客群所在的区域为单位进行布局，再加上人海战术，形成了不断导客的最终目的。多级展厅拓客模式是碧桂园首创，打破了传统的只有一个销售中心的销售模式，而是根据"客户地图"进行级别划分，将接待点增加至几十个甚至几百个。碧桂园将展厅划分为四级，每一个二级展厅大概下设 4~6 个不等的三级展厅，每个区域拓展组人数 35 人，其中销售人员 20 人，兼职人员 15 人。融创模式的灵活性强，根据销售的需要，不同的项目运用不同的拓客方式，甚至同一个项目在不同的销售阶段都会重组不同的拓客组织架构，有时重"圈层渠道"，有时重"巡展与派单"，有时重"大客户拓展"等等。组织上采取三层架构设置，由营销总统筹整个项目渠道拓展工作，然后配置 3~5 名渠道经理，每个渠道经理管理 10 名拓展专员，以及 30 名左右不等的兼职小蜜蜂。

对于中小房企而言，没有上千万元的拓客费用，也没有强悍的激励制度，该如何打造团队？既可以由专职拓客人员和兼职小蜜蜂组成拓客团队，还可以由兼职老蜜蜂与兼职小蜜蜂组成拓客团队，专职与兼职配比或老蜜蜂与小蜜蜂配比一般控制在1：3左右。一方面，为提高兼职拓客团队专业度，可以与大学生签署长期的兼职合同，长期培训，按效果付费；另一方面，适度超配人员，每月固定淘汰比如10%~20%，同时不停招人，保持良性循环。例如，在开盘前的蓄客阶段，河源市商业中心派单拓客组织架构与岗位职责安排如下：

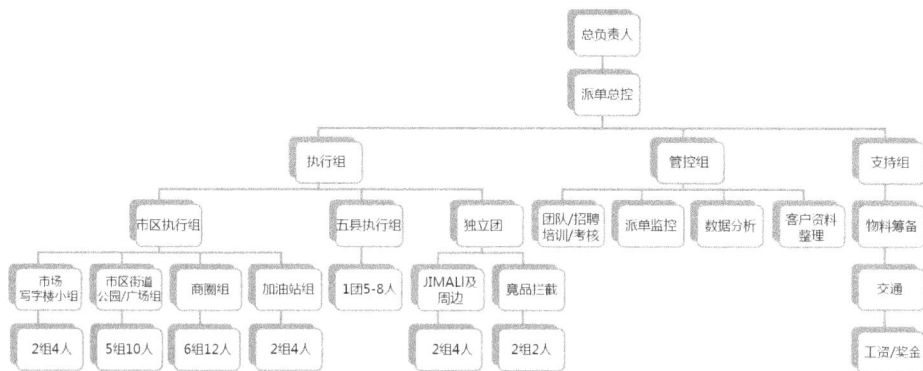

```
                        总负责人
                           │
                        派单总控
                           │
        ┌──────────────────┼──────────────────┐
      执行组              管控组              支持组
        │                   │                   │
  ┌─────┴─────┐    ┌────┬────┬────┬────┐   ┌───┴───┐
市区执行组  五具执行组  独立团  团队/招聘 派单监控 数据分析 客户资料  物料筹备
                              培训/考核                 整理
  │          │                                          │
┌──┬──┬──┬──┐ ┌────┐  ┌──────┬──────┐                 交通
市场 市区街道 商圈组 加油站组 1团5-8人 JIMALI及 竞品拦截                │
写字楼小组 公园/广场组                   周边                      工资/奖金
2组4人 5组10人 6组12人 2组4人          2组4人  2组2人
```

岗位	负责人	职责
负责人	——	1. 根据上门量目标，分解出周度、月度派单拉访目标； 2. 审定派单总控的派单拉访计划。
总控	——	1. 确保周度／月度派单拉访目标的实现； 2. 根据派单拉访目标，每周三与管控组负责人一起拟定下一周的《每日派单拉访计划表》，确定派单范围、路线与点位，并配备派单一句话的派单说辞； 3. 密切关注派单拉访效果，并统计分析，及时提出优化的意见与策略。
执行组	兼职	1. 确保每日派单拉访上门量的实现； 2. 组长严格督促组员按既定规范与要求开展拉访派单工作，严格遵守签到与例会制度； 3. 组长下班时准确填写《派单拉访工作日志》，并于当天下班前提交。
管控组	——	1. 团队的招聘与组建，反复的培训与考核，特别注意，派单专员要有一定亲和力，更重要的标准是"野心＋稳定性"； 2. 主持每日派单拓客的晨会与夕会； 3. 安排专人监督派单过程，监督人当天准确填写《派单拉访督查表》； 4. 兼职带客上门、认筹、认购喜报的及时发送； 5. 客户资源整理与跟进； 6. 每天下班前完成《派单拉访日统计表》与《派单拉访每日业绩明细表》； 7. 每周一提报《派单拉访周报表》，并提出下一阶段派单拉访合理化建议。
支持组	——	1. 根据派单管控组负责人的物料清单，提前准备好各项派单物料； 2. 提前准备好派单执行的交通工具； 3. 根据审核通过的《派单拉访每日业绩明细表》，及时结算工资与奖金。

根据项目营销节点和规模，房企灵活决定拓客人员的数量，然后招募人员并进行培训与考核。针对专职拓客人员的招聘，最有效的办法就是"挖角"，要挖两种"角"：其一，挖竞争对手的"角"，例如竞品专职拓客人员或二手中介门店人员；其二，挖其他行业精英的"角"，例如汽车销售员或珠宝销售员这类销售类从业人员，保险投资理财公司或休闲娱乐这类资源密集型行业的业务人员等。

针对兼职小蜜蜂的招聘，一般是招募当地普通大专院校学生，筛选符合相对稳定条件的进行招募。在学生的筛选与招募方面，有四点注意：其一，讲解拓客团队的派单要求与薪资水平，观察兼职人员反应，判断其参与的意愿强度。其二，要求学生做自我介绍，记录每个学生的表现，作为最终筛选依据。记录要点：性格开朗度、自信度、表达流畅度、逻辑清晰度。其三，提问四大问题，考评兼职动机、心态与能力。"为什么想来派单"考评学生做兼职的动机，"有过派单的经历吗"考评学生以前的派单经验，"你理解的派单是什么样的"考评学生的思考意识和抗压能力，"在以往的派单经历中，遇到过的最大困难是什么，你是如何解决的"考评学生责任意识与能力。其四，汇总结果，对兼职资质进行分类筛选。一类仅派单，约占10%；一类派单，留客户电话号码；一类，派单，留电，带客直接上门；一类，兼具以上三类能力，约占20%，能做拓客小组统筹者。

（二）人员激励机制

拓客干的活既苦又累，基本跑两三天就哭爹喊娘了，短期不见成效，就越跑越气馁。人心是最大的战场，要保持拓客团队长久的活力，要依靠激励机制。人员的激励，一靠情绪管理，二靠竞争机制，三靠奖惩措施。

所谓情绪管理，就是为了让兼职人员能够振奋工作精神，缓解兼职的陌生感。情绪管理并不等于"打鸡血"，而是将拓客人员的情绪当作正式工作人员的来对待，好马吃好草，才能跑得快。情绪管理的具体方式有两种：一是拓客前的情绪建设，利用早点名时间列队齐声喊口号，振奋精神，提升工作活跃度；二是拓客中的心理按摩，利用晚点名时间，听取一线工作的实际反馈，对反馈的情况及时做出回应，并进行适当的安慰和鼓励，提升团队的凝聚力和执行力。

物种想要生存必须成为强者，需要两种竞争优胜劣汰，种内竞争和种群之间的竞争。其一，拓客团队之间竞争。每个拓客团队分别设定队名、口号，建立团队凝聚力，激发组员斗志，提升使命感与荣誉感。既可以竞拍拓客区域与拓客渠道，还可以根据拓客业绩排名，按周度、双周度或月度进行考核，实施"大吃小"的拓客竞赛，即考核成绩差的团队，其人员会被胜出的团队吞并。其二，拓客团队内部竞争。采取末位淘汰机制，定期淘汰，保证人员紧迫感，并随时招聘销售精英补充，使用"鲶鱼效应"，让小组保持活力。其三，拓客团队与现场团队之间竞争。例如，每周拓客第 1 名的组留守现场，每日拓客第 1 名的替换掉 1 名内场销售。

"天下熙熙，皆为利来；天下攘攘，皆为利往"。激励政策的制定，既要清楚金钱是最实在的激励方式，又要考虑激励效果的最大化，需要奖金的及时发放。例如，奖金当天公开结算，在全体拓客人员面前当场发放，让全体拓客人员对眼前利益产生触动。在奖惩措施上要注意五点：

其一，注重过程目标。奖惩措施的依据是拓客目标，很多公司下达给拓客人员的是结果性目标，对应的是惩罚性红线，实际操作中怕被罚激发的动力是难以持续的。变被动为主动的有效路径是将结果性目标转变为过程目标，按照留电、上门、认筹、成交各个环节设置不同的过程目标，提高工作主动性，减轻管理负担，使渠道拓客转向效果化。

其二，重赏之下必有勇夫。针对专职拓客人员，常见的薪资模式是"底薪＋提成＋奖金"。例如，某项目拓客专员的收入为底薪 2500 元 ~3000 元 + 提成（0.3%~0.5%）+ 额外奖励（1000 元 ~5000 元 / 套）。考核有奖就有罚，例如融创在考核上也非常残酷：新招聘的渠道拓客人员，首月不要求业绩；第 2 个月业绩不达标，就要工资减半，第 3 个月再完不成业绩则直接淘汰。那么最终留下来的仅有 50% 左右，大浪淘沙，能留下的一般都具有异乎寻常的战斗力。针对兼职小蜜蜂，常见的薪资模式是"日薪＋奖金"。底薪可包含一定的带客上门 / 有效客户登记组数指标，完成基本带客上门 / 有效客户登记组数指标，即可获得日薪；若不能完成，则予以适当的扣除，连续完不成的，考虑辞退；完成指标以上的部分，可以给予每组客户一定金额的奖金，要注意根据项目客户面和带客难度，确定不同的奖金标准。例如，某项目兼职小蜜蜂基本薪资是 80 元 / 人 / 天，基本薪资要求的工作量是带 3 组客户 / 人 / 天上门；超出额度者，按超出标准每组客户给予 5 元 / 人；低于额度者，低于每天 3 组客户就算不达标，薪资降为 60 元 / 人 / 天。高薪酬的激励政策，足以激发拓客人员的战斗欲。

其三，考核周期短，维持高战斗值。例如，某项目的渠道经理将一周分为两个小周期，即周一到周四为一个周期，周五到周日为一个周期；每个小周期结束后，根据带客量排名给予奖励，如排名前三的专员会获得 1000 元的带客奖励。例如，某项目每天进行拓客业绩排名，第一名奖励 1 万元，进步最快者奖励 5000 元，团长开盘之后根据成交量排名再予以奖励。与此同时，按照拓客团队按每周考核得分高低确定排名先后，排名第一、第二、第三的拓展经理分别奖励 3 万元、2 万元、1 万元。例如，某项目在与第三方渠道公司合作，运用人海战术拓客时玩"千人"游戏，即让拓客人员每人出 100 元钱，形成一个 10 万元的资金池，用于奖励当月成交量前三名的拓客人员，奖金分别为 6 万元、3 万元、1 万元。在此基础上，企业设置额外奖金，完成 1~4 套，每套奖励 2000 元；完成 5 套及以上，每套奖励 4000 元。另外，拓客人员每成交一套，还可以从渠道公司获得 6000 元佣金。

其四，既突出个人，又强调团队。客户跟进和逼定的难度日趋增大，销售现场的管理从传统的"独狼"模式要尽快转变为"群狼"模式，与之匹配的绩效考核模式从突出个人到强调团队。例如，拓客团队"大吃小"的拓客竞赛，就是以团队为单位进行考核。例如，"重奖第一"的策略，既奖励业绩第一的个人，又奖励业绩第一的团队，就是树立"第一"这个榜样与典型，激发全体拓客人员的激情。例如，用绩效考核项目公司或区域公司，就是强调团队业绩完成情况，"大家好才是真的好"。

其五，既重物质，也重精神激励。有房企在金钱激励之外，增加人性化的、花样繁多的激励机制，比单纯物质激励更能满足不同的心理需求：每周每月成绩排名公开，定期告知家人；每月拓客冠军和家人一起与领导共进晚餐；季度或半年度拓客冠军有资格参加项目重大决策会议，如定价、认筹、开盘方式等；年度营销精英享受购房优惠政策，待遇同营销总监等。

（三）拓客计划与制度

拓客执行时间一般自开盘前 3 至 5 个月开始。明确拓客目标，绘制完客户地图，就开始进入制订拓客计划环节。

碧桂园按营销节点铺排拓客，自开盘前 5 个月开始至开盘前夕，划分为 4 个阶段，分别命名为：形象期、撒网期、收网期与锁定期。（1）开盘前 5 个月为"形象期"，重点工作是一级展厅开放，验资派卡开始。同时，组建拓客团队，设定制度与流程。（2）开盘前 4 个月为"撒网期"，重点工作是二、三级展厅开放，大客户拓展启动，利用一、二、三级展厅大量蓄客。碧桂园的"撒网三部曲"：第一步，以销售中心为一级展厅，向周边 5 km、10 km 范围内以及市内商圈散布二、三级展厅；第二步，以二、三级展厅为中心，对周边流动客户、住宅小区、商户与企事业单位进行拓展；第三步，针对商会、企事业单位、机关等大客户进行拓展，开拓四级展点。（3）开盘前 3 个月为"收网期"，线上集中爆发式推广告知项目入市信息的同时，线下通过活动、专场推介会、团购等活动形式集中邀约前期积累客户集中上门。碧桂园的"收网三部曲"：第一步，日收网。白天撒网，晚上收网。白天销售员以外展厅拓展客户为主，每日傍晚 5 点至 8 点在一级展厅举办"明星夜"集中接访。第二步，周收网。周一至周五拓客，周末集中邀约上门。每周末针对拓展的大客户、意向客户与老业主，集中邀约至销售中心，参加周末暖场活动。第三步，月收网。每月利用节假日、营销或工程节点，例如展示区开放、VIP 升级等举办大型活动，集中邀约前期积累客户集中上门。（4）开盘前 1 个月为"锁定期"，通过展示区开放、产品价值点传播与认筹或认筹升级等方式对意向客户进行摸底与锁定。

不仅项目整体拓客铺排需要计划性，单项拓客也需要计划性。例如，河源市商业中心派单拉访，按周度拟定计划，根据分解的周度派单拉访目标，每周三拟定下周《每日派单拉访计划表》，明确派单范围、路线与点位，对派单时间与派单动作进行规范。详见下表：

				2016年X月X日河源市商业中心派单拉访计划表						
派单小组	派单地点	具体位置	销售中心晨会签到	派单点签到	队长	派单专员	上门目标	派单要求	工具	备注
市场，写字楼组	市场	中心市场 兴源市场	7:00	7:30-10:30	XXX	2组4人	4批	1)针对市场周边与内部各拥挤挡位派单 2)针对前往市场的消费者派单	海报 小礼品	商务市场，下午写字楼
	写字楼	中心一号 锦天大厦		16:00-19:00				1)写字楼首层大堂，负一楼电梯口，周边站商派单 2)写字楼内各写字间派单或小礼品		
社区/街道，公园/广场组	社区/街道	小区及周边街道	13:00	14:00-18:00	XXX	5组10人	10批	1)进入小区，将海报播在门把手上 2)小区大门口与周边街道派单	手举牌 海报 扇子	下午社区/街铺，晚上公园/广场
	公园/广场	6大公园/广场		18:50-21:00				1)针对公园玩乐与锻炼的人群派单 2)针对周边街道，公交站牌与路人流派单		
商圈组	派单小组	友谊	13:00	14:00-18:00	XXX	2人	12批	1)针对商场档主派单 2)针对商场消费者派单 3)针对商场周边路过人流派单 4)针对商场附近公交站人流派单	手举牌 海报 扇子	
		丽日				2人				
		人人乐				2人				
		义乌		18:30-21:00		2人				
		万隆城				2人				
		广缄				2人				
加油站组	加油站	南方加油站 新港加油站	7:00	7:30-10:30	XXX	2人	4批	1)针对私家车派单	手举牌 海报 纸巾盒	
独立团	JJMALL	JJMALL	9:30	10:00-12:00 15:00-20:00	XXX	2人	6批	1)JJMALL，派发主入口、广场、沃尔玛超市人流	手举牌 海报	
	医院/雅润乐	人民医院与雅润乐				2人	4批			
	竞品拦截	建身广场路口	7:00	8:00-10:00		1人	0批	1)针对过往的购房意向客户举牌		
		越王大道与建设路口		16:00-19:00		1人				
五县执行组	XX县	XX县	7:00	9:00-18:00	XXX	6-8人		县区商圈/街道/社区/公园/加油站等地集中派单1周以上		

　　贯彻拓客计划，实现拓客目标，需要制度保障。例如，我们针对派单拉访提出"双规"要求，即派单小蜜蜂在规定的时间与地点，按规定的动作与说辞拓客。一方面，为随时监控小蜜蜂的位置及人数，要求所有的小蜜蜂按既定的时间要求定点拓客，擅离点位的做旷工处理。如遇到特殊情况，必须提前报备；报备受理之前，不在点位的，首次口头警告，第二次罚款100元。另一方面，既要求小蜜蜂按前述三项标准动作派发海报，又要求按规定的说辞与价格口径，统一输出项目价值、价格信息与邀约客户上门理由。

　　例如，某项目《拓客管理制度》，做出如下规范：

1. 外拓监督制度

　　A. 抽检：每日上午或下午，将不定时抽检外拓情况，如"定位照片／实时定位共享／外拓小视频／语音播报"等多种方式抽检。

　　B. 扣罚：若无在工作状态则扣罚2分，乐捐20元入群。

2. 拓客转来访及接客制度

　　A. 提前报备：除内场人员外，外场人员拓展到客户需要到销售中心时，须提前 5 分钟报备来访,每次报备之间必须间隔 30 分钟;接待完毕请立即离开,不得在展厅及周边逗留。

B. 登记细则：到达现场后，找指定人员登记，2 次登记间隔 30 分以上，一组客户（含 2 人以上）登记 1 个电话。

C. 登记时间：每天下午 5:30 结束，中午 12:30~14:00 为午休时间。

D. 当场核对：电话登记后，当场回拨，若出现客户手机未通，视为无效。

E. 后台抽检：后台进行数据抽检，核查客户拓展事宜真实性，"客户不知道情况"均视为作假。

F. 扣罚：作假 1 次，销售扣罚 100 元。

3. 外展点制度

A. 物料要求:展点物料"背景板、X 展架、桌、椅、单页、户型单页、折页、签到表、小礼品、水笔"保持充足。

B. 留电任务:每个展点不低于 10 个留电 / 每天,否则 1 分 /1 个并乐捐 10 元,作假扣 1 分 / 个并乐捐 10 元,展点人员应积极主动接客（无客户时须主动到周边拓展）,讲解销讲熟练,禁止玩手机、晾客户、空岗等情况,否则扣分。

C. 展点抽检：标准组每日将不定时巡检或以微信"定位照片 / 实时定位共享 / 外拓小视频 / 语音播报"等多种方式抽检。

D. 扣罚：所有恶意造假一经坐实，实行连坐制，扣罚 100 元 / 人 / 次，小组组长承担一半金额。

4. 商家植入制度

A. 植入要求：展点物料"X 展架"保持干净、清晰、整洁、无褶皱并能跟进需求更新，水印拍照包含"本人、门台、具体位置"，要有老板姓名、电话等联系方式，各组按公司统一模板留档，便于日后核查。

B. 植入周期:原则上海报（展架）须展示 1 周,巡检过程中发现无海报（展架）,会与商家核对,若商家反馈未植入则视为造假;电话抽检店家反馈无植入,视为造假。

C. 周期任务:周考核目标为 100 组,必须留电话资源,没电话的算为无效;重复录入不算成绩,且按造假处理。

以上所有事项，违规均视情节严重情况，相应扣罚 1~2 分，当天累计计算，1 分对应 10 元红包群内发放。

拓客管控不只是紧盯最终指标的单纯结果管理，看到指标没有完成，拍桌子质问下属为什么没有完成任务是于事无补的，只做指标管控等同于不做管控。拓客管控当中，应当遵循"过程做管理，结果做分析"的原则，重视过程中的人员管理和执行管理，同时对结果做好效果分析，找出成功或失败的对应原因，快速反应加以修正，才能不断完善拓客，获得更好的收效。

引爆活动营销的九大要素

　　活动营销充斥我们身边的每一个角落,国际上奥运会、世界杯、世博会这类举世瞩目的活动,已经成熟地与众多国际品牌实现了营销捆绑;国内则有《超级女声》与蒙牛的联姻,立白洗衣液与《我是歌手》的持续合作,加多宝冠名《中国好声音》。凭借提高势能带来的影响力、变被动为主动地接触到潜在意向客户以及高度参与感带来的黏性这三大优势,活动营销在房地产营销的每个节点都起到至关重要的作用。

　　什么是活动营销?它是通过精心策划具有鲜明主题的、能够引起轰动效应的、具有强烈新闻价值的一个或是系列性组合的营销活动。它快速提高产品或品牌的知名度与影响力,带动或促进产品销售。"小活动,大传播"是活动营销的特征,活动通过媒体这个放大器传播出去,可以将活动影响力成千上万倍放大,从而滚动吸引更多的目标受众关注和参与其中。小小的一场活动,只要高效传播,就会爆发出裂变式的影响力。活动营销充满了让价值倍增的魔力,既通过搭建一个展示、分享与交流的平台,带来人气,促进销售,又通过传播提升品牌知名度,扩大影响力。活动营销不但是集广告、促销、公关、推广等于一体的营销手段,也是建立在品牌营销、关系营销、数据营销的基础之上的全新营销模式。

活动营销不同于营销活动。营销活动是基础，要进行活动营销，首先要有营销平台，活动就是营销平台。活动营销是围绕活动而展开的营销，以活动为载体或平台，使企业获得品牌的提升或是销量的增长。从活动营销角度来看，活动是手段、是方式、是媒介、是平台，营销是目的、是结果、是诉求、是最终归属。营销活动是为活动打工，而活动营销则是借助活动创造价值。若将活动营销视作一棵大树，那么活动是根和茎，营销则是花与果了。

一、活动营销的三大核心要素：活动、受众与媒介

活动。没有活动，就不可能产生活动营销，活动是传播与营销的媒介与平台。"活动"与"营销"之间的关系是"皮"与"毛"的关系，皮之不存，毛将焉附。根据活动依托网络的程度，活动可以分线上活动与线下活动。

"线上活动"指在网络上发起，全部或绝大部分在网络上进行的活动，于网络上发布活动信息，募集活动人员，在网络上进行活动的流程。

线上活动是随着移动互联网兴起而兴起的活动类型。线上活动可再细分三类：病毒视频、病毒图片、病毒 H5。微信"围住神经猫""打飞机""穿越故宫来看你"属于病毒 H5；"百变小胖""杜甫很忙"以及途牛旅游网的"只要心中有沙，哪里都是马尔代夫"属于病毒图片；"百度，更懂中文"之《唐伯虎篇》、Blender 搅拌机的"搅碎 Iphone 手机"属于病毒视频。

"线下活动"指当面的、真实开展的人与人活动。按活动类型，线下活动细分三类：事件营销或造势活动、促销活动与暖场活动。按活动对象，线下活动细分四类：吸引新客类活动、回收老客类活动、配合渠道收客类活动与维系与挖掘业主类活动。

受众。受众是活动营销的出发点与落脚点，受众又分五类：一是现场的主打嘉宾，论坛活动是演讲嘉宾、演艺活动是明星大腕、体育赛事是运动明星等；二是出席的领导，大家都习惯于用出席领导级别的高低来衡量活动的档次高低；三是意见领袖，可以是商界、政界、媒体界意见领袖，还可以是各行业意见领袖，也可以是草根意见领袖，例如微博的大 V、微信公众大号、

网红等；四是产品或品牌希望通过活动影响的潜在目标客户；五是普通大众。

媒介。新闻媒体的最大需求是能获取引起广大受众兴趣的差异化新闻，而不是一稿发天下的新闻通稿。活动主办方要改进提供新闻的方式，将以前"通稿打天下"的方式，改为采取精心策划、制造源源不断的新闻源，吸引媒体主动上门索要，这样就将一次性传播变为过程传播。在活动过程中，我们要不断制造话题，制造值得媒体转载与跟踪报道的新闻源，让媒体免费为活动做广告。

媒介传播分三个层面。活动本身就是媒介，活动信息在出席活动的嘉宾、参与者、组织者、媒体记者之间传播。信息是活动媒介传播的内核，也是对外辐射的源头，这是活动传播的第一层面；活动信息通过大众媒介以及现场人员自媒体的现场直播，这是传播的第二层次；活动信息通过互联网交叉传播与人与人之间的口碑传播，实现影响力的最大化，这是传播的第三层面。

媒介传播分三个阶段。活动营销中，活动是制造新闻的工厂，媒介则是影响力的放大器，围绕活动的前期、现场和后期可以做一系列的文章。现实中很多活动主办方只对活动现场进行了简单的一次性传播，结果是活动前期无炒作，现场没直播，活动后期没延续（例如，持续炒作、总结性专题报道、出书、光盘等），所有的信息都集中在活动举办时传播，造成信息堵塞，传播无效果。传播研究表明，在举办一项活动过程中，人们往往对其怀有极大的关注，因为活动的悬念还未浮出水面；活动一旦举办完成，其社会关注度就会呈抛物线迅速下滑。一方面，我们应高度重视活动的过程传播，变事后传播为事前传播，尽可能前移推广与炒作计划，延长宣传周期，分阶段制造炒作话题；另一方面，活动结束后持续发声，扩大影响。持续发声的好处就是活动结束后，延缓活动热度的衰退，甚至可以制造新的热点持续吸引关注，延续或提高活动的影响力。

二、活动营销的分类

按目的分，活动营销分三类：传播主导型、上门主导型、成交主导型。

传播主导型活动营销，指以提高产品或品牌的知名度与影响力为主，销售成交为辅的活动。当活动是线上时，传播主导型活动营销又称"病毒营销"，例如途牛旅游网的"只要心中有沙，哪里都是马尔代夫"；当活动是线下时，传播主导型活动营销又称"事件营销"或"造势活动"，例如"ALS 冰桶挑战"。病毒营销与事件营销，都能引发快速的大众传播与口碑传播，或提高品牌的知名度与影响力，或扩大信息的覆盖面，这是两者的共性。两者的区别在于，事件营销侧重于从事件引发营销，病毒营销侧重于传播方式，在互联网时代，这两种营销方式趋同。销售中心开放前的活动基本上以传播主导型活动为主，重在提高品牌知名度与影响力；销售中心开放后，传播主导型活动的目的在于通过不断的曝光，或达到短期聚焦市场目光，或维持市场的热度或助推市场热度的持续地上升，传播诸如规划利好、配套完善、招商进展、工程进度等诸类信息。

上门主导型活动营销，指以吸引潜在客户上门为主，提高产品或品牌的知名度与影响力为辅的活动。"上门主导型"侧重于潜在客户上门，要对抗人的惰性，对吸引客户上门的诱因有较高的要求。销售中心开放后，销售与招商的蓄客阶段，重在吸引潜在客户上门，大多举办上门主导型活动。例如，招商方面，针对餐饮业协会举办的"餐饮业选址与运营研讨会"；销售方面，周末的暖场活动或节假日举办的大型活动。

成交主导型活动营销，指以促成成交为主，提高产品或品牌的知名度与影响力为辅的活动。"成交主导型"侧重于成交，对促成成交的开盘或促销的销售政策与价格策略有较高的要求。房地产项目的开盘、加推、促销等活动，开业前的招商大会与运营期间的各类活动，皆属于成交主导型活动，重在促成客户当场成交。

特别注意两点：其一，传播存在漏斗效应，传播主导型活动引发疯传，巨大的曝光量可以引发巨量的关注与讨论，巨量的关注最后漏斗形成上门量与成交量。其二，上门主导型活动与成交主导型活动，亦按"小活动大传播"的思路操作，利用媒体这个放大器，将活动的影响力成千上万倍放大，通过羊群效应与人际口碑讨论，吸引更多的目标受众关注和参与其中。

按形式分，活动营销分六类：会议、展览、演艺、评选、赛事与庆典。

会议。会议是最常见的人员聚集的活动形式。中国是一个会议大国，年会、研讨会、论坛等会议活动不计其数。小到公司年会，大到博鳌论坛，全国各地每天有上万个会议同时召开。

展览。我国展览业发展迅速，糖酒会、汽车博览会与房地产展会一度成为会展业的三驾马车。展览既有倾向于文艺的展览，如画展、书法展、历史图片展、地方风俗展、古文物展，又有各种展览会，诸如婚博会、房展会、茶博会、广交会、世博会、园博会等。

演艺。演艺活动包括演唱会、音乐会、话剧歌剧、舞蹈芭蕾、实景演出、开闭幕式晚会、大片首映礼等。

评选。各类评选活动都是与大赛相伴而生，而且最终都会衍生出在盛典中发布的榜单或在颁奖晚会中揭晓的奖项。如福布斯中国富豪榜、环球小姐大赛、世界超模大赛、形象大使选美、全球华语音乐榜等。

赛事。评选与赛事是有区别的，评选侧重于对入围者过去在某些方面的业绩进行比较，赛事则侧重于参赛者之间的现场竞技。体育赛事是一种很常见的活动类型，越来越多的国际体育赛事在中国举办，如奥运会、亚运会、大学生夏季运动会等。

庆典。随着生活水平的提高，大家越来越追求形式感，譬如国家有国庆，企业有年庆，城市有节庆，新人结婚有婚庆，招商签约有新闻发布会，项目奠基有奠基仪式。

（一）目的与目标

做任何事情都需要有目的与目标，目的是应达到的效果，目标是要达到的效果的量化指标。所谓"量化指标"，就是强调目标是具体的可测量的。前面讲过，传播存在漏斗效应。所以，你必须把漏斗做得足够大，必须不断去提升知名度，做足曝光，这样上门量或成交量就是漏斗效应形成的一个自然而然的结果。

活动的目的可以是提高知名度，快速传播信息，提高线上到线下的转化率，提高上门量或成交量，增加粉丝量，激活老粉丝等。活动目的为活动指明方向。要特别注意，目的要单一，或者说核心目标只能有一个，这样对活动内容的聚焦非常有用。如果某次活动的目标是既要提高知名度，又要提高转化率，还要提高销量，三者并重，那么可以预见，这个活动注定完不成任何一个目标。

新项目入市时，若目的是短期内快速提高知名度，则核心目标可以设定为"品牌知名度（测量指标有三个，分别是品牌再认率、品牌回忆率、第一提及率）达50%"之类。项目蓄客期的活动，若目的是通过活动寻找潜在意向客户，则核心目标可以设定为"上门量1000批"或"认筹量300个"之类。项目启动加推时，若目的是将"加推"的信息快速传递出去，则核心目标可以设定为"上门量500批"或"成交额3000万"之类。项目持销期的活动，若目的是通过适量的曝光率来维持市场热度，则核心目标可以设定为"活动参与人数5000人"或"阅读量50000"之类。以微信公众号运营为例，微信公众号运营初期的传播主导型活动，目的是通过活动增加粉丝量，核心目标可以设定为"粉丝量增加5000个"之类。微信公众号运营期间的传播主导型活动，目的是激活老客户，核心目标可以设定为"活动参与人数2000人"之类。

如何确定目的与目标？第一，明确销售阶段。不同的销售阶段有不同的急需解决的问题，有不同的传播重心。例如，新项目入市期，急需解决的是市场对其认知的问题，重点目的是扩大知名度，拔高项目调性与形象。项目持销期，若急需解决销售速度减缓的问题，则重点目的是拓展新客户。第二，明确推售产品与潜在目标客户。如果是线上活动，纵然产品的潜在目标客户是某特定群体，活动对象也不是针对某特定群体，而是针对大众进行，通过泛大众或不相关的人转发朋友圈，形成全城瞩目之"势"，就会真正影响到我们需要的人群。如果是线下活动，需要注意潜在目标对象与活动类型的匹配性。例如别墅项目蓄客期活动，活动对象的购买力要匹配产品总价。例如，普通住宅项目，活动重在现场人气与氛围的营造，而非活动调性的包装。第三，研究竞品和市场竞争情况。一方面，看竞品活动的效果优劣，效果好可以参考与借鉴，效果不好则可以直接免去我们的试错成本，还可以看到有什么坑可以避免；另一方面，市场竞争决定活动的主题必须有足够的新意，别人做过的活动主题，其吸引力会急剧降低。挑战模式，通过点名的形式可以像病毒一样传播开。

（二）造势与借势

孙子兵法曰："激水之疾，至于漂石者，势也。……故善战者，求之于势，不责于人，故能责人而任势。"意思是说，湍急的流水，飞快地奔流，以至能冲走巨石，这就是势的力量。英国战略理论家利德尔·哈特曾这样表述过：战略真正的目的与其说是寻求战斗，还不如说是寻求一种有力的态势。

"势能"指的是力量，是一种占优势的"态势"，是"相互作用的物体总和"。如何制造"势能"？科特勒在《营销管理》一书中，提出事件选择和事件创造。"事件选择"，指参与大众关注的焦点话题或事件，将自己带入话题或事件的中心，由此引起媒体和大众的关注；"事件创造"，指企业通过自身创造富有创意的活动或事件，引起媒体或者大众关注。两者殊途同归，都是为了提高产品或品牌知名度，聚集人气。这两个部分就是我们常说的"借势"和"造势"。一个成功的活动营销，要不靠借势，要不靠制造话题，除此之外没有第三种途径。如"借势营销小王子"杜蕾斯，北京的一场暴雨都可以成为杜蕾斯的营销工具。因为杜蕾斯的分享，很多人都学会了借势，只要雾霾一出现，北上广深的营销账号就开始活跃了，过年了要抢票了，12306 验证码坑死一堆，马上各种段子手出来刷脸了，还有三里屯优衣库事件、神州租车举牌事件、地铁啃鸡爪事件、马佳佳的"90 后不买房"等话题是企业制造出来的，借助话题带来的流量进行计划之中的营销行为。

造势。一块重量确定的石头，如何制造更大的冲击力？先将它运送到山顶，从山顶滚下来，就拥有巨大的能量，产生巨大的冲击力。将石头运送到山顶的过程，就是积蓄能量的过程，这就是所谓的造势。如何造势？借鉴《重创新》这本书的总结，提炼六字造势法：断言、争议和传染。

大胆断言。一个断言越是简单明了，它就越有威力。比如"今年过节不收礼，收礼只收脑白金"，这句广告语被多少人骂得狗血淋头，但它的广告效果就是好，简洁粗暴，过耳不忘。小米每生产一款手机，雷军都断言说这是部性价比最高的发烧手机，而罗永浩则断言说他的锤子是东半球最好的手机。"谎言重复一千遍就成了真理"，断言不断重复才能在头脑中生根。所以雷军不断说，我们只专心做让用户尖叫的产品。马云不断重复"天下没有难做的生意"。乔布斯出席任何场合只穿黑色上衣配牛仔裤。高手用"重复"巩固势能，二流才忙着推陈出新。

引发争议。信息要进入媒体，必须符合新闻要求。记者、编辑的工作决定了他们除了完成政府要求的舆论宣传外，要想取悦读者，必须按照大众的口味来上菜。消费者爱看热闹，有矛盾、有对抗、有争议，才有热闹可看，才有街谈巷议的话题。新闻媒体工作者都清楚，支持很难产生新闻，人们反对的才会成为新闻。约翰·斯维克在《注意力经济》一文中指出，讲故事是媒体的基本卖点，故事源于"事件"；从企业角度来看，为满足大众媒体的故事需求，就要"出事"。能让记者、编辑们感兴趣的不是你的广告如何有创意、如何有幽默感、画面如何美轮美奂，而是能出事吗？不是你王婆式自卖自夸地介绍你的产品功能，怎么怎么实用、质量怎么怎么可靠、包装怎么怎么精美，而是比较起来，会出事吗？不是你渠道如何像斯巴达克方阵，无坚不摧，而是打起仗来，会出事吗？例如雕爷牛腩，谁说不好吃，雕爷就反唇相讥：觉得不好吃是因为你是个屌丝，没有打开味蕾。这引起巨大争议，有人吵、有人骂，还有围观者推波助澜，所有这些夸赞和谩骂的总和构成了势能。

能够传染。通过聚集人气，进行群体催眠。正如勒庞在《乌合之众：大众心理研究》这本书中阐明的那样，无论是独立的个体还是群体，一旦大众处于暗示影响的状态之下，那么他们的思考功能就会彻底丧失，"群体在智力上总是低于孤立的个人。在群体中，具备强大的个性、足以抵制那种暗示的个人寥寥无几，因此根本无法逆流而动"。用个最简单的比喻来讲：有 A、B 两个店子，A 店子门口只有 3 个人在那里买包子，B 店子门口有 15 个人在那里买包子，去 B 那里还得等待与排队。大部分的老百姓会选择哪个店子？会选择 B。这就是老百姓的从众心理，也叫羊群效应，有时候群众聚集在一起就是羊群，而羊群是非常容易被引导的。

借势，就是借助外部的力量，为我所用。具有影响力的事件、人物、产品、故事、传说、影视作品、社会潮流等都是外部的力量，产品或品牌借着这些外部的力量达到吸引注意力，聚集人气的目的，占据优势地位。房地产行业有哪些"势"可以借？

第一，借政策之势。中央与地方相关政策出台后，企业要巧妙衔接，积极响应与站台，借势喉舌炒作。2014 年 9 月 30 日，央行、银监会公布通知，调整首套房贷款利率。对拥有 1 套住房并已结清相应购房贷款的家庭，为改善居住条件再次申请贷款购买普通商品住房，执行首套房贷款政策。就在开发商、购房者还在消化政策放松消息的时候，微信朋友圈中流传的一张关于绿城要涨价的图片，凭借着这一份真假难辨的涨价文件，一时激起千层浪，引发各方关注，绿城妥妥地上了头条。2017 年 3 月，"房地产调控"成为高频词汇，北京、广州、上海纷纷出台调控政策，孙宏斌于 4 月 2 日在融创 2016 年业绩发布会上，释放"这轮调控影响会特别深远，目前房地产风险十分大"的评论，轻松获得舆论喉舌的纷纷刊发。

第二，借规划之势。城市规划决定城市的发展方向，房地产企业可以借此举办各种论坛，与之呼应，大的规划有广州开发南沙新区、深圳东进战略、中央的雄安新区规划，小一些的规划例如新建一个学校、医院或市场，新建一条高速、高铁或地铁，新开一条公交路线等。

第三，借行业之势。房地产行业发展的动态，特别是一线城市与大型房企发展的动态，对其他城市的购房者具备借鉴意义。2014 年 5 月 22 日，融创与绿城签署协议以约 50.6 亿元收购绿城 24.31% 股份，但半年后宋卫平却对外界称"卖错了"。面对这一情节跌宕又起伏、峰回路不转的事件，业内众讨群议。世茂旗下项目世茂滨江府，鉴于宋卫平与完美产品的关联性，推出力挺宋卫平的广告"产品才是王道，力挺宋先生"，既借了热点博到眼球，更表达世茂对高品质产品的追求。

第四，借热点之势。每天的热点新闻非常多，有时政热点，小到彭麻麻的服装，大到 2015 年的阅兵日、2016 年的南海争端以及两岸关系等；有娱乐热点，电影电视明星的八卦绯闻，刘诗诗吴奇隆婚礼、汪峰上头条、王宝强离婚等；有赛事热点，无论是足球、网球、游泳还是奥运会、亚运会、世界杯；有社会热点，小到社区安全，大到空气污染。

第五，借项目之势。公司的周年庆典、主力店与品牌店的进驻签约、购物中心开业、工程上的奠基、销售中心开放、样板房开放等。

第六，借竞品之势。可以"山寨"竞品（例如 22 万㎡坚基购物中心类比为深圳"万象城"），可以关联竞品（例如蒙牛关联伊利甘当"老二"），可以借势竞品（例如竞品蓄客时我们加推，竞品开盘时我们促销或拦截），可以撕逼竞品。

第七，借节日之势。既可以是元旦、春节、清明、端午、中秋、国庆等传统节日，还可以是新式的如植树节、护士节、教师节、爱眼日等节日，还可以是自造的节日，如啤酒节、美食节、嘉年华等。

（三）明确受众与关键人

创新扩散理论是传播效果研究的经典理论之一，是由美国学者埃弗雷特·罗杰斯 20 世纪 60 年代提出的一个关于人们接受新观念、新事物、新产品的理论。在创新扩散理论中，按照对一个新事物的态度和行为规律，罗杰斯把人群分成了五种：创新者或者叫尝试者（2.5%）、早期采纳者（13.5%）、早期大多数（34%）、后期大多数（34%）和保守者（16%）。

创新扩散理论认为，创新者与早期采纳者占到目标人群总数的 15% 左右，在传播学中被称为"意见领袖"，"内行""话语权"与"分享"是意见领袖最重要的特征。我们处在一个被内行深深影响的时代，他们或许是专业人士，如医生对于疾病康复、律师对于法律、教师对于孩子教育，但更多情况是这个小圈子里对该类知识最懂的那个人。早期大多数和后期大多数，是普通的目标人群，占到总数的 70% 以上，是主流市场，"不做第一个吃螃蟹的人，也不要做最后一个抛弃陈腐观念的人"是他们的心理写照；他们受舆论和群体影响大，缺乏对舆论的引导能力；他们是组成目标消费群体的主力军，使他们接受和认可才是营销的最终目标。

创新者与早期采纳者虽然不是市场主体，但他们是市场上关键的那群人，是营销与传播的种子用户，只有抓住了这群"关键人"，通过他们的一传十、十传百地影响"早期大多数"与"后期大多数"，才能抓住整个市场。

马尔科姆在《引爆点》一书中提出的"关键人物法则"与"创新扩散理论"一脉相承。"关键人物法则"认为，任何事情的大部分都是由其中20%的参与者来完成的，少数人引发了流行的传播。流行社会事件的引发，是由少数人驱动起来的，他们擅长社交、精力旺盛、博学以及在同类中有足够的影响力。他们有人意识到了时尚趋势，通过自己的社交能力、活力、热情和魅力把信息传递给大家，进而引发一场流行的开端。营销与传播最重要的就是，通过找到"关键人"让传播发生裂变。"ALS冰桶挑战"初期的"关键人"选择，皆为社会精英，既不会在乎100美元费用，且他们社交圈也大多是精英，更会引发其他阶层的模仿，于是这个活动就迅速传播开来了。

2013年4月20日，河源市商业中心的销售中心开放，4月19日通过事件造势，举办"多彩河源·美丽商城——河源市商业中心开启盛典专场文艺晚会"。此次事件营销的核心目的在于提升河源市商业中心知名度。"知名度"的具体目标：一是河源市五县一区超过50%的人口知道河源市商业中心销售中心开放；二是影响到珠三角主要城市的品牌商家与投资客。为了实现这一目标，活动邀约的3000名"关键人"主要分四类：其一，河源市以及五县一区政界意见领袖，既包含市政府与市直机关中高级公务员，又包括河源下辖五县一区中高级公务员，还邀约河源市银行、医疗、教育系统中高级行政人员；其二，河源市商界意见领袖，商界意见领袖再分两类，一是工商联、企业家协会这类行业协会的主要负责人与主要会员单位的老板与高管，二是希望引进到坚基购物中心的河源本地品牌的老板与高管；其三，河源媒体界意见领袖；其四，希望引进到坚基购物中心的珠三角知名品牌代理商或品牌商家高管。此次事件营销通过邀约的关键人以及由河源电视台全程现场直播，河源市商业中心的品牌知名度得到极大提升。与此同时，由于河源市主要领导的出席与香港明星的加盟，以及现场火暴氛围与全城焦点及全城讨论的舆论环境的缔造，品牌的形象与调性不仅得到提升，更让品牌在商家与投资客心目的信心得到极大的提升。

（四）关联品牌、活动与受众

活动营销一定要找到品牌与活动的关联点，不能脱离品牌的核心价值，这是活动营销成功的关键。应该把品牌的诉求点、事件的核心点、公众的关注点重合在一起，"三位一体"。2000 年夏季，对峙半个世纪的朝韩终于握手言和，朝韩峰会成为全球关注的焦点。邦迪创可贴敏感地抓住了这个时机，推出广告《朝韩峰会篇》。在朝韩领导人金正日与金大中历史性地激情碰杯时，邦迪在经典画面旁边发表见解：邦迪坚信，世界上没有愈合不了的伤口！把人们对和平的期盼，通过"伤口愈合"巧妙地转移给了邦迪品牌，引起消费者的强烈共鸣，也使邦迪品牌形象得到极好的提升。

品牌、活动与受众的关联常常在我们的活动营销中被忽略或得不到应有的重视，营销人想到一个 idea 的时候自己嗨的不行，忘记了将品牌、活动与受众进行关联，活动做得很嗨，传播效果也很好，但是受众从活动中根本联系不到产品或品牌，导致一切努力与成本都沉没了，这种失误在实际中常见。2015 年，火暴网络的"斯巴达 300 勇士被北京警察 KO"消息，照片当中先是一群身着斯巴达勇士服装的外国美男，裸露着胸肌长腿列队站立，接着竟然是几位勇士被警察摁倒在地的照片，两张照片对比鲜明，不禁被戳中笑点。原来，这是一家"甜心摇滚沙拉"在周年庆之际推出的营销活动，但是因为活动中没有产品与客户的关联，事件疯传的同时，对品牌没有任何帮助。

我们需要找到品牌和受众之间建立关联的一种介质，在活动中演绎出来，这样做有两大好处：其一，受众听到、看到、谈到甚至想到这个介质，就会联想到我们的产品和品牌，在媒介传播或口碑传播中，产品或品牌的知名度得到极大的提高；其二，传播的漏斗效应，传播影响力扩大后就能产生销量，如果活动没有将受众与产品进行关联，怎么能促使受众在随后的时间来购买你的产品呢？

活动中要找到关联品牌与客户的介质，有四种方法：

方法一，活动中直接使用产品或品牌名。学习古文的时候我们会有这种感受，同样与春秋战国时代的平原君赵胜有关的故事，"毛遂自荐"这个成语让"毛遂"这个人流传千古，而相应的"鸡鸣狗盗"这个成语却不能让鸡鸣狗盗之徒为后人所知，由此可见活动中是否直接使用产品或品牌名的意义完全不同。例如，2008年王老吉借汶川地震捐款1亿元，借此事展开"封杀王老吉"的活动营销，就是将品牌名直接植入活动中。例如，2015年"三里屯优衣库性爱门"活动营销，通过视频中的广播背景声将事发地指向三里屯优衣库，自动地将品牌名植入活动之中。在电影、电视、游戏或热门图片或视频中直接植入产品或产品logo是同样的道理。

方法二，介质来自于产品本身实实在在的物质。2003年"蒙牛：中国航天员专用牛奶"事件营销成功的关键也在于找准了蒙牛品牌内涵与"神五"事件的关联性，航天员过硬的身体素质会令人自然地联想到健康、营养的牛奶，而蒙牛正是中国航天员专用牛奶。2010年深圳万科红项目的"寻找万科红人"活动营销，就是关联客户与产品名称"红"。2015年5月29日，范冰冰与李晨在微博公布恋情，两人的合影配上"我们"二字。9分钟后借势营销的高手杜蕾斯发布微博，辅以"冰冰有李"的巧妙文案和两盒AIR安全套。杜蕾斯微博的每次借势炒作，要么关联真实的产品包装，要么关联产品形状。

方法三，介质来自于产品内涵中延伸出来的代表物质。2000年富亚涂料公司，从涂料的"健康"特性找到介质，制造事件让总经理当场喝涂料，富亚涂料凭借可以喝的"健康"涂料一举成名。农夫山泉从天然水的"健康"属性找到介质，从宣布停止生产纯净水，引发了一场天然水与纯净水在媒体上的"口水战"，到"我为申奥捐一分钱"运动和"阳光计划"，无不引起大家的强烈关注。Groove tech刀具的病毒视频营销中，从刀具"刀刀不沾，干净利落"这一内涵找到介质，病毒视频中通过男女朋友干净利落的分手演绎出来。国外Blender搅拌机，从产品的"搅拌"功能找到介质，通过演绎搅拌iPhone手机来制造病毒视频。为渐冻人捐款的活动营销"冰桶挑战赛"就是找到"渐冻"这个介质。

方法四，找到情感介质。褚橙的营销就是找到情感介质"励志"，罗永浩的锤子手机找到的情感介质是"工匠"，海尔砸冰箱找到的情感介质是"品质"，海底捞找到的情感介质是"服务"。2001年，中国申奥成功，白沙第一时间在全国各地候车亭发布广告："这一刻，我们的心飞了起来"，巧妙地展示了白沙"飞翔"的品牌内涵，给消费者以深刻的印象。

在寻找与利用这个介质的过程中，还有一个需要特别注意的要素，那就是"可视化"。可视化的事物更容易被大家感知、公开讨论、传播。如果我们不能从产品中提炼与用户形成强关联的实实在在的物质的话，那么就需要运用以下两个技巧将关联介质可视化。

技巧一，找到产品以外的一种实实在在的介质，用这种介质代表品牌内涵，让用户看到这种介质的时候就能将品牌内涵可视化。如果渐冻人的慈善活动，只是一些名人站出来让大家想象渐冻人的苦痛，对人们的心理冲击肯定会大打折扣。而此活动在渐冻人的内涵中找到"冰桶"这种可视化的介质，让活动参与人、围观的大众都能直观感受到渐冻人的苦痛，活动带给人们的心理冲击就如自己切身体会一般，推广活动才能达到惊人的效果。

技巧二，如果提炼出的是情感介质，我们可以在营销推广中把这种情感可视化，比如以"用户的某些行为、某些言语、某些物品、某个故事、某个代言人"代表这种情感，从而将品牌内涵可视化。例如褚时健就是"励志"这一精神的可视化介质，张瑞敏砸冰箱这个故事就是海尔"品质"的可视化介质。

（五）主题能引爆受众的情绪

糟糕的主题让受众无感，被受众直接忽略和无视。优秀的活动主题通过唤醒受众的情绪，让用户的肾上腺素急剧飙升，不仅可以让受众积极关注，还可以引发受众争议与讨论。无论是唤醒何种情绪，不管对这种情绪是赞同还是吐槽，只要受众愿意了解这个活动，愿意参与这个活动，愿意争议或评论这个活动，我们就实现了传播的目的。要利用主题充分唤醒受众的情绪，点燃情绪之火，来激发他们的共享行为。唤醒敬畏、消遣、兴奋等积极情绪可以增强共享，唤醒生气、担忧等消极情绪的信息也同样会激发传播。比如，刷爆朋友圈的"Adobe 的白金蓝黑裙",就是引发了人们的敬畏／好奇情绪而被疯狂转发;比如,刷爆朋友圈的"南海仲裁案"就是愤怒引发的情绪唤起。需要注意的是,某些积极、消极情绪,比如安逸、轻松、满足的情绪,比如悲伤的情绪,对人们的行为是有抑制作用的。

活动主题如何引爆受众情绪?

第一,关联名人。人人都迷信权威、迷信大咖,一个和名人扯上关系的产品就成了一股非常强大而难以察觉的购买影响力。自从习总书记光顾庆丰包子铺后,"主席套餐"名满天下,来自五湖四海的人们都期待着有机会到庆丰包子铺大快朵颐一番,这家曾经名不见经传的寻常小吃店高峰时段排队叫号常达数百人。一个母婴类的 APP 借姚晨怀孕炒作,在姚晨进产房时刊发软文《"母以子贵",微博女王身价倍增,有望获千万代言》。找了知名奶粉与育儿机构品牌与该品牌一起捆绑,将这三个品牌介绍为最可能找姚晨代言的品牌,并通过详细介绍这款母婴产品的优势,暗示这款母婴产品似乎最可能找姚晨代言。人民网刊发之后,很快很多媒体都转载了,借势姚晨生子省下巨大传播渠道费用。

第二,关联热点。热点有时政热点、社会热点(环境保护、健康知识、食品安全等)、娱乐热点(明星的绯闻八卦)、热点赛事、热点影视剧、流行语等等。柴静的《穹顶之下》为什么会刷屏?因为它关联社会热点中的环境保护,与我们每一个人的身体健康息息相关,所以它在一天的时间里,播放量突破一个亿。随着《武媚娘传奇》火爆开播,天天 P 图顺势策划"全民COS 武媚娘"活动,只要在手机上拍摄自拍照,就能一秒钟变身妖艳的武媚娘,引爆朋友圈。

第三,关联节日。2016 年春节晚会期间,支付宝推出集五福活动,集齐五福即可瓜分 2.15 亿元人民币。此举成功吸引无数网友在朋友圈刷屏求五福。如果你的品牌没能赶上这个春节热点,还可以通过对热点现象进行总结来搭个便车,例如你可以搞一个《春运期间十大营销案例的策划》,把自己的品牌植入进去,其他九个品牌甚至都会帮你转发,省下巨大渠道费用。

第四,关联群体。中国人的乡土意识非常强,群体归属感强,同龄、同乡、同校、同事、同好等皆与之相关。瓷娃娃公益组织做的"校门舞男"活动营销，录制的视频是一个人在 11 个大学校门口跳同样的简单的舞蹈，播放超过 2600 万次，原因就在于关联了受众的地理位置，只要受众在视频中看到自己的大学，就会参与，就会转发分享，所以它能那么火。滴滴打车做过"加班排行榜"H5，PK 加班城市、加班公司、加班大楼、加班行业，与城市有关的人、与这些公司有关的人、与这些大楼有关的人、与这些行业有关的人都被关联进来。

第五，关联情感。有亲情感动的，有伤感、失恋的，有爱国的、民族尊严的，有励志的、激励人心的，有敬畏的，有同情的，有愤怒的，有恐怖的。新世相的一条微信文章《我买好了 30 张机票在机场等你：4 小时后逃离北上广》刷爆了朋友圈和各大社交圈。此次活动营销共带来近 1500 万曝光，新世相公众号更是涨粉 11 万。电影《百鸟嘲凤》的制片人方励，在直播时突然下跪，只求各院线能够增加排片量，使得网友大动恻隐之心，随后引发各方舆论，媒体及自媒体大量转载与讨论，最终收获 8690 万元票房。2016 年的猴年春晚前夕，有一篇文章叫《六小龄童：只要春晚叫我，我随叫随到》火遍网络，就是因为《西游记》寄托了好几代人的情怀。

第六，关联公益。诸如打拐、贫困、患病小孩的梦想、癌症、动物保护、帮助弱势群体、寻人寻物等。珍爱网关于"支持贩卖儿童应判死刑"的"刷屏营销"，一时间引起社会各界的热议。

第七，关联情色。去哪儿网曾推出过一个扫码订房五折的活动，本来是很平常的促销活动，但采取的情色营销获取了极大的关注。一个个身穿紧身裙、高跟鞋的美女拿着牌子，上面写着"扫我开房，全国五折"，下面是一个二维码，席卷整个网络。

第八，关联利己。人们对自己及自身利益最有关注。凤凰网做的一个 H5，大家有没有印象？就是各个地方莆田系医院的列表，就在朋友圈刷屏了。这是为什么呢？因为跟我们密切相关。

（六）吸引受众参与的五类活动

1. 激发好奇的活动，受众乐参与

新奇特。新、奇、特的东西天然地具备吸引力。神州租车大量的明星号召抵制 Uber 事件，这事不常见，会让人好奇到底发生了什么，从新闻角度来说是大事，劲爆的料，能给媒体带来大量的流量，减少你的活动成本。

反常。"狗咬人不是新闻，人咬狗才是新闻"，反常就是违反直觉。好奇心是人的天性，违反直觉就能制造注意力。2015 年 4 月有一个推广 BMW M2 的酷炫 H5 "该新闻已被 BMW M2 快速删除"在朋友圈刷屏，原因就是违反直觉，因为你做广告就是想受众关注的，但是标题显示"该新闻已被 BMW M2 快速删除"，由此引发受众的好奇心。

反差。一个北大才子，却成了猪肉佬，大家关注了；一个五音不全的曾哥，进了快女十强，大家关注了；一个奇丑无比的凤姐，放言要嫁清华高才生，大家关注了。反差，就是出乎意料，具有新闻性。刘强东骑电动车送快递，就是制造上市公司霸道总裁与快递小哥的反差制造新闻，吸引注意；"斯巴达 300 勇士被北京警察 KO"，就是靠"斯巴达 300 勇士"被"警察"KO 而戳中受众笑点，得以疯传。

争议。媒体对有争议的新闻报道率往往超过正面新闻，并且越是有争议（甚至是负面）的新闻报道传播面越广。"宜春，一座叫春的城市"一经暴露，便引发公众争议，获得极大关注，让众多对宜春一无所知的人快速记住这座城市。2014 年淘宝旅行举行新闻发布会，推出新独立品牌"去啊"，文案"去哪儿不重要，重要的是……去啊"，点燃了中国在线旅游网站集体创意 PK 的战火。躺枪的去哪儿随即参战，"人生的行动不只是鲁莽的'去啊'，沉着冷静地选择'去哪儿'，才是一种成熟的态度。"携程接过了下一棒，说："旅行的意义不在于'去哪儿'，也不应该只是一句敷衍的'去啊'，旅行就是要与对的人，携手同行，共享一段精彩旅程。"随后，京东旅行、途家、爱旅行、在路上、看准、游心、周末去哪玩、百程等都加入了队列，大家都来凑热闹，最终成功地抢占热搜榜头条。

2. 好玩有趣的活动，受众乐参与

互动就是与他人沟通，俗话说"酒逢知己千杯少，话不投机半句多"，当你言语无味、谈吐毫无趣味的时候，那面目就显得相当狰狞可憎了。那这样的互动还能继续吗？有趣才能吸引人，有趣才能让别人更进一步与你深入交谈乃至发生关系。所以，要让自己有趣起来，让自己的内容有趣起来，让自己的文字有趣起来，让自己的图片有趣起来。

让受众感觉有趣，也能吸引受众参与。这里的"有趣"既指看上去有趣，又指玩起来有趣。

为什么脸萌和Faceu一下子就火了？这两款软件给你提供了很多小插件，让你能够根据自己的喜好来做出自己想要的头像以及拍出自己想要的照片。相比之下，美图秀秀只是提供了一种美化图片的工具，更多的人是把美图秀秀当作简易版的PS来用，所以美图秀秀的定位是简单，而Faceu的定位是有趣。Faceu很好地通过调动用户使用产品后觉得有趣的心理来提高用户分享的频率以及使用的频率，从而带来巨大的用户量和非常好的用户黏性。

有趣的活动还会激励受众分享。人们乐于分享有趣的信息，并期待从分享信息的过程中得到他人的认可。当自己分享的信息引起广泛的讨论之后，那么我们便变成了第一个吃螃蟹的人。通过分享得到的自我满足，会在互联网这个平台上被放大，对于你的网友来说他们不知道现实中的你是什么样子，但是通过分享有趣的信息，便轻松地让你变成了一个有趣并且紧跟潮流的人。

3. 有利益激励的活动，受众乐参与

人都好占小便宜，让受众参与到你的活动中来，利益一直是百试不厌的吸引办法。为什么一项活动很普通，但是说有免费的东西送，你总想过去看看？因为人们总是希望天上能够掉馅饼，对于免费的东西，人们总是难以克制自己贪小便宜的心理。这里要注意的是所送的奖品要与你的产品本身相关，如果你是一家做互联网金融的企业，送理财红包就比送电影票有用，因为这和你的产品相关，更能促进用户的进一步转化。饿了么在刚开始启动的时候，不断地送你红包抵用券，新用户第一单基本能够免费。支付宝在布局线下支付的时候，不断地给你补贴，让你基本上不花钱就能解决每天的两顿饭。利

益一直是很多活动最直接的手段，因为贪小便宜，谁都不嫌多。

除了免费送或直接赠，还可以利用人的侥幸心理采用抽奖送。自古以来，赌博、钻法律的空子、彩票都是由这种心理催生起来的。为什么炒股能够吸引这么多的人？为什么去澳门总想去赌场体验一番？为什么转发抽奖送iPhone8一下子能带来上百万的转发量？人们都是希望自己能够一夜暴富的，而且人性都是懒惰的，这两者一结合，就会产生一种侥幸心理，认为老天爷总有一天会眷顾我的。很多抽奖活动就是利用了这种侥幸的心理，给你一个大奖，但是只要你付出几乎为零的投入，就有机会获得。

物质激励具有吸引力，但并非吸引力的全部，还可以精神激励。比如情人节晒结婚证，愚人节晒Facebook名片等，就是给人一个存在感、优越感，这么一个秀的机会。支付宝账单、微信红包账单每到过年的时候为什么都会在朋友圈刷屏？因为人是一种喜欢攀比的生物，生活在一个竞争的环境下，自然少不了与别人进行比较。支付宝和微信红包的账单正是利用了人们喜欢攀比的心理，让你主动去炫耀自己的经济实力，吸引更多的人和你进行攀比。

4. 有竞争机制的活动，受众乐参与

当你想要受众参加你的活动，你可以给用户设计KPI，形成用户之间的竞争。这种竞争是人与人之间本来就需要的，如果提供便利化竞争方式，别人很有可能会参加你的活动。微信"飞机大战"刚推出时，无数人踊跃参加，每周刷新榜单，周日刷到第一名，过了十二点又清零，发现一周努力成果又白费了，你又刷，你被KPI引导着做出各种竞争行为。

竞争是对人的攀比心理的利用，攀比源于基因延续的本能，异性须竭尽所能把对手比下去而竞争到异性的交配权。无论男人还是女人，都希望把别人比下去，证明自己比别人强，或证明自己不比别人弱。各种活动或真人秀节目中引入竞争机制，就是利用人的攀比心理。

为宝宝投票这种烂大街活动，为什么一直有人在做呢？"××宝宝"评选活动，通过上传宝贝的照片到平台，为宝贝投票，从而评选出健康宝宝送出奖金。此活动看似为孩子提供了一个展示的平台，实际上是通过父母的攀比心理，每个初为人父或人母的人，谁不认为自己的孩子是最好的呢，再加

以奖金诱惑，这类活动在朋友圈大肆传播也是情理之中了。前段时间看到一个新闻，有一个四五十岁大妈的每日步行数量总是在微信好友排名第一，所有人很惊奇，为什么？后来记者发现原来她为了朋友圈排名更高，直接把自己的智能手环系在小狗身上，发现这个大妈一天跑十公里，实际是狗的耐力不是人的耐力。

《征途》对国产游戏的开发理念带来了里程碑式的改变，它的卖点绝非游戏好玩，而是人们争强好胜的心理。无论微信"打飞机""围住神经猫"，都和《征途》的理念类似，如果我们看到朋友发了这么个链接，说他"只用了11步，击败了全国91%的精神病患者"，我们会不会很想证明自己比他厉害，看看自己能用几步达成目标。这种攀比心理，既增加了活动的趣味性，又强化了用户的参与冲动。

5. 有公共性的活动，受众乐参与

在信息轰炸的时代，人们会更多地关注自己朋友所共享的信息，不想自己看起来成为异类，不想让自己落后于他人，所以想方设法地与朋友讨论他们圈内所讨论的事情，当某个有趣的信息被这样传播之后，那么也就很容易在社交网络上引发广泛的讨论。

如果你让用户觉得有很多人都参与到了这个活动中来，那么用户就更加容易参与到活动中来，因为用户不希望自己是一个另类，而希望自己是和大家一样的，否则可能会被周围的人说"你怎么这个都不知道"，"你好out哦"。从众的这个"众"到底有哪些"众"？简单来说可以分为这么几类：明星偶像、自己想成为的人、自己周围的朋友等。

为什么海底捞经常有这么多人排队，就算要等3个小时依旧有这么多人愿意去等？因为大家看到有这么多人去海底捞消费，自己也想去尝试一下。当你周围的很多朋友都在说海底捞的服务多么好的时候，你连一次都没有去过，未免显得自己有点另类，所以你就会有一种从众心理，希望自己和朋友一样，和大部分人一样，都是追赶上了火锅潮流的人，而不希望自己和大家不一样，被大家孤立。

为什么小米手机那么火暴？因为它利用了饥饿营销，既让你感觉到非常

多的人参与抢购，又告诉你小米手机数量有限，你不一定能够买得到。那么这时候，你就会产生一种不希望错过这个机会的心理，本质上就是一种害怕失去的心理。因为你怕错过了这次抢购之后就不会再有机会了，你害怕失去这次机会，所以才会积极参与。

很多活动虽然具有吸引力，但是因为流程烦琐，参与门槛高，导致我们在参与的过程中放弃。活动规划者应牢记人们在玩活动的时候，"大多是又懒又笨的"。活动规划特别注意两点：其一，参与门槛低。以 H5 小游戏"围住神经猫"为例，对于用户来说参与的门槛非常低，你要操作的无非就是点击圈圈围堵神经猫，而且直接打开朋友圈的链接就可以进入，极其容易上手。例如，转发抽奖活动，不同的参与门槛，引发的活动参与量有天壤之别。为了让用户参与得更简单，我们可以把一些复杂的流程后置。像是注册或者登录这些非常之烦人的操作，可以把它后置到用户参与完活动游戏之后，需要领取奖品、优惠券，甚至是完成下单之后再补充注册或登录都不为过。其二，流程最多三步。活动有活动的规则和流程，为了规避法律风险，活动规划者倾向于将活动流程写得非常详细，但是受众并没有耐心去详细阅读大段文字的活动规则。如果一个活动，用户参与的步骤不能用三步来说完，那么活动就不能称为"简单"了。"ALS 冰桶挑战"的活动规则就两点：被点名的人要么在 24 小时内完成冰桶挑战，并将相应视频传上社交网站；要么为对抗 ALS 捐出 100 美元。因挑战的规则比较简单，活动得到了病毒般的传播，并在短短一个月内集得了 2.57 亿美元的捐款。

（七）激发受众主动与被动分享

新浪网副总编辑孟波曾经总结裂变式传播的传播路径：一个是粉丝路径，A 发布信息后，A 的粉丝甲乙丙丁（直至无限）都可以实时接收信息；另一个是转发路径，如果甲觉得 A 的某条微博不错，可以一键转发，这条信息同步到甲的微博中，这样，甲的粉丝就实时接收信息，然后以此类推，实现急速传播。在互联网时代，分享可是营销的关键所在，如果不能让用户分享传播，那即使前期浏览量、参与量再大，也是枉然。

分享分两类：第一类是主动分享，即用户发自内心觉得好，想要去分享给其他朋友。因为每个人都有分享精神，看到有意思的或好玩的，就想分享给其他人。朋友圈里面我们经常看到的，一些干货文章、H5 营销页，都属于这一种。第二类是被动分享，即用户为了得到某种好处，在利益的驱使下去做传播分享。很多公司做的一些传播活动，主要是第二种。

1. 五种社交币激发受众主动分享

所有人都有追求利益的本能，想要别人分享，给点利益就可以了。最常见的利益是人民币，但是人民币激发的分享，很容易被受众获得利益后删除。这个时候，利益可以是人民币之外的第二种货币，即社交币。社交币就是活动帮助用户完成社交过程中的某个任务，即使你不给钱别人还是会分享，很多时候提供人民币不如提供社交币。

第一种，提供谈资。

我第一次知道叶良辰，是在微信好友群里，当时里面的一个朋友突然冒出来一句"良辰必有重谢"，群里的人似乎都知道这个梗，唯独我不知道。为了不让自己看上去 out，我跟着附和，然后去百度。现在看来，我之所以不懂装懂，并不是这句话吸引了我，而是微信群作为一个封闭的社交群，一个信息作为"谈资"被抛出来之后，不能参与这个谈话的人就会有被孤立的风险，为了不让自己被孤立，我就不懂装懂地参与到这个主题中。中央电视台的春晚虽被诟病，但是大家依然准时去看，因为吐槽春晚就是大年初一与亲友聊天的谈资。

如何快速找到谈资？我们的大脑本身对变化比较敏感，一成不变的东西是不会变成谈资的。如果你看一个人骑着电动车送煎饼果子，你不会告诉朋友，因为这构不成谈资，如果你说你发现一个人骑着电动车送煎饼果子，你的朋友会说你很无聊；如果你看到一个美女开奔驰车送煎饼果子，你就一定会分享给朋友，你的朋友也会有兴趣了解，因为这件事情与你们的预期和直觉相违背。你想一下自己的活动，在哪些环节哪些内容可以违背别人的预期和直觉，这些内容就很有可能成为谈资。

第二，表达自己。

我们每个人都想表达自己，如果你仔细看老板的朋友圈，就会发现经常有这样的内容，例如"全力完成任务才是好员工""细节决定成败""员工最让老板感动的八个细节"等，老板最喜欢转这样的文章，来表达了他想表达，又不好意思直接对员工说的话，他就把这个转到朋友圈。如果你看员工的朋友圈，会发现是另外一番景象，例如"70%优秀员工都被中层管理逼走""哈佛大学心理学发表新的研究文章，发现过度加班有害工作效率"等，为什么会主动转这样的文章？因为他们帮这些人表达了自己想表达的想法。

表达自己包括了很多的情绪，比如正面的感恩、同情、正义、开心、爱国等，负面的愤怒、吐槽、挑战权威等。如果你的活动能够让用户主动地去表达这种情绪，并且给受众适当的反馈，那么就更容易让受众参与进来。三里屯优衣库视频、于欢辱母杀人案这类事件为什么能一下子火爆起来，因为很多朋友都在微博微信转发文章，并且有很多人在发表自己对事件的看法。人们总是希望能够表达自己，让别人看到自己。对于这个事件，有些人希望表达自己正确的三观，有些人希望对法律提出质疑，有些人想表达愤怒或同情。不说事件的真实性，就从做活动来说，是一场有超多用户参加，并且极大曝光了品牌的成功事件。

第三，实用性。

当受众开始考虑实用价值时，省钱就是他们首先考虑的问题。活动主办方应该懂得进行相应的价格修饰，以此来增加惊喜的价值，既可以通过将活动门票标注价格，然后进行折扣甚至免费赠送，还可以通过限时、限量等方式实现产品的稀缺性，以此达到宣传的效果。产品的实用价值，一方面是产品自身所具备的，这是物美价廉的产品，事实上物美的产品价格不一定低廉；另一方面就是，对于大多数的产品而言，没有价格上的竞争力，就应当学会从价格、从品牌去包装产品，实现用户心理的物美价廉。

每个人都希望显示自己的价值，表现得对别人有用。有用的知识能获得转发，就因为可以给别人提供帮助。同样一个公众号前面说过吃茄子治百病，后面说吃茄子过多导致癌症，茄子能治病又能得病，为什么很多人明显转缺乏科学根据的伪科学？因为在人们看来这是有用的信息，能够给别人提供帮助，所以人们愿意转发。比如说互联网产品、运营、营销干货的分享，还有孩子发烧超过 40 摄氏度的解决办法这一类的，大多数的心灵鸡汤也都属于这一类。

第四，塑造形象。

人们总是希望证明自己是一个具备什么样形象的人，但是塑造形象的方式并不是直接发朋友圈说各位关注一下"我很酷"或者说各位关注一下"我很帅"，或者"我很聪明"，这样的话大家会觉得你是神经病。如何优雅低调不失谦虚塑造自己的形象呢？当你的活动能够赋予用户这种个人形象和地位的时候，受众就会通过参与你的活动并分享出去，来展示自己的形象。一个受众参加你的活动或转发你的内容时，并不需要真正支持你，或者说并不是你的粉丝，只是你的活动或内容为其塑造自己的形象提供了工具。

反手摸肚脐活动之所以非常风靡，刚被发明出来两天之内有大量的受众参与并转发，没给钱为什么参加？因为这个活动帮助受众塑造自己的形象。比如说你是一个美女，你最引以为豪的是有迷人的小腹部，这个时候不好意思直接炫耀，直接炫耀帮助你塑造形象，但是做出这种事儿来别人就会骂你绿茶婊之类，如果你真的参加这种活动，你会说好多人被邀请参加，不好意思我也参加一下。这个时候别人直观感觉你是为了参加活动而拍照，而不是为了炫耀自己的身材而拍照片。这种情况下大量人终于为自己的塑造形象行为找到了一个合理理由，大量人就会参加并转发。很多人没有加自己妈妈的微信，却在朋友圈不断分享母亲节快乐。为什么？可以在别人眼中塑造自己的形象。你的公司如果举办母亲节感恩或促销活动，受众就会参与并转发，这样就能让别人知道我是关心母亲的人，即使我母亲从来没有看到这个。

受众塑造的形象主要包括：社会地位、经济地位、有主见、懂爱情、懂友情、懂亲情等。

如何塑造社会地位？活动请来大明星或者行业的大咖，参与者就更容易拍照发朋友圈，证明自己的社会地位。

如何展示经济地位？去了一家很贵的餐厅，就会发朋友圈证明自己有情调有钱。

如何表达自己有主见？出现社会热点后，转发与社会舆论相反的文章证明自己不是随大溜的观点。

如何表达懂爱情？情人节给女朋友买了999朵玫瑰，证明自己浪漫。

如何表达懂友情？朋友圈点赞一下子集齐很多赞证明自己朋友多，经常发与朋友聚会的照片。

如何表达懂亲情？给父母买保健品，发一些感恩话题的文章。

第五，攀比心理。

当受众参与活动之后，如果获得了比较好的结果，用户就会获得一种成就感，因为这可以证明他比同时参与这个活动的其他人都要优秀。这时候，你就容易分享给朋友，告诉他们你是一个很厉害的人。炫耀的东西主要包括：物质上的成就感、精神上的成就感。为什么"王者荣耀"很火？其中一个原因就是给一些玩得比较好的人一种成就感，尤其是当周围的朋友都在玩，而你玩的比他们好的时候。经常看到很多朋友在朋友圈发自己完成了5杀，自己获得了MVP。这种转发的心理就是因为他们获得了一种成就感，并且希望被别人认可。

人与人有相互比较的需求，所有人都想知道自己在朋友当中是什么位置。如果你可以想办法让活动促进人与人之间的比较，别人就可能去参加你的活动，可能转发你的文案或者说可能积极阅读你的文章。总之别人想了解自己的位置，想跟别人对比，所以各位经常看到这样的活动，比如说微信运动，前段时间几乎占领好多我的微信朋友圈，当你戴某个智能手环跑步，会记录过去一周跑多少公里，告诉你好友当中排多少名，你会不停努力刺激自己的名次。

让用户被动传播，成本更低，效果更好。

2. 运用奖品，激励受众被动分享

人性都是逐利的，要参与活动，分享活动的受众，满足他们本身的分享欲望后，还能获得一定福利优惠，无疑是活动的最好助力，能更好地促进传播。分享赠送的奖品，既可以是红包或优惠券，例如某电商品牌，利用优惠券、体验券，能很好地将流量转化为销量，传播效果也是极好；还可以是参与活

动的机会，这就要求活动本身很有吸引力，好玩，有诱惑力；还可以是礼品，特别注意礼品要有价值，一定要让精美的小礼品更多地出现在现实的生活情景中，不断冲刷周围人的眼球，烂大街的那种公仔就算了。

受众被动分享，主要有两种形式：第一种是单向分享。比如说360手机助手抢码，只要用户把这个H5页面分享出去，立即就可以得到一个抽奖机会，会有一定的概率抽到iPhone6。第二种是双向分享。例如"快来帮帮我，还差350元就能免费抢手机了"，让用户主动去把这个H5分享给身边的朋友，然后拉朋友去帮他点击。酷派做了一个大神F1手机的促销活动。活动形式就是原价999的手机，用户发到朋友圈，好友帮忙砍价，每一个好友可以砍几元钱，最后如果能够砍到0元，就可以免费拿手机。双向分享会比单项分享效果更好，因为它会促使用户进行多次分享，而且是主动分享。用户会先在朋友圈里面发，朋友圈里面发完以后，会在自己的同事、朋友群里面发，群里面发完以后，可能还会挨个找微信里面的好友私聊发。这个活动最大的优点是调动用户自主传播的积极性。

（八）活动传播的四个阶段

一般而言，一个完整的活动传播大致可以分为预热期、引爆期、高潮期、收尾期这四个阶段。每个阶段都需要选择合适的媒介组合进行支撑，常见的传播媒体一般有论坛、微博、微信、门户网站、广电、报纸等，同时配合各大领域的KOL将话题提高到一个新的高度。

1. 预热期

制造出种子话题，挑选出合适的媒体让事件初步能够传播出去，是预热期的主要工作。预热期的最大问题就是炒作逻辑太直接，如今的受众几乎都不愿意见到太直接的广告信息。例如，若引发受众关注项目房价升值潜力大，可以用这个逻辑炒作："最近 ×× 街附近吵得要死"→"笔者前去勘察"→"发现这里就要拆迁"→"为何需要拆迁"→"因为这里经过规划，5年内，建成本区域最大商圈"→"这里的房子要升值，潜力大"。受众不同，渠道也有区别。不过，线上推广的主要渠道包括：贴吧、论坛、门户、新闻、社区、社交平台和视频网站等。媒体渠道不同,需要对内容进行不同的改造。比如微博,需要语言精练、图片吸引人、事件容易引起感情波动;而在贴吧,则需要有够好的故事讲述能力,个性化更强;写作软文,则要求提炼新闻点,满足新闻叙事需求等。

2. 引爆期

互联网上的信息实在太多,话题要脱颖而出,必须具备足够的热度。为避免话题"石沉大海",就要让它"浮起来",这时水军的重要性就出现了。大小水军在这里的意义,不是给人们洗脑宣传企业介绍的,而是起牵头争议作用的。水军的意义就是调动起大众的共鸣,带着大家一起争议。主要方法是大小水军出动,通过正反方面讨论话题,引发争议,把事件变成热点,让更多的人关注甚至参与这个争议,让话题的温度不断升高。"大水军"就是意见领袖,可以是专业媒体人,可以是微信或微博上的大 V,还可以是论坛版主、草根评论家,按预先设定正反观点,唱双簧引发争议。"小水军"可以理解为传说中的五毛党,在互联网上加大传播速度与转载数量,也能起到一定引发争议的作用。小水军一般放在社群、论坛等渠道使用。

3. 高潮期

仅仅靠新媒体还是不够的,还需要传统媒体参与,一方面传统媒体的参与解决信任度的问题;另一方面传统媒体的参与,可以带动更多的受众关注与卷入。如果想利用传统媒体,就必须站在传统媒体角度看问题,话题需要"新闻点"和"关注度"。随着新闻在传统媒体的刊登与门户网站的刊载,更多的各行各业的意见领袖会进一步卷入进来,受众覆盖面与参与程度进一步加深,让一个人造"事件"广为人知,众口铄金、三人成虎,整个炒作进入高潮。如果活动是线下的,随着活动的举办,在新闻媒体的报道,特别是大众媒体直播与自媒体传播的影响下,整个活动进入高潮阶段。

4. 收尾期

传播进入高潮时,主要是各种品牌营销活动跟上,同时爆料保持热点持久力。爆料的方式比如撰写新闻评论,发表谴责性或质疑性报道、爆料内幕、维护形象等,目的是给媒体人创造话题环境,让他们有内容可以继续争议。

这个时期如何弄，多多学习一下娱乐圈，这个圈子最擅长制造料去报，如互联网圈周鸿祎、刘强东也很擅长，可以多多学习学习。

（九）活动的转化

看下面这个案例，大家能更直观地理解：某一小众服装电商品牌，对自己的用户定位是三四线的公检法机关工作女性。这种人群有什么特性呢？第一，有钱，原因嘛么，作为中国人都懂；第二，生活缺乏激情，枯燥；第三，处在保守、攀比、虚荣、无聊的工作和生活环境中。针对具备这种特征的人群，该品牌如何通过活动实现转化呢？经过实际操作，他们找到了这么一个看似很土，却非常有效的活动。

当客户完成一笔订单后，他们会给买家额外寄送一大束鲜花，并且，只寄送到买家的单位（如果买家留的是家庭地址的话，就不送）。试想一下，一束鲜花送到一个价值观非常传统，又特别注重人际关系和形象的，以及到处都是爱八卦的人的单位（政府系统单位的特性），接受者又是女性，该会引起多大的轰动，瞬间整个单位的人就全知道了。而作为当事女性，所能做的，也必须做的，也很骄傲去做的，就是挨个解释是购买了某品牌的衣服而得到的，并且还会介绍她们也去购买。该品牌后台数据显示，一段时间后，该地区的订单就会一个接一个地出来，然后他们继续复制这个策略。总的来说，一个订单，会带来几个到十几个不等的新订单。做过电商的都明白，这种转化是多么的可怕。该品牌是一个小品牌，没打过多少广告，销售额也过亿元，日子过得有滋有味。

针对房地产的线下活动，如何提高活动的转化呢？有以下六点要特别注意：

第一，推售产品。活动的最终目的是为了认知、上门直至成交。在活动筹备期，务必规划好推售产品，重点解决"卖给谁，卖什么，怎么卖，以什么价格卖"这几个关键问题。首先，要确定主推什么样的产品，不同的产品类型决定活动主要参与者的类别。如投资型产品与住宅，潜在客户群特征存在较大的区别；同样是住宅，144㎡以上大户型与90㎡左右户型的客户群特征亦存在较大区别。其次，推售产品类型搭配，要尽可能充分满足到场潜在意向客户的需求，即"现金牛产品""明星类产品"与"瘦狗类产品"各自占据合理的比例。再次，价格策略的运用方面，既要有高溢价的产品来获取利润，还要有"一口价"或"团购"的促销，既可以通过现场氛围成交溢价型产品，还可以最大可能吸引价格敏感客户的现场转化。

第二，销售政策。如果是促销活动，成交最强有力的逼定工具就是促销政策，不仅促销政策具有吸引力，还要配合"限时""限量"或"限定对象"，加速活动参与者加速决定。如果是蓄客活动，则给予活动期间认筹额外的激励，并配合"限量"或"限时"等条件，加速客户的现场转化。例如河源市商业中心坚基·美丽城于2017年4月2日至4日（清明节）期间，若客户现场认筹，额外获赠"价值518元法国进口红酒套装，仅限前100名"。

第三，活动动线。活动现场的动线设置，要尽可能结合销售展示动线。一方面，活动尽可能在销售中心举行，既可以通过客户亲临现场，全面感受销售示范区的展示与服务，可以通过让首次上门客户了解路线，还可以在现场封闭的范围内缔造火热的氛围；另一方面，活动的动线，如果能结合样板示范区或样板房，则可以实现活动参与者与销售流程的深度结合，通过样板示范区与样板房的情景展示，打动客户。

第四，展示包装。无论活动现场氛围的缔造，还是项目核心价值的输出，还是考虑活动参与者自媒体传播，都离不开活动现场的展示与包装。特别注意两点：其一，活动现场的硬展示，包括项目的外围导视、样板示范区、现场装饰、活动包装、看楼通道、工法房或样板房等。既要考虑到活动调性与项目调性匹配，还要考虑到活动指引简洁清晰，亦要在包装方面考虑自媒体拍摄的需要。例如，活动包装有新奇特的内容，激励受众发送自媒体。其二，活动现场的软展示，既要注意软展示能体现项目的生活方式，还要注意软展示直接输出项目核心价值点，对上门客户反复灌输。

第五，销售逼定。首先，活动前期，销售员要做好两点：一是要深入了解活动的内容与组成，了解活动的销售政策，统一活动的口径与说辞；二是要执行活动对象的邀约与提醒，确保活动对象的准时参加。其次，活动期间，为把房子卖好，制造"热销氛围"，从而达到给客户创造紧迫感的目的，实现快速成交。营造紧迫感有三种方法：火暴的现场、抢购的氛围与变动在即的价格（详见《房地产销售五步成交法则》之中的"恐惧成交法"）。再次，活动结束后持续跟进。传播主导型活动或上门主导型客户，活动只是让其参加，留下联系方式的手段，活动结束后的回访才是销售的开始，特别注意在活动结束当天要回访，活动结束 3~5 天内要再次邀约上门。

第六，现场服务。在中国，百分之七八十的活动，给人的感觉是乱，除了乱还是乱。活动乱，主要表现在活动细节上出现这样或那样的问题，这是因为活动缺乏明晰的执行流程、细节描述和操作标准。例如，活动中间转移会场缺乏指引，活动就餐时没有明确的说明，活动结束后的坐车没有分流，国内的论坛几乎都有延误一两个小时的习气，活动开场时话筒没声音或中途断电，颁奖时没有音乐伴奏，发放奖品或纪念品时现场失控等。我们可以制定出一套活动执行标准，明确活动的举办需要哪些岗位，每个岗位需要负责哪些具体工作以及各自职责，整个活动的基本流程，活动礼仪的注意要点，活动现场的灯光音响如何保障等。活动的主服务流程与延展服务流程得到确保，延展服务流程诸如车辆接送、遮阳伞预备、湿纸巾、饮用水、流程卡、擦鞋机等都需要替客户考虑清楚，这样才能体现服务的水平与品质，给客户良好的感受，同时可以激发活动参与者的自传播。

基于客户关键触点的样板示范区打造

　　大家都有买袜子的经历。一般在购买袜子时，比较担心的是袜子的舒适度与袜子质量。我们在超市中购买袜子，只能看到包装好的袜子，购买时只能依据外观与说明来预判袜子舒适度与质量，做出购买决策既缓慢又犹豫。坐过火车的朋友，大都经历过火车上叫卖袜子的场景。火车上的推销员是怎么销售的呢？他在叫卖袜子的时候，不仅要解决大家比较关注的舒适度与质量问题，还要解决大家对陌生人推销时的一种本能不信任或抗拒心理。销售员不仅打开袜子让乘客看到新袜子的外形，触摸到袜子的舒适感，嗅到新袜子的味道，还会拿出铁刷子拼命地刷，手脚并用生拉硬拽，并邀请乘客参与其中去刷去扯，通过视觉、听觉、嗅觉、味觉与触觉这五大感官体验，既解决了信任的问题，又充分展示了产品的舒适度与质量，从而实现快速销售的目的。

　　还有一个美国西雅图鱼市的例子。日常生活中，我们身边的鱼市是什么样的？腥臭、混乱、肮脏、讨价还价……这种鱼市，除非买鱼的客户，有其他人愿意没事去逛吗？恐怕没有。美国西雅图有一个非常著名的旅游景点，这个景点叫派克街鱼市，每年都有超过 900 万游客前去参观。为什么那么多人愿意去参观一个鱼市？因为那个鱼市已经不仅仅是卖鱼的市场，而是包含了很多买鱼之外的其他元素。在派克街鱼市，鱼已经不再是鱼，而是表演的道具；售货员已经不再是售货员，而是演员；顾客已经不再是顾客，而是观众；顾客买的不是鱼，而是忘我快乐的体现，这是派克街鱼市真实的景象。在派克街鱼市，你会发现前台的售货员把顾客的需要吆喝着告诉后面的工作人员，后面的工作人员一起重复吆喝一遍"一条飞往明尼苏达州的鲑鱼"，把鱼像投篮一样的投向前台，前台人员会单手接住，又快又精彩。在这里，派克街鱼市场已经不仅仅是在卖鱼，不仅仅只为顾客提供了一种卖鱼的服务，还创造了一种愉快的体验，派克街鱼市因此而闻名全球。

一旦公司有意识地以服务为"舞台"，以产品为"道具"，以环境为"布景"，使消费者融入其中，为消费者创造难以忘却的感受，"体验"就出现了。1999年，由约瑟夫·派恩、詹姆斯·吉尔摩合著的《体验经济》一书阐述了体验经济的完整理论。书中，作者将体验经济定义为继农业经济、工业经济、服务经济之后的第四类经济形态。所谓体验经济，是指企业以服务为重心，以商品为素材，为消费者创造出值得回忆的感受。传统经济主要注重产品强大的功能、美观的外形与优势的价格，体验则是从生活与情境出发，塑造感官体验及思维认同，以此抓住消费者的注意力，改变消费行为，并为产品找到新的生存价值与空间。

体验经济时代的到来，对企业影响深远，其中最主要的方面在于企业的营销观念上。就像伯德·施密特博士在《体验式营销》一书中指出的那样，体验式营销就是站在消费者的感官（Sense）、情感（Feel）、思考（Think）、行动（Act）、关联（Relate）五个方面，重新定义、设计营销的思考方式。此种思考方式突破传统上"理性消费者"的假设，认为消费者消费时是理性与感性兼具的，消费者在消费前、消费时、消费后的体验，才是研究消费者行为与企业品牌经营的关键。

在日常生活中，我们是怎么感受一切的？我们用眼睛"看"，用耳朵"听"，用鼻子"嗅"，用嘴巴"尝"，用四肢与皮肤"触摸"，无论过去还是现在，感官都连接着我们的记忆，深入我们的情感，我们对世界的理解都是通过感官来完成的，只有同时运用"五感"，我们对事物的接受程度才能达到最大化。

研究发现，给顾客提供越多的感官接触，就能给他们留下越多的感官记忆，从而在品牌与消费者之间建立更牢固的纽带。

体验式营销是指企业以消费者为中心，通过对事件、情景的安排以及特定体验过程的设计，让消费者在体验中产生美妙而深刻的印象，并获得最大限度上的精神满足的过程。在消费需求日趋差异性、个性化、多样化的今天，消费者已经不仅仅关注产品本身所带来的"功能价值"，更重视在产品或服务消费的过程中获得的"体验感觉"。

首先，体验营销可以解决信任不足的问题，缩短客户购买决策周期。今天的市场，产品差异化越来越小，竞争越来越白热化。想要达成销售，不仅要让顾客了解产品的特点，更要顾客对产品产生信任。很多时候，顾客之所以不购买我们的东西，并不是他们不需要，而是他们不相信。顾客购买产品或服务的前提，是相信产品或服务带给他的好处。我们可能讲了很多的好处，但是如果顾客不相信，永远也产生不了购买的行为。通过体验式的设计，让顾客相信你所告诉他的每个利益点，是促成顾客购买的前提。例如，20 世纪70 年代，IBM 发布了一款最新的打字机。在 IBM 看来，这款打字机最得意之处就在于"无声"；但是，市场的反应非常抗拒，因为打字员将打字机的"无声"判断功能缺陷，最终 IBM 无奈地给打字机加入一种电子模拟的打字声才被市场接受。

其次，体验营销能加深客户理解，打动客户，留下深刻印象，并促成购买。与客户沟通需要通过概念，但是概念是抽象的，顾客无法具体感知故而似懂非懂，更不用说打动客户并留下深刻印象。在这个充满诱惑与刺激导致注意力极度分散的世界，单纯的通过概念来打动消费者并留下深刻印象，你要付出的成本与日俱增。如果用一种具体化情景，让顾客参与进来，通过顾客的亲身感受，体会到产品或服务的核心卖点，即抽象的概念通过体验营销具体化，实现低成本促使顾客理解，加深印象并诱发购买行为。例如，富亚乳胶漆，为了证明漆的安全性，设计了一个让动物去喝漆的场景，因为现场动物保护组织的反对，在全国媒体与现场观众的见证下，老板改为自己喝了下去。通过这个情景，将"安全"这个概念具体化，经过全国媒体大量传播，加深顾客的理解，打动客户并留下深刻印象，从而"一喝热销"。

再次，体验营销可以让产品或服务增值，带来附加价值。体验营销价值的传递表现在两个方面，首先是经济价值。将客户需要的且差异化竞争对手的价值，通过体验让客户感知与认可，并愿意为此支付超出正常利润水平的额外溢价。其次是主观价值。客户在体验过程中，因情景及各种刺激所产生价值认知，是一种由客户感知的主观价值，提高了客户对产品或服务价格的预期。例如，当咖啡被当成"货物"（Commodities）贩卖时，一磅可卖三百元；当咖啡被包装为"商品"（goods）时，一杯就可以卖一二十元钱；当其加入了"服务"（services），在咖啡店中出售，一杯最少要几十元至一百元；若让咖啡成为一种香醇与美好的"体验"（experiences），一杯就可以卖到上百元甚至是好几百元钱，就如星巴克运用体验营销，增加产品的"体验"含量，能为企业带来可观的经济效益。在星巴克看来，咖啡只是一种载体，通过这种载体，向顾客传送的是一种独特的格调——浪漫。世界各地每个城市的星巴克咖啡馆，建筑与陈设各不相同，但都传达的是一种轻松温馨的氛围，提供的是雅致的聚会场所、创新的咖啡饮用方式和过程，那起居室风格的装修，仔细挑选的装饰物和灯具，煮咖啡时的嘶嘶声，将咖啡粉末从过滤器敲击下来时发出的啪啪声，用金属勺子铲出咖啡豆时发出的沙沙声，所有这些都烘托出一种"浪漫"格调，从而把星巴克咖啡变成了一种情感经历。

运用体验营销原理来塑造品牌，关键要管理好顾客与品牌之间的关键接触点。什么是品牌和顾客的接触点？那就是品牌和顾客见面的机会。品牌与顾客有三个层次的接触：第一层是售前的信息接触。在这个环节，品牌大部分都是通过语言、文字、画面，单项地传播信息，把品牌的利益和功能以及顾客情感的满足，用比喻或讲故事的方式传达给顾客，让顾客去想象。第二层是售中的现场接触。顾客会带着曾经接触过品牌的信息到现场体验，企业通过对事件、情景的安排以及特定体验过程的设计，既让顾客无误地理解并信任我们传播的信息；又通过顾客对产品的功能和情感体验，对产品与服务留下深刻印象，并促成购买。第三层是售后的使用接触。当顾客把产品带回家后，经过使用，假如顾客所使用的体验和与传播的信息、现场的体验一致，不仅可以形成连续消费，还能通过顾客口碑增强品牌影响力。体验式营销，就是通过对事件、情景的安排以及特定体验过程的设计，让不同层面的顾客体验，围绕统一的主题，通过视觉、听觉、嗅觉、味觉与触觉等多渠道的感官体验产品或服务的价值体系，就能让顾客对品牌有了完整的感觉，不仅加深顾客理解，获取顾客信任，还能打动顾客，加深印象，并最终促成顾客购买，即在品牌与顾客之间建立牢固的纽带。

房地产作为大宗商品，在期房状态下预售，不体验不成交成为常态。如何围绕满足客户体验为导向，利用产品或服务给客户创造充满感情和值得回忆的美好体验，提高客户满意度，就成为房地产体验营销开展的焦点所在。

房地产从产品价值链的项目定位、规划设计、施工、销售现场、签约一直到客户入住与办证，都构成了客户体验的接触点，设计客户体验的接触点就是围绕项目定位，寻找和确定统一塑造客户感官体验及思维认同的每一个细节，让客户"动心"，变为可以打动客户心灵和情感的切身体验。

房地产体验式营销指让客户形成全程体验，分售前、售中与售后三个环节。售前为客户进入销售中心前的阶段，信息传播与口碑影响是关键触点；售中为客户参观洽谈下定签约的阶段，围绕客户参观与购房过程中的项目领域、项目入口、销售中心、园林配套区与样板房这五大区域的产品体验、服务体验与氛围体验是影响客户购买决策的关键触点；售后为签约以后的等待交房、入伙、办证与生活阶段，业主沟通、业主维系、交房办理与入住物业服务是影响业主口碑的关键触点。只有以满足客户体验为中心，在产品价值链的各个接触点为客户提供协调一致的产品和服务体验，满足客户心理和情感层面的需求，最终才能通过给提供完整的体验而建立起品牌形象。

本章重点阐述售中基于客户关键触点的样板示范区打造。基于客户关键触点的样板示范区打造，始于项目定位，以满足客户体验为中心，以销售为目的，围绕客户参观与购房动线形成的项目领域、项目入口、销售中心、园林配套区与样板房这五大区域关键触点，从产品体验、服务体验与氛围体验这三大方面，通过营造真实的生活场景，全面呈现项目价值体系，使客户能直观地感受项目价值及未来生活。

在营造之前，首先要明确样板示范区的主题定位、选址原则与动线规划。

其一，样板示范区主题定位。样板示范区的主题定位，依据客户定位与项目定位进行，围绕特定的主题来营造。城市综合体项目，面对经营者与购房者，样板示范区主题定位要围绕未来的繁华与便利，重点演绎城市综合体产品的复合功能价值。豪宅项目，面对的是高端客户，样板示范区主题定位要围绕其核心资源，针对潜在客户的生活方式与关注重点，注重历史人文与工艺细节，营造会所式销售中心、皇家园林、城市资源级配套等。

其二，样板示范区选址原则。样板示范区选址需要考虑客户到达项目的便捷性，满足全项目整体施工组织，满足全项目营销进度，客户从体验区入口到达销售中心、园林与样板房动线直接、简洁、舒适。

原则一：交通便捷原则。一方面，应分析项目辐射主要区域的客户来访工具与来访路线，示范区主入口与销售中心的位置设置，须方便该项目辐射的主要区域客户直接到达；另一方面，应分析项目地块周边标志性建筑，示范区主入口设置借力周边标志性建筑。避免三大因素影响客户来访过程中的体验：因单行道导致反向客户无法直接到达，因沿途指示牌不清晰导致客户难以找到项目，因沿途交通道路品质低影响客户价值判断。

原则二：形象展示原则。一方面，样板示范区要能最大化利用项目周边人文或自然资源，或整合周边水岸、山体、湿地或公共绿化代建区，"为我所用"，或借助周边风景名胜区、良好的城市或自然景观面，"为我所观"。另一方面，临街或临主干道要有好的形象展示，针对项目辐射主要区域客户的来访路线，既要考虑在市政道路与项目之间规划缓冲区，通过项目领域让客户转换心情；还要考虑项目规划红线外市政道路、绿化及相邻建筑对楼盘档次的干扰，并提前规划好相应的改善预案。再一方面，样板示范区内的园林景观应具有一定的代表性，样板示范区组团应包含样板房所有房型。

原则三：客户体验原则。一方面，样板体验区要有足够的空间，以景观（植物、水景、广场）、休闲设施等充分展示未来生活场景；同时为了有效地进行成本和品质控制，样板体验区面积不宜过大，例如龙湖就规定样板体验区的总面积一般不超过 30000 平方米，如果样板体验区面积过大，可设置核心体验区和引导体验区。另一方面,结合客户体验动线,针对客户在体验过程中眼、耳、鼻、口、手的感官效果进行有预见的、有主题的、有情趣的、有想象的装饰景观实施。例如,龙湖在样板示范区开创的六重感官系统:

> 视觉的:四季花草树木色彩变化,天空的颜色、建筑的色彩……

> 听觉的:鸟雀争鸣,水流风吟,儿童的欢笑,大人的低语……

> 嗅觉的:花香,草香,邻居家隐隐的糕点香……

> 味觉的:初熟的野果,甘甜的花蜜……

> 触觉的:清凉的水流,柔软的小草,建筑石材或粗粝或光滑的质感……

> 感觉的:一个与自己共鸣的空间……

某项目样板示范区选址示意图

其三,样板示范区动线规划。在客户抵达样板示范区之后,从销售需要出发,围绕项目入口、销售中心、园林配套区与样板房设置客户参观动线,既利用项目入口、园林景观、配套设施与样板房等,展示未来生活场景;又通过高标准的建筑立面、工法房、材料展示区等,充分体现项目工程质量与项目品质；还通过各级领导参观照片、企业所获奖项、以往项目情况等，展示企业实力水平。动线设置三原则：单向、循环、封闭，让客户在无人指引与被指引状态下的动线相同，确保动线中希望输出的内容全部被客户看到，从而达到"傻瓜式看房"效果。动线规划有三项注意：一是载体相对集中，即销售中心、园林配套区、样板房、工法房等多个载体相对集中在一个区域；二是全程无工地感，即在整条流线中，保证客户水平视线不见工地；三是停车场与停车位，既要考虑样板示范区内的客户停车点应毗邻销售中心并相对独立，若距离超过200米则应配备电瓶车，还要考虑根据项目规模配备固定数量的客户专用停车位，并应考虑销售高峰期的客户临时停车区。

青岛龙湖滟澜海岸参观动线示意图

一、项目领域体验管理

由城区进入项目，这是两个相对独立的区域范畴，通过道路建设和建筑体实现城区与项目的衔接与过渡。如古典诗歌中"起、承、转、合"中的"起"，项目领域作为客户参观样板示范区的前奏，承担铺垫作用，是客户对示范区的第一印象，进入项目领域即感受示范区传递的信息。

项目领域体验管理的要点，是通过特定的场景让客户感知"已到达本项目"。作为客户对项目的第一印象，关键是打造出超越周边品质的领域感，并有效地传达给客户。项目领域的客户体验管理，重要的是做好以下四点：一是外围指引；二是景观围墙；三是景观大道；四是精神堡垒。

（一）外围指引

外围指引系统包含五类：其一，指引牌，诸如交通指引牌、形象指引牌；其二，电子指引，诸如百度地图、高德导航；其三，围挡指引，诸如项目地立柱或桁架指引、十字路口围挡或入口围挡指引；其四，楼体字指引，诸如楼体排栅字、楼体巨幅、楼顶发光字指引；其五，临时指引，诸如临时指引桁架或临时指引牌，一般在客户集中到访期间或开盘使用。

指引系统的设置，既需要考虑项目辐射主要区域的客户来访工具与来访路线，还需要考虑竞品客户来访路线。例如，私家车客户，既需要在高速出口、项目主干道设置交通指引牌，在项目周边设置形象指引牌，还需要在百度地图与高德地图标记项目，便于私家车客户使用导航系统。例如，步行客户多在周边居住或工作，多需要项目围挡指引、楼体字指引等。

（二）景观围墙

项目景观围墙，将项目与周边区隔开来。根据定位需要，有些项目可以设置 5~8 米高景观围墙，在营造"大城"气势的同时，使项目的昭示性凸显，并有效遮蔽项目工地形象，再结合外围立体绿化与灯光系统营造，强调项目的私密性，并同时起到良好的形象宣传作用。

（三）景观大道

考虑体验区范围以外客户接触点的景观等整体效果，针对项目红线外市政道路现状以及相邻建筑的影响和干扰等，对临近项目样板示范区主入口的道路进行改善，既要做好沿路绿化，又要做好道路硬铺装，与周边的农民房、工厂、荒地等环境隔离开来，再配上排列整齐的引导旗，既通过阵列制造出仪式感，又打造出超越周边品质的领域感，还让客户清晰感知"已到达本项目"。

（四）精神堡垒

精神堡垒，是项目精神含义的标志性象征，是根据项目定位为自身设计的具有明显标示性的地标建筑物或艺术类构筑物，既作为项目的精神堡垒，让客户在看到该地标建筑物时就能感知项目的气质与特征，心理上感知进入项目领域，又是客户在未接近入口时就能看到的项目地标，让客户简单便捷地找到项目入口。例如，圣莫丽斯在山上建造一座圣塔，既作为项目的精神堡垒，又作为项目的地标。

某项目领域体验管理示意图

景观大道　　　　　　景观围挡　　　　　　精神堡垒　　　　　形象指引牌

某项目领域改造前后对比示意图

二、项目入口体验管理

经过精心搭配的指引，到达项目的客户带着浓浓的好奇，项目入口是客户关注的要点之一，一个震撼的主入口，将给客户带来惊喜，并达到增强记忆的效果。

（一）主入口

主入口作为小区楼盘的开场白，它是客户步入楼盘的第一视觉冲击及精神轰炸；它作为小区楼盘的名片，它的效果对楼盘品质和公司企业文化有直接影响。由小区大门及标志景观组成的主入口是激起客户兴奋点的第一个环节，越高端的客户越看重。入口应与居住区整体环境及建筑风格相协调，与项目定位相匹配，并凸显与竞品的区隔。

小区大门凸显入口的仪式感与领地感，标志景观主要是全冠大乔、景墙、景观石或水景与景观绿化的结合，注重色香味形声全感官接触，给客户以惊喜。一般而言，别墅的主入口，会人为地造成对建筑的避让，渲染产品的神秘和尊贵，多采用树阵和水景比较规整做法；高层产品则在主入口形式上多采用小品绿化、广场结合的手法，增加人群的参与性、互动性。龙湖滟澜山通过开放式入口方式，采用草坪、花境、灌木与高大乔木缔造立体园林的标志景观，并将项目 LOGO 墙设置在入口前广场的花海上，凸显仪式感与尊贵感。济南的万科城市之光，主入口有 3 棵生命树，非常有标志性，甚至成了济南的城市一景。

龙湖滟澜山入口

万科城市之光入口

（二）形象岗

主入口的形象岗，既体现项目高端属性，又展示项目星级物业服务标准，给客户安全、正面的形象，增加客户安全感，从入口开始就给客户一种信心。例如，龙湖项目形象岗的规定动作：第一，关键岗位设置移动岗哨区（底座＋遮阳伞），旁边配合项目背景牌；第二，由形象气质佳的安保人员站岗，站姿一丝不苟；第三，定时进行换岗仪式，动作标准，过程专业漂亮。

形象岗示意图

（三）私家路

在寸土寸金的香港，楼宇的高度、密度令人称奇，而与之形成鲜明对比的，莫过于豪宅的标配——私家路，私家路不仅是身份的象征，更是居住安全私密的保障。

客户自主入口至销售中心之间的私家路，一般分为两种：一是视野开阔型，即开门见山，让客户顺利进入销售中心；二是迂回型，即曲径通幽，引起客户的好奇与走下去的欲望，经过一番弯弯绕绕进入销售中心。

若停车场在主入口附近，则私家路为步行路。这里要注意三点：其一，私家路的距离控制在 30~50 米。如果私家路太短，人的视觉不够舒展，仪式感与尊贵感难以缔造出来；如果私家路太长，导致客户走得太累，因倦怠而导致体验感下降。其二，景观打造，既要突出仪式感与秩序感，让客户震撼的同时倍感尊贵，又要移步易景，开启独特空间体验。具体而言，可以运用"乔木＋灌木＋花境＋草坪"打造内聚式立体园林，也可以运用大面积水景或跌水景观。其三，注重私家路的光影效果，既具有较高的观赏性，又可提亮空间与营造氛围。

某项目步行私家路线示意图

若停车场在销售中心附近，则私家路为车行路。这里要注意两点：其一，主干道为双车道沥青路，保证行车顺畅，提高客户体验效果；其二，道路两旁移植符合项目气质的高大乔木，通过树阵缔造仪式感，有的项目还在道路中间设置中央绿化带或移动花箱隔离，强调私密性。

（四）导示系统

导示系统，引导到访客户在样板示范区自由参观。导示系统要和项目形象定位相匹配，设置的位置要醒目，实现客户在无引导状态下"傻瓜式看房"目的；色彩鲜明并与周边建筑明显区隔，将项目的 VI 元素融入其中，同时造型设计应充分考虑其所在地区建筑、景观环境以及自身功能的需要。

在有些高端项目，不仅设置导示系统，更配备高素质的服务生指引，这些服务生穿着统一的白衬衫与马甲，有管家的感觉，给客户更尊崇的享受。

（五）停车场

停车场保证停车顺畅，既要考虑距离销售中心距离合适，要有专人引导与看管，高端项目还要考虑私密性；还要考虑员工停车与客户停车相互独立，根据项目规模配置客户专用停车位数量，一般不少于20~30个，且考虑销售高峰期的客户临时停车区。

停车场物业服务，要求礼仪形象好，服务热情，注重细节，让客户感动。停车场物业服务有两类：基本服务类，诸如使用规范动作指挥车辆停靠，主动帮客户开门并微笑致欢迎词，车场的武装巡查，送别客户时微笑并在后视镜内敬标准的军礼等；增值服务类，诸如帮客户遮挡车牌，帮车辆搭盖遮阳车罩，甚至帮客户清洗车辆等。例如，某项目在销售中心旁规划汽车精洗店，既可以吸引潜在客户上门，又可以延长客户逗留时间，成功为项目导流。

将客户车辆指引到规定区域。

给客户开车门、护顶。

在客户下车前撑好雨伞。
（提醒客户贵重物品随身携带）

客户下车后，提供太阳伞并送至售楼处。

客户下车时，车场岗指引手势
（指引到售楼处）

炎炎烈日下提供
汽车遮阳罩

客户离开敬礼送行

停车场物业服务示意图

三、销售中心体验管理

销售中心是营销的重要战场，既是项目形象的一个重要展示场所，又承担着客户接待与信息传递的作用。90% 甚至更多的成交发生在销售中心，无论怎样强调销售中心的重要性都不过分。

销售中心的位置，要么设置在现场，要么设置在外场。现场的小区会所、酒店、办公楼、商场、临街商业裙房、架空层、学校等永久性建筑空间，或临时搭建建筑，皆可以用作销售中心。外场的销售中心，可以租借市中心的商场或酒店。

销售中心体验管理有四大关键：其一，建筑风格与装饰设计，应与该项目的定位吻合，能很好地体现出项目的档次、品位、风格、气质等。第二，销售动线与功能分区，销售动线符合"循序渐进的单程闭合流线布局"，销售功能区齐全，各功能区相对独立且对应关系合理。第三，销售物业服务，客户满意度是房企很重要的软实力，通过良好的形象、规范的服务展示，不但能提升项目的品牌形象，更能在自然的气氛中营造销售的最佳氛围，达到最佳销售效果。第四，销售氛围缔造，通过包装、道具与人气渲染现场火暴氛围，让客户进入销售现场即受到感染，从而加速购买决策。

销售中心装饰要点	小户型	年轻、省略、个性、张扬、夸张、前卫、时尚、另类、浪漫、耳目一新	年轻人为主，要符合年轻人口味，活力张扬的颜色（粉色、橘红、天蓝、浅黄、果色）装饰小品要夸张前卫，另外在小细节上要够小资
	中档楼盘	简洁大方、自然得体、温馨自然	项目在温馨、家上下功夫。中档楼盘消费者会自己算账，理性，他们清楚这些装饰的钱是谁出的，所以需要把握好尺度，既不能小气又不可以浪费
	中高档楼盘	稳重、成熟、考究	黑色、咖啡色、银灰色，是这个层面的主色调，稳重成熟的基调加上考究的细部设计（异域风情饰品、口味、质感上的体现，动静层次丰富空间设计）
	高档楼盘	有品位、有格调、有气质、庄重而不浮躁	真正的贵族喜欢把财富影隐藏在细节上，装饰细节：油画、大理石铺装、高档设备、古典音乐或轻音乐

销售中心的建筑风格，既要契合项目定位，又要呼应项目的建筑理念和产品特征。豪宅类项目的销售中心，建筑风格上一般极致奢华，恢宏大气，

凸显行业标杆形象,从格调上吸引高端客户;城市综合体销售中心,为展现未来繁华便利与城市综合体产品的复合功能,营造浓郁的商业氛围,避免中规中矩,多采用后现代主义手法,打造成区域标志性建筑。销售中心的装饰设计,首先要满足功能性,在装饰设计上多考虑与建筑风格、楼盘档次相匹配。

(一)销售中心功能分区

销售中心是承上启下的区域,要高效利用销售中心整合营销线索给客户进行洗脑,要按"循序渐进的单程闭合流线布局",明确销售中心各功能分区。

根据销售动线"抵达——接待——展示——洽谈——签约",销售中心可以分为四大区 16 小区,分别为:(1)大门辐射区,包括引导区、情景区与入口区;(2)销售区域,包括迎宾接待区、影音洗脑区、品牌展示区、沙盘模型区、生活体验区、洽谈区与财务签约区;(3)活动区域,包括 SP 活动区、儿童游戏区与个性休闲区;(4)后勤区域,包括卫生间、办公区与物业区。

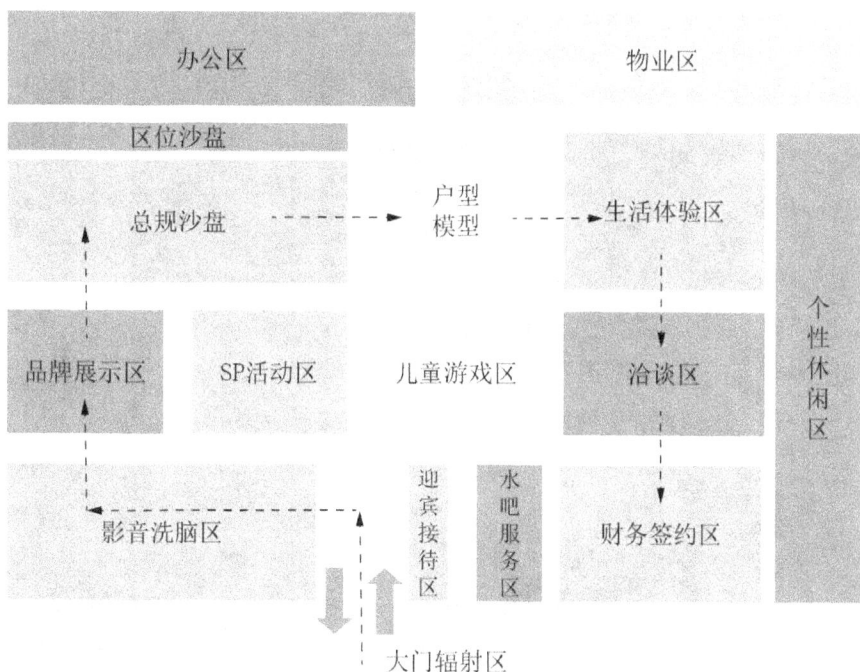

销售中心各功能空间结构关系图(仅表示结构关系,不代表实际空间排布)

1. 大门辐射区

销售中心的选址，既可以设置在项目现场，也可以独立设置在人流集中的繁华地段。设置项目现场的销售中心，可以毗邻主干道，亦可以在样板示范区深处。销售中心的大门辐射区一般可以分为三个部分：引导区、情景区与入口区。

引导区，指销售中心前广场与周边道路交界的区域及其适当延伸，主要作用是提示销售中心位置，引导人流与车流，形成初步的交通导向与视觉焦点。引导区常见包装为工地围墙、阵列式引导旗或地气球、精神堡垒。

情景区作为提高整体品质感和愉悦度的区域，在氛围把握上，应突出项目的核心概念。例如，万达广场销售中心情景区，突出"万达广场就是城市中心"的概念，营造繁华与便捷的意境，凸显商业氛围。

入口区位于销售中心大门前方，是进入销售中心的主要形象通道，应注意体现气势与阵列感，一般设置有景观或美陈；注意景观与美陈设计不得对销售中心主入口与主展示面有视线遮挡。

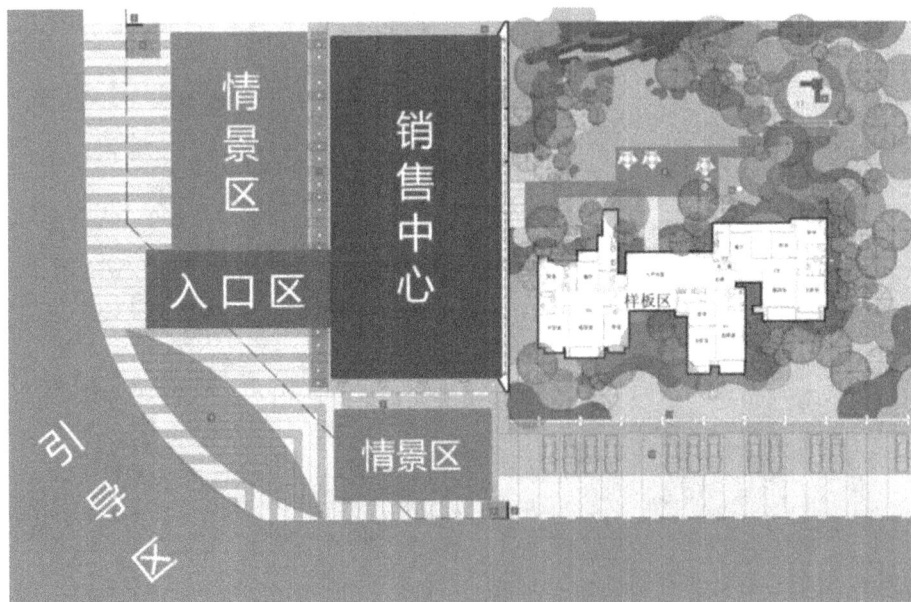

2. 销售区域

第一，迎宾接待区

迎宾接待区作为客户第一感受区域，第一时间精准传递项目气质形象。其一，通过灯光、天花吊顶、背景墙与接待台异形处理等方式营造视觉焦点。其二，接待台与背景墙应庄重大气，代言项目气质与风范。接待台的位置可以设置在靠近销售中心入口，也可以设置在正对销售中心大门。

第二，影音洗脑区

播放集团品牌宣传片、项目品牌形象片或项目功能宣传片。其一，环幕投影，由于其屏幕半径宽大，客户的视觉完全被包围，再配合环绕立体声系统，能充分体验一种高度身临其境的视听感受。其二，影音室主题化，在给客户良好的感受外，突出表现销售中心的差别化，让客户对项目及销售中心有较强的记忆和识别性。

第三，品牌展示区

品牌展示区的三项常规内容：其一，品牌的实力、行业地位、发展历程与企业荣誉；其二，对标项目，对标国内外代表性项目。河源市商业中心2013年入市时通过"世界城市综合体巡展"，对标国内外知名城市综合体，快速提升客户对项目地位与城市综合体价值的认知；其三，展示物业品牌与物业服务模式。如果是城市综合体项目，还需要展示已进驻或意向进驻的主力店与次主力店品牌。

第四，沙盘模型区

沙盘模型区主要设置二类模型，分别为区位沙盘、总规沙盘与户型模型。

区位沙盘强调三大价值：其一，凸显区域价值；其二，展现配套价值，无论是现实还是规划中的行政、学校、医院、公园等配套；其三，路网简单化，强调主干道及通往利好地点如市中心、高速出口、地铁或高铁站等道路。

总规沙盘呈现范围取决于第一重点，看江的项目须有江，看山的项目须有山。万科溪望项目在杭州的西溪湿地，最大的卖点是景观和环境，因此，沙盘三分之二的位置都用于凸显产品的卖点，强化塑造大的环境，比如以喷雾、水景等强化其景观优势。万科未来城则是体现未来科技感，整个沙盘做的是不规则的形状，沙盘与项目的地块形状正好也贴合。

户型模型，重点强调户型的优点，展示生活情景。

沙盘模型区至少两个实墙展示面，并在沙盘模型与墙之间预留空间，用于陈列 LED 屏、展板、触摸屏等多种形式的展示道具，展示三类内容：其一，公示项目法规证照；其二，项目价值体系，即项目的区域价值、项目价值与产品价值；其三，搜集客户对本项目最关心的核心问题，公开解答，例如万科的"阳光宣言"。

第五，生活体验区

在生活体验区，企业将设计语言转发为销售语言，通过情景化展示自身的配套，对客户进行"洗脑"，提升产品的溢价空间。万达认为，生活体验区是展现城市综合体繁华便利生活的有效道具，应尽量实景呈现，包括万达影院、大歌星 KTV、大玩家，皆在销售中心集中布置。

生活体验区，不仅可以用于展示会所、配套，还可用于展示建筑材料。展示建筑材料既是一种增加透明度的做法，又可以将设计语言转化为销售语言，让客户体验项目的优势与卖点。杭州万科在阿里附近有个项目叫万科星空，主打科技感，通过运用阿里科技的系统，可视化地呈现科技成果，比如地暖用手去感知，新风系统用装置演示。世茂有个项目宣传自己的窗子有隔热的功能，就在窗子外设置模仿太阳光的灯，通过打开再关上来感受隔热效果，这种直观体验是任何文字、图片说明都不能比拟的。

第六，洽谈区

洽谈区对于谈判的成功与否有着很大的影响，所以这片区域的设计非常关键。洽谈区的家具以舒适、尊贵、品质感为宜，提升客户价值感知；根据项目规模与空间大小，一般组合 10 组左右的洽谈桌、沙发或扶手椅，集中布置；在色彩的布置上，宜采用暖色调，少用或不用冷色调。

根据需要还会增设独立封闭的 VIP 洽谈室，并非给宾贵客户或商家专用，还可单独接待个别过于仔细或特别难缠的客户。

除洽谈接待功能外，洽谈区还应包含以下四个功能区：

其一，价格销控区。价格销控表要不断迅速更新，通过不断贴已售标签使现场的销售氛围快速上升，制造卖压。

其二，销售物料区。销售物料在满足基本的销售要求之外，最好能超越营销视野，嫁接文化、美感、艺术感。

其三，趋势、政策区。主要用于展示趋势或政策的利好消息，明示或暗示客户"现在就是最佳购房时机"。当项目价值体系沟通完后，政策与趋势的洗脑至关重要。

其四，水吧服务区。需要操作台面和水槽，通上下水，配备红酒、咖啡、茶、饮料、点心。水吧服务区是客户体验服务水平的重要场所，氛围营造要轻松、典雅，装修要求更加细腻。水吧可以作为一个视觉的焦点，结合水吧背景板烘托洽谈区气氛。

第七，财务签约区

签约区与财务室结合，位置相对靠里。签约的过程很关键，这个时候客户往往比较脆弱，要尽量避免客户受到干扰，签约区的干扰越少就越容易保障成交的顺利进行。签约区要求安静、干扰少，尽量设置在销售中心最里面，而且应该相对单独隔离，一是因为安静可以避开嘈杂的人群，二是因为人群相对较少可以减少其他人对签约客户的不利影响。

收银室毗邻签约区，距离越近越可以缩短客户犹豫的时间，不会节外生枝，且给客户的感觉也比较人性化。根据项目档次，选择柜台式收银室或贵宾式收银室，其中，柜台式收银室需要对外柜台长度，大于等于 3 米，以满足热销期 2~3 人同时收银；贵宾厅式收银室须设置沙发等候区。

3. 活动区域

SP 活动区，多靠近沙盘模型区，为项目举办活动的专用场所，亦可用于才艺表演与展示，既聚集人气，又延长客户逗留时间。

儿童游戏区，多靠近沙盘模型区，在洽谈区视野范围内，尽可能靠近墙壁，且墙面可贴卡通风格墙贴。该区域的功能使父母可以集中精神了解项目，延长客户在售楼处停留时间，同时体现人性化关怀。

个性休闲区是售楼处不可缺的一个区域，可以设置为书吧，或引入品牌咖啡吧、茶吧等，一个很舒适的休闲区意味着客户会待长一点时间，好处是客户对项目增加一份好感，维持了该项目的人气，销售人员多一份机会。有的项目把售楼处洽谈处装饰成高级茶馆，入座后没有售楼小姐的盘问介绍，却是茶艺小姐推来的茶具和优雅的茶艺表演，品茶、品文化、品楼盘档次，给售楼赢得了更多的时间展示楼盘。还可以将销售中心的个性休闲空间外延，使客户在休息或洽谈的时候，样板示范区的园林景观能够始终在客户的视线范围内，不断增强景观对客户的视觉冲击。

4. 后勤区域

卫生间是于细节处体现项目形象的重要空间，整体设计应与项目形象匹配，装修标准应与项目档次匹配，或按酒店标准进行装修配置。卫生间要求保持干净整洁、气味宜人，配备洗手液、卫生纸、擦手纸、梳子、护手霜、干手机、擦鞋机等物品，细节处体现人性化。

办公区，一般由经理室、销售办公室、更衣室、会议室、电营室、档案室与营销库房组成。工作区的整洁干净很重要，不仅要给顾客一个好的印象，也给自己一个好心情；与此同时，办公区要体现企业文化，激励语句、销售龙虎榜、员工活动照片等都是标配。为了让置业顾问更多的战斗在"主战场"，不宜将销售办公室设置得过大。更衣室，属于营销办公的配套场所，需要考虑隐蔽性，一般设置可悬挂衣服的更衣柜、鞋架以及用于化妆与补妆的化妆台，并在室外配置大穿衣镜。电营室，主要用于电话营销人员 CALL 客。档案室的面积取决于所销售套数（含住宅、车库、商铺），一个 4 层档案柜约可容纳120 套住户档案。营销库房，用于存放户型单张、楼书、手提袋、雨伞、展架、礼品……种类繁多的各类销售物料，开放式的架子优于有门的柜子。

物业区，主要由设备与监控室、保洁工具间、物业库房、安保用房等组成。监控室，独立设置，背景音乐等音控设备设置在监控室统一管理。保洁工具间，主要存放保洁用具如抹布、水桶、水管、地垫，以及地毯、石材清洁机器等大件。物业库房，主要用于存放各类饮料、水及餐具，设置多层架子以堆放成箱饮料。安保用房，主要为保安、保洁更换并存放衣物，休息等候的场所。

（二）销售与物业服务

把服务导入销售的每一个环节，注重接待过程中的每一个细节，满足买房者所需的尊重感，让客户浸入未来入住之后的美好生活。尊重感贯穿于整个楼盘的销售过程，企业精心导演的一次看房之旅，通过销售中心的物业与销售服务，让看房客户认可品牌、认可产品、认可观念，最终做出购买决策。

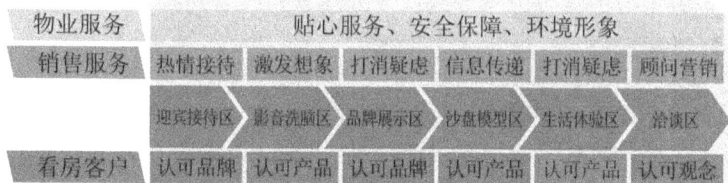

物业服务	贴心服务、安全保障、环境形象					
销售服务	热情接待	激发想象	打消疑虑	信息传递	打消疑虑	顾问营销
	迎宾接待区	影音洗脑区	品牌展示区	沙盘模型区	生活体验区	洽谈区
看房客户	认可品牌	认可产品	认可品牌	认可产品	认可产品	认可观念

销售中心客户参观示意图

销售服务，通过迎宾接待区的热情接待，快速拉近销售员与客户心理距离，通过认可销售员产生对品牌的好感；在影音洗脑区，运用品牌形象、项目形象或项目功能宣传片，激发客户对未来美好生活的想象，促使客户认可产品；通过品牌展示区的企业品牌、对标案例与物业品牌展示，打消客户疑虑，促使客户认可品牌；在沙盘模型区，运用区位沙盘、总规沙盘与户型模型，传递项目的区位、配套与园林、户型等方面的优势信息，让客户认可区域认可项目；在生活体验区，通过对项目生活、配套、质量等的体验，打消客户疑虑，让客户对未来生活产生信心与憧憬；在洽谈区，通过顾问营销，让客户认可观念，最终做出购买决策。

销售中心物业服务的专业展示、物业服务人员的专业服务水准，将极大地扩大潜在客户的身心体验享受，提高客户对项目物业服务质量的信心，强化了客户对项目的认同，扩大项目的影响。

在销售中心，客户体验物业的客户服务、安全保障与环境形象的重点区域，分别为大门辐射区、迎宾接待区、销售大厅与洽谈区水吧，关键岗位分别为外围环境维护岗、大门辐射区的形象岗、迎宾接待区的礼宾岗、洽谈区的水吧客服岗与销售大厅环境维护岗。针对每个关键岗位，要从五个方面规定服务标准，分别为：人员配置、礼仪标准、工作标准、服务道具与统一说辞。

洽谈区水吧客户服务示意图

（三）销售氛围缔造

销售氛围直接影响客户的购房心态，是成交的核心环节之一。销售氛围，从内容来分，主要由氛围包装与信息传播组成；主要是根据客户参观动线，在氛围包装基础上，输出卖点、配套、规划等利好信息，让客户进入销售中心能被现场热销气氛迅速感染。

销售中心的销售氛围，重点关注大门辐射区与销售中心内部这两大区域，通过氛围包装与信息传播共同缔造。

1. 大门辐射区销售氛围

大门辐射区，氛围包装的主要形式有楼体字、标志字、引导旗、门头、指示牌、拱门、空飘、绿植与建筑小品等；信息传播的主要形式有展板、桁架、工地围挡等。

| 标志字示意图 | 门头示意图 | 楼体排栅字示意图 |

| 拱门示意图 | 建筑小品示意图 | 桁架示意图 |

2. 销售中心销售氛围

销售中心氛围包装，主要有四个层次：第一层次，人气；第二层次，沙盘、美陈、绿植、小品、展板等；第三层次，吊顶、吊旗等；第四层次，光影、色彩、温度、气味与音乐。

第四层次：光影、色彩、温度、气味与音乐

第三层次：吊顶、吊旗

第二层次：沙盘、美陈、绿植、饰品、展板等

第一层次：人气

销售中心销售氛围缔造示意图

第一层次，通过现场的人头攒动、电话的频繁与销售员的忙碌，烘托出火暴的场面。客户进入售楼处后一片人气兴旺鼎盛，沙盘区看房的，洽谈区谈价的，签约区下定的，第一感觉就是这家楼盘生意那么好，肯定不会错；非集中销售期，一般通过现场活动聚集足够的人气，或销售员邀约客户于某一时间段集中上门。在没人时，甚至还可以制造一些进线或找人扮演客户，也能起到人气缔造作用。

第二层次，运用沙盘、美陈、绿植、饰品、展板等工具烘托出火暴的场面。沙盘模型，底座与吊顶融为一体，用不同光源区隔不同功能区并制造氛围，沙盘重点位置及配套均用发光牌标示。美陈、绿植、小品、装饰等，皆通过给顾客带来视觉上的冲击，持续激发顾客的注意力，引发其对产品的美好想象。

第三层次，运用吊顶、吊旗、吊幅等道具，既可以迅速抓住顾客的眼球，烘托现场氛围，还可以输出项目核心卖点，强化品牌价值。碧桂园十里金滩销售中心大厅架空约10米，二层部分区域封闭以悬挂吊幅，输出项目核心卖点。

第四层次，运用光影、色彩、温度、气味与音乐等形式烘托出火暴的场面。销售中心总体效果要求通透、明亮，与整体形象相符。空旷冷寂的环境将使人在无形中产生紧张、抗拒心理，多用暖色调，少用或不用冷色调。暖色调让人感性，易产生购买冲动；冷色让人理性，变得斤斤计较。温度也会影响客户的购买情绪，太高太低都不好，一般调至 25℃。气味方面，销售中心的薰衣草花香、个性休闲区的咖啡味等，让客户有浸入感。音乐要符合项目的调性和风格，音响位置摆放科学，音乐应当符合营销节点的需求。一般而言，销售集中期，现场客户较多，音乐节奏快一些喧嚣一些，加速客户购买决策；销售淡季，客户来访不集中，音乐的节奏舒缓温和，延长客户滞留时间。

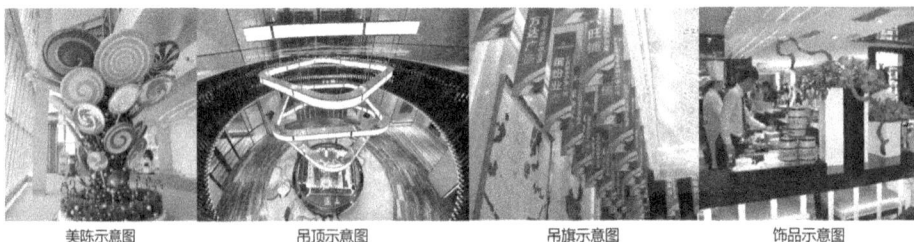

美陈示意图　　　　　吊顶示意图　　　　　吊旗示意图　　　　　饰品示意图

销售中心信息传播，主要形式有背景墙、品牌区展板、区位图、卖点墙、LED 屏、触摸屏、包柱、资料展架、台卡与地贴等。

照片墙示意图　　　　品牌墙示意图　　　　展板示意图　　　　　卖点墙示意图

销售中心的体验管理，做到以上只是基本功，从客户的角度来看，客户不止看一个项目，如果销售中心不能与众不同，就不能给客户深刻的印象，留不下记忆点；从销售中心的功能来看，不仅限于项目展示与营销接待功能，在竞争激烈的房地产市场中，还需要承载起导客的功能。这就需要在三个方面下功夫：文化包装、塑造亮点与跨界嫁接。

第一，文化包装

人们谈论的话题，晒朋友圈的动机，本质上是彰显价值观。大众是价格驱动，中产是家庭生命周期驱动，小众则是价值驱动。金字塔越往上走就越需要身份感、价值观的认同，不管是奔驰宝马、苹果小米，都是精神标签。不管是 VI 还是精神的图腾，每个项目都要有自己的精神内核，通过造景或者某种特定符号去体现，既与竞品区隔，又与潜在客户在精神层面达成共鸣。

其一，符号统一。正荣国领从项目品牌中提炼关键词语"领"。从建筑设计、景观设计、成本采购、营销设计、物业管理都可以围绕提炼出来的项目主题元素进行延展，能确保项目风格与标志的统一性。龙湖的项目提炼的符号是龙鳞，所以售楼处建筑浪打里面玻璃的凹凸变形而来，包括一系列的灯柱、墙面带状灯光、里面景墙灯带等都有一套统一的语言，售楼处室内沙盘模型上空穿顶也有这些创意符号。

其二，文化包装。通过文化包装，提升项目的档次与逼格。天津鲁能泰山 7 号要打造书香门邸、名门世家的感觉，所有的景观和建筑都偏中式学院风，分别做了学院、学府的感觉，提升整体的文化氛围。还有一些项目，将销售中心做成图书馆、书店、艺术馆，并经常举办一些读书、艺术展览等活动。

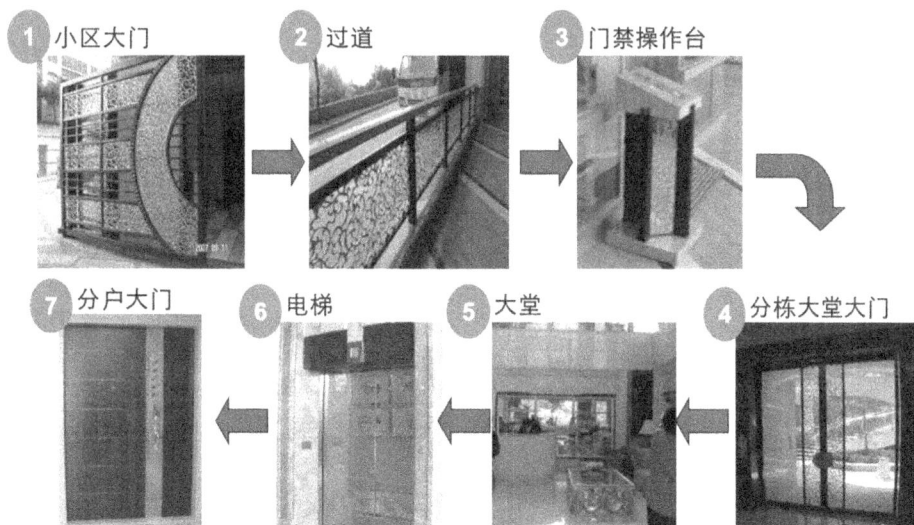

某项目客户回家路线标志系统

第二，塑造亮点

销售中心可以在造型、风格、主题、科技与服务方面塑造亮点，不仅可以吸引路过的客户前往参观，还能激励客户主动发朋友圈，为项目导入更多的潜在客户，更能吸引新闻媒体争相报道。

其一，造型亮点。在造型方面，万达做出了很多有益的尝试。无锡万达就做成了紫砂壶造型，哈尔滨万达城的"冰壶"、合肥万达城的"凤阳花鼓"、南昌万达城的"青花瓷"、青岛东方影都的"鹦鹉螺"等，这些售楼处都以中国传统文化作为创作元素，造型特别，分外吸睛，而且还借机向当地文化致敬，讨好了当地市民，可谓一箭双雕。

其二，风格亮点。不追求一砖一瓦的品质感，寻找到更吸引买房人群的"点"，从这一个"点"出发深入打造，赋予售楼处一种生活理念，将项目所想呈现的内容完美直观地表达出来。万科翡翠公园主打户型为 85 ㎡ 与 125 ㎡，客户群体多为时尚中青年群体，"摇滚范"黑色风格售楼处，凸显楼盘生活理念，更吸引买房者。外部以黑色搭配金色，配以错落不规则的立面，凸显现代感和时尚感；内部以黑色调为主，搭配风格感极强的部品摆件，家居全部运用皮质及金属质。

其三，主题亮点。每个项目，都尽力挖掘出差异化竞争对手的并为客户接受的品牌定位，用于指导后期的营销策略，这也是务必要客户留下深刻记忆的利益点。如果销售中心的主题设计能够凸显其品牌定位，无疑能起到事半功倍的效果。南京有个项目的卖点是水景，开发商围绕销售中心做了一个大型水景示范区，人工湖面上还建造了一个大帆船，使客户对项目"滨江"的卖点记忆深刻。

其四，科技亮点。酷炫的高科技，很容易吸引客户眼球，放下戒备的心理，主动进行体验。万科翡翠公园入口处有一个造型奇特的灯柱，只要有人在下面驻足就会被点亮，亮灯后像飞碟一般，人越多灯越亮，不仅引爆现场，而且引发朋友圈刷屏。很多项目的做法是先进影音室，再看沙盘，而万科御河硅谷的 360 全息影音则是设置在中庭，置于空中，无界悬浮，立体环绕的 IMAX 视听，科技感十足。例如，有项目引入电子沙盘，通过不同区域灯光的分开控制，既确保项目信息讲解的完整性与标准化，再配置触摸互动装置，通过客户的操作记录，统计客户的关注点。

其五，服务亮点。略高于项目定位和客户需求的"服务"是溢价和成交的催化剂。一个五星级的售楼处，要有五星级的服务相配，不然美景成泡影。万科有山销售中心，接待台和物业服务台采用下沉式设计，工作人员所站区域与地面有60厘米的高度差，导致所有的服务人员都必须仰视才可以和客户对视，给予客户足够的尊重感以及满足感。正荣集团旗下就有多个项目售楼处引入了头等舱概念，不但客服人员要颜值爆表，服务也要求做到头等舱的同等水准。

第三，跨界嫁接

从销售中心的演变来看，主要经历了四个阶段：1.0时代，主要功能就是卖房子；2.0时代，开始叠加一些休闲功能，比如把水族馆搬到售楼处里面，做一些美人鱼表演，吸引客户到访；3.0时代，叠加咖啡馆、图书馆、书店等休闲功能；4.0时代，通过跨界嫁接，销售中心的功能更加多元化、复合化，一个销售中心会囊括了咖啡馆、图书馆、植物园等多种场景和功能，极大地提升了销售中心的导流功能。

上海阳光城MODO的销售中心以公益为主题进行打造，对导流起到很鲜明的促进作用。销售中心主要承载三个功能：一是公益咖啡馆——魔都咖啡，承诺每月捐出3000杯公益咖啡1元义卖；二是辐射周边居民的公益服务站，为市民提供免费的雨伞租赁、免费洗车、手机充电等便民服务；三是不定期与不同的公益组织合作，组织阳光城的业主及大量的客户去做义工。这些跨界嫁接手段都是促进客户来访的有效举措。

成都麓湖·艺展中心，销售中心已经不仅仅是售楼处，而是一座城市活性博物馆，占地1万多平方米，内部规划有生态美术馆、水上音乐厅、艺术会所、访客接待中心的多重功能，每天都会有一大帮艺术爱好者前来观展。

四、园林配套体验管理

园林配套区的核心目的，让客户潜移默化地加深对项目形象概念的理解，使客户身临其境的感受未来在此生活的场景，继而让其产生归属感和情感维系。园林配套区客户体验管理，重要的是做好以下四点：一是主景观，二是参观通道，三是商业与配套，四是安全与服务。

（一）主景观

主景观展示项目园林风格，反映项目园林的亮点与档次，由于开盘展示区一般都未能做到园林完整呈现，主景观的园林节点要能以小见大。主景观打造中要注意以下五点：

1. 风格统一，主题鲜明

园林风格有中式园林、欧式园林、地中海园林、东南亚园林与现代园林等，既要考虑与建筑风格匹配，更要注重园林风格的统一。没有主题的景观应该叫绿化，主题是统领景观设计全局的理念，可以将地块潜在的最大价值发挥出来，引起人们的情感共鸣。

龙湖·滟澜山，采用地中海园林风格，缔造"浪漫"主题园林，从平面构图、植物的色彩、小品的设置、小游园的主题等，都极力烘托主题。园林由五大主题景观组成，分别为："蔷薇谷"主题的翠荫回转山谷、"银杏道"主题的密林繁花蹊径、"紫香堤"主题的1.6公里水岸栈道、"滟澜渡"主题的清波云影流碧、"朗月溪"主题的季风清泉皓月。

2. 体验五感化，场景生活化

其一，体验五感化。通过调动人的视、听、嗅、味、触觉五种感官，加强人们对所感受到事物的认知，激发情感。利用五感来营造氛围，引领人们浸入情景，最具有代表性的就是佛殿。进入佛殿可以看到高大的佛像、神态各异的罗汉、虔诚的信徒等，可以听到悠远的钟声、直入人心的诵经声，可以闻到佛堂独有的香火气息，可以摸到宏伟的佛堂建筑，通过刺激五感，营造出庄严、肃穆的氛围，人们就不由得虔诚起来。

其二，场景生活化。"场景"一词源于舞台表演艺术和电影艺术中的布景，又叫"场面"和"场地景"；它是人物同人物在特定的时间和环境中共同构成的生活画面，并随着人物性格和情节的不断发展而发生变换。景观设计的根本目的是创造一种能够让人心情得以释放的空间和归宿，通过生活场景打动顾客。场景或穿插于密林幽径中，或形成一个组团，在通过精致的充满生活情趣与艺术氛围的小品打造中实现，该区域通常还与室外家具、道具的摆放结合起来，让人对未来的美好生活充满臆想。万科溪望，在湿地公园配置蜘蛛主题全龄复合游乐园、国家标准 5 人制足球场、塑胶环形慢跑道、湿地公园会客厅、室内健身房等，缔造繁华低密度慢生活的场景。

3. 空间变化，移步易景

根据客户参观动线，按照有节奏的控制人的心理变化来布局重点景观节点和场景，通过"空间变化,移步易景"，营造出富有强烈生命气息的生活场景。

其一，疏与密的结合，即"开敞空间"和"内聚空间"相结合。其二，高与矮的结合，即考虑植被的视觉层次，打造立体园林体系，将植物变成建筑的外立面，让社区里满眼都是绿。龙湖最为著名的"五重景观"，第一层，7~8 米高、胸径 20 厘米的大乔木，勾勒天际；第二层，4~5 米高的中乔木、大灌木，增添层次；第三层，2~3 米高的小乔木、灌木、球形植物，满足视线范围内绿化量；第四层，1 米以内的花卉、小灌木是层次最为丰富的部分；第五层，0.2 米以下的草坪、小地被，供人近赏。有项目更是打破了以平铺直叙的方法营造景观的手法，通过堆坡打造波澜起伏的风景。其三,四季色彩的搭配。各季植物配置得当，可显出四季花开不绝，让参观者从感官上直接感受四季变化。

4. 巧做硬景，多做软景

硬景一般指园建部分，诸如大门、围墙、水池、泳池、花架、景观亭、铺装、小品等，软景一般指绿化，诸如乔灌木、花池、草坪等。其一，严控硬景。硬景部分，特别是广场、道路、水景，对园林整体成本造价影响很大，应严控面积。其二，巧做硬景。例如，将广场功能多养护，与锻炼器械的运动功能或棋牌桌椅的娱乐功能结合；例如人车分流，小区路方便快捷，游园路曲径通幽;再例如，小品布置于视线焦点，水景用在主入口或主要景观节点，起到画龙点睛作用。其三，多做软景。植物的布置原则是"多比贵好、多绿少贵"。

5. 近景精做，注重细节

景观就跟你日常生活中打扮一样，当你胡子刮得很干净，衣服烫得很整齐，头发梳理得很光亮，那么你就会给人一种很精致整齐的感觉。在景观设计上，就是近人尺度的景观，要特别注意细节，不仅要平整、平滑，接口处还要衔接自然，才能表达出品质感。

（二）参观通道

参观通道指高品质地制造一条连接通道，引导客户自销售中心至样板房，通过沿途场景使客户在参观过程中被打动，潜移默化接受项目的形象定位或概念包装，并最终激发他们的购买欲望。

参观通道有三种，分别为半封闭式通道、全封闭式通道与开放式通道。封闭式通道，指由于施工等原因修成的一个廊道，一方面能保证在工地上安全行走，另一方面能阻挡视线，避免看房者看见工地上杂乱的景象，可以是半封闭式的，也可以是全封闭式的。开放式通道，指看房动线部分景观基本已经完成，并且没有其他施工影响的情况下，建造的完全开放式看房通道。

参观通道的作用主要有三个：一是成为回避施工现场的绝佳利器，最大限度减轻施工对客户参观的影响；二是完成项目或组团形象定位或概念包装的落地问题；三是成为客户的无声导游，让客户顺利、流畅地完成整个单一封闭的参观动线。

1. 施工包裹

为了将施工区域和样板示范区相互隔断，不影响客人的正常参观，围挡和蓝天白云是重要的施工隔断工具。杭州新都汇1958是穿插施工的，售楼处和楼栋在一起，但脚手架非常干净，没有扬尘。杭州万科郡西别墅，示范区旁边就在施工，通过绿植把两者区隔开。

2. 导示系统

导视系统不但有着引导、说明、指示等功能，它也是环境布局的重要环节，也是营造风格、塑造文化的重要组成部分。苏州旭辉铂悦府的景观指示牌，项目VI视觉元素贯穿了整个园林景观，既丰富了示范区的美感，又起到了很好的导视作用，小处着眼，体验人文关怀。

景观指示牌可以说是很小的细节，但是用了心客户是能感受得到的。

3. 景观小品

景观小品是打造高品质通道的很好的道具。比如景观与项目元素（雕塑）很好地搭配起来，非常生动，更显趣味性。碧桂园十里金滩，临建板房位于销售中心二层，参观通道沿路布满卖点地贴，通道两侧设置海洋度假堆头装饰，让客户始终置身于海边度假气氛之中。

（三）配套与商业

不同类型客户有不同的兴奋点。首置首改项目，客户在示范区的兴奋点应该在样板房，小区园林配套好是锦上添花，这与客户对住房的关注度高有关。再改、豪宅类项目，客户看的是小区整体，对样板房的居住感要求高的同时，园林景观与社区配套也是重要的兴奋点，对园林、车库、老人小孩活动区、会所、社区商业、健身场地等都有较高的要求。

1. 社区配套

社区配套应考究儿童、青年、老年三大年龄段的需求，开设不同场地来切合不同年龄层的生活习惯。例如，为匹配业主家庭的成长追求，龙湖推出了四大全龄适配板块，即室外会客厅、健康跑道、多功能架空层及阳光悦读区。

其一，儿童游戏

小孩是小区里最重要的群体，儿童活动空间应该是项目最重视的模块。有项目会根据孩子成长年龄、心理变化的不同，设置分龄段的儿童游乐场；比如分为1~3岁宝宝的启蒙游乐场和3岁以上孩子的亲子乐园。龙湖更是将社区游乐设施安排在一片郁郁葱葱的林荫之间，让孩子们玩得更尽兴。

其二，成人空间

对于成人而言，重要需求主要有三个方面：一是交际需求；二是亲子活动；三是运动锻炼。针对成人的需求，很多开发商针对性做了户外会客厅、亲子空间与健康跑道等。

对于交际会客，龙湖在入口处区别于传统的仪式感轴线设计手法，打造出了一处轻松惬意的会客空间。在这里，邻里之间可以闲话家常，朋友来了就可以在这里接待。

对于亲子活动，户外菜园、园区桑树种植等都是很不错的空间。万科有项目尝试将部分景观改造成 1 ㎡ 米菜园，提供 1 米 *1 米的户外菜园，物业可以组织业主进行亲子采摘和种植，既节省了维护景观的费用，又为业主提供一个亲子互动场所，享受劳动乐趣，收获自家果实。

对于运动锻炼，有项目就规划了大型的运动场地，既鼓励大家多下楼运动，也可满足亲子篮球、乒乓球、羽毛球等大型的亲子类聚会。很多业主晚上回家锻炼怎么办？有项目在跑道两旁安装感应呼吸灯，夜间开启巷道灯模式，既方便跑步者又能产生互动效果，同时节能环保。下雨天跑道湿漉漉怎么办？金地某项目就针对雨后跑步的需求，增强整个园区的路面排水系统，使用透水材料，雨后不怕积水，增强户外跑步的体验感。

其三，老人康体

老人退休后空闲时间很多，他们的需求也是不能忽略的，而老人活动空间强调安全、健身、休闲这三个层面。

考虑到老年人在社区内的活动时间较为频繁，龙湖做了老年人的活动区设计，为老年人提供一个可以安静休息、健身、交流的地方。金地对于老年人的各方面需求都考虑到位，比如广场舞是大妈的至爱，项目配备了专业音响，导视牌指明使用时间和音量，不怕扰民；还设置了树荫下的交流空间、书法广场、遛鸟空间、棋牌娱乐等休闲空间。

2. 商业街区

样板示范区的商业街包装，主要目的并非为了让投资客产生购买冲动，而是通过展示商业的主题定位、业态规划与品牌落位，体现项目的调性，提升项目成熟度，是对住宅业主未来生活的一种刻画和导入，成功的商业街区包装不仅能增加住宅业主的信心，更能为项目的形象加分。生活型的商业街包装，核心目的在于体现业主未来生活的便捷性；高端型项目的商业街区包装，核心目的在于展示未来品质生活图景；复合型项目的商业街区包装，核心目的在于体现规模与商业的差异化功能。

商业展示区的选择，一般以销售中心为圆心，将商业街划分为重点展示街区、次重点展示街区、一般展示区。位于参观动线上，最靠近销售中心以及客户参观入口的位置，为重点展示区；位于商业街整体的中部，在客户参观动线上，为次重点展示区；在参观动线上，离销售中心最远的区域，为一般展示区。

商业街区主题定位，决定了其吸引力。一方面，一种主题定位，意味着一种生活方式，需要了解项目潜在客户的生活需求有精神需求；另一方面，不同的主题定位，也会形成商业街不同风格，并决定业态规划与品牌落位。例如,针对首置客群,若业主多为三口之家,商业街区的主题定位可以是"亲子、卡通与青春"；若业主多为单身贵族，则商业街区定位可以是"年轻、激情与缤纷"。例如，针对再改客群，高端型项目，商业街街区的主题定位可以是"文化、民俗与传承"。

商业街区的业态规划与品牌落位，决定其可信度。主题定位明确后，需要规划与主题定位符合的业态，并选择与业主消费力向匹配的品牌进行落位。若生活型项目，针对首置客群，若业主多为三口之家，则业态规划在符合主题定位的前提下，既要考虑提供生活必需的"餐饮、超市、便民类、服务类与维修类"业态，还要考虑"儿童培训、儿童娱乐、母婴服务"类业态，以及幼儿园或小学教育品牌，同时根据项目档次选择业态下的代表性品牌进行落位。

商业街区的展示重点分三个层次，外围的小品、绿化、导示、步道等是第一个层次，建筑立面、门面、店招、雨棚等是第二个层次，商店自身的氛围营造是第三个层次。在商业氛围缔造上，既可以通过玻璃贴展示业态规划与品牌落位，还可以通过实体店或橱窗进行展示。

橱窗展示示意图　　　　实体店展示示意图　　　　玻璃贴展示示意图

（四）安全与服务

园林配套体验区的安全与服务，主要体现在三个关键触点，分别为：安保系统、保洁绿化、看房车服务。

1. 安保系统

一个良好的安全居住环境是每一位购房者的首选，24小时安保巡逻与安保设施，让客户感觉到安全。

安保巡逻与安保设施示意图

2. 保洁绿化

配置专业保洁或绿化工具，引入工具车与作业篮，提升日常作业感观。遇到客户参观，停下手头工作，弯腰问好，礼貌用语："您好，欢迎参观"；保证保洁频次，不间断巡视。

普通项目，每日每隔1小时对道路、广场进行清扫；每半月冲刷。
高端项目，每日不间断对外围道路、广场进行清扫；每周冲刷。

普通项目，每日对水池漂浮物打捞两次；每半月换水与冲刷。
高端项目，每日不间断对水池漂浮物进行打捞；每周换水与冲刷。

遇到客户参观，停下手头工作，弯腰问好，礼貌用语："您好，欢迎参观"。

保洁员工作示意图

3. 看房车服务

接送客户参观样板房，重点关注礼仪与驾驶安全，配备雨伞。

问好
并指引客户上车 | 提醒客户"小心碰头" | 车辆起步，提醒客户坐好扶稳 行驶中转弯、减速、避让提醒 | 主动下车，用标准手势引导客户 | 烈日、雨天撑伞送客户

五、样板房体验管理

样板房体验管理，重要的是做好以下三点：一是建筑立面；二是大堂与电梯；三是样板房。人们对于建筑的感知往往是从外立面开始，一个建筑物的成与败、好与坏及人们对建筑物的认同，通常都是由建筑立面起着决定性作用。通常要求建筑5层低区外立面要展示出来，一方面与园林衔接无工地感，另一方面彰显建筑品质。大堂与电梯是小区与房子的过渡空间，实现心情转化，营造私密、舒适与尊贵的场景。样板房是户型的《产品说明书》，是最重要的销售道具之一，也最能激发客户的欲望。样板房，既用于展示房子及户型的结构与优势，又强调高品质生活场景的布置，营造"源于生活又高于生活"的生活氛围。样板房的外在展示效果、内在装修及空间规划与布置都应该是重点关注的对象。

样板房的选址，一般有两种选择：一种是现楼里面；一种是现楼外面。设置在现楼里面的样板房，选择主要功能房景观好的位置，能突出项目卖点并符合营销策略，讲究的是主要功能房与周边建筑物对视，无视线遮挡。设置在现楼外面的样板房，可以选址销售中心，也可以选址于商场或项目临时工地。

样板房的户型选择，一般会从三个方面进行选择：一是数量最多的户型；二是部分有缺陷的户型，通过装修化解设计缺陷，甚至将缺陷转化为优势；三是最具设计亮点的户型，一般为项目的楼王产品或创新产品，用以加强项目整体品质，提升客户心理价位。

（一）装修风格

装修风格，按装修材饰的特征分类，可以分为现代风格、古典风格、新古典风格、田园风格、简约风格、前卫风格、自然风格、乡村风格、艺术装饰风格、怀旧风格等；按地域分类，常见的有中式风格、欧式风格、东南亚风格、日式风格等。

项目定位决定装修风格。可以选择与建筑风格相匹配的装修风格，若楼面建筑风格为地中海风格，则样板房装修风格可以采用地中海风格，更能给客户以身居国外的感觉；以中式风格为建筑风格的，样板房采用新中式风格，更能给客户以价值、文化和品位的认感。可以选择与客户定位相匹配的装修风格，若楼盘档次较高，则可以选择欧式古典风格、中式风格、豪华型的简约风格等，若楼盘的客户群主要是刚性需求较强的结婚族，则可以选用田园风格。

装修风格还受客户年龄、家庭结构等因素影响。对于单身青年，现代风格、前卫风格不失为一种好的选择。对于没有孩子的年轻夫妇，现代风格、田园风格、简约风格、混搭风格都是不错的选择。对于孩子还未小学毕业的三口之家，充满童趣的现代风格、混搭风格都可以。对于孩子较大的两代人家庭，可以更多地根据夫妻年龄来选择风格，可为其选择现代风格、新古典风格、古典风格、混搭风格等。对于三代同堂的家庭，还是以稳重、大方的现代风格、混搭风格为主。

装修风格和家庭结构	
家庭结构	匹配的装修风格
单身青年	现代风格、前卫风格等
年轻夫妇	现代风格、田园风格、简约风格、混搭风格等
三口之家（孩子较小）	充满童趣的现代风格、混搭风格等
三口之家（孩子较大）	现代风格、古典风格、新古典风格、混搭风格等
三代同堂	稳重、大方的现代风格、混搭风格等

（二）客户敏感点

入口作为消费者的第一视觉点，对消费者的影响力远远超过样板房其他区域。因而要对样板房的入口做重点打造。

客厅作为任何房型中主要亮点，设计上应突出内部空间的塑造，在保证功能的前提下，着力进行内部空间在宽敞性和舒适性方面的塑造和挖掘。会客厅的设计应具有向心性，成为整套样板房的中心；尽量为客厅设置过渡空间，避免直接进入。在可能的情况下可在客厅区域设计酒吧或酒柜，吧台可以结合开放式厨房设置，在多了个闲聊区域的同时扩展了客厅空间。客厅背景墙是很多样板房的重点设计部位之一，设计师通过凹凸对比、色彩对比，形成虚实对应的空间，打造视觉亮点和居家新体验。

主卧室是有决定权的家庭成员的使用空间，能否相得益彰地讨好客户的需求是该样板房成功的重要标尺。尤其需要重点打造衣帽间的情景软装——每位女士都希望自己有足够的空间来容纳自己已有和即将拥有的服装和鞋帽。

餐厅的"地位"与日俱增，它令快节奏生活的家庭多了适当的宁静和惬意。精美的餐桌椅、桌布、精心摆放的餐具和食物，体现出主人的生活品位，与餐桌配合的恰到好处的灯光折射着生活的缤纷色彩。无独立餐厅套型的起居室应按照功能分区的原则运用家具、吊顶及灯具等元素营造出就餐区。

卫生间作为独立空间，代表着一个空间的品位，可以作为样板房亮点之一来打造。

书房设计可营造静思和宁静的阅读氛围，依据定位要求，可为样板房套内人物设定职业和特殊习惯，通过书房设计表现出主人公鲜明的性格特征，从而使整套样板房鲜活起来。比如虚拟主人公有一定的生活阅历，热爱文学，喜欢高尔夫运动……氛围的营造要充分表现出主人公鲜明的个性和生活习性。

小孩是来访客户中最容易受感染的群体。具有生动情景软装的小孩房会让小孩及挚爱他们的父母完全没有"免疫力"。儿童房依据设计定位中孩子年龄特点设计，营造一个充满童趣和想象力的地方，布置一些使孩子看了就心动的场景，小女孩的粉红芭蕾舞衣，或是小男孩的玩具手枪，抑或是少年们钟爱的赛车模型都会使空间生动起来。儿童居住的卧室色彩宜反映儿童的性格特征，设计元素中不宜有锐角。

要让项目产品的价值最大化，就是通过缔造场景，让消费者能看到，同样一个空间，可以有不同的用法，不同的体验。以地下室为例，一般会将地下室装修为健身房、影音室或酒窖，有个项目将其改造为一个仓库，并配上"有这么大的地下室，你就可以在家造个大黄蜂"，帮助客户理解其实用功能，提高产品价值。以层高为例，常规而言，无非是加个板，营造豪宅氛围，或者做一个大的挑空，装上贵贵的吊灯；一个项目做叠加的挑高时，做了一个非常特别的攀岩墙，非常新颖美观，再配上场景文案"在家玩个跑步机神马的弱爆了，你可以在家攀个岩，因为这里有6米高的挑高"，这种场景不仅能凸显产品价值，更能激发客户拍照发朋友圈。以露台为例，很多项目将露台拿来做家庭 BBQ 场景或者啥也不做放在那里，一个项目将露台做成一个私家沙滩，只有躺椅、草棚、沙子、玩具等物件，再配上场景文案"有这么大的天台，你就可以考虑在家打造自己的私人沙滩了？"一下子就击中了很多妈妈与小朋友的心。

（三）个性与亮点

对于样板房来说，其装修目的与家装的注重功能不同，设计重点放在个性打造和品位上，给客户创造的是一种视觉冲击力。样板房个性打造过程中常采用的手法：色彩、灯光、材料与软装。

光是营造气氛的重要工具。样板房设计一个恰当的光环境非常重要，应做到柔和、舒适、有层次感。照明分三种方式：背景照明、辅助照明、重点照明。在设计中，三种灯光照明要注意完美的组合，一般来讲，三种照明的光亮度比例是 $1 : 3 : 5$。在设计照明效果时，有些灯具可以隐蔽。

颜色最能刺激人的视觉神经。样板房色彩的搭配必须关注色彩的象征性和意象性，有意识地利用色彩媒介传达出一定的意境、情感和内涵。恰当的色彩调配，可以塑造不同凡响的气氛，达到不战而胜的效果。用色彩来组织设计语言是最有效、最经济的手法，往往能收到事半功倍的效果。

"新"代表着最新的时尚。样板房可以应用一些新技术，让人耳目一新，吸引客户的注意力。

样板房作为展示空间，如果说硬装设计是骨架，软装饰则是血肉和灵魂。样板房软装包括：活动家具、地毯、窗帘、床品、墙饰、装饰灯具、绿植、花艺、电器、情景饰品、背景音乐、香薰。其主要功能和作用是营造打动客户的空间，营造记忆点，促进销售。软装在样板房装修中很重要，硬装如身体，软装如衣服，常言道人靠衣装，其实样板房也非常需要软装，通过硬装可以改变一些户型的瑕疵，而通过软装可以提高该户型的生活品位。软装一般有四点要求：一是软装的风格要符合硬装的风格，可以形成风格统一，协调；二是软装的档次要稍微高于这个客层的需求，让客户对生活产生追求感和美好感；三是相关的大物件（例如床、桌子、椅子、柜子等）会做适当的缩小，根据我以往经验，缩小比例一般控制在 15% 左右，这样可以凸显出户型的空间感、舒适感；四是软装中的一些物件要选择品牌的，这样可以通过爱屋及乌的心理状态，提升楼盘的价值。

在这个竞争激烈的时代，不仅要自己做得足够好，更重要的是比竞争对手做得好一点。要做到与竞争对手不同，还可以通过打破一些行业惯例来实现。例如，一般样板房里总是会有各种的假，假花、假书、假水果、假饮料等，如果我们将样板房的假换成真，甚至提供给参观者品尝，相信给参观者的感觉就不一样。例如，样板房总是通过各种途径告诉参观者，不可坐卧，担心的无非是打乱了现场布置，但是在宜家都允许客户随意坐卧的情况下，我们为什么不能鼓励客户坐卧呢？要知道愿意坐着慢慢看的客户，多半就是希望买的客户，让他们在这里长留一会儿，有何不可呢？例如，参观样板房都被要求穿鞋套，其实客户在内心都是抗拒的。套鞋套这个环节无非是担心客户的脚弄脏了样板房的地板，请保洁员擦的勤快点就可以解决，一旦你不需要客户穿鞋套，一定会给客户不一样的感觉。还有卫生间通水的问题，样板房的上下水一般在参观阶段都是不通的，样板房里面的卫生间也只能有参观的功能。一旦你的样板房通了上下水，不仅做到与众不同，更能生动演示洁具品牌的功能。

　　在物质差异越来越小的状况下，通过对顾客心理层面的理解，在营销中，设定独特的体验情景，让顾客参与其中，让顾客更容易理解产品。用菲利普·科特勒的一句话来说，体验式营销就是以商品为素材，塑造感官体验和思维的认同，抓住顾客的注意力，为人们制造出值得回忆的感受，并且为产品找到新的存在的价值和空间。

价格，撬动高利润的最佳杠杆

利润是企业的生存之本，是企业生死存亡的关键。只有获取足够的利润，企业才能得到不断地发展壮大。如何获得高利润，是企业所有者与股东最关心的问题。

利润 = 单价 × 销量 − 成本。要提高利润，我们能做的，一是提高单价，二是扩大销量，三是砍掉成本，除此之外别无选择。当一个管理者想通过定高价来获取高利润时，他是在撬动价格杠杆；当一个管理者大力提高营销预算，以期获得更大的市场份额时，他是在撬动销量杠杆；当一个管理者想精简公司人力结构时，他是在撬动成本杠杆。

其一，从扩大销量来看，受市场环境与产品同质化的影响，扩大销量尤为困难。与此同时，向右下方倾斜的需求曲线，说明扩大销量意味着价格的下降，进而影响利润的提高；扩大销量，意味着投资的增加与库存的增长，这又意味着增加成本。

其二，从砍掉成本看，很多企业为了获取较高的利润，往往会注重成本控制，成本控制能增加利润，却未必获得高利润，毕竟成本是客观存在的，不可能降到零，成本对利润的贡献有限。更为重要的是，一旦成本控制过头，就会影响产品品质，这其实是将企业往悬崖边推。

其三，从制定价格看，万物皆有"价"，任何一个企业，只要有产品，有交易，就必须定价。价格是营销组合中唯一带来收入的因素，没有定价，企业就没有收入，也就无从获利。从这个意义上来说，价格可以说是企业的生命线，是企业产品向货币转化的关键环节。当我们在不断思考怎么去追求利润的时候，更多是挖空心思去追求销量，但是扩大市场占有率或控制成本给你创造的利润，与定价给你带来的利润，根本无法相提并论。根据美国沃顿商学院一项研究，如果将一家公司的固定成本削减1%，不改变其他因素，它的盈利能力平均提升2.45%；如果一家公司将销量提升1%，不改变其他因素，它的盈利能力会提升3.28%。然而，价格提升1%的效应，却可以使盈利能力提升10.29%。为什么小小的价格增幅，能有如此大的效果？这其中的秘密就是，与扩大销量不同，价格变化与成本无关，而是直接追加到利润上去。

经济学意义上，对买方而言，价格是对拥有某物渴望程度的量化指标；对卖方而言，价格衡量的是保住自己一方已拥有某物的欲望程度。交易价格，介于买家愿意支付的最高额度与卖家愿意接受的最低额度之间。虽说价格只是一个数字，但它能唤起一套复杂的情感。在不同背景下，消费者对同样的价格会产生不同的感知，既可能觉得捡了天大的便宜，也可能觉得是挨了狠狠一记竹杠，还可能完全没放在心上。

古典经济学的原理假定买卖双方的行为都是理性的，卖方设法将自己的利润最大化，买方设法把自己的效用最大化。这些原理都假定买卖双方都掌握了全面的信息，卖方知道买方会对不同的价格有什么样的反应，这意味着卖方了解买方的需求曲线；买方知道有哪些备选的商品以及它们的价格，而且可以不受价格的影响，对每一件备选商品的效用做出合理的判断。

关于理性行为和信息掌握的假设，诺贝尔经济学奖获得者郝伯特·西蒙提出质疑，他在《管理行为》中提出一个不朽的观点，人类是"有限理性的"，他们太忙，信息不足，偶尔还很愚蠢，没法像古典经济学家认为的那样把事情思考透彻，没办法最大化自己的效用，决策者往往依靠灵感，或者心理捷径，迅速做出符合直觉的选择。怀着同样的疑问，心理学家丹尼尔·卡尼曼和阿莫斯·特莫斯基在1979年提出"前景理论"，将来自心理研究领域的综合洞察力应用在了经济学当中，尤其是在不确定情况下的人为判断和决策方面做出了突出贡献，卡尼曼从而摘得 2002 年度诺贝尔经济学奖的桂冠。

价格是构建产生的，并不是揭示出来的。也就是说价格是建筑学，不是考古学。价格不一定符合逻辑，商家锚定的花招以及利用对比和暗示营造幻觉的手法，透过一双看不见的手的操纵，很容易动摇人们的价格判断。

要在内心"构建"价格，人得从周围的环境中获得"线索"。消费者并不知道什么东西该值多少钱，他们茫茫地走过大街，穿过商店，穿过超市货架，根据种种线索判断着价格。对大多数人来说价格记忆都是短时记忆，他们说的和做的也并非一回事，他们愿意为某类商品付多少钱，随时都可以改变。消费者的主要敏感点是相对差异，而非绝对价格；这个差异既可以是产品差异、品牌差异、情景差异，也可以是价格自身的差异……

大多数公司的做法通常还是先设计出一个产品，然后再尝试计算出一个目标价格。但是在一些优秀的公司，价格是首先被考虑的关键因素，产品在未开发之前就先确定销售价格，设计开发者根据商品的最终售价来选择制造商和设计产品。苹果公司在发布 iPhone 5S 的时候同时推出了 iPhone 5C，由于 5C 缺乏亮点的设计和更高的价格，从而强化了消费者对 5S 的购买欲望。营销不是卖产品，而是卖价格。所谓卖价格，既要产生溢价，更要通过采用一系列的策略或手段，向消费者证明高价是值得的，让消费者觉得产品值这么高的价钱。消费者心理看似被一个个不同的商品、不同的品牌包围着满足着，但实则是被各种各样的价格魔术给催眠着，被各种商品后面的价格策略在操纵着。

本章集中阐述价格四个方面的问题：其一，消费者内心的价格机制；其二，新产品上市如何卖高价？其三，上市后，如何巧妙提价？其四，如何做高质量的促销？

一、价格背后的心理奥秘

（一）损失规避

在学校食堂就餐时，炊事员打起满满一勺，然后用手抖掉一些再放到你的饭盒，你会觉得他小气；如果他开始打半勺，然后再向你的饭盒添加小半勺，你会觉得他大方。"损失规避"，即大多数人对损失和获得的敏感程度不对称，面对损失的痛苦感要大大超过面对获得的快乐感。如何理解"损失规避"？用一句话打比方，就是"白捡的 100 元所带来的快乐，难以抵消丢失 100 元所带来的痛苦"。消费者的很多购买行为，看来似乎不合理，却符合"损失规避"。例如，商品价格一降再降，消费者却捂紧口袋，持续观望；商品价格一涨再涨，却有很多人蜂拥购买，这种"追高不追低"的跟风购买，其实就是规避损失的心理作怪。

我们来看下面的例子：在加油站 A，每升汽油卖 5.6 元，但如果以现金的方式付款可以得到每升 0.6 元的折扣；在加油站 B，每升汽油卖 5.00 元，但如果以信用卡的方式付款则每升要多付 0.60 元。我们可以看到除了表达方式上的差异，两家加油站其实没任何不同，但是人们看到这两种不同的表达后却会产生不同的主观反应，大多数人认为加油站 A 要比加油站 B 更吸引人。原因之一，加油站 A 是与某种"收益"（有折扣）联系在一起的，而加油站 B 则是与某种"损失"（要加价）联系在一起的。当消费者认为某一价格带来的是"损失"而非"收益"时，他们对价格就会非常敏感。原因之二，所谓"损失"与"收益"的衡量标准从来都不是固定的，在适当的措辞和表达方式的影响下，人们意识中的"损失"可以变成"收益"，"收益"也可以变成损失，即我们是在选项的描绘之间进行选择，而不是单纯地在选项之间做选择。也就是说，人们的偏好和选择，完全可以被人为地"建构"出来。

消费者对于价格变动具有非对称性，即对涨价的敏感程度大于降价的敏感程度。在实际的销售过程中，针对实质的价格增长，商家不是直接"提高价格"，而是将其描述为"取消原有的折扣"，因为消费者更愿意接受后者。

从心理上来说，"提高价格"是一种损失，而"取消原有的折扣"被认为没有获益，后者产生的负面心理效用较小。在降价时，商家更愿意采取返还一定比例的现金，而不是直接采用相同比例的折扣。因为对于消费者来说，前者是现实的获益，而后者被认为没有损失，研究表明前者产生的正面心理效用更大。以购买家具为例，商家利用消费者损失规避心理，设计一系列价格策略：其一，你很喜欢这套沙发，想要买，但是自己家里已经有了一套，丢掉太浪费了。商场提出以旧换新的服务，旧沙发抵价800元，这比直接在沙发上打800元的折扣，对你来说更有诱惑。其二，你买家具时，会担心坏了怎么办？商场提供7天无理由退换。一旦你将家具购买回家，如果不是因为商品质量有问题，来退货的人寥寥无几。其三，如果商场要收取200元的配送费，直接收取会触发你对于损失的厌恶心理，可以换种做法，将200元的配送费增加到产品的价格中，如果不需要配送，还可以便宜200元。

再来看两个好玩的试验：其一，有两个选择，A是肯定赢1000元，B是50%可能性赢得2000元，50%可能性什么也得不到。你会选择哪一个呢？大部分人会选A。"二鸟在林，不如一鸟在手"，在确定的收益和"赌一把"之间，多数人会选择确定的好处，即处于收益状态时，大部分人都是风险厌恶者。其二，有这样两种选择，A是你肯定损失1000元，B是50%可能性损失2000元，50%可能性什么也不损失。结果大部分人会选B。在确定的损失和"赌一把"之间做一个抉择，多数人会选择"赌一把"。当人处于亏损状态时，会极不甘心，宁愿承受更大的风险去搏一搏，即处于损失状态时，大部分人都是风险偏爱者。

（二）参照对比

我们的大脑做决策时需要一个参照物，没有这个参照物我们就会感到不踏实，以至难于做判断。什么是"得"，什么是"失"呢？假如你今年收入20万元，该高兴还是失落呢？假如你的奋斗目标是10万元，你也许会感到愉快；假如目标是100万元，你会不会有点失落呢？所谓的损失和获得，一定是相对于参照点而言的。丹尼尔·卡尼曼将其称为"参照依赖"，即人们对得失的判断往往根据参照点决定。

尽管消费者对相关产品的价格区间很了解，但他们很少有人能记得特定产品的准确价格。消费者在做购买决策时，对于价格的感知不只会受到价格绝对值的影响，更多地会受到参照价格的影响，消费者往往将所观察到的商品价格同内在参考价格（例如记忆中的价格信息）或外部参考框架（例如正常的零售价格）进行对比。研究显示，参照价格的来源包括基于记忆、基于刺激、基于记忆和刺激的混合以及基于预期四类观点。基于记忆的参照价格强调参照价格来自于过去的价格经历或观察，也称为内部参照价格。基于刺激的参照价格认为参照价格来自于环境中的价格信息，如竞争产品的价格、促销价格、广告、情景等各类刺激信息，也称为外部参照价格。基于预期的参照价格认为参照价格是基于心理模拟所产生的想象，包括行为主体对将来的预期和所希望达到的水平。无论是来源于记忆还是来源于刺激，都是通过形成将来价格的预期而成为参照价格的，因此都具有基于预期的特征。消费者的参照价格主要包括以下几个方面：原有价格、典型价格、最近一次支付的价格、预期未来的价格、公平价格、上限价格、下限价格、竞争者价格。

心理物理学发现，人们对相对差异非常敏感，对绝对数值不怎么敏感。假设你正在商场排队付款一台15元的计算器，旁边有人告诉你，你想买的这款在10分钟步行范围内的另一家商场10元就能买到。这时你会过去吗？大多数受访者表示他们会去。假设你正在商场排队付款一件550元的夹克，旁边有人告诉你，你想买的这款在10分钟步行范围内的另一家商场545元就能买到。这时你会过去吗？大多数受访者表示没必要。显然，这里就有心理物理学的作用：对15元的东西来说，省下5元显得挺多；而对550元的东西来说，5元算不了啥。

人们一般并不擅长估算意见产品的价值和收益，在遇到不熟悉的商品或者高度复杂的商品时更是如此。消费者认为价格预示着品质：认为10元钱的苹果比1元钱的要好，认为阿迪达斯比李宁的档次要高，认为六缸汽车要比四缸汽车更贵。消费者什么时候会把价格作为首要或唯一的标准来评估商品呢？当购买者不确定商品真实的品质时，这种情形就会发生。较低的价格会促使消费者放弃交易，因为低价引起人们对品质的担心。消费者遵循"一分价钱一分货"的心理，不去购买低价商品；同理，对于消费者而言，"高价 = 高品质"。当顾客并不清楚你的产品对他们来讲价值几何时，你可以借此影响顾客对产品价值的判断，主要的影响方法就是"参照价格"。例如，在同一品牌系列产品中，商家会制造一款"极品"，标出一个令人咋舌的价格，这款"极品"能否售出并不重要，关键在于它将价格"锚定"在高位，悄悄改变了顾客对相关产品的价值判断。

在某种程度上，顾客看到某一件商品时，会拿它的价格和所有同类产品的价格做比较。在这种情况下，该商品就有了最低价到最高价的价格区间。在客户看来，标价最低的商品意味着品质不好，购买中间价位的商品会让他们感觉更舒服，因为他们自认买到优质商品，且较最高价商品而言中间价位商品具有最高性价比。例如，人们会拿任一商品价格与可比产品的价格区间做对照，如果你的产品定价为 2000 元，而可比价格区间为 1000~20000 元，你的产品就会看起来比较实惠；如果可比区间为 300~2000 元，你这个产品就明显很贵。

聪明的定价应该包含两部分：参照价格与核心价格区间，前者的存在是为了提升消费者对商品价值的判断，后者才包含了你真正需要他们支付的标准价格。卖方要尽可能多地了解自己和竞争对手对某一既定商品的定价区间，这样你就可以看到市面类似产品的价格区间，与此同时，将参照价格定的远高于你的标准价格。例如，对于标准价格为 2000 元的商品来说，2500 元的参照价格依旧有效，但是作用不是很强，毕竟两种彼此接近的价格可能误导客户直接将两者进行比较，而不会改变他们潜意识里对该商品真正价值的估价。但是，若你为一个标准价格为 2000 元的商品制定了一个 10000 元的参照价格的话，顾客在判断这件商品的真正价值时就会发生较大的改变。

锚定效应是参照点的具体应用。锚定效应，是指当人们需要对某个事件做定量估测时，会将某些特定数值作为起始值，起始值像锚一样制约着估测值。在做决策的时候，大脑会对得到的第一个信息给予特别的重视，第一印象或数据就像固定船的锚一样，把我们的思维固定在了某一处。作为一种心理现象，锚定效应普遍存在于生活的方方面面，"第一印象"和"先入为主"是其在社会生活中的表现形式。心理学家曾做过一个实验，他们带领一些大学生和房地产的专业人员参观一座房屋，然后请他们估计房屋的价格。而在参观之前，实验人员会打印一份随机生成的"销售数据表"分发给他们作为"参考"。多次试验的结果显示，无论是大学生，还是这些专职的从业人员，他们对房屋价格的估计无疑都受到了"销售数据表"的操纵。表格里的价格越高，相对应的人员给出的估值也越高，反之亦然。显然，人类的大脑极易受到"锚定效应"的影响，即使是专业从业人员也不例外。

顾客会本能地想在不同的产品之间做比较，这有助于他们做出购买决定。无论是货架上还是菜单上，诱饵的出现都是为了让商家成功卖出他们希望顾客购买的商品。与不使用诱饵的情况相比，成功地在购买过程中引入"诱饵"，会让顾客在潜意识里觉得你的主打产品更优质。

其一，诱饵产品。权衡对比原则认为，倘若甲物明显比较差的乙物要好，消费者会倾向于购买甲——哪怕还有许多其他选项，哪怕根本没办法判断甲是不是所有选项中最好的。光是甲比乙好这个事实就是一个卖点，它承载着远比理性更大的分量。很明显，消费者想选择一个（对自己、对朋友、对仔细盘查他的信用卡账单的配偶来说）合乎情理的东西，缓解自己的焦虑，消费者可以告诉自己，买甲物是因为它比乙物要好得多。当你遇到两件商品在品质和价格方面相持不下，而你又希望顾客选购较贵的那件商品时，你只需要摆出价格更高但品质却没有什么优势的第三件商品就可以了。例如，A 商品与 B 商品在某一方面各具优势时，其中一件商品的品质较佳，而另一件商品则价格更优。此刻，卖方可以引入一件（在两个方面）皆明显不如 B 的商品 C，这样比起商品 A，顾客更可能选择 B。最一般的原则，就是引入一个在多数方面都比你的主推产品稍逊一筹的第二件产品，这样你就能把顾客的注意力从竞争对手的产品上吸引过来。

其二，诱饵价格。设置三种价格选择，经验的价格比率为"1 :2 :4"或"3 :4 :6"。A 为参考价格，要远高于 B 和 C，C 要低于 B，但不能差别太大。这种价格的整体作用就是要让一部分人愿意选择 A 方案，但真正的选择却在 B 方案和 C 方案，所以 B 方案和 C 方案一定得比较接近。如果 C 方案价格太低，那么客户很难对产品的核心价格区间形成一定的概念。所以应该利用 B 和 C 方案之间的价格区间描述你的核心价位。如果你只提供了两种价格选择的话，那你就需要再添上比现有两种产品都贵的第三种溢价产品。如果你的两种选择分别标价 500 元与 1000 元的话，按"1:2:4"的价格比率，新的溢价产品的价格是 2000 元。该溢价产品的设计如何没有多大关系，它可以是更高品质的同类产品，也可以是包含额外服务或属性更高级的产品。如果你目前只出售一种产品的话，你要再添加两种其他产品选择。这两种产品应该都比目前这种产品要贵，价格比率取决于竞争态势以及人们对你的产品的价值判断，也可以按经验法则"3：4：6"设置。也就是说，如果你的主推产品价格 600 元的话，那么中间价位可以是 800 元，最高价位 1200 元。

（三）认知价值

第二次世界大战刚结束时，意大利商人萨尔瓦多·阿萨尔（后来被人们称为"珍珠王"）用瑞士手表与日本做易货贸易，换回大量的黑珍珠。当时，黑珍珠并没有什么市场，人们很难接受这种"其貌不扬"的东西。一年多的时间里，萨尔瓦多连一颗黑珍珠也没卖出去。这时候他可以选择低价卖给折扣商店，或者搭配上一些白珍珠当首饰，推销出去。但当时他并没有这么做，而是带着样品去见了一位宝石商人，宝石商人同意把黑珍珠放到他在第五大道的店铺橱窗里展示，标上令人难以置信的高价。同时，他们还着手开始做广告，在一本本印刷华丽的杂志上，一串塔希提黑珍珠在钻石、红宝石、绿宝石的映衬下，熠熠生辉。不久前还含在一个个黑边牡蛎壳里，吊在波利尼西亚海水中的绳子上，无人问津的黑珍珠如今来到纽约城，环绕在最当红的歌剧女明星的粉颈上，在曼哈顿招摇过市。客户并非要买便宜，而是想"占便宜"。你真正便宜了，他反而不买你了，认为你廉价、差劲，正所谓"便宜没好货"，通过钻石、红宝石、绿宝石、印刷华丽的杂志、第五大道的珠宝店以及最当红的女明星等塑造了消费者对黑珍珠的认知价值，原来不知价值几何的东西被捧成了稀世珍宝，让客户感觉捡了个大便宜，再贵他都会趋之若鹜。

定价不是简单地确定一个数字，而是正确评估你的商品价值，让客户认可并接受你的商品价值。若从定价要素中挑一个最重要的因素,那无疑就是"价值"。这个价值并非产品自身价值,而是"对于客户的价值",客户愿意支付的价格就是公司能够取得的价格,而客户愿意支付的价格就是客户眼中对于某一商品或服务的价值认知的反映。如果客户认为某样物品具有更高的价值,那么他愿意购买的意愿就会提高;反过来也是一样的道理,即如果客户认为某样物品与竞争品或替代品相比性价比更低,那么购买的意愿就会降低。"认为"是其中的关键词,即一家公司尝试去给产品定价时,要明白客户主观认知的价值才是关键所在。

托马斯·温宁格说过一句很精辟的话:"在商品环境中,一种商品是用另一种商品来权衡的,顾客们肯定会将苹果与苹果比较,但关键是不让他们这样比。"营销说白了就是要竭尽全力影响你的消费者,除价格之外,还可以运用品牌、服务、广告、展示、情景等种种手段,影响消费者的主观认知价值,满足客户"不是买便宜,为了占便宜"的消费心理,实现客户交易效用最大化。

二、新产品上市如何卖高价

从高管到销售员都对价格问题比较忧虑,因为客户总在不停地挑剔价格过高。其实,客户之所以不购买,只有两种可能:其一,客户的确没有购买力;其二,客户有购买力,只是觉得你的产品不值这个价。所谓"不值这个价",就是每件产品都在顾客心中有一个"预估价格",专业称之为"客户价值",当客户对商品的"理解价格"高于你的产品售卖价的时候,顾客就会觉得很便宜了,相反则会觉得价格很高。提高客户对产品的"理解价格"是我们解决"客户因价格拒绝"的源头。

新产品上市,当顾客并不清楚你的产品对他们来讲价值几何,卖方习惯于认为这是一个问题,因为在卖方看来,如果一个顾客不了解你的产品价值,他似乎不会掏钱购买。事实恰恰相反,这是一次绝佳的机会,你可以借此影响顾客对产品的"理解价格"。

消费者并不知道什么东西该值多少钱,人得从周围的环境中获得"线索"。

他们茫茫地走过大街，穿过商店、穿过超市货架，根据种种线索判断着价格。营销的核心任务之一，就是主动给到客户各种线索，干预客户价格评估过程，引导客户提高对价值的认知。新产品上市卖高价的六种方法：提高认知价值、体验超预期、缔造稀缺感、参照价格法、差别价格法以及心理定价法。

（一）提高认知价值

齐白石问："这一筐虾多少钱？"菜贩回答说："50元。"齐白石说："我用我画的虾，换你一筐虾行吗？"菜贩气愤地说："你这老头脑子有病吧？要拿你的假虾换我的真虾。"这个故事告诉我们：对于一个不了解你产品价值的客户，任何报价都是高的。要让消费者心甘情愿地接受商品的高价，就要对商品价值进行塑造，从而让消费者对商品价值再认识。

1. 深入挖掘"地"的价值，抢占制高点

房地产的价值分两种：一种是"地"的价值，这是先天的价值；另一种是"产"的价值，即后天增加的地上物业的价值。房地产的核心价值在"地"的价值，而非附着在地上的"产"。站在城市高度，挖掘"地"的价值，即通过解析地块的战略价值，梳理地块脉络，优选出最具市场竞争力的价值标签。

河源市商业中心2013年最初入市时，市民、商家与投资客皆不理解"城市综合体"这一概念，简单地拿周边商铺与河源市商业中心的越王直街商铺进行对比，降低对项目商铺价值的认知。于是，我们采取两个措施：一方面，将项目所在的区域定位于"CBD商圈"，强调"CBD商圈"核心优势是"辐射五大圈层，共享五重客流"，差异化竞争对手，增强项目商铺的不可替代性；另一方面，通过"世界城市综合体巡展"，展示国内外城市综合体的价值，同时对标深圳海岸城与万象城，重建参照系，从而提升客户对项目商铺的价值感知。

2. 打造优势产品，差异化竞争对手

优势产品是指综合技术和市场两方面，设计基本合理，从客户角度来看，与竞争对手相比具有明显优势，从而与竞争对手相比销售得更好，获取利润更高的产品。房地产项目具有极强的区域属性，优势户型的缔造重点考虑客

户认知价值排序与区隔化竞争对手。例如河源市商业中心的越王直街商铺，在产品规划方面做了四点区隔于竞争对手：其一，一端衔接临街道路，一端衔接越王广场，既保障了商业街人气，又保障整体人流的均好性；其二，采用"对街铺"设计，较普通的商业街或社区底商，人流在各个商铺之间均匀分布，提升各个商铺的商业价值；其三，河源首条"双首层"商业街，极大地提升了2层商铺的价值，同时便于首层与2层商铺的分割，控制商铺的总建筑面积；其四，一改普通商业街与社区底商小开间大进深的户型设计，4.2 m开间与10 m进深，一层与2层单独销售，既符合商业街"时尚特色步行街"的业态规划对商铺面积的需求，又通过控制单个商铺建筑面积提高单价与总价的竞争力。如果是差异化不大的产品，可以通过捆绑销售与升级销售，增加客户对比难度，制造差异化，降低客户的价格敏感度。例如，可以将住宅产品捆绑车位销售，可以捆绑装修销售，商铺产品可以带租约销售或返租销售等。

3. 先推高溢价产品，提升客户感知价值

2013年河源市商业中心首次入市时，既有住宅又有商铺，如何通过推售安排缔造项目的形象？采取住宅与商铺同步蓄客，优先开售高溢价的商铺，通过商铺高销量与高售价，提高项目的客户感知价值，并一举奠定项目市场领导者地位。

4. 嫁接明星，巧借光环效应

邀请与项目档次与形象匹配的明星来出席或代言产品，从而获得大众喜爱与支持来塑造良好的企业形象。2013年4月20日，河源市商业中心的销售中心开放，4月19日通过事件造势，举办"多彩河源·美丽商城——河源市商业中心开启盛典专场文艺晚会"。在明星邀约方面，考虑到项目档次与形象需要，考虑到匹配项目招商商家与商铺潜在目标客群，更考虑到明星在河源市场的知名度与影响力，造势晚会邀约香港明星谭咏麟与台湾明星高胜美加盟，快速提升项目品牌的形象与调性。

5. 提高传播调性，形象先入为主

很多时候广告是客户接触项目的第一触点，客户能够通过广告的调性来判定项目的品质与档次，并在一定程度上影响客户对项目价值的认知。例如

2017 年河源市商业中心坚基·美丽城住宅产品入市，趁市场趋势向上，为了快速拉高住宅产品价格，实现高溢价销售，品牌定位"CBD 最后的公园森林大宅"，通过提高传播调性的方式提升项目形象，有力地支撑了产品的高溢价热销。

6. 风险规避，强化信任状

在确定的收益和"赌一把"之间，多数人会选择确定的好处，即处于收益状态时，大部分人都是风险厌恶者。河源市商业中心越王直街入市时，为了应对客户规避风险的心理，无论是现场展示、宣传物料还是销售说辞，从城市类比、城市规划、区域前景、商圈进化、政府支持、所获荣誉、商圈价值、辐射圈层、客流共享、招商运营、团队建设等角度，数据翔实，论证周密，全方位多角度论证"CBD 商圈"价值，强化信任状。

（二）体验超预期

大家都有买西瓜的经历。假如有两个人在卖西瓜，一个卖西瓜的在大声地吆喝："喂，快来买西瓜啊，我的西瓜不甜不要钱。"另一个在卖西瓜的时候把西瓜剖开，然后切一片给你尝一下，告诉你尝尝看甜不甜，甜了你再买。你遇到这两种卖西瓜的，会买哪一种呢？肯定是第二种吧。这是两种完全不同的卖瓜方式。第一种就是传统的销售方式，他的西瓜完整地放在那里，只是用语言告诉你，他的西瓜非常好，不甜不要钱；第二种是让你体验，你既能看到"色彩的鲜艳"，体验到新鲜，又能直接品尝到味道甜美。

伯德·施密特在《体验式营销》一书中指出，体验式营销就是站在消费者的感官（Sense）、情感（Feel）、思考（Think）、行动（Act）、关联（Relate）五个方面，重新定义、设计营销的思考方式。此种思考方式突破传统上"理性消费者"的假设，认为消费者消费时是理性与感性兼具的，消费者在消费前、消费时、消费后的体验，才是研究消费者行为与企业品牌经营的关键。体验式营销是企业以消费者为中心，在顾客购买、消费的整个过程中，通过对事件和情景的安排和特定体验过程的设计，让消费者沉浸于体验过程中，引发其消费的欲望，产生美妙而深刻的印象，并获得最大限度上的精神满足的过程。

客户体验分"主体验"与"延展体验"两类。"主体验"即产品主要提供的体验，属于自己的"分内之事"。"主体验"可以进一步细分为"常规主体验"与"超预期主体验""常规主体验"指在客户预期之内的体验，比如一个便利店营业时间长、产品丰富、价格低廉。"超预期主体验"指客户想不到的超预期体验，例如会员生日当天进店购物可以享受超低折扣。"延展体验"，即在自己业务的主体验之外，往前或往后多想一步，做一些"分外之事"。依照延展体验与主体验的先后顺序，延展体验可以分为前置延展体验和后置延展体验。拿便利店这个例子来说，如果便利店免费提供雨伞供顾客临时借用，就属于超预期的前置延展体验。

意料之内的东西是没有惊喜的，只有超预期的体验才能俘获客户的心，瞬间提升品牌好感。由此可见，要打造超预期体验，有两种方法：一是在产品主体验上想办法，做好细节。例如万科的U8精装公寓，提供了从玄关、餐厅、客厅、卧室、阳台等整体产品解决方案。二是做一些看似与业务无关的"分外之事"，往前或者往后多想一步，在主流程的前置或后置延展体验上做到超预期。例如，海底捞火锅的影响力并非主体验，而是各种超预期的延展体验，在客户等位这个前置延展体验中，海底捞提供各种免费的吃喝玩乐、美甲擦鞋等免费项目，超越了客户预期，也大大缓解了等位的急切心情。例如，三只松鼠是一家互联网食品企业，其坚果、干果产品备受欢迎，在主体验产品品质过硬的基础上，非常重视延展体验，在售后这个后置延展体验中，随食品附送湿巾、夹子和果壳袋，让客户吃完零食后的体验超预期。

房地产体验式营销一般是指对消费者形成全程体验，分售前、售中与售后三个环节，包括产品体验、环境体验和服务体验三大类别。和广告相比，销售现场是更加深入的体验触点，成为价格游戏的一部分，是影响客户价格估值的最重要因素。一方面，销售中心、展示区与样板房是主体验的场所，无论是环境营造还是服务提供，皆是塑造项目形象的重要工具，是房地产体验式营销最重要的组成部分；另一方面，售前的客户服务与顾问式销售，与售后的签约、办证、入伙与生活体验，是前置与后置延展体验，同样影响项目的形象与市场口碑。

（三）缔造稀缺感

"物以稀为贵"，稀缺本身就意味着价值。正如著名心理学家罗伯特·恰尔蒂尼说的："对于那些稀有的物品，人类总有一种本能的占有欲。"在营销中，我们可以利用这种心理，将自己的产品"稀缺化"，以提升其价值，吸引消费者购买。

1. 扩大需求，制造稀缺

其一，降低认筹门槛或低首付，扩大需求量。2013 年，河源市商业中心越王直街认筹金额 5 万元，略高于河源市场商铺认筹金额的上限 3 万元，一方面因为前期蓄客量充足且造势足够，既匹配项目初次入市的领导者定位，又通过提高认筹金金额拔高客户内心价格预期。2015 年河源市商业中心坚基·美好城认筹金 5000 元，就是在市场低迷状态下，通过降低认筹门槛，快速积累意向客户。其二，通过客户聚集，制造稀缺氛围。无论是新品发布会、集中认筹还是集中开盘，一旦意向客户集中在一起，就会形成一个气场。2013 年 8 月 3 日河源市商业中心越王直街于 8 月 13 日举办"新品发布会"，8 月 10 日集中认筹，意向客户通过感知现场氛围与人数来判断自己购买的竞争程度与压力，强大的气场会导致买卖双方形势逆转，卖方开始占据市场主导地位，最终促使河源市商业中心越王直街商铺开盘高溢价成交。

2. 减少供给，制造稀缺

其一，分批推售，制造稀缺。河源市商业中心越王直街商铺总计 210 卡，认筹时对市场释放的口径为只推售 100 卡，制造稀缺引发意向客户恐慌。其二，开盘摸排，缩量供应。一般在开盘前，根据有效认筹量，最终确定开盘推售量与推售结构，确保开盘火暴。例如，某次开盘总供给套数为 500 套，若开盘目标为 350 套，开盘解筹率 70%，认筹客户开盘到场率 85%，则可倒推开盘前认筹量 = 开盘目标 350 套 ÷ 开盘解筹率 70% ÷ 开盘到场率 85%=588 个。即开盘前认筹量须满足 588 个，且蓄客结构与推售结构匹配，才能确保开盘目标实现；若开盘前认筹量不足，则需要缩减推售量。其三，运用销控，制造卖压。开盘前，项目现场可以公示意向房源开花图，用假销控制造产品被追捧的程度，制造紧迫感。

（四）参照价格法

我们总是靠观察周围的事物以确定彼此的关系，就感知和判断领域而言，对比无处不在。参照价格的存在是为了提升消费者对商品价值的判断。你先让客户看到较高的价格，那么他对于该产品的价值期待就会上升。当他们随后看到较低的标准价格（你希望消费者出的价格）时，你的产品或服务的吸引力会增加。

1. 直接锚定

项目开盘前的价格口径，大都采用直接锚定的方式。常见有两种报价策略：一种是报高价，开盘时通过折扣将成交价下调给予客户惊喜和压迫感，刺激快速成交；另一种是报低价，最大限度吸引客户关注，先把客户"圈"进来，炒热项目，并在客户量大的基础上提高开盘价格。无论是报高价还是报低价，都是给客户一个心理锚，报高价的风险在于影响蓄客速度，低价的风险在于解筹时客户流失。新品入市要卖高价，既需要运用参照价格，又要避免报具体的价格锚减缓蓄客速度或影响后期的客户心理价格预期的拉升。2013 年河源市商业中心越王直街蓄客期具体报价口径如下：

第一，周边商铺价格大多在 2 万元左右，我们是 CBD 商圈，最大优势是"辐射五大圈层，共享五重客流"。一般而言，像深圳海岸城、惠州华贸中心这类城市综合体商铺价格都是周边商铺的 2~3 倍，毕竟商圈商铺的价值是社区商铺不能比的，我们这里价格肯定会比其他的商铺要高，至于高多少，现在还不知道。

第二，河源兴源路商业街现在的商铺价格是 3 万 ~4 万元，翔丰女人街的商铺 5 万元都一铺难求，十年前投资的时候，翔丰女人街商铺价格8000~10000 元左右，兴源路商业街价格 6000 元左右，所以买铺要趁早，不要等商铺繁华起来再购买别人的二手铺。

第三，我们商铺的实用率接近 100%，很多都可以一层当两层用。你看义乌小商品城 50% 的实用率，去年最高价格已经卖到 4 万元，如果按照实用率来换算，义乌小商品城的商铺实际价格都高达 10 万元了。

第四，目前坚基购物中心一楼招商租金 200 元／㎡／月，二楼是 150 元／㎡／月。这只是前三年的租金，一般购物中心运营三年之后租金大都翻一倍，也就是说三年后坚基购物中心一楼租金 400 元／㎡／月，二楼是 300 元／㎡／月。可以预见到，三年后越王直街的租金基本会与购物中心同步，这么高的租金收益，您觉得我们这种商圈商铺应该值多少钱？

第五，我们目前只有一条商业街在售，那么多人想投资，这次只推售 100 间，所以您要听我的，先抢到购房资格，抢不到铺谈价格没有意义。

2. 锚定标杆

2013 年河源市商业中心越王直街入市，鉴于市民、商家与投资客简单地拿周边商铺与本项目商铺进行对比，对项目商铺的价格预期不高，于是通过重建参照系的方式将项目对标深圳海岸城，分批组织意向客户于周末开展"深圳海岸城体验之旅"，用标杆项目深圳海岸城的商铺现价与增长速度，直接锚定本项目商铺，快速拉高意向客户对本项目商铺的价格预期。这个"标杆"，既可以是标杆项目的标杆价格，还可以是自造的标杆价格。例如在销售预热期，通过拍卖龙头铺，缔造价格标杆，快速拉升意向客户的价格预期。

3. 锚定竞品

锚定的竞品，既可以是高溢价热销的成功项目，也可以是未开售的高端竞品。例如，2013 年河源市商业中心越王直街蓄客期价格口径中，锚定 2012 年火暴热销的河源市义乌小商品城销售价格。例如，很多项目蓄客过程中，将同样在蓄客期的领导者项目的价格进行虚拟高报，以此来锚定客户心理价格高位，并反衬项目自身的性价比。

4. 租售对比

无论是商铺还是住宅，皆可以将租金与售价进行对比。针对单纯销售型物业，若现租金不足以支撑销售价格，首先需要考虑类比一个成熟的近似区域的租金价格，用于锚定本项目未来 3 年至 5 年的预期租金。例如河源市商业中心越王直街蓄客过程中，锚定的租金是坚基购物中心三年后的租金。针对产权销售与租赁相结合的项目，在销售而非租赁的区域，售价是实而租金是虚。通过对虚价租金的人为拉升，可以有效地支撑销售价格。

5. 新旧对比

其一，价格爬坡。即一个销售稳定良好的楼盘，各期产品的均价应该呈现一个稳定的匀速增长态势，不会出现中途价格大幅下跌的情况。其二，竹子开花。指一个项目每一期的开盘价都高于前一期的尾盘价格。其三，互为标杆。在新品蓄客过程中，将已开盘房源价格普遍拉高，用于拔高新品价格预期。

（五）差别价格法

几乎每个市场上都有这样一群顾客：一些顾客可能是因为他们喜欢某种商品，也可能是因为口袋里的钱比较多，他们愿意支付更多的钱；而其他顾客则希望或者只能支付更少的钱。为了实现利润最大化，并确保更多的顾客买你的产品，你应该设计出价格各异的产品，使那些愿意多花钱的顾客可以多花钱，这就是"差别化定价"。

很多产品基本相同，只是因为消费者在细微处的不同需要或认知差异而变得不同。差别化定价，价格的高低取决于消费者的价值认知。最理想的价格，应该让感觉价格高的消费者多付钱，价值低的消费者少付钱，认钱又认人，从而实现利润最大化。

差别化定价有五种形式：其一，顾客差别定价。即把同一种产品或服务，按照不同的价格，卖给不同的顾客。例如，公园、旅游景点将顾客分为学生、老人和一般顾客。其二，产品差别定价。即按产品的不同型号、式样，制定不同的价格。其三，形象差别定价。企业可以对同一产品采取不同的包装，塑造不同的形象。例如，将香水装入普通瓶子，售价50元；装入奢华的瓶子里，售价500元。其四，地点差别定价。即对处于不同地区、不同消费水平的产品与服务制定不同的价格。例如，一种治疗糖尿病的特效药，在产地美国卖46美元一个疗程，在其贫困的邻国墨西哥只卖20美元一个疗程。其五，时间差别定价。即价格随着季节、日期甚至钟点的变化而变化。例如，长途电信公司在清晨的电话费用可能只有白天的一半。

运用产品差别化定价,拟定楼盘价目表。好的楼盘价目表,要实现两个目的:一是从静态的角度是价差要合理,保障均衡去化,不能出现优质房源全卖光,留下一堆骨头在后面的情况;二是在市场与客户基础支撑的前提下,通过价格体系的动态调整,引导房源有序去化,进而实现成交均价最大化。在价目表拟定过程中,有五项注意:

其一,明确定价目标,选择价格策略。

定价目标服从与服务于营销目标与战略。具体来说,定价目标主要有三种形式,分别为:利润最大化目标、市场占有率目标、竞争取胜目标。"如何卖高价"即利润最大化目标。

采用什么样的价格策略?既要考虑市场趋势,还要考虑竞争环境;既要匹配市场占位,又要考虑不同产品类型差异。从"市场占位"来看,"领导者"的价格策略跳离市场价格体系,绝对领先,树立标杆;"挑战者"的价格策略是傍大款,抬高价格参照系;"补缺者"的价格策略是通过放大差异,实现"我的地盘我做主";"追随者"的价格策略是搭便车,"总比你低一元钱"。

其二,结合客户认知与产品特点,对推售产品分类。

产品的分类要结合产品特点,更重要的是依据客户对产品价值的认知。例如,我们在河源市商业中心中央金街2期商铺价格表拟定过程中,结合产品特点,依据客户对商铺价值认知,将临街一拖二商铺界定为"明星产品",将对街铺首层界定为"现金牛产品",将对街铺第二层界定为"瘦狗产品"。在住宅产品的分类时,通常根据产品特点户型面积与进行分类。

产品类别不同,价格策略不同。例如,河源市商业中心商铺的"明星产品"采取撇脂价格策略,力争溢价最大化;"现金牛产品"采取平价策略,确保成交;"瘦狗产品"采取渗透价格策略,趁集中开盘快速去化。

其三,先有产品类型均价,再有楼栋均价。

分析竞品,根据客户对市场类似产品的价格接受程度,得出本项目对应产品类型的市场接受价;分析竞品时围绕地段、产品、附加值等多个维度设置比较指标,并分配权重,再诸项进行对比评分。竞品的分析与选择要注意四点:第一,要找准竞品,必须是客户头脑中的竞品;第二,要比点而非比面,在户型基础上必须是近似的楼型、位置、楼层、面积段、景观情况的点对点的比较，而非项目之间或是同一户型但其他因素差别很大的比较；第三，比价还要比量，即根据竞品户型在某一价格下的成交速度来判断本项目价格的成交情况；第四，要比动还要比静，比如竞品数月前的价格应根据市场波动予以修正。

分析客户预期，既要统计分析不同产品类型的认筹速度与供需比，还要分析客户在楼栋、楼层的分布情况。从蓄客第一天起，销售人员需要了解每一组客户的意向户型，每日进行统计并制作收筹速度观测表（格式参见下表）。

产品类型	株号	供给总套数	目前收筹		收筹天数	供需比	认筹剩余天数	预计开盘前认筹量	预计开盘前供需比
			上一轮意向	样板房开放后价格引导意向					
95㎡（朝南）	7栋	58	67	45		77.6%		50	86.2%
	8栋	56	30	50		89.3		55	98.2%
106㎡（朝南）	9栋	56	33	47		83.9%		52	92.9%
108㎡（南北通）	7栋	29	48	23		79.3%		25	86.2%
	8栋	28	18	41		146.4%		45	160.7%
123㎡（南北通）	9栋	28	37	38		135.7%		42	150.0%
124㎡（朝南）	15栋	31	15	32		103.2%		35	112.9%
	16栋	31	55	21		67.7%		23	74.2%
141㎡（南北通）	7栋	29	20	34		117.2%		37	127.6%
	8栋	28	12	26		92.9%		29	103.6%
	9栋	28	15	24		85.7%		26	92.9%
144㎡（南北通）	15栋	31	19	24		77.4%		26	83.9%
	16栋	31	33	13		41.9%		14	45.2%
155㎡（南北通）	15栋	31	19	33		106.5%		36	116.1%
	16栋	31	55	25		80.6%		28	90.3%
		526	476					523	

X项目第X批推售房源收筹速度观测表(X月X日)

分析预计开盘前筹量。这是一个预估值，是在假定价格口径不再变化的前提下，到开盘前可能的分户型及整体筹量。而用预估的开盘前供需比与达成开盘销售目标所需的供需比进行比较。以上表为例，本次开盘总供给套数为526套，假设开盘销售目标为370套，目标去化率70%，则可倒推目标供需比=目标去化率70%÷开盘解筹率80%÷开盘到场率90%=97%。样板房开放后价格口径调整下，预计的开盘前供需比为100%，说明目前的整体均价支持达成开盘销售目标，只需调整分户型均价，保证去化均匀即可。如预估开盘前供需比低于目标供需比则需下调整体均价；反之，则需上调整体均价。

分析供需比。通过比较某一户型与整体供需比的关系，可以了解到某一户型的认筹速度。如果某一种户型的供需比小于整体供需比，则说明该户型认筹速度偏慢，应下调该户型的价格，以提升认筹速度；反之，则说明该户型认筹速度偏快，应上调该户型的价格，为其他户型产品留出价格下调空间。不仅要分析不同户型的供需比，还要分析客户在楼栋以及高、中、低楼层的供需比。

其四，依据价格策略，运用差别定价法修正均价。

依据价格策略，结合认筹量以及对客户心理价位的摸排，运用差别定价法对各类产品均价进行修正。商铺产品，需要调整不同产品类型之间的结构性价差，修正各类产品最终均价；住宅产品，既要结合客户认知的楼栋价值，又要结合明确客户关注的户型因素及其重要性排序，诸如朝向、景观、视野、通透、西晒、噪音、面积等，调整推售楼栋各梯腿之间的结构性价差，修正各梯腿均价。

其五，梳理水平与垂直价差，形成最终价格表。

水平价差的确定，以商铺产品为例，要明确客户关注因素及其重要性排序，诸如人流、位置、面积、昭示性、开间进深比等，调整各类产品内部不同铺位的水平价格差，形成最终价格表。

垂直价差的确定，以住宅产品为例，一方面，明确垂直价差的四种样式，分别为"正三角型""倒三角型""纺锤型"与"哑铃型"；另一方面，明确价差水平的两种设置方式，"大层差"多用于客户价格敏感度低、意向客户相对集中在某一楼层且该梯腿意向客户足够多的情况，"小层差"多用于客户价格敏感度高且该梯腿意向客户不足的情况。

（六）心理定价法

房地产营销中，心理定价一般用于价格表的优化环节，即利用消费者对数字的不同心理，通过优化数字确定最终价格表。

1. 神奇数字 9

这是一种具有强烈刺激作用的心理定价策略。心理学家的研究表明，价格尾数的微小差别，能够明显影响消费者的购买行为。比如，你去超市的时候，

9.9 元的商品和 10 元的摆在一起，哪怕只差一毛钱，你也会不假思索地购买 9.9 元的产品，因为感觉 10 元的东西"太贵了"，这就是利用左位效应的表现。

为什么小数点左边的数字如此重要？这其实和我们的大脑编码数值有关。我们的大脑编码数字非常快（通常超越意识），以至在完整读完这个数字之前，我们就已经判断出它的大小。例如，价格为"7999 元 / ㎡"时，当客户的眼睛一遇到数字"7"的时候，大小编码就已经开始了。因此，7999 元 / ㎡ 的编码大小得到锚定在左边的数字（七千多），明显低于 8000 元 / ㎡。

2. 精准到个位数

根据 Thomas,Simon, 和 Kadiyali 于 2007 年对 27 000 例房地产交易进行的分析，他们发现价格越具体，买家们越愿意掏腰包。这是为什么？买房子是大事，需要理性的思考，所以你可以通过使用一个精确的、非整的价格来增强这种心理效应。

3. 价格分割

价格分割能造成客户心理上的价格便宜感。例如某种茶叶定价为每 500 克 5000 元，消费者会觉得价格太高而放弃购买；如果缩小定价单位，采用每克 10 元的定价方法，就会降低客户价格敏感度，促使客户愿意尝试购买。保险公司按天计算保费，以避免以年为单位的巨大数字。当客户提出你的价格高于竞争对手的异议时，销售员可以按 70 年产权分解到每天，以降低客户的价格敏感度。

同样地，当你给人们选择每次以较小的价格来支付你的产品（而不是一次性付清）时，你也会使人们觉得你的价格便宜。研究显示，当消费者在缴付分期付款时，他们对每个月支付的费用高低比较敏感，对缴费月份长短则比较不敏感。分期付首付或者按揭时间延长，同样可以降低客户的价格敏感度。

三、上市后，如何巧妙提价

价格上调与成本无关，是直接追加到利润上去，但是向右下方倾斜的需求曲线，说明涨价意味着销售量缩减。如何涨价的同时又避免销量下跌？

（一）掌握提价时机

提价的时机既要结合市场趋势，更依据供求关系。市场趋势，可以是"量"的趋势，诸如市场主要项目的进线量、上门量、成交量等指标；还可以是"质"的趋势，诸如客户成交周期、客户紧迫感等指标；还可以是项目自身趋势，诸如项目周边新增的城市配套或轨道交通，诸如项目营销或招商运营之"势"，诸如项目开发进度，诸如项目自身完善程度等指标。例如，2014年11月30日河源市商业中心中央金街1期火暴开盘后，借坚基购物中心12月23日盛大开业之势，强销期的价格分产品类型进行多轮上调。

供求关系方面，供不应求时价格上涨，供过于求时价格下调。供求关系分析来自于统计《项目货量盘点表》（格式详见下表）：其一，分析项目在售各类产品的存量，结合主要竞品的货源情况与该类产品的市场去化速度，预判该类产品的供求关系；其二，分析项目在售各类产品的去化速度，结合项目自身累计去化速度以及市场同类产品去化速度，预判该类产品的供求关系；其三，根据本项目货量结构、销售指标，按月倒推年度、季度与月度目标完成需要的各类产品去化量与速度，结合各户型销售速度现状，预判各类产品的供求关系。

X项目货量盘点（X月X日）

产品类型	栋数	供应套数	剩余套数	去化率	目前均价	套均总价（元）	累计去化速度（套/月）	上月去化速度（套/月）	上周去化速度（套/周）
95m²（朝南）	7栋	58	3	95%	7900	570500	18.3	5	2
	8栋	56	2	96%	7700	7353500	18.0	3	0
106m²（朝南）	9栋	56	5	91%	8000	848000	17.0	5	1
108m²（南北通）	7栋	29	3	90%	7700	831600	8.7	4	1
	8栋	28	2	93%	7600	820800	8.7	2	0
123m²（南北通）	9栋	28	4	96%	8100	996300	8.0	4	1
124m²（朝南）	15栋	32	3	90%	8500	1054000	9.3	2	1
	16栋	32	3	90%	9000	1116000	9.3	3	1
141m²（南北通）	7栋	29	5	83%	7900	1113900	8.0	6	2
	8栋	28	3	89%	7700	1085700	8.3	4	1
	9栋	28	7	75%	8100	1142100	7.0	2	1
144m²（南北通）	15栋	31	9	71%	8600	1238400	7.3	2	0
	16栋	31	13	58%	10000	1440000	6.0	1	0
155m²（南北通）	15栋	31	12	61%	10000	1550000	6.3	1	0
	16栋	31	15	52%	11000	1705000	5.3	0	0

（二）提价的方式与方法

提价方式分两类：明涨与暗涨。究竟是明涨还是暗涨，既要考虑提价的目的，还要考虑市场趋势与供求关系，还需要考虑产品的替代性等因素。

市场趋势上行或供不应求的背景下，为了制造恐慌促成成交，一般采用明涨。明涨有三项注意：其一，作为促成成交手段的明涨，涨价之前大张旗鼓地宣传。比起收益带来的快乐，我们更在意损失带来的痛苦。如果想说服某个人，与其说"选择我，你会得到××"不如说"失去我，你就失去了××"。与明涨结合的是大张旗鼓式的"涨价倒计时"宣传，让客户充分意识到现在不购买带来的金钱损失，进而刺激其加速成交。其二，明涨之后，一般需要折扣或赠品作为缓冲。一旦大张旗鼓明涨，除非市场趋势上行或供不应求，价格上涨会造成销售量的下降。为了缓解这一问题，就需要涨价之后在一个阶段内通过折扣或赠品作为缓冲，降低客户的价格敏感度。其三，明涨的涨价幅度宜小不宜大，不能超过客户心理敏感区间。一旦涨价幅度超过客户的心理敏感区间，虽然涨价之前会挤压一波成交，涨价之后势必造成销量的悬崖式下跌，这种情况下折扣与赠品亦无法拉升销量，严重的甚至瓦解项目好不容易积累起来的"势能"。

由于消费者心理的任意连贯性，其对价格的上涨最为敏感，如果产品没有较强的替代性，或者市场并非上行通道中，一般不建议采用直接涨价这种明涨的方式，而是通过隐性涨价这种暗涨的方式获得实质性盈利。价格暗涨的常见方法有以下四种：

1. 新产品或新概念

汽车厂家经常会推出所谓"××款"车型，往往只是在内饰或者边角改动，整体的设计和配置没有变化，价格没变化甚至略有提高。原因是什么？当一款车的销量和关注度开始下降时，推出略做改动的"小改款""新款""限量款"等，是缓解降价压力的很好方法。换句话说，如果在这个时候不推出所谓"新款"，就必须要降价才能维持销量，而花费很少成本的"新款"，能够延缓降价趋势，稳定价格，增加利润。

在客户看来，"新品"意味着价值的提升，同时新产品因为与旧产品存在差异，干扰消费者的对比，使消费者有"理由"默认、忽略和接受提高后的价格，认为"物有所值"，对产品的认同与需求不会发生较大的改变，从而也最大限度防止竞品乘虚而入。河源市商业中心住宅产品坚基·美丽城推售时，较前期推售的项目坚基·美好城而言，既对户型进行优化与创新，又在提高使用率的基础上控制户型面积，销售价格在坚基·美好城的基础上直接跳涨30%以上，依旧得到市场的认可与追捧。

如果没有新产品，可以包装出新概念。在一项心理学实验中，两位心理学家证明了信息中的措辞怎样有效影响了消费者对牛肉的态度，他们发现消费者对标着"75% 瘦肉"的评价比对标着"25% 肥肉"的评价高。研究发现，措辞和标签影响人们的世界观，人们很容易按照某个事件或某种情境已有的标签行事。那些包含"新""改良""隆重推出"等字样的措辞可以提高产品在消费者眼中的价值。坚基·美丽城第二批推售的产品与第一批推售的产品相似，为进一步拔高客户心理预期，将项目包装出新的概念"河源唯一五好项目"，有力地支撑了第二批产品价格的大幅上涨。如果没有新概念，简单地对新推售的项目或组团命一个全新的名字也是可行的，例如较"坚基·美好城"，后期开发的项目命名为"坚基·美丽城"，甚至简单地将推售楼栋标准为项目的"楼王"单位也行。

2.升级销售，增加对比难度

所谓的升级销售就是说服消费者，在原本要买的核心商品上增加消费。升级销售一般都是把原有产品升级为高端产品，或者搞套餐式的捆绑销售。为了避免消费者将单个商品简单地进行价格对比，捆绑销售就显得很有必要。

比如某型号的吉列剃须刀标价为25元，在同一货架上陈列着几乎一样的吉列剃须刀并捆绑一片刀片（单片标价4元）同样售价25元，从而增加捆绑商品的价格吸引力，促进该组合产品的销售。高定价的单品并不是为了让你真的掏钱去买而摆在那里的，它们存在的唯一意义就是给你一种暗示：购买套餐是非常划算的行为。在这种暗示之下，消费者对产品的真实价值认知被扰乱，而在一种占了便宜的心态下提高了对套餐的购买欲望，从而把问答题"我是不是应该购买？"转变成了选择题"我更应该购买哪一种？"

以捆绑车位为例，可以将车位价格调高，将房子与车位捆绑销售，既增加房屋价格的对比难度，又通过高价车位增加了捆绑商品的吸引力；还可以制作出车位购买代金券，客户购买某种面积段的户型，赠送某种额度的车位券，这种方式既增加价格的对比难度，增加捆绑商品的吸引力，还利用客户损失规避心理为将来的车位销售积累了潜在客户。

3. 运用对比，结构性涨价

结构性涨价，即运用对比原理，通过不同类型房源轮番涨价的方式，不断调整客户的参照系，来突出主推房源的性价比，从而实现价格最大化与快速去化并举。房地产分批次推售，在推新房源的时候，提高在售房源的价格，即是运用对比原理，将新品置于一个更具性价比的位置。同一批房源的涨价，一般在开盘后，适当调价现金牛产品大幅调价明星产品，同时瘦狗产品不调价，通过进一步拉大不同类产品的价格差，利用开盘热度在强销期优先出清瘦狗类产品，又可以通过现金牛类或明星类产品进一步获得额外溢价。

假设当地客户的认知与接受，中层最受欢迎，低层区与顶层区容易滞销。我们将一栋楼划分为四类产品，分别为：顶层区（一般为顶层与倒数第二层）、高层区、中层区、低层区（一般为五层及以下）。通过结构性涨价实现高溢价的同时快速去化，理想的灵活调价步骤是：首先，提高中层区、高层区与顶层区价格，拉大与低层区的价格差，突出低层区产品性价比，先加速去化低层区。其次，提高顶层区与低层区，拉大顶层区、低层区产品与高层区的价格差，突出高层区性价比，加速高层区产品去化。再次，高层区接近售罄时，将高层区与中层区价格上调，低层区保持不变，这个时候顶层区与高层区价格基本接近，它们与中层区、低层区的价格差进一步拉大，集中去化中层区产品；与此同时，低层区也因为整栋楼最具性价比的产品，获得价格敏感度高的客户的接受，再次去化接近售罄。最后，提高中层区价格，全面下调顶层区或低层区剩余房源价格，进一步拉大价格差，使顶层区与低层区房源的性价比得以进一步凸显，实现整栋楼的全面清盘。

4. 销控配合，有价有市

销控的本质是量价关系博弈，销控策略研究的实质就是如何在价格、销量这组跷跷板中保持平衡，实现最终的利润最大化。房企实现利润最大化的一个重要手段是销控。销控的三大核心控制手段，即销量控制法、价格控制法和销售节奏控制法。销量控制和价格控制在于平衡价量关系，节奏控制在于辅助和强化量价之间的博弈关系，销量控制、价格控制和节奏控制三者密切结合，相互配合。在销售节奏控制、价格调整两个方面做到最优配置，就要做到"有市有价"。量在谁手中，谁就能控制价格，犹如股市的"庄家"一样，随着时间的推移，不断地将价格按时间段进行调整，并根据不同的时间段放出不同的销量，从而实现利润最大化。

在整个销售过程中，始终保持提供好的房源，分时段根据市场变化情况，按一定比例入市，这样可以有效地控制房源，实现房企利润最大化。销量控制包括楼盘控制、楼层限制和户型限制。销量的控制需要合理的产品匹配，针对明星产品、问题产品、现金牛产品与瘦狗产品，分别采用不同的匹配原则。（1）市场看好时的销量控制。第一，控制放量和市场消化速度，市场好的时候，消化速度不应大幅超出原有水平，否则损失的是利润率。第二，控制瘦狗产品，释放明星产品。第三，控制现房产品，释放期房产品。第四，控制性价比高的产品，释放性价比低的产品。（2）市场走低时的销量控制。第一，保温成交量。市场差的时候，要把成交量维持在一定水平，保持项目匹配的人气。第二，控制明星产品，释放瘦狗产品。第三，释放现房产品，吸引刚性需求客户关注，即通过对现房产品的优惠促销来吸引一些刚性需求客户，这些客户因结婚、生小孩等原因成交较为迫切。第四，释放性价比高的产品，吸引市场注意，即在保证项目整体价格形象的前提下，释放性价比高的产品也是一种变相吸引客户的方式。

四、如何做高质量的促销

促销，以创造一种实时的销售为主要目的，对最终消费者、分销商或销售人员提供额外的价值或奖励的一种激励。也就是说，促销就是促进销售；促销不能改变产品，不能从根本上改变经营状况；促销是有时效的；促销必须提供额外价值。

促销大家都做，但是促销结果呈云泥之别，究其原因无外乎三点：其一，卖不动降价。一卖不动了，就想降价促销，这是很多营销人的常见心态。这种情况下副作用最大，因为促销只能短期缓解"卖不出去"的症状，并没有解决根本问题。这种情况势必陷入"卖不动—降价促销—原价滞销—再降价促销"的怪圈。其二，跟风做促销。别人怎么搞，自己就怎么搞。既不研究竞争对手的市场策略，了解别人为什么做这么做，也不去研究自己客户特征，是否适合这个促销方式。其三，促销方式单一。每次做促销除了打折还是打折，从来没考虑其他的促销方式，不去研究自己当前的问题适合什么样的促销方式，更不知道如何控制和引导促销带来的客流量。

如何做高质量的促销？这是有方法的，关键要注意以下六项：

（一）明确促销目的

我们知道"销售额 = 销售量 × 客单价"，而"销售量 = 来客量 × 成交转化率"，由此可知，要提高销售额，有三种途径：一是提高销售量，二是提高客单价，三是提高来客量。

促销的具体目的分三类：其一，增加客流量。吸引业主上门是增加客流量，吸引老客户再次上门是增加客流量，吸引新客户也是增加客流量。其二，增加销售量。去尾货是增加销量，试用新品是增加销量，应对竞争也是增加销量。就去尾货而言，是去三房尾货还是四房尾货，是去高层尾货还是低层尾货，是去瘦狗类尾货还是明星类尾货，这都是要明确的。其三，提高客单价。吸引客户购买更高价的产品是提高客单价，例如用低价产品吸引客户到场后，引诱或促使其放弃原来意图转而购买更高单价的产品。吸引客户用更高的价格购买同类产品也是提高客单价，例如我们的产品与竞争对手相比近似但价格高于竞争对手，用促销吸引客户购买我们而非竞争对手的产品。

促销作为一种刺激因素，目的是为了促使消费者实时购买。但是，具体的促销是为特定的目的服务的。在做一个具体的促销之前，既要明确这次促销的目的，又要确保目的单一，避免促销策划轻重不分不明所以。也就是说，在制定某次促销之前，要在内心自问：这次促销是为增加客流量还是为增加销售量？如果是增加客流量，是通过业主增加客流量，是通过老客户增加客流量，还是吸引新客户增加客流量？

促销目的清晰具体，在进行促销策划时就可以做到有的放矢，围绕促销目的去设计促销流程与促销政策，那么这个促销就成功了一半。例如，如果某次促销目的是通过刺激老客户（非业主）拉来新客户来扩大销量，可以围绕这个目的选择"团购"作为促销手段。在拟定"团购"政策时，常规使用的"X人成团"，其中"X可以趋近于0"的操作模式就不适合。首先，要明确根据老客户的人际影响力与当地实际情况，确定"X=？"，假设"X=3"即"3人成团，享受额外98折"。其次，要帮老客户从他的人脉圈层中找到另外的2人，例如亲戚圈、朋友圈、同学圈或者同事圈，还要运用现场活动配合老客户带这些新客户上门，由现场销售员协助其促使另外2人由新客户向意向客户转化。另外，还可以通过阶梯优惠吸引来更多的新客户，例如"5人额外97折"或"8人额外96折"，激励原团购成员中的3人，再次从自己的亲友或同学同事圈层中找来更多的新客户，从而实现促销目的。

（二）促销时机与频率

关于促销时机与频率的问题，很多营销人认为促销是一种短期激励，如果促销做成了常态，就相当于没有促销，一旦你不再促销，客户就会犹豫，就不会来购买，会等到你再次忍受不住低成交量而再次促销时前来。更重要的是，房地产行业促销会引发已购业主的不满、反感甚至闹事，会给品牌带来更大的损失。

在笔者看来，在促销时机与频率上的认知差异，主要是因为没有区分推广型促销与现场促销的差别。推广型促销，主要是为了吸引新客户，需要配合线上与线下的推广手段广而告之，在促销时机与频率上要有节制，否则就成了"天天低价"，起不到促销效果不讲，还会影响潜在客户对品牌价值的认知。现场促销，主要是为了配合销售员现场逼定成交，主要是针对自动上门的新客户或再上门的老客户，河源市商业中心除了新品蓄客期间为了不影响客户的价值认知之外，现场促销秉承"有节过节，无节造节"的原则，每周有促销政策，月月促销主题不同，从而最大限度地逼定上门客户。

（三）无噱头，不促销

促销离不开噱头。莫名其妙的促销，莫名其妙的打折，人家会说你神经病。噱头，说白了就是一个购买理由，这个购买理由阐述了为啥要在此时此刻购买这个产品，至于你是否真的有价格优惠，倒没有那么重要了。没有任何噱头时，消费者在购买时会恐惧，不敢立即做决定，客户会有一百个理由再等等再看看；一旦有了借口，他们就会跟自己说"儿子要结婚了，早晚都要买，正好有促销""优惠这么多，再不买就亏了""我现在住的这套房子也该换了"……要知道，挖掘出客户的这种潜意识，他们想不冲动也困难。

促销的噱头很多，主要有三类：其一，节点类噱头。无论是传统的元旦节、五一节，还是新式的教师节、圣诞节、双十一节，甚至自造的各类主题性节日，诸如购房节、促销季等；无论是工程类的封顶或工地开放日，营销类的新品加推或者竞品开盘，还是招商运营类的主力店签约进驻，都可以作为噱头进行促销。其二，企业类噱头。无论是周年庆、股价涨、排名升、总裁签售或者最后 18 套等等，皆可以作为噱头进行促销。其三，感恩类噱头。无论是感恩业主专场促销，还是感恩银行 VIP 专场促销，或者感恩员工专场促销，等等，皆可以用作噱头。

噱头的合理程度，就是消费者心目中你促销力度的强弱。促销的噱头相当于古代打仗之前要发的"檄文"，站不住理，人家是不会跟你跑的，噱头越靠谱，愿意跟随的人就越多，噱头越靠谱，客户感知的促销力度越大。比如，"拆迁大甩卖，最后三天"和"三周年庆大返利"哪个给人感觉力度大？

（四）"四限"促销，加速购买

"四限"即限时、限量、限产品与限对象。所谓"限时"，就在于激发客户规避损失心理。"限时"就是告诉客户到点即止，"过了这个村就没有这个店"，推迟做出购买决策就意味着"损失"促销优惠，同等额度的损失远比同等额度的优惠更加让客户敏感，从而刺激客户立即做出购买决定。

所谓"限量"就在于制造稀缺。害怕失去某种东西的想法比希望得到同等价值东西的想法对人们的激励作用更大。水比钻石有价值多了，但是水不值钱，钻石值钱。通常来说，当一样东西非常稀少或开始变得非常稀少，它会变得更有价值。稀缺是可以人为设计出来的，当"最后 10 套"再配上"先到先得"，稀缺性就会大大增强。

所谓"限产品"，一方面，出于减轻促销对品牌的不利影响。促销不是全线产品降价，只是针对特定产品进行促销，不仅可以制造出价格未降的假象，安抚前期购买业主，还可以有针对性地去化指定的产品；另一方面，"没有对比就没有伤害"，通过对比现价产品与促销产品的价格差，即使这种价差是临时调整的，只要有价格差就让客户感知到"占便宜"，都能促使客户加速做出购买决策。

所谓"限对象"，即限定促销对象。试图对所有的人好，反而得不到别人喜欢，妇女之友是很难找到女朋友的，因为你的爱太泛滥了，促销中也是如此。例如针对业主的专场促销，针对员工的内购会，针对银行 VIP 专场促销，针对户外协会的专场促销等，针对特定对象的促销给予他们专属的尊贵感，也表明优惠不易获得性，从而促成成交。限制对象并非意味着不给予现场其他客户优惠，而是利用客户"得不到的永远在骚动"的心理，优惠越是受限制，越是设置优惠的获得门槛，越是彰显优惠促销的吸引力，刺激其他客户的购买欲。

（五）选择促销方式

思考完前面的几项工作，特别是明确促销目的之后，接下来就是策划促销内容。其实只要你做个有心人，就会在日常购物时发现很多常见的促销方式，诸如免费、满就送、打折、折扣券、特价、抽奖、团购、积分换购、折上折、会员促销、换购等，花样繁多。房地产行业常用的促销方式，概括起来有以下六类：

其一，免费类促销，免费赠送的既可以是实物，还可以是虚拟物品。免费赠送的实物，诸如购房送面积、送房、送车、送家电、送精装等，应有尽有，能想到的都可以送，甚至"送奶牛""送老婆"都已经堂而皇之大行其道；免费赠送还可以是虚拟物品，诸如学位、使用权、试住权、分数、工作、旅游等。

其二，折扣类促销，不仅有直接打折的一口价、团购价、会员价、员工价、内购价、总裁价等各种名目的折扣优惠，还有代金券、折扣券、优惠券、返现券、集印花、看楼积分等券类打折优惠，还有旧房换新房、淘宝消费金额抵房款等创新型打折优惠。

其三，竞赛类促销，即举办游戏、竞赛、抽奖等富有趣味和游戏色彩的活动进行促销。游戏的形式多样，诸如竞猜游戏、棋牌游戏、拼图游戏、集卡游戏等；竞赛分思维型竞赛、技能型竞赛与知识型竞赛，诸如掷骰子抵房款、跳远抵首付皆属于技能型竞赛；抽奖能调动几乎所有人的神经，既可以快速聚焦目光与人气，还可以明显提高消费者对促销的参与度。

其四，低门槛促销，既可以是降低购房门槛，诸如各类低首付、分期付首付甚至零首付，还可以是降低按揭还款门槛，诸如各类返租、带租约销售等。

其五，零风险促销，诸如升值计划，保值承诺，回购，降价补差，先租后买，甚至无理由退房等等。

其六，激励类促销，即通过激励与刺激销售人员与销售渠道实现业绩的提升，诸如百分之一佣金计划、老带新、泛营销与全民营销等。

选择促销方式，既要依据促销目的，更要考虑促销方式背后的客户心理。有没有因为麦当劳推出套餐加大免费送大薯条活动时而特意去麦当劳？虽然你正在减肥中。有没有试过吃自助餐时，拼命将美味的食物往餐盘里放？虽然你已经感觉很饱。有没有试过为了领一盒免费的爆米花而站在长长的队伍后面等候，即使那只是价值几元的东西。这是为什么？答案是免费，能让人感到快乐，能消除消费者的顾虑。人类都本能地惧怕损失，免费的诱惑力与这种恐惧心理联系在一起，一方面，免费意味着不用钱，意味着你不会因此而有任何损失；另一方面，纵然免费的东西价值有限，它所造成的情绪冲动，也会让我们误认为免费物品价值大大高于它的真正价值。

懂得了免费的魅力后，我们就要针对人们对免费的不可抗拒性来合理利用"免费'。免费和折扣在心理上的影响完全是两码事，会引起一种由量变到质变的心理变化。如果某商品的价格从 500 元打折到 300 元，你会买吗？很可能。一旦该商品价格从 500 元促销成免费呢，你会伸手去拿吗？肯定会！在促销时，只需要将免费赠送的物品价格，追加进入主推产品的标价中，即可无声无息地启动消费者的情绪冲动。

（六）有技巧的促销表达

从促销表达技巧来看，有两个关键要求：其一，简洁易懂，如果促销信息客户不理解或不懂，那么你的促销肯定不会有效果，因为没有人陪你玩，没有人参与的促销怎么可能有效果？其二，有吸引力，你的促销不仅要让客户理解，还要能吸引客户上门与成交，这才能最终实现促销目的。

1. 促销表达简洁易懂

有一个简单的衡量促销表达技巧的方法，就是找一个普通人，智商一般就行，用 20 秒告诉他你的促销，如果能说清楚，那就有戏；如果你的促销很难表达，那就请再想想，消费者没有闲工夫听你啰唆。

还有一个简单的公式，就是填空"只要 _____，就能 _____，还能 _____"。这也是消费者最能理解的促销方式，例如"只要今天成交，就可以获赠万元家电,还能免费参加 iPhone8 大抽奖"。在这句话之中,"只要""就能"和"还能"之间，侧重点有很大不同。其一，"只要……"说的是商家的利益，是商家的促销目的，在消费者看来这个"只要"是条件；如果目的是增加新客户，那就是"只要带亲友上门"。其二,"就能……"是消费者的利益，是商家需要付出的条件。消费者一般会先看到这个，消费者的阅读顺序是"就能"—"只要"。这个利益很重要，促销策划时必须明确谁是决策者谁是购买者谁是使用者，这个利益要是决策者或购买者重视的，否则他们不会为之努力。其三，"还能……"是一个附加条件，可以没有。通常在"就能……"部分不够强大时可以用到，可以理解成对促销的促销。

2. 促销表达有吸引力

顾客对不同价格表现方式的感知	
价格表示	顾客认识
20 元	"这是常规的价格"
19.99 元	这是廉价的商品
促销价格：只需 20 元	我可以买到促销品
要价 20 元，节省 5 元	我能省点钱
原价 25 元，现价 20 元	价格已经降了
20 元（已经降价 35%）	降价幅度较大
我们的价格是 20 元	这个价格比竞争对手低
20 元，折扣 5 元	最好今天就买，别过了打折期
手写的价格标牌	他们刚降了价
印刷体的价格标牌	常规价

"促销价只需 20 元""要价 20 元，节省 5 元""原价 25 元，现价 20 元"……一件 20 元的商品，因促销价格的表述不一样，对客户的吸引力也不一样。网上的一张"顾客对不同价格表现方式的感知"的图片被广泛传播，说的是促销如何表达才有吸引力的问题。促销表达要有吸引力，有以下几项要注意：

其一，同时提供现售价格和参照价格。一般人对一个决策结果的评价，是通过计算该结果相对于某一参照点的变化而完成的。人们看的不是最终的结果，而是看最终结果与参照点之间的差额。多几份不同等级的措施，让客户看到差别，自然而然会选你主推的那个促销。这里还涉及另外一个小技巧：别让客户做算术题，直接告诉他具体数字，他会更加深刻地感受到差额。例如"今天办卡只要花 140 元，即享受价值 180 元的发型护理服务"，肯定比"发型护理一律 8 折"更具吸引力。

其二，优惠折扣 PK 优惠额度。有些促销信息会写明具体的优惠额度，例如"狂省17万元"，有些促销信息会以百分比形式出现，例如"清盘一口价8折"。用不同的表述方式也会影响促销在人们心中的分量。研究人员发现，用优惠折扣还是优惠额度表达促销信息，取决于原始价格：对于价格较低的产品而言，用百分比表示降价信息效果更好，例如，100元钱一件的衬衫，便宜20%会比便宜20元钱看起来更划算；而对于价格较高的产品，则正好相反，例如房产促销"狂省17万元"比"8折"看起来更具吸引力。

其三，多个优惠，分开阐述。假定在捆绑销售的产品和单独销售的产品中，消费者总的获得和付出是一样的，但消费者感觉购买捆绑产品获得了多笔收益而不是一笔，即第一笔盈利的基础上获得了额外的收益。在促销时，不实行一次实际折扣，而是"9折之后再9折""9折之后再送30000元装修基金"等，使消费者在评价决策分析中，感受到添加收益，获得最大心理满足。

其四，印刷价格PK手写价格。超市在表达促销信息时，常用红笔把原来的印刷价涂掉，旁边用黄色手写上新的价格，这种方法看似简单，其实在客户心中：首先，原标价是印刷的数字，往往给人一种权威定价的感觉，在消费者看来是"常规价"，而手写的新价，会使顾客感到便宜，在消费者看来是"刚改的价"；其次，黄色给人一种特别廉价的感觉，用黄笔标上新价钱，让顾客看起来很有诱惑力。另外还有一些其他有吸引力的表达技巧，例如利用消费者阅读的方向线索，将促销价格放置平面左下角，可以让价格看上去更便宜；还可以利用物理尺寸来影响客户知觉，采用较小的字体书写促销价格，同样让价格看上去更便宜。

销售从寻找客户开始

很多销售员在销售过程中，一路跌跌撞撞，潜力一直都没有得到最大发挥，他们或认为是因为客户的购买意向有问题，或认为是产品存在问题，或认为是因他们没能说服客户，其实并非如此，唯一的原因就是那些他们没有约见的客户造成的。

一、获得成功的三大定律

"一万小时的锤炼是任何人从平凡变成世界级大师的必要条件。"竞赛中，参赛的次数越多，运动员的技巧越熟练，获胜的次数越多。同理，对销售员而言，约见的客户越多，你的销售技巧就越娴熟，成交的次数就越多。即要想成为成功的销售员，你要做的第一件事，就是约见更多的人。

定律 1，大数法则

人们在长期的实践中发现，在随机现象的大量重复中往往出现几乎必然的规律，即大数法则。用掷硬币来说明大数法则。大家都知道硬币掷出正面和反面的概率各是 50%，可是实际上掷二次却很难得到正面和反面各一次，那这个概率到底是如何得来的呢？以前有位数学家，掷了一千次，得出来正面和反面的概率不是等于 50%，他又继续掷，掷了五千次……六千次……一万次，发现得到正面和反面的概率愈来愈平均，也就是 50%。

销售的大数法则可以定义为：约见的人越多，成交量越大。假如你约见 100 人，同意上门 10 人，实际上门 8 人，听完讲解 5 人，成交 1 人，表示 100 个约见的人里面就有 1 位成交客户；100 个人中肯定有 1 位客户成交，但这 1 位客户并非正好处在 100 人的正中间，他们有可能在一开始出现，有可能在中间出现，有可能在后面出现。如果是第一种情况，大家都非常高兴，会感到销售好做，热血满腔地想：照这样下去可就发了！如果遇到第三种情况，可能很多同事就顶不住了，通常会说：我都努力约见了 70 多人了，怎么还没有希望！唉，我是不行了，产品、市场不行了！在"黄金"即将出现时，却放弃了。如果今天你了解销售的大数法则，你就会从容得多了，因为你知道按照销售的大数法则，只要加大时间与精力投入，提高约见的总人数就可以了。

定律 2，约见更多的人

"约见更多的人"是最重要的一条定律。如果你还没有摆脱"坐销"的思维，只希望在挡风遮雨的售楼部中，坐等客户上门，如同"守株待兔"中的那个农夫；如果你在寻找客户的过程中考虑：他太穷了，他的着装太随意了，他的车很低档，他的年龄太大了，他的年龄太小了，他太精明了，他看上去没购买意向，那么，你就走上了失败之路。你需要做的就是找到尽可能多的人，向他们介绍项目，一方面因为你需要积累经验，另一方面更因为你需要足够量的人。一旦你向尽可能多的人介绍项目，大数法则就将证明：你肯定会取得成功，只是成功大小的问题。

你身处在数字生意之中。按"100：10：8：5：1"这样的转化率，在每 100 位约见的人中，有 10 人同意上门，2 人可能失约，所以只能见到 8 人。这 8 人之中，有 5 人能够按接待流程听完你的讲解，1 位会最终购买，于是你赚到 1500 元。"100：10：8：5：1"可以转换为：每个约见 15 元，每个上门 150 元，每个讲解 187 元，每个完整的接待流程 300 元，每个成交 1500 元。

按"100：10：8：5：1"这样一个转换率，成交过程呈现一个漏斗形状（详见下图）：第一步，销售员约见 100 名潜在客户；第二步，邀约的 100 名之中有 10 名同意上门，而实际上门 8 名，这 8 名客户属于意向客户；第三步，上门的 8 名意向客户之中，有 5 名听完销售员的讲解，认可我们的产品或服务，属于准客户；第四步，最终有一名成交，由客户转变为业主。

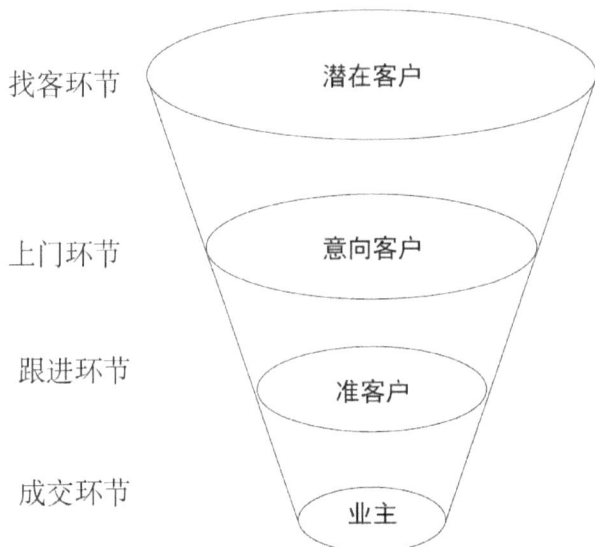

由此可知，若想成交量提高翻番，不需要提高任何销售技巧，只需要增加时间与精力，将约见人数增加至 200 人就可以实现。销售员要确立"行销"意识，主动出击寻找客户；不要挑客，不要只想去挑选理想的目标客户。只要工作量增加了，销售过程中的任何问题都会迎刃而解。如果你的销售业绩不如你意，那就增加你的时间与精力投入，去约见更多的人。

如何找到并约见更多的人？这就是本章介绍的重点。

定律 3，提升成交转化率

销售永远是数字游戏，量大是关键，先数量后质量。要提高成交量，增加约见人数是一方面，提高转化率是另一个方面。

按"100：10：8：5：1"这样一个转换率，邀约 100 批潜在意向客户之中有 10 批同意上门，实际上门 8 批意向客户，5 名听完销售员讲解并认可项目，最终成交 1 批，上门客户转成交的比率为 12.5%，若提高销售技巧，将成交转化率提升为 25%，则实际上门 8 批意向客户可成交 2 批。

如何提升销售技巧？是"没有痛苦客户不买"与"五步快速成交法则"重点介绍的内容。

二、快速找到客户的五大渠道

销售从寻找客户开始，销售的首要工作是约见更多的人。巧妇难为无米之炊，客户是销售的生命线，没有客户，一切销售工作无从谈起。一个成功的销售员，每天80%的时间应该在做客户储备，20%的时间用来谈客户。为了保证销售业绩，我们要拥有源源不断的客户资源，销售员要改变"坐销"心态，不要被动地在售楼部等客户上门，而应该主动出击，寻找更多的客户资源。

在销售的过程中我们发现，潜在客户分布的跨度大，较为分散，销售员的精力与时间有限，如果不做辨别就"胡子眉毛一把抓"，既浪费时间与精力，更可能找不出潜在客户。快速找到合适的客户资源，这是寻找客户时首先要考虑的问题。除售楼部日常的进线与上门客户以外，在前面阐述了寻找客户的四大原则，即"认同""匹配""导入"与"人气"。以住宅销售为例，就销售员个人能驾驭的资源与范围而言，可以从以下几类人群中快速找到潜在客户。

（一）第一类渠道：销售员的熟人圈

熟人的信任感最强，最容易成交。销售员的日常活动不会在隔绝的状态下展开，这说明您已经认识了一大批人。即便是一个社交活动很少的人也有一群朋友、同学和老师，还有他的家人和亲戚，这些都是你的资源。根据"吉拉德250定律"，一个人大约有250个熟人，专业人士的熟人范围要远高于一般人，甚至可以高达500~800人，你查阅一下手机通讯录、名片夹、QQ或微博微信的好友名单、你曾经服务过的公司的同事名单、你各种消费场合的老板与服务员名单等，你就会惊讶于自己的熟人数量。一个熟人可以带动一圈熟人，不要小看自己的熟人资源，这是销售员找潜在客户最快速的办法。

第一步，列一个熟人清单。你首先要做的就是列一个熟人清单，按照家人相关、亲戚、同学／老师、同事、邻居、同行、消费场合、兴趣朋友对这些熟人进行归类，每一个大类里面可以再细分众多小类。以家人相关为例，可以细分为父亲家人、母亲家人、丈夫／妻子家人、子／女家人、兄／弟／姐／妹及其家人、叔／姑／姨／舅及其家人等；以同学为例，可以细分小学同学、初中同学、中专同学、高中同学、大学同学，甚至诸如 EMBA 培训班同学等。然后，完成熟人清单的资料填写，填写的主要内容是年龄、置业、收入、住房、影响力以及备注，要特别注意，填写的时候不要随意删减熟人姓名，要清楚这个熟人不需要但并不意味着他的熟人不需要。最后，对这些熟人进行基本分析，哪些熟人可能直接购买，哪些熟人身边有可能购房的潜在客户，哪些熟人具有影响力可以推荐购买，哪些熟人在单位或某个圈子里面有影响力可以联系产品推介会挖掘出更多潜在客户，如此等等。

第二步，你告诉这些熟人你在干什么，邀请他们前来销售中心或举办特定的活动邀请他们参加，让他们了解你的工作，并带他们参观你的项目，你会很快找到你的潜在顾客。向朋友或亲戚销售，多半不会异议和失败，而异议和失败正是新手的恐惧。熟人喜欢你，相信你，希望你成功，他们总是很愿意帮你。在熟人了解你的工作与项目，知道你的目标与需求后，最简单的方法就是编一个项目与自己的介绍，配上微信二维码，让熟人发微信朋友圈，这样你就能在短期内让上万个人知道你与你所在的项目，熟人推荐的高可信度会让你不费吹灰之力就能获得大批量潜在意向客户。在请熟人帮忙的同时，销售员还要尝试在亲友面前树立房地产行业的专家形象，让他们主动把你当作购房投资的意见领袖，这样效果就更加显著。

第三步，主动参加各种圈层，获取更多的熟人，为自己不断增加潜在的客户资源。房地产销售员要多结交做销售的人，不管是同行还是不同行业，同行的主要是其他项目或者三级市场的销售员，不同行业的销售员有卖汽车的、卖保险的、卖理财产品的、卖美容卡的等，任何一个从事销售的人都可能为你带来潜在客户。别小看他们，每一个做销售的人手头上都有许多客户，并且销售员不分行业赚钱欲望都非常强烈，只要你们商量好分配机制，相信不少人都愿意与你分享客户资源。

（二）第二类渠道：业主与员工

凡是销售行业的从业者，皆清楚业主的重要性，从成本角度考量，开发一位新客户的成本，是保持一位老客户成本的5~10倍。从收益方面考量，业主购买后，一方面，会因为认可开发商品牌，改善或投资亦会优先购买开发商开发的新项目，从而产生重复购买；另一方面，业主有众多的圈层，例如亲友圈、朋友圈、同学圈、同事圈、美容圈、麻将圈、健身圈等，业主因认可开发商品牌，亦会乐意向圈层好友推荐，这种第三方推荐的可信度会大大高于项目自身的宣传与推广。

员工为什么也被列入业主类客户？本公司员工因认同公司才愿意在公司工作，一方面，在自己的圈层中，因房地产行业的从业经历，会被认作是本行业的意见领袖，圈层亲友购房会优先咨询，从而有更多的推荐机会；另一方面，公司员工因工作关系，拥有丰富的职场圈层资源，例如财务部员工拥有税局、银行系统圈层资源，开发报建部员工拥有国土、住建局等圈层资源，成本部拥有材料供应商资源，工程部拥有施工单位与监理单位等合作单位资源，这些政府主管部门与合作单位因接触项目或参与项目开发建设，对项目的认可度高。

开拓十个新客户不如维系一个业主，业主的一句话胜过销售员的十句话。转介绍是销售员最好用的优质客户扩展手段，业主的资质直接决定了他身边亲友的资质，如果你今天认识一个银行经理，那可能接下来我们就会收获到银行高管、证券公司的领导等。

在业主与员工资源的挖掘与利用方面，常见的问题是因为销售员惰性导致业主沉睡或失去联系，甚至客情关系不佳导致业主不愿意转介绍。要解决这类问题，关键是客户分级维系与管理，即将业主与员工分为关键业主（已带来新客户，或有圈层资源）与普通业主，采用针对性的管理与维系。

1. 维系普通业主（含员工）的四大要求

（1）四项基本服务标准化

其一，签约服务标准化。业主认购后，销售员赠送《客户签约温馨提示》，告知业主首付款（房款）、签约时间、签约材料及其他相关手续与权益告知，确保签约工作顺利进行。

其二，按揭服务标准化。业主认购后，销售员赠送《客户按揭温馨提示》，告知业主按揭金额、按揭资料、按揭银行及其地址与客户经理、按揭人员及联系方式等，满足公司正常回款进度，且按揭人员跟进放款进度并及时告知业主。

其三，完税服务标准化。业主签约后，签约专员赠送《完税温馨提示》，告知业主完税金额、税局地址与完税注意事项等。

其四，入伙服务标准化。业主入伙前15天左右，客服人员邮寄《入伙通知单》《入伙温馨提示》与"入伙精美礼品"，告知业主入伙时间、地点、流程及其他相关手续或权益。

（2）两大节点礼包及时化

其一，业主签约后，第二天即邮寄"签约礼包"，包含印有客户姓名的精美礼品，同时附带有总裁或董事长签字的贺信、"老带新"政策、"客户服务卡""购房优惠券""礼品券"或"体验券"等，原则上邮寄至业主单位。

其二，新春大礼包。农历新年前的一个月，邮寄或上门赠送"新春大礼包"，包括但不限于红包袋、新春对联、新年礼品、新春台历、新产品宣传资料、附带有总裁或董事长签字的新春贺信等，原则上邮寄或送至业主单位。

（3）五大沟通渠道常规化

其一，添加业主微信。新客户上门在销售现场添加客户微信，新旧销售员交接后第一时间添加业主微信，高效使用微信跟进客户的方法详见《大开大合的渠道导客》章节中的"利用微信快速切入客户跟进的五点技巧"。

其二，节假日问候。公司短信平台与销售员在节假日上午九点准时群发节日问候。

其三，业主生日问候。业主生日当天上午九点，公司短信平台自动生日问候，销售员在业主生日发祝福的同时可以附带微信小红包。

其四，每月《业主家书》，主要是区域规划利好或项目最新进展，每月30日前邮寄。

其五，每季满意度回访。客服中心每季对业主满意度进行回访，并释放最新项目信息，包括但不限于区域规划、工程进度、新推产品、活动信息或"老带新"政策等。

（4）三类维系活动圈层化

其一，每月业主专场活动，根据业主的兴趣爱好，举办大众化业主专项活动，可以是针对未入住业主的亲子、采摘、烧烤、旅游、讲座、答谢宴等，可以是针对已入住业主的广场舞大赛、邻里运动会、业主生日会或免费体检日等，邀请业主免费参加。

其二，每月圈层看房团。销售员维系业主最直接方式，是通过渗透业主的亲友圈层与工作单位，每月邀约一批不少于15人的看房团上门参加活动或答谢宴会。

其三，年底大型答谢活动。每年年底举办系列答谢活动，集中答谢全体业主。

2. 维系关键业主（含员工）的三大标准

针对关键业主的维系，在维系普通业主四项要求的基础上，新增如下三大要求：

（1）"老带新"确认标准化

其一，"老带新"，原则上要求推荐人陪同新客户一同抵达销售中心；推荐人因故不能一起抵达，须提前电话或短信告知公司，公司通过短信向推荐人确认"老带新"。

其二，推荐人未能前来，采用电话或短信告知，收到电话或信息后即予以确认，标准信息示例："尊敬的×××先生/女士，非常感谢您对×地产×××项目的信任和帮助，您的朋友×××我们将会安排专人负责接待，请您放心，保证×××会得到满意的服务，希望×××能和您成为邻居。再次对您的推荐表示感谢！"

其三，新客户成功认购，一个小时内短信告知推荐人，标准模板："尊敬的×××先生／女士，您的朋友×××已经成功在×××购买物业，成为您的邻居，对您的推荐工作表示感谢，您将得到××奖励，希望您能继续介绍新的朋友过来，壮大邻里！"

（2）"老带新"奖励过程化

市场上高额"老带新"奖励比比皆是，效果却往往差强人意，因为业主是否介绍客户，与补贴3000元还是5000元关系并不大，他们想的是"我不知道我身边朋友谁买房子，我也不可能见人就问是否买房子；即使有朋友要买，我也只建议他来看看而绝不推销，更不会为了拿奖金而劝朋友买，否则可能朋友都没法做了"。要把成交获得奖励的结果目标转换成过程目标，即只要带新客户上门就能立即获得奖励，以最大可能降低业主推荐的心理负担，提高业主推荐的积极性。

其一，上门双双获赠礼品，如业主带新客户上门，双双获赠精美礼品一份。

其二，业主获赠物业费，例如业主再访销售中心或每带一名新客户到访，即奖励该老业主30~100元物业费。例如业主将项目制定信息转发到朋友圈保留一定时间或积赞达一定量，即获赠50元物业费。

其三，业主获赠车位抵用券，例如业主再访销售中心或每带一名新客户到访，即奖励该业主×××元车位抵用券，此法同时也给车位销售积累了意向客户。

其四，宴请业主及其推荐的新客户，主要为BBQ类烧烤或答谢宴会，既可以专门宴请同一小区或楼栋业主，方便邻里业主之间加深感情，也可以共同宴请业主与新客户或意向客户，以业主对项目的口碑，带动新客户或意向客户成交。

（3）答谢活动仪式化

其一，季度答谢宴会暨"老带新"颁奖。每个季度举办一次关键业主答谢宴会暨"老带新"颁奖，集团高管参与，通过仪式化的活动安排，提升业主的尊贵感与参与感。

其二，季度礼品大礼包。每季给关键业主免费邮寄定制的"礼品大礼包"，包含但不限于电影票、引进剧目门票、坚基购物中心品牌商家促销券或优惠券、游泳池或健身中心体验券等。

3. 激励已认筹客户扩散的三大工具

已认筹客户作为项目的准客户，如何驱动认筹客户"筹带筹"，是快速蓄客的重要手段。在实际工作中，以下三项工具可以借助认筹客户快速扩散项目信息并加速意向客户的积累：

（1）筹带客转介卡

激励已认筹的准客户积极转介新客户，可以在认筹后，赠送该认筹客户"转介卡"（卡上注明客户编号、姓名与置业顾问）多张，由认筹客户转赠该卡给任何亲友、邻居或同事，这些潜在客户持此卡与本人身份证即可前往销售中心领取精美礼品一份；作为激励认筹客户积极找寻潜在客户的工具，其亲友每成功领取一份礼品，该认筹客户即可获得额外优惠 × × 元，最高封顶 × × 万元。

鉴于纸质版"转介卡"赠送因认筹客户的时间与精力有限，可引导认筹客户直接将"转介卡"拍照发至朋友圈，其亲友只需凭借本人身份证和照片即可到售楼处领取礼品，这样不仅可以找到足够的客户上门，还利用认筹客户的微信朋友圈，扩大项目知名度和信息传播的广度。

（2）线上线上砍价游戏

针对认筹客户的价格痛点，开发购房砍价 H5 页面，每个客户认筹之后，扫描二维码进入页面，让客户把页面分享朋友圈，朋友就会在朋友圈中看到并点击进入页面来帮助客户助力砍价，点击助力人数越多，则会减免相应额度房款，累计助力超过一定额度后享受最高限额优惠。一方面，砍价页面包含项目信息，可以扩大项目知名度与信息传播的广度；另一方面，砍价页面登录需要输入电话，可以收集认筹客户朋友圈的好友信息，为项目积累潜在意向客户。

（3）认筹客户的圈层团购

以认筹客户为媒介，打入认筹客户的圈层。例如进入客户所在单位宣讲，只要客户能集合一定数量的同事，由房地产开发企业为这些员工集中介绍项目信息，该认筹客户即享受减免一定额度购房款的优惠；同时，参加宣讲的客户同事朋友可以领取一份精美礼品和项目资料。对于平时很难进入的行政事业单位、国企、银行学校医院等单位，可以用此方法顺利进入，真正起到了认筹一个客户，挖掘一个圈层群体的效果。

同样是通过业主或准业主来挖掘新客户，有的销售员坚持给业主或准业主打数十个电话获得转介，有的打一个电话就不再跟进，产生这样大差别的原因，关键就在于奖惩制度，特别是围绕钱与客户的奖惩制度。例如，可以设置与销售目标并行的行销目标，挂钩佣金与提成，行销目标可以是每周看房团指标和企业/专业市场摆展/宣讲指标等，若达标按到场客户数量给予销售人员提成，若不达标予以期间佣金扣减；可以缩短客户保护期，将超过客户保护期未转化的客户分给转化率最高的前3名等。

（三）第三类渠道：项目老客户与竞品客户

老客户，特指已进线、上门甚至认筹而暂未成交的客户。老客户的价值主要体现在两个方面：第一，本项目的老客户，可以在本项目继续转化为成交客户；客户之所以上门就是有需求，可能是项目当前推售的产品不匹配需求，亦可能是需求的强烈程度没达到立即做出购买决定，持续跟进可能转化为成交客户。第二，本项目的老客户，可能因为价格问题或需求不匹配导致在竞品成交，只要销售员接待服务与项目价值输出到位让客户认可项目，该客户虽然不购买，但是他的亲友圈层大多亦会有购房需求，该老客户可以推荐其亲友圈层购买本项目。例如，该客户若为年轻人，要购买婚房，他的亲友圈层亦存在相同需求的潜在客户，该老客户虽然购买竞品，但是向亲友推荐本项目的比比皆是。

竞品客户，在此特指竞品进线、上门甚至认筹而暂未成交的客户，客户有购买需求才会上门，在竞品未成交，说明客户对竞品存在抗性；对竞品的抗性所在，恰恰就是本项目的机会。对竞品未成交客户而言，重点是获取客户资料并电话约见。这里面的方法很多，既可以通过竞品拦截的方式获取客户资源，还可以通过与竞品项目销售员交朋友的方式获取其未成交客户资源，甚至可以通过其他方式获取竞品未成交客户资源，客户资源获取后一般通过电话邀约上门。

客户上门后若不成交，其购买欲望会快速消退。在实际销售过程中发现，客户一旦上门后 7 天没成交，则可能转化为竞争对手客户，或者成交周期大幅延长，成交困难大大提高，对老客户的跟进更强调及时性与标准化。

1. 进线老客户跟进标准化

（1）来电后 15 分钟完成微信添加与邀约

项目介绍类标准信息示例："××× 先生 / 女士，您好。欢迎致电 130 万 ㎡ 河源市商业中心，我是您的专职置业顾问 ×××，联系电话 ×××。项目位于河源 CBD 核心，城市配套丰富，交通非常便捷，是五县一区购物第一站，客家文化体验第一站，河源旅游休闲第一站。恭候您的光临。"

加推或促销类标准信息示例："××× 先生 / 女士，您好。欢迎致电 130 万 ㎡ 河源市商业中心，我是您的专职置业顾问 ×××，联系电话 ×××。最新加推 / 促销 ××，稀缺 ×× 套，享受 ×× 优惠。恭候您的光临。"

（2）电话集中邀约的两大节点

第一个周五，筛选本周（含上周末）来电未到访客户，由销售员集中邀约上门。

每月最后一周的周五，筛选近 3 个月来电未到访客户，由销售员集中邀约上门。

2. 上门老客户跟进标准化

（1）现场服务标准化

其一，接待服务标准化。销售员严格按现场接待流程接待每一批上门客户，例如，客户进门即赠送《尊贵客户服务卡》，告知客户应该获知的信息内容，方便客户咨询；例如，严格按现场流程接待客户，前后顺序不能颠倒，销售工具要按既定顺序全面展示等等。

其二，看房服务标准化。销售员按既定路线带客户前往项目现场体验示范区与样板房，使用规范的动作服务客户，在规定的位置按规定的说辞讲解项目价值体系等。

（2）信息沟通的"0、1、1 法则"

其一，添加客户微信，保持沟通畅通。新客户上门在销售现场添加客户微信，新旧销售员交接后第一时间添加业主微信，确保沟通渠道的多样性。

其二，客户离开一小时内信息跟进。标准信息示例："感谢您光临 ×××项目，希望我的服务令您满意……如果有任何置业问题，我会随时为您服务……"

其三，每周短信回访与邀约。针对来电未上门与上门未成交老客户，每周一次，集中短信回访与信息告知，既可以是宏观政策类利好消息，还可以是城市规划与地块配套类利好消息；既可以是项目工程、招商进度、配套完善类消息，还可以是促销、新品加推、活动或样板房开放类消息。

（3）电话跟进的"1、2、5、30 法则"

其一，客户离开一天内（24 小时内）电话回访。询问客户对项目的印象、仍不清楚的问题、下次到访时间、需要哪些服务等。

其二，上门客户 48 小时内满意度调查。以客服中心的名义，对 48 小时内上门的客户展开满意度回访，询问客户对销售员、物业服务、产品等的满意度。满意度调查示例："您好，我是 ××× 地产 ××× 项目的客服人员，请问您是 ××× 先生 / 女士吗？非常感谢您光临 ××× 项目，我想耽误您两分钟时间，做一个电话回访，您方便吗？……请问您对我们的销售服务满意吗？有没有主动给您介绍……请问您对我们的物业服务满意吗？有没有主动给您开门，询问饮品……请问您对我们的项目产品满意吗？有什么不满意的地方？……请问您是否近期考虑复访，或者会否推荐您的朋友来访？……"

其三，每周五集中邀约老客户。每周五邀约本周（含上周末）上门未成交老客户，于周末集中上门。

其四，每月不少于一次的集中邀约。每月最后一周的周五，筛选近六个月以来的上门未成交老客户，邀约在周末集中上门。

（四）第四类渠道：项目周边客户

项目周边客户可细分为两类：其一，项目周边原住民、拆迁户或租客。

这类人大多存在本地情结，原住民家庭的改善居住、拆迁户与租客的购房皆会优先选择周边项目；原住民的小孩子独立居住，父母希望小孩子住在附近方便相互照应亦会首选周边项目。其二，项目周边工作或上下班路过的客户。这类客户，既因为经常路过项目所以了解得比较全面，更因为熟悉产生信赖感，还因为工作便利关系会首选本项目，一般以项目为圆心，3公里至5公里半径范围内的行政机关与企事业单位，皆为项目的重点潜在客户集中地。

寻找项目周边客户资源，可以采用"中心开花法"，即通过找寻单位的多个关键人物，通过关键人物辐射到全体单位；可以采用"连锁介绍法"，即通过上门客户或成交业主连锁推荐周边的同事；可以采用"扫街陌拜法"对项目地周边的商户与社区进行全面摸排；还可以通过专场活动，可以是上门举办的理财说明会、项目推介会，也可以通过丰富多彩的活动直接吸引客户前往销售中心。

一方面，在企事业单位寻找客户是一个系统工程，销售员既要会调动潜在目标对象所在的单位资源，更要会调动本公司的资源，利用公司人脉与资源，覆盖周边3公里至5公里范围的企事业单位与原住民或拆迁户；另一方面，销售员要有正确的意识，活动当场能促成成交更好，但从房地产销售实际情况来看，活动的结束才是销售的开始。很多销售员在活动中接触客户，发现客户态度冷淡或者敷衍，就武断地判断这批是"水客"，不注意后续的跟进，这是非常错误的观点；要知道房地产属于大宗商品，参加活动的客户，其目的是奔着活动而来的，对活动当中穿插的推售抗拒是很自然的反应，我们通过活动聚集了客户掌握了客户资源，接下来就需要销售员针对客户做个性化的跟单以促成成交，否则销售员的价值何在？

（五）第五类渠道：全新客户

"全新客户"，指除上述四大类客户之外的，之前未接触过项目信息的其他客户的统称，对销售员而言重点有五大类，按重要性顺序排列分别为：重点企事业单位员工、重点区域与重点交通干线导入人群、重点行业人群、各类展会招来客户、广告招徕客户。

1. 重点企事业单位员工

重点企事业单位员工，通过分析项目自身客户或竞品客户获得重点企事业单位名单，一旦同一个单位有多批上门或成交，就会产生示范效应，销售员跟进时利用客户的从众心理，就可以产生裂变效应。

2. 重点区域与重点交通干线人群

重点区域人群主要指购买本项目或竞争项目的集中小区或片区人群，针对重点小区或片区的客户，销售员寻找客户时可以在小区或片区周边、交通必经路线以及商场与超市巡展与派单。

重点交通干线人群，主要因工作原因，在上下班过程中途经本项目。重点交通干线主要包含轻轨、高速与快速路、公交路线，针对轻轨、高速与快速路的客户主要由房地产公司进行推广与拓客，销售员可以在公交路线的在站牌或十字路口拦截客户，更具有针对性。

3. 重点行业人群

每个行业都有自己的特性，过去的工作、配偶的工作、家族成员从事的行业，都是你比较熟悉的，特别是根据项目自身客户或竞品客户集中的行业挑选重点行业。拓展行业首先从现有人脉中去寻找，看你的人脉中有无目标行业中的重要人物，通过这个人向特定行业渗透；还可以联系当地的行业协会或商会，他们拥有这个行业的会员，也会定期搞一些交流活动，我们可以利用这个机会参与到他们的活动中，例如为他们的活动提供礼品以获得推介机会，例如在销售中心针对行业成员举办特定的活动。

4. 各类展会客户

无论是房展会还是家居、建材、汽车展，销售员皆可以前往寻找客户。传统做法是将展会客流直接带到销售中心，这样做的效率很低；更有效率的做法就是在展会上最大限度地收集潜在客户的联系方式，并及时跟进联系。

5. 广告招徕客户

广告招徕客户，销售员可以利用网站、论坛、微信朋友圈、微博等网络广告招徕的潜在客户。以微博为例，销售员通过在微博上输出有价值的客观公正的信息，与同行、炒家或权威专家互动等方式，不仅可以吸纳与培养粉丝，还可以通过在公共平台上的言论打造权威的专家身份，解决了销售的信任问题。销售员还可以通过刊登分类信息广告、张贴海报、派单、举牌等方式招徕的潜在客户。

三、客户时间与注意力的争夺战

好奇心是人类的天性，是人类行为动机中最有力的动机之一。如果没有对未知的好奇心，我们就不会有进步，就不会有发展；只有有了好奇心，有了求知的欲望，人的知识才不断增加，人类社会才不断进步。人都有好奇心，销售员在邀约客户时，通过激发客户的好奇心，争夺客户稀缺的时间与注意力，是成功销售的第一步。

信息以爆炸方式激增，近 30 年产生的信息比过去 5000 年还要多。信息量的爆炸发展和过剩打破了与原来注意力的比例，造成注意力相对缺少。由于信息过载，受众应接不暇，其有效注意力时间在进一步缩短。研究发现，2000 年时，人的注意力集中时间是 12 秒，到 2012 年，已经下降到 8 秒（作为比较，金鱼为 9 秒）。销售员必须跟所有人（所有事物）竞争客户的时间和注意力，并且要在极短的时间内俘获客户的注意力。只有激发客户的好奇心才能获得客户的时间与注意力。怀有好奇心的客户会选择参与，反之则不然。在《卖拐》这个小品中，赵本山饰演的大忽悠故意让范伟饰演的范厨师听到"这病，发现就是晚期"，等范厨师过来追问，又采取欲擒故纵的办法，说"看出点事，说了你也不信。没事，你走吧"。至此，范厨师的好奇心完全被勾起，开始一步步进入彀中。

作为购买者，在进入销售中心或项目现场之前，他的角色是受众。在购买发生之前，还没有达到销售中心或项目现场，人们只是从广告、亲友口中得到项目信息，或者路过看到项目或项目信息，甚至处在从未知晓的状态。当客户作为受众时，项目在他心里有什么样的地位？毫无地位。时刻记住，你跟客户沟通时，他的工作比你重要，他的孩子比你重要，他的爱人比你重要，他做的饭比你重要，他看的电视比你重要……也就是说，作为受众的消费者，他身边的任何事都比你重要，任何一个信息都比你重要，甚至刮来的一阵风，飘下的一片落叶都比你重要。在这种背景下，你想要跟他说上话，想要让他为你挤出时间与精力，让他主动上门了解，让他掏钱给你，这非常困难。你想象一下，在大街上穿行不息的人群，是一种什么样的状态？非常茫然，这就是普通受众在接触到我们时的状态，你要在短短的 10 秒钟让他从茫然中跳脱开来，将注意力转移到你身上，你必须刺激他，让他做出反应，并且是最本能的反应。而最好的刺激就是激发好奇，比如"告诉你一个秘密"，受众听到后会浑身一震，从茫然中清醒过来，将注意力转移到你的身上。

销售员寻找客户的场景有三类：其一，一对一的面对面沟通，例如外出拜访；其二，是一对多的面对面沟通，例如小型推介会、房展会派单或扫街派单；其三，一对一的电子媒介沟通，通常是电话。我们应该设身处地地站在客户的立场问问我们自己，客户有多久的时间留给你？正常情况下，面对一个陌生人，对方给予的时间是 15 秒至 30 秒，超过这个时间就没有耐心了，所以，我们一定要在前 15 秒抓住客户的好奇心，通过捕捉客户的注意力，延长与客户的沟通时间。

好奇心是人类一种非常强烈的感情，是推动销售进程的催化剂。如果客户能够对销售员的话感到好奇，就等于让客户闻到牛排的香气，听到炸牛排的吱吱响声，但客户看不到牛排在哪里，从而让客户产生一种渴望，希望了解事情的真相究竟是什么，这样自然就产生兴趣了。如何在短暂的时间内激发客户好奇，抢占客户的时间与注意力，有以下五种策略：

（一）刺激性问题与刺激性陈述

突破惯性思维的事情，会让我们感到惊讶。我们的大脑天生对变化敏感，持续不变的感官刺激往往让我们视而不见充耳不闻，所以惊讶会吸引人的注意力，兴趣让我们的注意力更持久。我们的思维是一种惯性思维，按"我认为"的方式做出推测并帮我们制定行动。当遇到意料之外的事情，我们的推测发生失误的时候，惊讶能把这一紧急情况置于优先位置，注意力不自觉地被吸引到使我们惊讶的事情上来。一件令人吃惊的事情必定是不可预知的，惊讶与可预见性永远是对立的，煽动性问题和陈述旨在制造惊讶，促使人们想知道为什么你要如此问或如此说。有一个销售安全玻璃的业务员，他的业绩一直都占据整个公司销售业绩第一名。究其原因，他去见客户的时候，皮箱里都放着许多截成15厘米的安全玻璃，并带着一把铁锤。到客户那里后，他会问客户："你相不相信安全玻璃？"当客户说不相信的时候，他就把玻璃放在客户面前并拿起锤子猛敲一下，这样许多客户都会因此吓一跳，同时他们会发现玻璃真的没有碎裂开来。然后客户就会说："天哪，真不敢相信！"这时候他就问他们："你想买多少？"直接进行缔结成交的步骤，而整个过程花费的时间还不到几分钟。

人在受到刺激的时候，都会有想了解到底发生什么事情的自然反应，就好比现在在你身后突然发出砰的一声巨响，你的第一反应就是马上回过头去看看发生了什么事情。如果销售员提出一个让客户能够产生关联的问题，并且这个问题能让客户感受到较强的刺激，基于人性的本能，客户的思维模式就会转向这件有刺激性的事情，也就是说，客户就会产生好奇。比如："猜猜看？"这也是刺激性问题的一个例子。这会使得人们情不自禁地想："到底是什么？"如果你说："我能问个问题吗？"其效果也是一样的，你所要询问的对象一般都会回答"好的"，同时他们还会自动设想你会问些什么，这就是人类的天性。例如"买铺就是买商圈""买铺就要跟巨头"这类陈述就属于煽动性陈述。本章节的标题"销售从寻找客户开始"亦属于煽动性陈述。还可以提煽动性问题来刺激客户好奇，例如"现在商铺普遍经营困难，什么样的商铺才值得投资？""你可能净赚5万，也可能损失5万，取决于你今天来还是明天来。"

（二）只提供部分信息

很多销售员花费大量时间来满足客户的好奇心，却极少想过设法激起客户的好奇心；他们的看法是自己的价值就是为客户提供信息，不厌其烦地向其陈述自己的公司和产品的特征以及能给客户带来的利益。想一想，如果你所邀约的潜在客户已经有了他们需要的所有信息，那么他还有什么理由跟你见面？如果你想激起客户的好奇心，希望客户主动了解更多的信息，那么，就不要在一开始就向他们提供所有的信息，这样才能激起客户的好奇心。你的表达内容一定要像"半裸的少女"而非"一丝不挂"，让客户忍不住，想要采取进一步行动以掀开表面衣衫，看到内在的隐秘。例如，销售员在客户询问户型时，直接微信拍照户型发送给客户，这种情况犹如一个女性蓬头垢面不加修饰地去相亲，无论这个女性多么的国色天香，此次相亲的结局是注定的，更何况是要掏钱的客户？

如果希望你的客户有深入了解信息的愿望，那么你就不要预先告诉他们你所知道的一切信息，你必须学会吊足他们的胃口。分享足够信息引起他们的兴趣并与你交流价值，但要把握好尺度，不能削弱客户向下一步销售进程迈进的动力。普通销售试图满足潜在客户的好奇心，顶尖销售试图引起潜在客户更大的好奇心。例如，在客户询问价格时，销售员："坚基·美丽城作为CBD 最后的公园森林大宅，是河源唯一的五好项目，楼层不同户型不同价格不同。我们买房最重要的是挑选到满意的小区与户型，如果房子不喜欢，价格 5000 元与价格 10000 元就没有任何差别，你还是下午请来一趟销售中心，我带您看看房，先挑到合适的户型。"通过提供部分信息，激发客户好奇，邀约客户上门面谈。

一些销售员对"部分信息"的概念提出了质疑：他们担心保留一些信息会违背整体性或看上去不专业。如果你有类似想法，那么你试想一下：你与一位陌生客户的最初交流通常会持续多长时间？ 1 分钟、5 分钟、15 分钟还是 30 分钟？你邀约客户时，是争夺客户稀缺的时间与注意力，潜在客户不仅忙，而且茫然，不可能在邀约中清晰地表达出项目的全面价值，邀约的目的是达成会面，而不是短暂的 1 分钟或几分钟完成成交，唯有采取提供部分信息、展示部分价值的方式，才能激发客户好奇，才能获得会面的机会。

采用部分信息引起客户兴趣需要注意的一点是：切忌表达含糊不清。潜在客户会把太过含糊的信息视为欺诈或不重要的信息。这就是为什么我们建议你采取部分信息的方式，与足量信息正好相反。

（三）显露价值的冰山一角

有句俗话叫作"天下熙熙，皆为利来；天下攘攘，皆为利往"。直白的一句话，却点出了人性的本质。其实人并不是一种无从捉摸的动物，每个人行为的背后都必然隐藏着一种核心的推动力量。虽然它看不见也摸不着，但确实影响着我们生活中的方方面面，而这种核心的力量就是"名利"二字。通过直截了当地告诉客户利益，即你可以为他带来什么样的好处，客户的兴趣就可以立刻被激发出来。

让客户知道你能为他带来什么价值或利益，他们会变得好奇而希望了解更多详情。因为在客户面前晃来晃去的价值就像诱饵一样使他们想要获取更多的信息。如果客户开口询问，你就达到了主要目的：成功引发客户的好奇心。销售员扫街时这样说："老板，河源唯一 150 平方米双主卧设计奢华四房，了解一下吧。"

我们在进行商铺促销时，销售员是这样邀约客户的："王总，为庆祝沃尔玛 9 月 17 日盛大开业，河源市商业中心新推出 15 卡 CBD 商圈商铺，史无前例的 7 折优惠，最高节省 70 万元，总价 40 余万元起！毗邻人民医院，今年投资，今年收租，机会非常难得！我是销售员 ×××，想请你周六上午过来详细了了解一下。"客户在了解"沃尔玛即将开业"与"毗邻人民医院"这点核心价值的背景下，再辅以"史无前例的 7 折优惠，最高节省 70 万元，总价 40 余万元起"的现实利益，欲望会驱使好奇心极度放大，从而达到吸引其上门进一步了解的目的。

（四）利用"新的""独特"的东西

人们总对新鲜的东西感到兴奋、有兴趣，都想"抢占先机"。更重要的是，人们不想落伍，不想被排除在外，这大概可以解释为什么人们对于新产品信息和即将发生的公告信息总是那么"贪得无厌"，所以销售人员可以利用这一点来吸引客户的好奇心。新事物总是令人兴奋的，人们总是想"一探究竟"或"先睹为快"。这也为你提供了约见潜在客户的机遇。

可以用一句大胆的开头来唤起客户的好奇心，引起客户的兴趣和注意，然后从中说出将要介绍的产品的优势和益处，这就为下一步的深入面谈做好了铺垫。例如，房展会销售员派单时这样说："河源最好卖的明星三房，这边了解一下吧。"例如，河源市商业中心坚基·美好城4栋加推，销售员是这样邀约客户的："张姐，告诉您一个好消息，河源市商业中心最新推出127㎡超大赠送的明星四房，东南朝向，南北通透，您抓紧过来看一下吧，我是销售员×××。"例如，河源市商业中心第二期住宅项目案名坚基·美好城，经过一年多的热销，在市场上打开了知名度并奠定了城市综合体豪宅的形象，河源市商业中心三期住宅命名坚基·美丽城，销售员是这样告诉客户的："赵总，河源市商业中心新推出了坚基·美好城的升级版——坚基·美丽城，在学位、园林、户型、规划、物业这五大方面进行了全面升级，我是销售员×××，你看周六还是周日过来详细了解一下？"销售员这样介绍完，客户就会在内心对新推出的坚基·美丽城充满好奇，若有时间就自会愿意上门了解。

（五）利用群体趋同效应

如果说羊的行走目标都是寻找水草，那么，孤立的一只羊在出发前会鼓动鼻翼，引颈远眺，努力捕捉和分析来自各方的信息，谨慎地确定前进的方向。但是，当这只羊汇入羊群之中，它便会放弃所有的侦察与思考，而放心地随着羊群前进。人们在消费上也具备羊的这一特点，也就是通常所说的"从众心理"或"群体趋同效应"。

群体趋同效应不是通过他人的案例推动客户，提示他也应该做出同样的决定，而是设法让客户了解他周围的人都有着同样的趋势，询问客户：你想知道为什么吗？这其中隐含的暗示是，如果周围的每个人都产生了某种趋势，客户怎么会不想了解更多呢？客户当然好奇为什么所有其他人都有某种共同的趋势，一旦他们产生好奇心，自然想了解更多的情况。

中央金街1期商铺开盘的当天中午，对前期所有的商铺意向客户进行回访时可以这样说："赵总，您好！今天河源市商业中心的中央金街1期开盘非常火暴，一个上午卖了2个多亿！所有到场客户都说抢到就是赚到！您的好朋友张总与孙总都抢到满意的铺位了，不知道您有没有抢到呢？"无论赵总当天上午是否前来开盘现场，一听说上午开盘卖得非常火暴，并且自己的几个好朋友都认购了，会非常好奇成交火暴的原因。在销售员的再次邀约之下，他就会下午前来现场希望了解更多，既维持一整天火暴的人气，又可以用热销促成成交。

在车位销售筹备期，销售员可以这样邀约客户："苏姐，现在已经有很多业主过来选车位了，不少业主还要认购 2 个。我们坚基·美好城项目 920 户，负一层的车位只有不足 600 个，车位非常稀缺。你看明天上午还是下午抓紧过来看一下是否有中意的。前 200 名认购，只需要交 8000 元首付即可，数量有限，先到先得。"无论苏姐是否打算购买车位，一旦听说那么多业主打算购买，还有不少家庭认购 2 个车位，一定会非常好奇，会给销售员更多的时间，有更多的问题想要了解。销售员再用"负一层不足 600 个车位"，且"前 200 名认购，只需要交纳 8000 元首付即可"进行驱动，制造紧张，强化苏姐尽快上门了解的动机。

四、有理有利有节地邀约客户上门

寻找客户过程中，激发客户好奇可以抓住客户注意，获得进一步沟通的机会。但是寻找客户的直接目的是什么？是成交吗？作为大件商品的房地产，很少有客户没到销售中心就直接成交的，所以，寻找客户的直接目的是邀约客户上门。

为什么邀约客户上门是寻找客户的直接目的？因为销售中心是我们的主场。战争强调诱敌深入与主场决战，就是主场集中了天时地利与人和；竞赛强调主场，因为运动队员在主场比赛时，取胜的概率要远高于客场比赛的取胜概率，这就是主场优势效应。谈判强调主场，因为熟识的环境可以使己方增强信心，能快速进入状态，对方在陌生的环境里产生不适感会降低对方的姿态。而在房地产方面，主场谈判便于寻求技术支持和上级沟通，靠新信息扭转谈判局面，而且主场谈判还便于我方在现场布置、座位安排、节奏控制等方面掌握主动权。此外，主场谈判还可以向对方显示自己在质量、服务、人员或资金等方面的实力。如果营销是一场战役，销售中心就是战场，让客户进入我们的主场，是我们寻找客户的直接目的，无论销售员外出拜访与拓客，还是电话沟通与邀约，寻找客户的直接目的就是邀约客户上门。

寻找客户的过程，始于激发客户好奇，直接目的是邀约客户上门。要高效地邀约客户上门，在激发好奇的基础上，还要做到"有理有利有节"。

1. 有理，就是给客户充足的上门理由

涨价或促销。消费者对价格的变动异常敏感，一旦涉及涨价或促销，都是销售员邀约客户上门的理由。

利好信息。利好信息涉及三方面：第一，市场利好，例如调控政策、货币政策与一二线城市或同类城市市场趋势向上的利好；第二，区域利好，例如区域规划、增建教育 / 医疗 / 商业等配套设施的利好、新建轨道交通利好等；第三，项目自身利好，例如引进新商家，签订新合作单位等。在河源市商业中心的坚基购物中心前期招商与开业运营阶段，品牌商家的引进、装修与调整，甚至品牌商家新款引进或旧款促销皆是邀约客户上门的理由。例如，在沃尔玛进驻河源市商业中心的信息得以确认后，销售员是这样邀约客户的："为庆祝沃尔玛旗舰店强势进驻河源市商业中心，坚基董事长特批了 68 套特惠房源，最高优惠 17 万元，数量有限抢完为止，您赶紧过来看看吧。"

营销节点。项目的认筹、开盘、加推等。例如，中央金街 2 期认筹启动前，销售员是这样邀约客户的："河源市商业中心卖新商铺了，面积 50~110 ㎡，是河源市商业中心唯一的独栋临街金铺！ 4 月 2 日开始认筹，我想邀请您先过来现场了解一下。"

工程进度。项目奠基、封顶、外立面展示、园林开放等。例如坚基·美好城样板房开放时，销售员借此邀约客户："叶姐，有个好消息告诉您，坚基·美好城别墅级样板房将在 8 月 1 日盛大开放！这是我们的楼王单位样板房，是河源别墅级传世大宅，我想邀请您和家人来看看，请问您周六上午还是下午过来？"

营销活动。项目举办的各类营销活动，特别是在元旦、清明、五一等节假日举办的大型营销活动。例如，清明节期间，河源市商业中心举办了"大鲨鱼来了——河源市商业中心海洋生物展"，销售员是这样邀约客户的："叶姐，清明节期间大鲨鱼要来河源市商业中心了！现在上门就可以领取价值168元的入场券，数量有限，您赶紧过来吧！另外我们最新推出实用率超100%的超大赠送四房，南北通透，您过来领票可以顺便了解一下。"

2. 有利，就是给客户额外的上门利益

在报纸上看到一个人买彩票中了100万元，大部分人会蠢蠢欲动跑去买，觉得"说不定我也有机会中奖"，但如果你在报纸上看到一起车祸，50个人只有两个人买了保险，各赔了200万元，你会觉得这两个人没买错，但你不会立马去买保险，觉得"这么倒霉的事不可能发生在我身上"！这两件事反映了人性的两种心理：贪婪和侥幸！

每个人的内心都是贪婪的，总希望得到很多，"无利不起早"说的就是这个意思，仅依靠好奇心还不足以高效地驱动客户上门，还需要给客户额外的利益予以配合。例如，营销节点需要现场活动配合，就是通过现场活动的吃喝玩乐与抽奖，强化客户上门的动力。2016年年底举办业主答谢会活动，销售员是这样通知业主的："张姐，您好。新年快到了，坚基集团为感恩答谢业主，特定制了一批价值268元的新春大礼包（有烫金老皇历、利是封、对联等）与价值368元的新版'桃花水母'门票2张；答谢会现场还有容声双开门冰箱、志高电暖气、高级车载冰箱等品牌家电大抽奖。此次答谢活动只针对部分尊贵业主，数量有限，送完为止。我特意帮您申请了一份，提前告诉您，等新春大礼包与门票送到现场，我一通知您，您就赶紧过来领取。"

根据心理学研究，罗列出14个具有魔力的词汇，一听到这些魔力词汇人就非常有精神，就会被吸引，销售员要灵活运用这些词汇。它们分别是：容易、免费、省钱、新款、爱、钱、健康、成果、你、证明、你的、安全、发现、保证。使用这些已经被"证明"有用的词语，不但"容易"，而且"免费"，你在交流中要使用人们"爱"听的词语，当"你"这样做时，你会有一个重大"发现"，你会赚更多的"钱"，"节省"更多的时间，还能改善你的"健康"与"安全"，使用这些词语能"保证"你的销售员生涯获得"新"的"成果"。

3. 有节，注意邀约客户上门的时间节点

根据房地产销售的实际情况，以及人类的生物钟规律，除周末与节假日的大型活动或营销节点，周一至周五邀约客户上门的具体时间，一般固定在两个时间点，例如上午 10 点或下午 3 点，一方面是因为房地产属于大宗商品，客户上门接待、看房、谈判到成交需要 90 分钟左右的时间，上午 10 点与下午 3 点上门就有充足的时间当天成交；另一方面是因为客户扎堆在上午 10 点或下午 3 点上门，现场的销售氛围就非常热闹，人在这种热闹的氛围感染下也更加感性与冲动，有利于成交。

没有痛苦客户不买

一位新来的销售员在他工作的第一个月向自己的经理解释，为什么业绩不佳。他说："经理，我能把马引到水边，但是没有办法按住它的头让它喝水。""按住它的头让它喝水？"经理急了："让马喝水不是你的事，你的任务是让它感觉口渴。"

一、需求源于烦恼（问题）或欲望

"需求"是现实（拥有）和理想（期望）之间的差异。差异可以表现为缺乏必要的东西，即存在问题或烦恼，大笔现金在手，放银行缩水，放股市不靠谱，投资实业风险大，于是问题来了；添丁进口，家里现在的环境恶化了，于是问题来了。还可以表现为想要的东西，即欲望，朋友买一套房子，陶醉地在朋友圈显摆，于是欲望就来了；路过一个项目，进去一了解，非常具有投资潜力，于是欲望就来了。当人们意识到现状的不足，或者意识到更加美好的期望，需求就产生了。

需求来源于烦恼（问题）或欲望。

自有生的那天起，人生便累积了各种各样的烦恼（问题），读书、工作、嫁娶、生活，皆存在诸多烦恼（问题），生、老、病、死是烦恼（问题），渴了、饿了、上火了、钱赚少了也是烦恼（问题）。总之，你担心的、你纠结的、你不方便的都是烦恼（问题）。例如，你开车在路上正常行驶时，突然下雨了，你启动雨刮刷时发现雨刮刷失灵了，这时你的第一反应就是找一家最近的维修店去买一个新的雨刮刷。但是，这个雨刮刷是什么时候失灵的？可能是刚刚，也可能是昨天，还可能是你上次正常使用后就失灵了。这段时间，你的雨刮刷一直存在问题，但是你并没有产生需求，刚刚下雨你启用时发现雨刮刷失灵，让你意识到问题，你的感觉改变了，需求就产生了。

欲望是人性的组成部分，是人类与生俱来的。中国民间有一首顺口溜形容人们的欲壑难填："终日奔波只为饥，刚得饱来又思衣。衣食刚得双足份，家中缺少美貌妻。有了娇妻并美妾，出入无轿少马骑。骡马成群田万顷，无有官职怕受欺。六品五品嫌官小，四品三品还觉低。当朝一品做宰相，又想面南做皇帝。"人生的欲望无穷无尽，生理的欲望、心理的欲望、爱的欲望、被尊重的欲望、成功的欲望……有了欲望，就要求实现；欲望部分实现了，又要求全部实现；欲望一个实现了，又要永恒拥有；一个欲望实现了，新的欲望又产生了。例如，你刚刚吃完晚餐，在散步的路上，闻到路边有烤羊肉串的香味，这个香味对你的味蕾造成刺激，让你不停吞咽口水，产生品尝欲望，于是你就购买了。你是因为饥饿这个问题买的羊肉串吗？当然不是，毕竟你才吃过晚饭。因为烤羊肉串的香味刺激了你的欲望，让你有想吃羊肉串的意识，感觉改变了，需求就产生了，才做出购买决定。

感觉改变了，需求就产生了。除非客户意识到自己有某种需求，否则销售员无法出售产品或服务。需求是促使客户寻找可能的解决方案并最后做出购买决定的动力。当然，你发掘的需求越多，客户从你产品或服务中发现的价值就越多。

客户的需求又是分层次的，有房可住属于基本的生存需要；小区安全有保证属于安全需要；生活与出行便利属于社会与交往需要；小区自然与人文环境好、社区文化与产品设计高端，属于尊重的需要；在这个小区居住，社会地位受到认可属于自我实现的需要。例如，从丈母娘的角度来看，未来的姑爷要买的房子，能满足自己照顾女儿的需要，三房是基本需求，附近要有学校或便捷交通便于接送孩子，附近要有菜市场便于买菜做饭，附近最好有公园或医院便于健康养老，这属于丈母娘的生存、安全与社交需要；因为独生子女的原因，姑爷的身份地位代表丈母娘家的面子，而姑爷的身份地位有哪些符号可以彰显？职位、收入、车子与房子，所以姑爷的房子要能满足吹嘘与炫耀的特征，这是丈母娘受尊重与自我实现的需要。

二、潜在需求、弱需求与强需求

扁鹊见蔡桓公，立有间。扁鹊曰："君有疾在腠理，不治将恐深。"桓侯曰："寡人无疾。"扁鹊出，桓侯曰："医之好治不病以为功。"居十日，扁鹊复见，曰："君之病在肌肤，不治将益深。"桓侯不应。扁鹊出，桓侯又不悦。居十日，扁鹊复见，曰："君之病在肠胃，不治将益深。"桓侯又不应。扁鹊出，桓侯又不悦。居十日，扁鹊望桓侯而还走。桓侯故使人问之，扁鹊曰："疾在腠理，汤熨之所及也；在肌肤，针石之所及也；在肠胃，火齐之所及也；在骨髓，司命之所属，无奈何也。今在骨髓，臣是以无请也。"居五日，桓侯体痛，使人索扁鹊，已逃秦矣。桓侯遂死。

这篇《扁鹊见蔡桓公》出自《韩非子·喻老》，我们可以从中理解需求的三个阶段，即潜在需求、弱需求与强需求。

第一阶段，扁鹊告知蔡桓公"君有疾在腠理，不治将恐深"。由于蔡桓公没有感觉到症状，感觉没变，没有意识到需求。换句话说，此刻蔡桓侯只有潜在需求。虽然扁鹊多次拜见，发现蔡桓公的病分别在"腠理""肌肤""肠胃"，频繁劝说蔡桓公就医，但他的意见丝毫不被采纳。盖因在没有意识到症状的情况下，人们会认为自己的生活状况几乎是完美的，不需要刻意地改变，因为改变就意味着付出与风险。潜在需求是确实存在的需求，只是还没有表象化为烦恼（问题）或欲望，存在潜在需求的人们还没有意识到自己对现状的不满。

第二阶段，"居十日，扁鹊望桓侯而还走。桓侯故使人问之"。此刻，蔡桓侯可能因为扁鹊多次建议已经有所意识，抑或因"望桓侯而还走"产生疑惑，感觉发生了变化，由潜在需求转变到显性需求。但是他并没有就医行为，只是"故使人问之"，属于显性需求中的弱需求。这与我们普通人生病何其相似，刚开始有点头热流鼻涕的时候，虽然已经感觉变化了，潜在需求转变为显性需求，但是因为症状不重，绝大多数人选择静养或多喝水。弱需求，指潜在需求已经表象化为烦恼（问题）或欲望，由潜在需求转变到显性需求，但是因为症状不重，弱需求并不能立即转化为行动。

第三阶段，"居五日，桓侯体痛，使人索扁鹊"。此刻蔡桓侯体验到病症带来的巨大痛苦，由弱需求转变为强需求，产生了就医行动，即"使人索扁鹊"。强需求与弱需求同属于显性需求，即需求已经表象化为烦恼（问题）或欲望。强需求与弱需求的差异就在于，强需求会转化为立即的行动。

潜在需求、弱需求与强需求，是逐渐转化的。区别仅仅是一个发生在当下，而另一个却发生在未来的某一刻；潜在需求一定会转变为强需求，只不过时间无法确定。时间是需求间转化的重要媒介，潜在需求与其他事物一样，并不是突然发生的，而是一个积累演变的过程。这个过程有三个阶段，分别为潜在需求、弱需求与强需求。以身体健康为例，身体一定会有各种各样的症状，差别只在于你意识到还是没有意识到。第一个阶段，有症状，而你没有意识到，这就是"潜在需求"阶段。在此阶段，还没有表象化为烦恼（问题），虽然的确存在需求，但是感觉还未发生变化，还没有意识到需求。随着时间进一步推移，进入第二个阶段，即"弱需求"阶段。这个阶段的特征就是问题出现，并且随着时间的推移，频率增加，症状加重，但是你还能忍受，并未采取就医行动，最多就是减少运动静养或自己到药店拿点药应对。最后进入第三个阶段，即"强需求"阶段。这个阶段，症状产生严重的问题，问题导致的痛苦让你忍无可忍，你终于开始采取看病就医行动以解决问题。

房地产客户的具体需求都是有周期的，根据家庭结构与家庭生命周期以及自己的支付能力，需求不同的房子。例如，新婚购房需求特点，一般以小户型为主，在一二线城市多为一房或小两房，考虑上班一般要求交通便捷。若我们在售的项目没有与之匹配的房源，就听任客户流失吗？例如，我们现在正在推售商铺，客户目前只有潜在需求，销售员就听之任之，直至其自然转化为强需求再成交吗？显然不是。销售员必须有能力引导客户需求，将客户的潜在需求与弱需求转化为强需求，实现即时成交，这是销售员的价值所在。

三、创造佳绩靠潜在需求与弱需求客户

不管是源于烦恼（问题）还是欲望，只要某人意识到现实与理想的差异，需求就产生了。有强需求的客户非常容易接近，因为他们正试图改变现状，很多情况下，他们已经在积极寻找解决方案了。毫无疑问，对销售员而言，强需求的客户是最好的客户，他们不但已经认识到自己的需求，而且很愿意销售员帮他们一起找出解决方案，这样销售过程就会大大缩短，购买决定也做得很快。从某种意义上来说，这就好像是给饥饿的孩子喂饭一样，你只需要在他们面前晃动晃动碗筷，他们就会感到兴奋。

早在《史记·货殖列传》中就记载"以末致富，用本守之"，买房置地盛行于儒家文化圈，无论中日韩还是东南亚诸国。从销售的角度看，客户存在三大经典问题：为什么要买房？为什么现在买房？买哪儿的房？作为房地产销售员，"为什么要买房"基本上算不上问题，这也是房地产销售员比其他行业销售员幸福的地方，无论买来自住、投资还是出租，毕竟不需要房子的客户很少。在实际销售过程中，房地产销售员重点要解决的只有两大问题，即"为什么现在买房"与"买哪儿的房"？

解答"为什么现在买房"的过程，就是将客户的潜在需求与弱需求转化为强需求的过程。房地产市场，住宅类的首次置业产品与首次改善产品，强需求客户占据一定比例，他们或因独立居住、结婚、新城市定居、工作便利而购房，或因生孩子、小孩上学或提高生活品质而购买，在大多数情况下，他们即将或正在寻找房源，乐于向销售员分享自己的需求与关注重点，配合销售员找到合适的房源，只要项目满足需求，较竞争对手具备比较优势，很快就能达成成交。但是，房地产市场，更多的客户属于潜在需求与弱需求。第一，房地产属于大宗商品，客户做出购买决策非常谨慎，强需求客户所占

比例毕竟有限。第二，房地产产品类型众多，住宅类的品质型再改与享受型再改产品对应的多属于弱需求客户；投资型产品，诸如商铺、写字楼与公寓，亦多属于潜在需求客户与弱需求客户。第三，推售节奏不允许只挑选强需求客户，房地产属于地域性强且销售节奏强的产品，销售节奏的安排非常紧凑，地域限制导致在本区域内很难找到足够量的强需求客户，所以必须将潜在需求客户与弱需求客户转化为强需求客户，促使其在销售期内成交。第四，房地产产品销售时，大多是期房而非现房，交房大概在客户购买两年后，故客户购买时亦大多属于潜在需求或弱需求。

创造销售机会的最简单方法是去市场寻找那些有着强需求的客户，但是，正如前述，强需求客户只占市场机会的一小部分，大部分客户的需求是潜在需求与弱需求。销售工作中，必须提高客户对需求必要性与紧迫性的认识，把潜在需求或弱需求转化为强需求。销售高手证明，他们所获得的绝大多数成功都是因为自己具有将客户的潜在需求或弱需求转换为强需求的能力。这种转换能力就是逐步使客户认识到需求的必要性与紧迫性，从而最终做出购买行为决定。

所有人类的思想及行动，无论在意识或潜意识上，都受到两个因素的控制，那就是追求快乐的欲望与逃避问题的痛苦。较获取利益的快乐而言，客户更厌恶问题的痛苦。对潜在需求客户而言，首先让客户感受到需求，即将潜在需求转化为需求，无论需求是弱需求还是强需求，否则客户对现状很满意，没有意识到烦恼（问题）或欲望，自然没有改变的必要与动力。无论需求强弱，只要客户意识到需求。塑造价值，目的在于激发占有欲，让客户"利令智昏"，让客户感觉到自己不买简直太不应该了，不做出购买决定就会痛苦；分析问题，目的让客户感受问题带来的痛苦，从而让客户做出购买行为。病情越重，去医院就越快；客户对紧迫性的认识越充分，采取行动就越迅速。

四、没有痛苦客户不买

问题：客户为什么要买东西呢？

答案：因为客户有需求。

再问：客户为什么有需求呢？

答案：因为客户有欲望要满足或有问题待解决。

再问：有欲望或问题就会购买吗？

答案：未必！例如，我长相一般，但是长相一般就会去整容吗？

再问：到底想什么办法才能让客户购买呢？

答案：当不变的痛苦超过改变的痛苦的时候，购买才会产生。

人们做任何事都有其行为动机，动机可以概括为两个方面：追求快乐和逃避痛苦。销售员都明白一个道理：烦恼（问题）与欲望是推动销售前进的动力。发现客户的烦恼（问题）与欲望是销售最基本的工作内容。但是，大部分销售员却搞不清楚，客户的烦恼（问题）或欲望并不能直接导向购买行为，如同流鼻涕喉咙痛打喷嚏这类症状让人意识到感冒一样，烦恼（问题）或欲望让客户感觉到，客户感觉改变了，就意识到需求；需求与行动之间还缺乏一个关键的过渡，这个关键的过渡就是"痛苦"。例如，买羊肉串的行为不是欲望直接引发的，而是欲望引发的生理痛苦，例如胃部痉挛、流口水等生理痛苦直接引发的；同样，买雨刮刷的行为不是烦恼（问题）直接引发的，而是下雨天因雨刮刷坏掉可能引发的车祸会危害生命的痛苦直接引发的。所以，只有客户感到痛苦，特别是不变的痛苦超过改变的痛苦，客户就会产生购买行为；痛苦越大，弱需求就越快转化为强需求，购买行为就越快。

当欲望得到满足时，就产生快乐；当欲望不能满足时，就感到痛苦，这也是人的正常反应。欲望是无休止的，总有新的欲望会无休止地产生出来，欲望永远不能满足，人的痛苦源于人的欲望，欲望越大，所产生的痛苦也就越大。回到整容上来，长相一般未必就去整容，此时你充其量只处在"潜在需求"阶段；假如此刻你进入一家新公司，你的同事个个容貌姣好，你也希望像她们一样，你的感觉改变了，这种"像她们一样漂亮的意识"就会让你产生整容需求。但这种需求是弱需求，因为痛苦一般；假如某天一个知名导演死活非要选你演偶像剧的女一号，而你又整天幻想出人头地，面对一夜成名、大红大紫的强大诱感，你的感觉改变了，一般的长相就会让你极度痛苦，整容就由弱需求转化为强需求，你就会立即行动去整容。

欲望产生需求，烦恼（问题）同样也会产生需求。回到整容上来，长相一般未必就去整容，此时你充其量只处在"潜在需求"阶段；假如你工作能力卓越，对公司的贡献突出，但是就因为相貌平平错失了本应该属于你的升职加薪评优的机会，你就会因此感到痛苦，你的感觉改变了，就会让你产生整容需求，但是这种需求是弱需求，因为痛苦一般；假如此时你平时喜欢的男神因为你的相貌平平拒绝了你，而跟一个各方面都不如你但是相貌优于你的女子拍拖，你的感觉就改变了，相貌平平会让你极度痛苦，整容需求就由弱需求转化为强需求，你就会立即行动去整容。

欲望与问题都是普遍存在的，欲望或问题使个体产生不满足感，即意识到"短缺感"与"求足欲"，这就产生需求；需求来源于欲望或问题，除非客户意识到自己有某种需求，否则不会有购买行为。意识到需求就会产生购买行为吗？非也。佛曰人生有八苦，其中之一为求不得，当"欲望"强烈到一定程度，造成的紧张感，让客户产生痛苦，痛苦足够强就会产生购买行为，所谓的"利令智昏"就是这个意思。"问题"也如此，只有问题凸显，让客户意识到痛苦，痛苦足够强就会产生购买行为，所谓的"痛不欲生"就是这个意思。

每个人、每个机构都有问题都有欲望，但是不同的人、不同的机构，对欲望或困难的看法不一样，感受也不一样。同样的欲望，有的人会觉得无所谓，有的人会利令智昏；同样的问题，有的人会觉得无足轻重，有的人会觉得如临大敌。与痛苦比起来，欲望和问题反而显得不那么重要了。有些欲望看上去很高，但基本不会产生痛苦；相反，有些欲望很普通，却使人利令智昏，若得不到满足就会感到痛不欲生，而这种痛不欲生才是客户掏钱购买的动因。有些困难看起来很大，但是造成的痛苦很小，例如北极臭氧层出了那么大一窟窿；有些有些问题看起来很小，却会带来恶劣的后果，让客户感觉痛不欲生，而这种痛不欲生也是客户掏钱购买的动因。

很多销售员很容易陷入一个误区，即不断地强调他们产品的具体功能或优势，有经验的销售员会把这些功能转化为客户的收益。而销售高手则能创造性地分析客户的痛苦，通过痛苦的确认与放大，再通过定制化的独特解决方案，强调如何能有效地解决这些痛苦，成交就是水到渠成的事情。销售员常常应对业绩不好的托词："我能把马引到水边，但是没办法强行按住它喝水。"如果从欲望的角度来看，只需要把马放在烈日下暴晒一阵，让它汗流浃背，它就会因流汗过多产生饮水的欲望，生理脱水的痛苦导致它会自动饮水；如果从痛苦的角度来看，只需要给它喂草料时多添加一些盐分，食用盐分过量导致身体不适，从而产生痛苦，也会自动饮水。

没有痛苦客户不买。作为销售员，发现客户的问题或欲望，发现客户的需求是远远不够的，要学会利用欲望或问题创造痛苦；不仅要创造痛苦，还要学会扩大痛苦与弥漫痛苦。你给别人造成的痛苦越大，就越会快速成交，高价格成交。发现欲望与问题，创造痛苦，扩大痛苦，是销售成功的不二法门。有些客户是为了正面的利益而行动，有些客户则是为了避免潜在的问题而行动；如同有人为了获取金牌而快跑，有人则是因为饿狼的追赶而跑得更快。同样是初次置业，追逐金牌导向的客户是为了买一个属于自己的房子，给自己与家人一份安全感与归属感；饿狼驱赶导向的客户是避免大家庭生活在一起的可能矛盾，享受更多的独立自主与私人空间。前一类客户是欲望驱动型，欲望就是想要拥有一套属于自己的房子，将房子转化为自己事业成功的标志、家庭安全感与归属感的标志，给小孩子创造良好的成长环境的需要，给改善父母晚年生活品质的需要，如此等等，从利益的角度不断强化他的欲望直至"利令智昏"。而客户的欲望一旦得以激发，若不做出购买行为就会非常痛苦，要避免痛苦就必须做出购买行为。后一类客户是问题驱动型，问题就是大家庭生活在一起难免会有磕磕碰碰，痛苦是影响婆媳关系、夫妻关系，甚至影响到家庭稳定，这种痛苦会驱使客户做出购买行为。

痛苦的角度如何选择？将客户最关注的事情转化为痛苦。我们需要了解客户最在乎的是什么，有些人是健康，有些人是事业，有些人是家庭，我们让客户意识到，不买房就没办法实现他最重要的事情。例如，针对投资商铺的全职太太，她们最担心的就是老公事业越做越大，自己越来越没安全感，诉求重点就是婚姻的不安全感。

五、探寻需求的四类问题

当你跟客户沟通时，客户会相信你吗？答案非常简单，不会。他们会认为，你是在想方设法地说服他们，当你开始向他们推销，他们已经准备好应对。这并不是因为你说的话不真实，而是因为这话是你说的；你说的话，只是你的观点，并不是他们的观点，因此客户完全有理由表示反对。与此相对，客户说的任何话都是真实的，因为这些话是他自己说的，是他的观点，不是你的观点，他们无须表示反对。逆反出于人的本能，带有感情色彩，通常使人以相反的态度做出反应,常见的方式是表示相反的观点。学过物理的人都知道，每一个作用力都存在一个与其大小相等、方向相反的反作用力。销售过程中同样存在这种作用力和反作用力，你的推动力越大，目标客户和顾客的反推动力就越大。销售中最好的沟通方式就是把你想说的话设计成问题,抛给客户，然后客户通过回答你的问题，自己说出你想要的东西，也就是让客户自己说服自己，自己成交自己。我们的问题就是"砖"，抛出问题引导客户说出他的需求那块"玉"。抛砖引玉这个利器分成两个部分：设计问题，抛出问题。

如果你生病就医的时候,医生一声不吭直接给你开药方，你会是什么感觉？现在很多医闹的起源就在于此。同样，如果销售人员在推销产品的时候，从来不去了解你的需求，不去了解你的欲望或烦恼，你又会有什么感觉呢？医生开药之前，应先问你的病症，难受几天？以前有没有过这方面的症状？以前吃过什么药？哪里不舒服？销售时也是从提问开始，通过提问，发现客户的烦恼或欲望，通过揭示烦恼或欲望带来的痛苦让客户意识到需求，再通过放大痛苦让客户立即采取购买决定。

在这里先分享三类问题与四个提问方向,它们是提问的基本功,运用得当，你就可以像用遥控器控制频道那样控制谈话方向了。

（一）三类问题与四个提问方向

1.三类问题

第一，封闭式问题。是指答案有唯一性，范围较小，有限制的问题，对回答的内容有一定限制。提问时，给对方一个框架，让对方在可选的几个答案中进行选择。封闭式问题有点像对错判断或多项选择题，回答只需要一两个词。封闭式问题通常用"对不对""会不会""要不要"等形式提出，旨在缩小讨论范围，获得特定信息，澄清事实，或使会谈集中于某个特定问题。例如："我刚才介绍的区域规划，您还有什么问题吗？""我刚才带您看了周边的环境，您喜欢吗？""请问您现在住在哪个小区？""您之前了解过我们项目吗？""您是开车还是步行来的？""你上午过来还是下午过来？""我上午10:00还是11:00拜见您比较合适？""您是现金还是刷卡？"，等等。

第二，开放式问题。开放式问题则不限制客户的答案，让客户根据自己的喜好，围绕谈话主题自由发挥，有助于销售员根据客户的谈话了解更多更有效的客户信息。通常，开放式提问的内容主要询问"5W1H"①"Who（谁）"，例如"您买来是自己住还是给儿子住的？"②"How（怎样／如何）"，例如"您觉得刚看过的××项目怎么样？""您现在住那里，感觉怎么样？""您是怎么知道我们项目的？"③"Why（为什么）"，例如"您为什么打算在市区投资置业？""您为什么打算投资商铺？""您为什么考虑现在买房呢？"④"What（什么）"，例如"您打算出租还是自己经营？""您想看什么样的房子？""您在选房时有什么特别要求吗？""您买房最看重的是什么？"⑤"Where（哪些）"，例如"您觉得这个户型哪些方面吸引您？"⑥"When（何时）"，"您打算什么时候买房？""您打算何时住进来？"等等。

第三，反问式问题。善用反问，可以洞察客户话语背后的动机。任何一个问题的背后都有一个动机驱使，而对问题动机的询问，既能让我们了解到问题的本质，还能够避免我们直接回答问题可能产生的失误。当客户问你问题的时候，别着急回答他。切记，回答别人问题之前，先提出问题。想着不管别人问什么，只要是回答他的问题，你就先提问他问题。也就是说，我们在与客户交流的时候，不要总是以句号结尾，要学会使用问号，向他提问。例如，客户："你们项目和××项目相比，到底有哪些不同？"销售员："我们与竞品相比各有不同，主要是看谁最适合您。我想首先了解一下，您对购房有哪些关注重点？看看在您关注的重点上，我们是不是比××项目做得更好，您说呢？"例如，客户："你们的价格多少？"销售员："我们是一房一价，性价比非常高。我们需要了解一下您的情况，先看看您最合适哪种户型，如果户型不合适您，问价格没有任何意义，您说呢？"

2. 提问的四个方向

第一，上推式提问。上推式的提问方式，通常是询问更大、更广泛的事物或意义。上推的方向有两个：一是询问意义与价值等。做任何事情都有一个意义，销售亦如此。比如，您为什么打算在市区投资置业？二是询问目的与动机。比如，一个客户询问是否有精装公寓，而精装公寓已经售罄的背景下，销售员又不想失去这个客户。于是销售员就问买小公寓是投资还是自住？客户回答，买小公寓投资。这个时候就可以用上推式提问：您投资主要是看重升值还是租金？客户回答升值。销售员回复：您既然看重升值肯定要选大户型。总收益提高靠的是面积，面积大总价升值大嘛。您觉得呢？

第二，下切式提问。下切式提问是通过将对方的话进行细化，进而了解对方深层结构的技巧，也就是了解在某种具体想法下的具体事实，这样能够加深我们对对方最完整、最细致的了解。比如我们与朋友约定晚上吃饭，朋友说：好啊，吃什么呢？你说：我想吃火锅。朋友说：鱼火锅还是羊肉火锅？你说：那就羊肉火锅吧。就是通过这样简单的对话，朋友了解了我们最真实、最准确的想法。在销售情境中，我们还可以通过"您能讲具体一些吗？""您能举个例子吗？"等问题，对客户的想法进行进一步的确认，以帮助我们更准确地了解客户的需求。例如，销售员："您想看什么样的房子？"客户："我想看大一些的房子。"销售员："您现在住的房子多大？"客户："100㎡。"销售员："那您想看的多大面积的房子？"客户："140㎡的。"

第三，平行式提问。客户买房关注的重点有很多，通过平行式提问，我们就能了解客户更多的需求，而让客户了解更多的可能性，对销售是很有利的。

例如，您买房时除了关注户型，还关注哪些因素？然后客户就会提出自己的其他关注要点。

第四，聚焦式提问。解决问题的时候最忌讳的就是"胡子眉毛一把抓"，可是销售员去和客户交流或调研时，总会遇到一些客户很发散地讲出他们面临的很多问题，也提出很多要求，让销售员一时之间难以理出头绪。在这种情况下，销售员就可以运用聚焦式提问方式，快、准、狠地找出客户最关心的问题，也许只是一句简单的"刚才您说了这么多，那么您现在最想解决的是什么问题呢？"就可以帮助我们了解客户当下关键的需求。例如，您最看重房子的哪几个方面？您当前居住的小区，最难忍受的是什么？

很多销售员明白提问的重要性，却掌握不住提问的度，只顾提问题而不顾客户感受，客户一进门，接连问三五个问题。在此特别提醒，提问时切忌"查户口式"的盘问，为避免客户反感，要采用你来我往式的"问、答、赞"提问方式，即"提出问题，客户回答，销售员赞同或认可"，如此循环互动可快速拉近与客户的情感距离。例如，销售员：请问您这是给谁买房？客户：买给儿子结婚。销售员：您儿子真幸福。

（二）四类问题探询需求挖掘痛苦

无需求不销售。要想挖掘客户需求，置业顾问在接待客户时必须多听少说，黄金比例是6∶4。但培训时很多学员实际工作中说得多，听的少。客户不愿意说，怎么办？要想让客户多说，只有一个办法：问问题。问问题可以打断客户的神经链，让客户的思维跟着自己走，实践证明，95%的人有问必答！问问题是销售的基本功，对销售员来说，如果其他的技巧掌握得不好，会问问题就成功了一半。销售员应提出四类问题：通过提问状况型问题避免客户逆反、建立专业形象，并了解客户的基本情况；从困难或欲望两个角度引发客户痛苦，让客户意识到需求；通过杠杆型问题放大客户痛苦，促使客户立即行动；通过解决型问题，提供具体的解决方案。

1. 状况型问题

什么是状况型问题？它是用来获取有关潜在机会的"状况"的信息的问题。

在销售会谈之初，销售员在客户心目中的信用度几乎为零，缩小范围提问能够快速提升客户对你的信任。这种提问可以向客户证明你知道如何提出智慧问题，那么客户会自动自发地认为你有提供有价值方案的能力。例如，"您现在住在什么小区？""您之前有没有投资过商铺？"

对于状况型性问题，客户回答起来很容易，几乎不用费脑筋。但是客户对这类问题的容忍度很低，因为它的价值低，客户几乎不能从中得到有价值的东西。所以，我们初步建立信任度并了解客户的基本情况之后，就要立即转入困难／期望型问题，通过挖掘客户的困难或欲望，推动销售向前推进。困难／期望型问题比状况型问题价值大，这需要我们提出更多有质量的、有价值的困难或期望型问题，只有这样，我们才能发现更多的销售机会，因为提出问题发现问题是解决问题的前提。

2. 困难／期望型问题

客户之所以有需求是因为他们自身要解决什么问题，或要实现什么愿望。我们了解客户基本信息后，就要挖掘客户对当下的产品或服务方面的态度，既指他对现状不满的地方，又可以是他期望的理想状态，以便我们找到客户明确的需求。客户在产生某种需求的时候，第一个阶段表现出来的，就是发现现状与理想的差异。

客户认识问题或期望之后，才能意识到需求，只有意识到需求才有可能去寻找解决问题或期望的方案，并在各种方案中做出对自己最有利的选择。所以，你挖掘的客户问题或期望越多，让客户对现实的不满越多，让客户对理想状态的期望越大，你的方案或产品就越有价值，客户就越无法拒绝你。

第一，从困难入手来提问。如果客户正面临挑战和问题，直接用这个方法就很有效果。有烦恼、有问题，就会想办法解决，而且还要预防将来可能发生的问题，比如"怕上火喝王老吉"。

销售员：您现在住在哪个小区？（状况型问题）

客户：旭日升小区。

销售员：挺不错的小区。那您感觉最不满意的是什么？（困难型问题）

客户：小区还行，就是太旧了。

销售员："太旧了"具体指什么呢？（下切式提问）

客户：住的人太杂了，以前的邻居都搬走了。

第二，从期望入手来提问。就是探寻客户的欲望，寻找现实与理想之间的差异，从帮助客户解决问题转化到寻找客户的问题。

销售员：您之前有没有投资过商铺？（状况型问题）

客户：没有。

销售员：那您投资商铺最看重什么？（期望型问题）

客户：升值快。

销售员：投资最重要的就是看升值。您觉得升值多少算快呢？（下切式提问）

客户：至少不能比 GDP 慢吧。

3. 痛苦型问题

当客户认识到问题或期望之后，还要让客户体验到问题或期望带来的痛苦，只有体验到痛苦，他才有可能去寻找解决问题或期望的方案，并在各种方案中做出对自己最有利的选择。仅仅体验痛苦是不够的，还要学会扩大痛苦与弥漫痛苦。你给别人造成的痛苦越大，就越会快速成交、高价格成交。发现欲望与问题，创造痛苦，扩大痛苦，是销售成功的不二法门。

痛苦型问题是用来探求客户的内心感受，并激发客户的情绪和动力。找到客户的问题或期望还不够，还要将问题或期望转化为痛苦，因为解决问题或期望是要付出成本的，没有认识到痛苦，人是不愿意付出成本的；将问题或期望转化成痛苦之后，还要进一步放大痛苦，即俗话说的"往伤口再撒把盐"，因为痛苦不够大，人是不会那么迫切地去解决。比如一个人得了感冒，只是头疼发热喉咙疼，对他来说，去医院的需求急不急？肯定不急。但是如果感冒引发肺炎，危及生命，这个时候去医院的需求急不急？肯定非常急。

在这里特别注意，对于客户每一个问题或期望，都要针对挖掘出一系列痛苦，并且进一步放大客户的痛苦，这就是痛苦型问题的价值所在。一定要搞清楚每一个问题或期望对客户有多大的影响，一旦你成功挖掘并放大一个问题或期望给客户造成的痛苦，那么请继续重复相同的步骤，用痛苦型问题放大这个期望或问题的一系列痛苦，从而让客户高度重视起来，让客户即刻需要解决。随着越来越多的痛苦被明确被放大，客户会有必须购买你的解决方案的强烈紧迫感。我们当然希望他们有 5 个、10 个甚至 20 个理由来做出购买决定，而不是一个或者几个。

销售员：您现在住在哪个小区？（状况型问题）

客户：旭日升小区。

销售员：挺不错的小区。那您感觉最不满意的是什么？（困难型问题）

客户：小区还行，就是太旧了。

销售员："太旧了"具体指什么呢？（下切式提问）

客户：住的人太杂了，以前的邻居都搬走了。

销售员：是啊，人员太杂，三教九流都有，就会感觉很不安全；没有合适的同龄小伙伴在一起成长，特别对小孩子的教育很不理想。是这个意思吧？（痛苦型提问）

客户：是这个意思。

销售员：您之前有没有投资过商铺？（状况型问题）

客户：没有。

销售员：那您投资商铺最看重什么？（期望型问题）

客户：升值快。

销售员：投资最重要就是看升值。您觉得升值多少算快呢？（下切式提问）

客户：至少不能比 GDP 慢吧。

销售员：如果升值速度跑不过 GDP 增速，实际就是跑输大势。现在纸币每年贬值近 10%，每年升值不足 10% 就相当于钱在缩水，实际生活水平与社会地位是在下降而不是在前进；10 年后或 20 年后，你的小孩子长大后，与现在你的亲戚朋友或同事的小孩子相比，那个差距就大了。10 年前河源的有钱人，现在还有钱的多不多？ 20 年前叱咤风云的到现在还有钱的又有几个呢？（痛苦型问题）

客户：是这个意思。

4. 解决型问题

发现客户的需求，期望型问题挖掘客户的需求，通过痛苦型问题将问题与欲望转化为痛苦，并进一步放大痛苦之后，客户就会考虑如何减少痛苦，有了立即缓解痛苦的冲动，一旦客户想要行动了，我们就开始变被动为主动。我们只需要将我们的"治疗方案"给到他们就好了。客户想要了，再加上我们精心设计的"治疗方案"，成交就是顺理成章的结果。

我们的"治疗方案"的重点是房子吗？优秀的销售员一般认为，卖房子不如卖观念，客户在购买的过程中，是被背后的观念所打动而产生的购买欲望。

销售员：您现在住在哪个小区？（状况型问题）

客户：旭日升小区。

销售员：挺不错的小区。那您感觉最不满意的是什么？（困难型问题）

客户：小区还行，就是太旧了。

销售员："太旧了"具体指什么呢？（下切式提问）

客户：住的人太杂了，以前的邻居都搬走了。

销售员：是啊，人员太杂，三教九流都有，就会感觉很不安全；没有合适的同龄小伙伴在一起成长，特别对小孩子的教育很不理想。是这个意思吧？（痛苦型提问）

客户：是这个意思。

销售员：所以买房子其实是买邻居。我想您换房子首先肯定是选个环境好的，邻居跟自己差不多的吧？我们这个小区……（解决型问题）

销售员：您之前有没有投资过商铺？（状况型问题）

客户：没有。

销售员：那您投资商铺最看重什么？（期望型问题）

客户：升值快。

销售员：投资最重要就是看升值。您觉得升值多少算快呢？（下切式提问）

客户：至少不能比 GDP 慢吧。

销售员：如果升值速度跑不过 GDP 增速，实际就是跑输大势。现在纸币每年贬值近10%，每年升值不足10%就相当于钱在缩水，实际生活水平与在社会地位是在下降而不是在前进；10年后或20年后，你的小孩子长大后，与现在你的亲戚朋友或同事的小孩子相比，那个差距就大了。10年前河源的有钱人,现在还有钱的多不多？20年前叱咤风云的到现在还有钱的又有几个呢？（痛苦型问题）

客户：是这个意思。

销售员：什么样的商铺升值最快呢？当然是商圈的商铺升值最快，所以有"买铺就是买商圈"的说法。我们河源市商业中心在河源的CBD商圈核心……（解决型问题）

当你把痛苦放得足够大,客户就想要了,这个时候就要乘势提出我们的"治疗方案"。这个"治疗方案"中，最重要的是观念，人的所有行为都是由观念产生的。何为观念？"观"就是价值观，"念"就是信念，即客户的心智认知。从认知心理学角度讲，"认知即事实"。一旦将我们的观念植入客户大脑成为客户的观念，就好似客户原来已有的或认可的一样，从而成为客户做出购买决策的依据。当你口渴的时候喝矿泉水，因为"喝水最解渴"；当你吃烧烤怕上火时喝王老吉，因为"怕上火喝王老吉"；当你疲惫或精神不佳时喝红牛，因为"困了累了喝红牛"等，所有的行动都根源于观念，一旦观念被客户接受，便会当成事实，成为决策的依据。住宅案例中导入的观念是"买房子其实是买邻居"，商铺案例中导入的观念是"买铺就是买商圈"，这个观念就是驱动客户选择我们而非竞争对手成交的关键。

（三）下切上推与平行，全方位挖掘需求

我们前面已经了解了如何挖掘客户问题或期望，通过将问题或期望转化为痛苦让客户意识到需求，以及放大痛苦强化购买行动的重要性，我们还必须上下左右平行全方位挖掘客户的问题或期望，并通过将每一个期望或问题转化为痛苦让客户意识到足够的需求。只有让客户意识到"足够多且足够大的"痛苦，客户才能快速成交，承受的价格也更高。

全方位挖掘客户需求有两个方向：纵向的下切式和上推式，目的是让需求更清楚，更透彻；横向的平行式，目的是让需求更完整，更全面。下面先

从纵向的三个层次开始提问：

第一，探询客户需求（期望或问题）。销售员：您想看什么样的房子？客户：我想看大一些的房子。这个期望太泛，销售员并不清楚客户所需房源的具体面积，没办法针对性地推荐房源。销售员此刻不可贸然推荐房源，必须先搞清楚"大一些的房子"具体意味着什么。

第二，具体指什么（下切式提问）。销售员可以从两个方面来询问，让客户具体说明"大一些的房子"意味着什么。销售员：您现在住的多大面积？客户：100㎡。销售员：您要看多大面积的房子？客户：140㎡。通过下切式提问，让客户自己阐明"大一些的房子"具体有多大，询问客户现在住的房子是了解状况，具体询问大一些的房子是进一步明确客户需要的具体面积。通过下切式提问，销售员明确客户需要房源的具体面积，从而可以推测出客户买房的目的可能是家庭人口增加，也可能是小孩子长大分房，还可能是工作调动，还可能是小孩子上学等，但是具体什么原因，不能是销售员推测，而是必须通过询问客户获得，因为客户的购买目的不同关注的重点也会有所不同。

第三，什么原因（上推式提问）。接下来你要乘胜追击，通过"上推式提问"探求客户的购买目的，深层次地理解客户为什么有这个需求，从而可以更深层次挖掘客户的问题与欲望，转化的痛苦更精准，客户的感受深刻。接着上面的提问，销售员：您这次为什么要选140㎡的呢？客户：我打算要第二胎，还需要父母过来帮忙带孩子。这时，你就清楚了客户需求的深层动机，从而将问题转化为痛苦更加精准，客户感受得越深刻，行动越快。

纵向挖完一个需求，再运用横向"平行式提问"挖掘其他需求，我们可以用"除了这个，您还关注什么呢？""还有呢"等问题，直到挖掘出客户更全面更完整的需求。全面挖掘出客户的问题或欲望之后，用痛苦型问题将客户意识到的每个问题或欲望转化为一系列痛苦，在此基础上，将每一样痛苦加以放大，从而让客户高度重视起来，让客户即刻需要解决。

五步快速成交法则

很多销售员经常说，"我不会逼定，结果客户跑了"，"这个客户很多问题，我回答不出来"……销售员总想着能快速学会逼定成交，可这种想法很不实际，逼定做好了并不代表就能成交。因为成交是一个系统工程，或者说是一个链条，环环相扣，指望某一个环节做好就能训练出一个销冠，是不切实际的。"销售从寻找客户开始"章节，介绍了通过激发客户好奇以找到客户并邀约上门的方法，本章主要是介绍针对上门客户，如何通过环环相扣的五个步骤实现快速成交。

第一步，以情动人，由喜欢到信任

"购买因人而生"，信任是销售成功的关键。所有的销售员在进入销售程序时都是"零信用"的，不管你喜欢不喜欢，你都从你之前的销售员那里继承了客户对销售员的所有负面看法和偏见——客户认为你只有一点信用或根本没信用，你所提供的产品或服务业只有一点或没有价值，除非你能改变他们的看法。信任是看不见摸不着的，你没办法从公文包里面拿出来递给潜在的客户。信任是人们对你产生的印象，比如你是否真诚可信，能否为客户提供有价值的解决方案，交易是否诚实，能否帮助他们做出好的决定。

关系的建立分为两个阶段：初步关系是喜欢，深层关系是信任。只有当人们喜欢你和你的讲话时，他们才可能真正地被你说服，并按你的建议去做；反之，人们对于所讨厌的讲话者的观点会本能地加以批判。当你被认为是可靠的时候，你为客户提供价值的机会就非常多，他们会很愉快地邀请你一起讨论你的产品和服务如何适应他们的需求；如果你在客户心目中没有信用，你就会被关在客户的心灵大门之外，你与客户交谈的概率就很小，陈述产品价值的机会就极少，更别说让客户产生购买行为了。

（一）第一印象就是永久印象

决定第一印象的要素

	他	她
1.首先确认对方的性别，再看他（她）的性别归属	蛮有男子气概的！	哦，是个体态轻盈的女子
3.看对方肤色	西装很正点，想必是主任级人物	颜色蛮保守的，裙子短了点，你看看她的腿！
2.接下来，把目光转向衣着	白白净净，平日可能不打高尔夫吧！	肤色偏黑，脸色怎么看上去不太好
4.推断年龄	大概33岁左右吧	唔，估计27岁上下，可眉间有皱纹
6.注意对方动作姿态	很开朗的样子！	面有愁云，发生了啥事？
5.观察面部表情	从刚才就一直手插口袋，该有的礼貌呢？	姿势不太好，是否缺乏自信？
7.留心双方的距离	他怎么不再走进些？	好像靠的太近了吧？
8.注意对方的声音	好单薄的声音！	好个银铃似的声音！

以上这一幕，不似灰姑娘与王子让人脸红心跳的传奇邂逅，却是我们每天再熟悉不过的生活场景。与人初次会面时，我们会下意识地依照上列1至7项的顺序，自眼睛向大脑输入所有信息。尤其以1、2、5、6项有关对方脸部表情和动作姿态的电波最强烈，在第一印象里面占有55%的影响力，是决定

性的要素。会话一旦开始，声音便决定了 38% 的印象。声音的高低、讲话的速度、发音的优劣、高亢或气若游丝等，都将比说话内容更早进入对方耳朵，决定个人印象。若是电话交谈，声音更决定了 90% 的第一印象。第一印象中的 55%、38%、7% 的比例，在美国是已经统计证实的定论，并且被广泛用于演说、心理、经济学范畴。

任何个人对事物的认知过程都包括感性认识和理性认识两个阶段。我们认识一个人，先是通过眼、耳等感性器官直接感受对方是个什么样的人，获得的主要是关于对方的表情、姿态、仪表、服饰、语言、眼神等方面的印象，这就是人们所说的"第一印象"，它属于感性认识。第一印象不管正确与否，总是鲜明、牢固的，往往左右着对对方的评价，通常所说的"先入为主"，便是这个意思。我们在生活中通常根据第一印象将他人归类，然后再根据这一类别系统的特点对此人加以推论，做出判断，上升到理性认识。第一印象虽然事碎、肤浅，却非常重要，在先入为主的心理影响下，第一印象往往能对人的认知产生关键作用。研究表明，人们对一个陌生人的最初判断中，60%~80% 的评判观点都是在最初不到 4 分钟里形成。心理学家研究发现，第一印象一旦形成就很难改变，甚至可以保持七年之久。一旦形成第一印象后，每个人都会自然倾向于找更多的证据来确定他们已形成的结论，而不会去找证据来反驳它。现在，人们的生活、工作节奏越来越快，当销售员在拜访客户的时候，客户是没有太多的时间去了解你的，他对你的感觉和认知都是通过短暂的接触来确定的，"以貌取人"已经成为销售员必须接受的事实。

从销售员出现那一刻起，客户会在短短的 30 秒内对面前的这个人做出一个全方位的判断。在这 30 秒的心理博弈中，客户最大的压力就是唯恐做出错

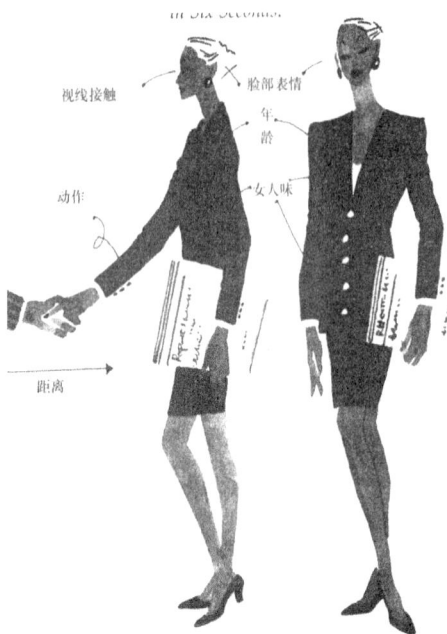

误的判断，购买了不理想的商品；而销售员的压力在于如何迅速建立起客户的信任感。如果不能在关键的 30 秒内消除客户对你的疑惑、警戒和紧张心理，接受你的沟通的提议，即使你再努力，也很难得到理想的结果。

通过大量的分析，研究者们得以成功描绘出影响第一印象形成的因素。

1. 身体语言决定了 55% 的"第一印象"

不是一张漂亮脸蛋就够了，还包括表情、姿态、仪表、服饰、语言、眼神等方面的内容。

第一，仪容仪表。各类销售书籍中，关于仪容仪表的表述非常多，在此只强调哪些仪容仪表是我们存在问题但得不到重视的。男士方面，忌讳长发过耳、头发油腻、杂乱甚至有头皮屑，眼镜片有灰尘或歪斜，衣领没洗干净或发黄、发黑，领结较脏或不垂顺，口袋放了名片或钱包导致鼓鼓的，皮鞋积满灰尘，手指甲不整洁。女士方面，忌讳头发没盘好导致蓬松，粉底过厚或没有涂抹匀称，涂深色指甲油，透视度高的衬衣并配彩色内衣等。

第二，人际空间。大部分动物都会将自己身体周围一定的区域视为自己的私有领地，人类也如此，当我们不喜欢一个人或觉得对方很无聊时，就会离对方远一点；靠近对方，表明你对他或谈话内容很感兴趣。

私密空间。半径大小为 15 cm 至 45 cm，只有在感情上与我们特别亲近的人或者动物才被允许进入这个空间，例如恋人、父母、配偶、孩子、密友、亲戚与宠物。

私人空间。半径大小为 46cm 至 1.2 m，我们在鸡尾酒会、公司聚餐以及其他友好的社交场合，通常会与他人保持这个距离。

社交空间。半径大小为 1.22 m 至 3.6 m，在跟不太熟的人打交道时，我们会跟他们保持这个距离，例如初次见面的人、上门维修的水管工、快递员、街边便利店的店主、新来的同事等。

公共空间。半径大小为 3.6 m 以上，当我们在一大群人面前发言时，我们往往会选择这个区域，因为大于 3.6 m 的区域会让我们感觉比较舒服。如果你想给人留下好印象，就一定要遵守"保持适当身体距离"这一黄金法则，只有在和别人的关系更加亲密的时候，别人才会允许我们进一步靠近他。我们对待他人个人空间的态度，决定了我们会成为受欢迎的人还是遭嫌恶的人，所以，不管跟谁打招呼都要拍对方的肩膀，或者在聊天的时候总是接触对方的身体，这种大大咧咧的人在每个人的心里都是嫌恶的。

第三，座位安排。为了让每一位骑士都享有平等的身份和权力，亚瑟王采取了圆桌策略；朝核问题六方会谈亦采用圆桌。圆桌的氛围较方桌显得更加和谐而轻松，因为桌边的每一个人对桌面领域的占有份额都是相等的，显示交谈双方力量与地位的对等。研究表明，当人背向一片开放性区域的时候，他的呼吸速度、心脏和脉搏的跳动频率都会立刻加快，就连血压都会迅速升高，而这样的情况在他周围不断有人来回走动的时候愈发明显。销售员应安排客户坐在一个背靠墙壁或屏风的座位上，这既可以确保客户情绪得到最大的放松，还可以使其集中注意力与销售员进行沟通。坐在面对面的位置，56%的人会认为引发对抗；毗邻而坐最能体现双方的合作性，或者，我们可以这样说，当人们与另一个人共同完成某项工作时，他们会下意识地选择这样的落座方式。一方面，这也是最有利于销售员的位置之一，销售员在这个位置上陈述的观点或意见通常都比较容易为听众所接受，因为这一位置不仅有利于交流双方的眼神沟通，还能让双方清楚地观察到对方的举止和表情；另一方面，当客户带亲友一同前来的时候，这种位置能带给客户暗示，"我与你是一伙的"。

第四，面部表情。微笑与点头。科学研究证明，你笑得越多，其他人对你的态度就越友好。因为从本质上来说，微笑其实在向对方传递一种谦恭、顺从的信号。点头具有传染性，是达成共识的工具。点头会引发积极的态度。如果我对你点头，通常你也会点头，即使你不一定同意我正在说的话。研究显示，如果聆听者每隔一段时间就向说话人做出点头的动作，每次做这个动作时点头以三次为宜，就会激发说话人表达的欲望，能够让他比平时健谈三至四倍。

眼睛与眼神。从医学的角度来看，人的眼睛在五官感觉器官中最敏锐，因此有人将其称为"五官之王"。心理学家认为，一个人在与他人交谈的过程中，视线落在对方脸部的时间占据谈话时间的30%~60%是较为适宜的。凝视的重点在对方的双眼与嘴巴之间，这样就不会使人觉得有压力，从而能使会谈在亲切、宽松的环境中进行。要注意观察对方视线转移的情况，是目不转睛地注视，还是刚一接触就移开，甚至是飘忽不定地看其他地方，是自下而上的移动还是自上而下的移动。

第五，肢体动作。势均力敌的握手。两只手就好像平行垂直于地面的两堵墙，紧紧地握在一起，由于双方的手掌均保持垂直于地面的姿势，所以这样的握手方式会给双方带来一种相互平等、相互尊重的感觉。

双手摊开。销售员与客户交谈时，将手掌暴露在双方的视线以内，时不时伸出双手摊开，可以让我们看起来显得更加真诚，使我们赢得更高的信誉度。

尖塔式手势。尖塔式手势是双手手指的指端一对一地结合，但手掌没有接触，从形状上看，就像教堂的塔尖一样，它的含义是自信。

不要抱臂。抱臂是常见的封闭型身体语言，你一将双臂抱于胸前，你的可信度也会随之大大降低。也许，你会觉得交叉双臂的动作让你觉得很舒服，但是，其他人却会因此认为你不友好，难以接近。

不要抖腿。一定要避免跷二郎腿或不停抖腿的现象，那样只会向客户传递一种自己不够专业的信息。民俗"男抖穷女抖贱"，说明抖腿的人给人非常不好的印象。

坐姿前倾。身体向前倾斜，这个动作代表了你对对方的重视，在销售过程中这个动作可以传递出对客户的重视；上身微微前倾，应该在 10 度至 15 度之间，不要端坐，端坐代表自我约束，不可亲近。

表 常见的肢体语言及其含义	
姿势	含义
双手抱于胸前	抗拒、封闭、防卫
手掌展开	开放、诚实、愿意提供帮助
搓手	预计某事对自己有益
身体前倾	感兴趣
避开目光接触	对别的事物感兴趣，或是在逃避什么
摩擦脖子	灰心丧气，或是疲劳
捂嘴	不确定，或是欺骗
抬眉	怀疑、不相信
点头	同意、专心
摇头	不同意
微笑	好的感觉、开放
手中拿东西玩	不安、紧张
摸下巴	表示感兴趣，或同意
抓头发、搔头	很难做决定，紧张、不安
锁眉	思考，或不同意、不赞同
跷二郎腿	放松、轻松，个别情况是紧张，如坐飞机跷腿
双手紧端水杯	非常用心地倾听（多见于女性）
频频的看时间	还有事情，或不感兴趣
整个身体躺在沙发中	表示同意，或是非常放松

除此之外，最简单直接的方式是通过模仿客户的行为举止，建立友善的关系。美国密歇根大学的约瑟夫·海因里希教授发现，模仿他人的欲望是大脑的本能反应。实际上，当我们还是子宫中的胎儿时，就已经开始学习"同步"——我们的身体功能和心跳节奏都会尽量与母亲保持一致，所以模仿是人类与生俱来的一种倾向。模仿行为无声地表达着这样的含义：看着我吧，我跟你一样，我们有着相同的感受，我们的态度也完全一样。

情绪同步。指你要"设身处地"地从顾客的观点、立场来看事情或体会事情。如果你的客户严肃、循规蹈矩、不苟言笑，你就要表现得严肃一些，千万不要与他开一些无所谓的玩笑；如果你的客户随和、爱开玩笑，你则要表现出类似的特质。

语调与语速同步。与客户沟通时，要快速建立亲和力，一定要与客户的语速语调保持一致，同时，所用的词汇类型要尽量趋同于客户的表达方式。

模仿肢体语言。模仿客户的肢体语言和声音语调，是能够快速建立友善关系的最强有力的方式之一。在第一次见到一个人时，你可以模仿他的坐姿、体态、身体朝向的角度、手势、表情以及声调，用不了多少时间，他就会感觉，在你身上有一些他喜欢的东西——他将把你描述为一个"随和"的人，这是因为他在你身上看到了自己的影子。

2. 声音决定了38%的"第一印象"

第一，什么样的声音让人不舒服？

又细又薄的声音，听众不集中全部精神就听不见，令听者相当疲惫；

扯着喉咙或嘶哑的声音，容易令人神经质，甚至动气；

高亢的声音，不容易听清楚，往往叫人不耐烦；

没有抑扬顿挫的声音，听者难以集中精神，易昏昏欲睡。

第二，音调、音量与速度是说话的三大要素。

发声的技巧来自喉咙的深处。太高的音调有如疲劳轰炸，显得幼稚、歇斯底里，是职场大忌。反之，嗡嗡作响的低声，或是含在口中嘬嘬的发声，会造成听者神经疲乏、昏昏欲睡。

音量的大小多少得自天生，但应学会因时间、地点、场合的不同调整说话声音。因情况需要必须大声说话时，记住别让自己的声音像只破锣似的，残害别人耳朵。

说话速度要有快有慢、有高有低，才能引人入胜。特别注意，说话时，语速千万不要超过对方，研究表明说话时语速超过对方会让对方有"压迫感"。一个人说话的语速，显示出他的大脑有意识地处理信息的进度，所以，我们应该尽量和其他人保持一样的语速，或者比其他人的语速稍慢一些，同时模仿他们的声调与语气。当我们想要通过电话邀请别人赴约时，"节奏"就变得至关重要，因为在电话中声音是你唯一能够用来交流的工具。

3. 语言（内容）决定了 7% 的"第一印象"

第一，关联与赞美。

关联，就是找同类项，例如同学、同事、同姓、同乡、同好这"五同关系"，一方面尽可能快速找到销售员与客户存在一些相同的东西；另一方面，可以讲一些与客户有相同关系的客户案例或故事，赢得客户的喜欢与信任。以老乡为例，俗话说"老乡见老乡两眼泪汪汪"，同乡之情屡试不爽，你可以说自己是老乡，也可以说亲戚或同事与该客户是老乡，甚至可以说以前的客户与该客户是老乡，总之，多了一个老乡关系，关系就近了一层，客户对你的信任感就随之增强。

人类本性中最大的需求，莫过于觉得自己很重要，受到他人的肯定及欣赏。人们想要被看重、被肯定、被欣赏的渴望非常强大，因此，你越让对方觉得自己很重要，从他身上所得到的回应就会越正面。

赞美对象：赞美对方或者第三方。第三方特指随行的老婆/孩子/老人等。例如，夫妻同行时，在先生面前赞美太太，在太太面前赞美先生，在夫妻面前赞美小孩；全家人来参观时，称赞老人、儿媳与孙子。例如，老爷子红光满面，身体好健康啊，更难得儿子一表人才，儿媳孝顺，真是有福之人。

赞美方向：赞美对方的外表/行为/能力或财产。例如，"您的耳垂很大，一看就是有福之人"，这是赞美外表；"您走路的姿势很优雅，是练过舞蹈吧"，这是赞美行为；"能像您这样有能力的人可不多"，这是赞美能力。

真诚赞美的"FCC公式"：赞美的力量取决于真诚与否，许多赞美之所以效果不明显，原因在于只告诉对方喜欢什么，却没有解释喜欢的原因，亦没有进行对比。真诚赞美须遵循"FCC 赞美法则"，即 Feeling（感受）、Fact（事实）、Compare（对比）。例如，"你好漂亮喔"，这里面只有一个 F（Feeling），听不出"真诚"。如果改为"你好漂亮哦，不仅身材好，这皮肤都能弹出水来，远看近看都是美女；很多女孩子只能远看"。这里面不仅包含 Feeling，还包含 Fact（身材好，皮肤都能弹出水来），也包含了 Compare（你远看近看都是美女，很多女孩子只能远看）。

第二，打开五感，聊客户感兴趣的话题。

视觉、听觉、味觉、嗅觉、触觉是人的五感，我们平时都是运用这些来感知我们周围的一些变化。五感传达给我们的信息往往就是我们最真实的感受。一方面，我们聊天时要将这些感受描绘出来，才能打动客户以情动人；另一方面，五感联觉比一感记忆深刻。例如，某天天气很热，你去拜访客户，寒暄时关于天气热的描述，不需要用"今天天气很热"这种描述，可以打开五感来描述，给客户体验感：马路上一个人都没有，冒着热气，估计能把鸡蛋煮熟了，知了吱吱地叫个不停，狗吐着舌头趴在阴凉地里，天地就像一个蒸笼。例如，你带着客户看主卧，你可以这样打开五感描述，增进客户的体验感：主卧 3.6 m 开间，18 ㎡，空间感大，可容纳 2 m 的大床，只有这种大宅才能让您享受真正高品质的生活；主卧南北通透，不需要开门就可以内部对流，每天呼吸的是 2000 亩客家森林公园的清新空气与 5 万㎡东南亚风情园林的各种花草的芬芳，保持一天的好心情；赠送的落地凸窗 60 厘米，可以改造成太太的梳妆台，每天太太化妆时，先生在床上躺着就可以慢慢欣赏，夫妻感情与日俱增；主卧靠近花园，非常安静，唯一能听见的声音就是呼呼的东南风声；带一个小书房，先生有时加班或者看书，既享受独立的空间，又不用担心灯光过于明亮打扰到太太睡眠。触觉是五感之中最本质的也是最直接的，其灵敏度仅次于视觉，尽管绝大多数的感觉都可以让我们认知整个世界，但是往往只有触觉才能使我们最终拥有世界。在讲解的过程中，同步让客户触摸非常重要，让客户触摸门与门把手，试着拉开推拉门或洗浴器皿，触摸墙壁与装修物品等。

人对什么最感兴趣？人对自己与自己的利益最感兴趣。与客户沟通话题应选择"FORM 公式"，即客户最感兴趣的四类话题：F，即 Family（家庭），与家庭有关的话题，如孩子今年多大，孩子上学的状况，父母的身体等，例如"您看上去这么年轻，应该还没有结婚吧？""您孩子上这么好的学校，学习应该很棒吧？"O，即 Occupation（职业），与工作有关的话题，如工作成就、经营压力等，例如"您的企业已经成立多久了？当初是什么原因让您决定进入这一行？""您看上去这么有气场，应该是自己做老板吧？"R，Recreation（娱乐），与娱乐有关的话题，如平时的运动、休闲、爱好等，例如"我想问您一个秘诀，您身材保持这么好的秘诀是什么呢？""您周末一般都去哪儿休闲呢？"M，即 Money（金钱），与金钱有关的话题，如收入、投资等，例如"我特别钦佩像您这样的企业家，可以将成功的经验教教我吗？"

（二）提问诊断性问题以建立信任

学过物理的人都知道，每一个作用力都存在一个与其大小相等、方向相反的反作用力，销售过程中同样存在这种作用力和反作用力，你的推动力越大，顾客的反推动力就越大。逆反是表示不同意的一种，它出于人的本能，带有感情色彩，通常使人以相反的态度做出反应，常见的方式是表示相反的观点。逆反是出于本能的机械反应，告诉客户我们的产品非常好常常会引起客户的逆反心理。陈述不等于销售，大多数人都想"主动购买"，很少有人想"听从劝告"，几乎没有人想"被动购买"，这是自然的，毕竟没有人愿意感觉自己被利用，购买了并不需要的东西。

如果你是一个躺在病床上的病人，一个大夫走进来给你检查身体，你是不是在他进入病房不久就开始形成对他的印象呢？大多数人都是这样的，人们因这个医生所说的话而感到安心或者不放心，毕竟你无法知道这个医生毕业考试是"优、良、中、差"之中的哪一种。他会通过提问增强你对他的信心：难受几天？以前有没有过这方面的症状？以前吃过什么药？哪里不舒服？问得越详细，你对他越相信，你觉得他对你的病情了解越深，他给你的治疗方案就越有效果。

再回到我们的销售，客户信任你，最终才会购买你的产品。但是，客户和销售员之间在很多时候都是一种陌生人的关系，销售员怎样才能树立专业信用让客户对自己有信心呢？问"小"问题而非"大"问题，再回到通过缩小提问的范围来树立专业信用度。如果客户既好奇，又认为你值得信任，那么发现客户需求并提出解决方案就比较容易了。在销售过程中，提出诊断性问题是取得客户信任的第一步，也许你还什么都没做，但是对于客户的一些症状却能够准确地说出来，这个时候，你就已经迈开了取得客户信任的第一步。当医生把症状都说对了，站在病人的角度，是不是能感觉这个医生能把它治好？但是这个时候医生还没有正式治疗，仅仅是因为把症状都说对了，患者就因此对他产生莫名的信任。在销售过程中，与客户交流，一定要学会说症状，准确地说出症状，很容易就会得到客户的信任。

有的培训告诉销售员，面对新客户，提开放式问题比封闭式问题效果更好。这没有错，但是关键之处在于提问范围的大小。太大范围或太抽象的开放式问题，让客户很难回答。客户会本能地认为，一个能提出明智问题的人也一定能提出有价值的解决方案。用好诊断式问题，目的是把你塑造成专家的形象，你可能不是专家，但是要学会在沟通中如何让自己看起来像一个专业人士。提出几个简洁的诊断式问题之后，销售员就可以从容面对客户，让自己与众不同，迅速建立专业形象，气氛立刻发生奇妙的变化，从而获得更多的销售机会。

第二步，探寻需求，将痛苦讲透

销售员在获得客户的好感和信任后，便进入打探顾客需求的阶段。销售的过程就是不断发掘顾客需求的过程。没有需求就没有产品介绍，没有产品介绍就没有最后的成交动作。打探需求至关重要，因为只有销售员探寻到客户需求，将客户需求转化为痛苦并放大痛苦，才可以有针对性地为客户量身定制解决方案。发掘顾客需求的过程也就是一个不断发问的过程。问正确的问题就能得到正确的答案，这个正确的答案就是你需要了解的顾客需求信息。

在之前的章节已经介绍了通过四类问题探寻需求转化并放大痛苦，在这里重点介绍探寻需求的五大问题，让销售员在实际销售中"有章可循"。

（一）探寻需求的五大问题

问题1：您想看什么样的房子？

所有的销售员在进入销售程序时都是"零信用"的，不管你喜欢不喜欢，你都从你之前的销售员那里继承了客户对销售员的所有负面看法和偏见，客户认为你只有一点信用或根本没信用，在这种状态下客户会恐惧你，提防你，不信任你。为了解除客户的恐惧或提防，请避免使用提升恐惧的词汇，诸如"总价""购买""成交"等，取而代之的应是"预算""看""拥有""取得"等较为温和的词汇。就如同你逛街时进入一家服装店，如果导购员一张口就问你"您想买什么样的衣服？"我想大多数人都会赶紧回答"不，我随便看看"，然后赶紧离开。人都是有逆反心理的，特别是在面对零信用状态的销售员时，紧张状态下若再听到恐惧词汇，本能反应就是"三十六计走为上"；纵然客户这个时候不离开，依据人的惯性思维，一旦他开口说"不"，那么接下来的沟通说"不"就成为一种习惯而毫无压力，若我们希望在最后成交时取得客户的肯定回答，就要从最开始的时候引导，努力避免客户的否定回答。

这里面问的是"什么样的房子"，而不是"多大的房子"或"几居室"。因为通过这种开放式的、无方向指引的问题，可以得到丰富多彩的答案，而这些答案恰恰暴露了客户的关注重点，因为这是客户第一时间想到的。客户可能会回答："我想看个160㎡左右的四房""我想看个大面积的""我想找个总价100万元的""我想买来以后养老""我想给儿子买个婚房""我想买个有学位的""我想投资一间商铺"等，这些回答正好暴露了客户最重要的关注点分别是"160㎡左右的四房""大面积的""总价100万元的""以后养老""儿子结婚用""有学位的""投资商铺"等，这些关注重点就是我们接下来挖掘痛苦与呈现价值的重点所在。

了解这些之后，我们就可以用下切、上推、平行与聚焦式提问，全方位挖掘客户需求。例如，客户回答"我想买个有学位的"，销售员这个时候就可以用下切式提问："您几个小孩子？几岁了？"这样既可以更精准地了解客户的需求是小学学位还是中学学位，还可以根据客户几个孩子与孩子岁数，在接下来放大痛苦与呈现价值时，就围绕小孩子的学位进行。例如，客户回答"我想买来以后养老"，销售员这个时候可以用上推式提问："您为什么选择这个项目养老呀？"客户就会告诉销售员选择这个片区或项目养老的原因。销售员接下来就知道将客户最关注的重点转化为痛苦，并在用 FABE 法则讲解项目时重点匹配客户关注的重点阐述利益。

问题 2，您现在住在哪里（在哪里上班、来这个城市多少年），对我们这块熟悉吗？

这个问题主要探寻客户是哪里人，不仅指了解户籍，也指了解现居住城市、居住片区与居住小区，还指了解工作区域。搞清楚客户是哪里人对进一步沟通有重大作用。购房客户在斟酌"买哪儿的房"的时候，面临两大选择：先选择区域，后选择项目（异地客户面临三大选择：先选择城市，再选择区域，最后选择项目），通过探寻客户是哪里人，先坚定客户"买房首选本区域"，再坚定客户"本区域首选本项目"。

先通过询问"您现在住在哪里"，确认客户是否是本市或本区域的人，项目周边原住民与长期租客一般会选择就近购房，因为多年的生活习惯，他们的朋友与生活圈在附近，不愿意离开。若客户是住在本区域，则会对项目有天然的认可与亲近，对销售员来说是天然的利好。如果客户非本区域的人，销售员这个时候就再问一个上推式问题："您住那么远，为什么想来看我们的房子？"这样就能把客户心里的想法引导出来。

"您现在住在哪里"除了问区域，还可以用来问客户现居住小区，根据客户居住小区判断客户的实力与购买偏好，同时通过进一步探寻客户对现居住区满意与不满意的地方，判断客户的关注重点，再将客户的欲望与问题转化为痛苦，并不断放大痛苦，最后通过 FABE 法则介绍项目，呈现价值解决痛苦。

"您在哪儿上班"，一般适用于首次置业客户。如果客户上班的地方离得近，那么客户天然的对项目亲近与认可，销售员将客户通勤的远近对比并转换为痛苦，让客户意识到就近居住的好处；如果离得远，销售员就需要运用上推式提问，询问客户为什么舍近求远来看房，是不是还有其他因素影响，对需求的挖掘更加准确。

"您来这里这个城市多少年／多少次？"适用于客户的户籍区域或现居住区域与自己项目所属区域相隔很远，远到相隔一个或几个行政区划，甚至不在同一个城市。例如，针对河源五县到市区置业的客户，特别是珠三角到河源投资的客户，可以问"您来这里这个城市多少年／多少次？"根据客户的回答，来确认客户对这个城市或区域的熟悉程度，以便确认在讲解区域时讲解的细致程度，确保客户"优先选择本区域"。

问题 3：您之前都看过哪些楼盘，觉得怎么样？

这个问题在于探寻客户来本项目之前看过哪些楼盘，判断客户的购买意向以及可能面临的竞争对手，从而在之后的讲解过程中有的放矢。客户对这个问题的回答可能分为两种情况：

情况 1，客户没有看过其他任何楼盘。在这种情况下，销售员可以采用后面将要介绍的"制约话术"，通过渲染竞争对手劣势，先入为主地给竞品埋下地雷；通过强调本项目优势，给竞品设置门槛；还可以通过优化项目劣势，给客户打预防针，避免客户在竞争对手那里看房的过程中，竞争对手攻击本项目抢夺客户。

情况 2，客户看过几家楼盘。如果客户回答某家楼盘较好，那么这是他看中的那家楼盘的利益点，销售员在接下来对自己的项目讲解过程中，对这个方面要重点渲染，不能被竞争项目比下去。同时，还要挖掘客户的其他需求点，以利于与竞争对手竞争。如果客户回答某家楼盘不好，比如"离马路近""户型不方正"等，你就一定要注意了，自家楼盘如果有类似的问题，就要提前引导规避；如果自家楼盘刚好在这一方面有优势，就要重点讲解。客户提到的其他楼盘的"好"或"不好"，是客户的抗性点与利益点，需要重点讲解。如果没有提问，就直接讲解，那很可能讲解不到点子上，从而也就无法提起客户的兴趣，引发其购买冲动。

问题 4：您预算多少？是首付款还是总房款？

这个问题主要用来探寻客户的实力与支付意愿。一方面，实力不等于支付意愿，通俗点讲，"实力"代表客户有多少钱，"支付意愿"代表客户愿意掏多少钱买你的房子。例如在商铺投资客中经常发现，客户有很强的实力，但是只打算在本项目投资 200 万元的商铺。这里面的差距就是销售员要去了解的地方，通过探寻需求转化痛苦，让客户愿意投资 300 万元甚至额度更高的商铺。另一方面，销售员在推荐房源时，要匹配客户的支付意愿，如果客户打算购买 300 万元的房子，你推荐的房子只有 200 万元，意味着你没有最大化使用客户的支付意愿；如果客户打算购买 100 万元的房子，你推荐的房子是 200 万元的，因为 100 万元与 200 万元之间的差距太大，很大可能会因为超出客户支付意愿而导致客户流失。

以购买商铺为例，销售员："您预算多少？"客户："200 万元。"销售员："这 200 万元是首付款还是总房款？"这种明知故问式的问题，其最大的好处就是快速确认客户的投资预算与支付能力。如果客户回复"首付 200 万元"，你就要明确客户可以投资 400 万元总金额的商铺，并进一步向客户确认。

问题 5：您想看这样的房子，最看重房子的哪几个方面？

这个问题主要是探寻客户是否有明确的选择标准。第一个问题"您想看什么样的房子"，这时客户可能会回答"160 ㎡左右的四房""大面积的""总价 100 万元的""以后养老""儿子结婚用""有学位的""投资商铺"。这种回答基本上可以分为两类：一类有明确的要求，或者可以说明确的选择标准，"160 ㎡左右的四房""大面积的""总价 100 万元的""有学位的"，若我们的优势与客户的选择标准匹配，则在呈现利益阶段根据客户选择标准讲解利益点即可；若我们的优势与客户的选择标准不匹配，则需要运用"主导话术"，通过设置新的选择标准引导客户的选择。一类是比较模糊的要求，例如"以后养老""儿子结婚用""有学位的""投资商铺"，对于这种比较模糊的要求，销售员可以通过继续增加辅助性问题，探寻客户的选择标准或用项目的优势为客户设置选择标准，引导客户的需求。

（二）虚拟场景将痛苦讲透

很多销售员很容易陷入一个误区，即不断地强调他们产品的具体功能或优势，有经验的销售员会把这些功能转化为客户的收益，而销售高手则能创造性地分析客户的痛苦，通过痛苦的确认与放大，再通过定制化的独特解决方案，强调如何能有效地解决这些痛苦，成交就是水到渠成的事情。

发现欲望与问题，创造痛苦，扩大痛苦，是销售成功的不二法门。客户的烦恼（问题）或欲望并不能直接导向购买行为，需求与行动之间还需要一个关键过渡——痛苦，没有痛苦客户不买。如何将痛苦讲透？虚拟场景。人们因情感而购买，并用逻辑证明其正当性。特别在房地产行业，以期房销售，客户决定购买时，产品的价值还没有展现，只是一个未来的状态，无论欲望驱动型客户还是问题驱动型客户，通过虚拟场景才能让客户深切地体验到因利益或问题引发的痛苦。

如何虚拟场景？这里介绍一个利器：时空＋角色＋行为＋结果。时空是指在某种情况下，要场景化，让客户身临其境，那幅画面如在眼前，这是冲击客户右脑的关键；角色不难理解，场景里面客户所扮演的具体角色，他的角色是什么；行为是指这个角色做了什么动作，做了什么事，要具体化，角色的动作越具体越好，具体到每一个动作；结果感受是指某种行为带来的效果和感觉，感受包括看到的、听到的和感觉到的，一定要感性化，要突出感觉、感受，这是关键所在。具体描述就是：在某个时间、地点（某种情况下），某人做了某个行为，带来了什么样的结果或感受。

以欲望驱动型客户为例，销售员可以虚拟这样一个场景："怎样的小孩子将来才有出息？养小孩子就如同种树，树苗小的时候长得笔直，长大就容易成材；小孩子也一样，幼儿时有好的生活环境，小学有好的学校，这样小孩子的成长就进入良性循环通道，就读好的中学与大学是水到渠成的事情。如果小时候的生活环境不好，小时候不能养成良好的习惯或者学习较差，长大后再改变基本上就不可能了。做父母的当然希望子女有出息，现在都讲不要让孩子输在起跑线，其实就是让小孩子从小有好的生活环境有好的学校。您说是不？我们项目……"这个案例里面，时空背景就是"孩子小的时候"，这里客户的角色是"孩子的父母"，做了某个行为"购买了好环境好学位的小区"，带来的结果或感受就是"小孩子成长进入良性循环通道，就读好的中学与好的大学就是水到渠成的事情"。针对欲望驱动型客户，将利益讲解得非常清楚，充分调动客户的购买欲望，而客户的欲望一旦得以激发，若不购买就会足够的痛苦，要逃避痛苦就必须做出购买行为。叔本华所谓的"生命是一团欲望，欲望不能满足便痛苦"就是这个意思。

以问题驱动型客户为例，销售员可以虚拟这样一个场景："父母的生活习惯与年轻人完全不一样，年轻人周一至周五上班，周末做儿媳妇的连个懒觉都不敢睡；消费方面更是相差巨大，我们逛街购物看到喜欢的东西，买吧担心公婆看到说浪费，不买吧又难受，就是平时快递收多了都会被公婆抱怨不会持家。如果只是短期住在一起还好说，双方忍让忍让也就过去了，每天在一起过日子，矛盾不断积累，往小里说影响婆媳关系，往大了讲影响夫妻感情，很多家庭的离婚不都是因为婆媳关系不和引发的吗？最好的做法就是趁矛盾没有爆发之前，感情没有破坏之前，独立出来独自生活，既享受私密空间，又维持良好的家庭关系。您说是不？我们项目……"这里客户的角色是"儿媳"，做了某个行为"周末睡懒觉""购物""收快递"，带来的结果或感受就是"婆婆看不惯，觉得儿媳懒、浪费、败家，影响婆媳关系，进而影响夫妻关系，甚至引发离婚"。针对问题驱动型客户，不仅将问题直接转化成痛苦，更要将一个问题转化为多个痛苦，引发客户足够的痛苦，驱使客户逃避痛苦采取购买行为。

第三步，呈现价值，将利益讲够

销售员经过与客户建立情感关联，确立信任度，并通过提问的方式挖掘客户的问题或欲望让客户感知到自己的需求，将需求转化为痛苦并进一步放大痛苦之后，客户的潜在需求或弱需求转化为强需求，客户有了打算购买的强烈意愿。接下来的阶段就是将解决痛苦的"良药"呈现在客户面前，根据客户的需求讲解项目的价值，将项目的利益讲够，让客户感知的价值远超过预期成本，客户才会买我们的项目而非竞争对手的。

（一）房源推荐，请给客户中间选项

回想一下你买西装与衬衣的时候，服装店的店员是如何推荐的？有经验的店员一定是先带你看西装，先将西装卖给你。这个与我们的常识相反，如果你已经花了大价钱买了一套西装，你会不再买一件衬衣甚至一件毛衣与一条领带吗？这就是对比的威力。因为相比较先买的西装而言，客户就不会再感觉到衬衣、毛衣与领带的价格贵了。

房源推荐时若死推一套，就是不给客户任何选择。因为没有比较对象时，客户很难对事物进行评价。我们自己平时对周围事物或现象进行评价时都是有比较对象的，例如好消息对应的是坏消息，成功者对应的是失败者，快乐对应的是痛苦。若死推一套不好，推荐房源时究竟推几套合适？三套。原因在于，只有两套房源客户难以做决定，如果推荐的房源超过三个，客户容易陷入选择困境，更加犹豫不决，不知该用哪套房源作为比较对象。

推荐三套房源很多销售员都明白，但是很多人并不知道这其中的诀窍是推荐房源的顺序。第一套房源，会产生心锚效应。第一印象就是永久印象，第一套房源先进入客户脑海中，成为后面房源的评价标准，客户用第一套房源来比较后面推荐房源孰优孰劣，谁贵谁便宜。以第一套房源作为比较标准的效应，在心理学上被称之为心锚效应。换句话说，第一套房源就像一个锚，会限定客户的思考；心锚效应就是一种比较效果，因为我们总倾向于将事物与相关事物进行比较。第二套房源，是销售员主推的房源。一方面因为东方文化偏爱中庸，倾向于选择中间方案；另一方面，因为通过第一套房源的对比，让客户产生第二套房源性价比高的感觉。第三套房源，是诱饵房源，诱饵具有比较效应，即当一件事物与另一个与之相似却不如它好的事物比较时，前者会被衬托得更好，甚至好到超过实际情况；诱饵房源用于衬托第二套主推房源，让客户轻松做出决定。"诱饵产品"选择的最一般的原则，就是引入一个在多数方面都比你的主推产品稍逊一筹的第二件产品，这样你就能把顾客

的注意力从其他产品吸引到你的主推产品上来。

（二）产品介绍与演示的 FABE 法则

顾客买东西有两个原因：信任和价值。信任是在探询过程中建立的，演示则是你介绍价值的过程。顾客不会只为信任而购买，但会为价值而购买。高明的销售员会选择演示的要点，提供给顾客他们想买的东西。要做到这一点，你要把从探询中得知的答案，将客户的痛苦与你销售商品的利益匹配起来。你介绍产品的任务就是激发客户拥有商品的兴奋感，要做到这一点，没有一场商品演示秀可不行。

你介绍与演示产品要实现两个主要目标：一个是在顾客的头脑中确立商品的价值；另一个是在顾客心中激发立刻拥有商品的欲望。

女人买化妆品不是为了"美"，是为了姐妹们羡慕的眼光，或是为了留住老公，或是为了赶走小三，或是为了吸引更多男性的目光。价值可以定义为顾客从购买的商品中所获得的全部利益。确立价值不只是说明价格的合理性，还包括更多的内容，一旦顾客理解了价值，价格就变得不太重要了。研究显示，人们之所以购买某个商品，价格原因可能只占一小部分。生活中一切东西都太昂贵，除非它和价值联系在一起，而价值是个人化的东西。某件东西是否昂贵因人而异，甚至每次购买时的感觉也不一样。价值包括实际价值与心理价值两种，实际价值指它实际上可以产生的价值，是一种实实在在的价值，可以通过同类产品的价值对比获得；心理价值则是指实现客户的某种梦想或者可以减少客户的某些问题，是顾客内心深处的满足，是一种感觉。

很多客户在购房时，都会有疑虑，这种疑虑导致了他们迟迟不能下定决心购买。一般情况，销售员面对这样的情况，就会针对客户的疑虑再次进行详细的产品介绍，从产品成分、工艺或材料，到产品的优势，再到产品的利益都再次详细解说。这样的方式真的能让客户下定决心去购买吗？实际上并不能。当你在向客户介绍产品时，客户实际上是在倾听利益，产品所有的利益都是在通过语言向客户传输，他们并不能真切地感受到。产品讲解的过程也是演示的过程，通过演示让客户体验，让客户实实在在地体验到产品的利益，所有的疑虑都将得到真实的答复，他们才能放心购买。激发顾客占有商品的欲望是任何商品演示都必不可少的部分。一位女士也许会欣赏一件大衣的价值，但并不一定要买它，直到她试穿之后；某个顾客也许理解一辆豪车的价值，但直到亲自试驾后他才想到拥有它。无论你卖什么商品，道理都是一样的。实体产品很容易让客户体验，房地产一般在期房状态下进行销售，一方面可以打造样板示范区让客户体验价值，另一方面可以通过虚拟场景让客户体验价值，这一点跟前述用虚拟场景让客户体验痛苦是一个道理，通过虚拟的场景，这个时候得到的效果和实体产品得到的效果是等同的，销售成功的概率也会大大提高。

产品介绍与演示的核心方法就是 FABE 法则。

FABE 法则

	区分	要点	备注
F	特征 Feature	独特性能、材料、设计、颜色、使用方法等	我有什么？
A	优点 Advantage	对"特征"进行解释。 与其他产品对比有点。	比谁好？我好在哪里？
B	利益点 Benefit	对"特征"进行解释。 与其他产品对比有点。	对你有什么好处？
E	证据 Evidence	证据物、资料、演示。 如专利证书、报刊杂志、照片、样本、数据分析等。	我凭什么这么说？

"F"（feature/ 特征），即产品所包含的客观现实，所具有的属性，指的是这是个什么样的产品，或有什么样的功能，包括产品的事实、数据和信息。例如"100 米楼间距""3 万㎡园林""朝南户型""临街商铺"。

"A"（advantage/ 优势）优势，强调与竞争对手相比我有多"与众不同"。优势，就是要比别人强，比谁强？比竞争对手强。一方面，优于竞争对手，特别是主要竞争对手，而不是比所有的人强；另一方面，没有优势，就寻找不同。由属性推导出优势，有两种路径：路径一，由单个属性通过对比推导出单个优势,例如"楼间距 100 米"这个属性推导出"100 米超宽楼间距","临街商铺"推导出"CBD 商圈唯一独栋临街金铺";路径二,由多个属性综合提炼一个优势概念,例如将住宅"坚基·美丽城"多个特征进行综合与概括,提炼一个优势概念"河源唯一五好项目"。在介绍产品的优势时,最好不要超过三个,并且要把最大的优点放在最重要位置,否则过多的特色和优点很难让客户留下清晰的印象。向客户介绍优势一定要符合两大原则:

基于客户需求满足的原则:介绍的特色和优点一定要能够满足客户的需求,否则再好的特色和优点也不会引起客户的兴趣。

基于竞争对手比较优势的原则:特色和优点是一种比较优势,也就是说,你的特色和优点一定是竞争对手所没有的或是你比竞争对手做得更好的,否则就不是特色和优点,客户也不会产生兴趣和购买欲望。

"B"(Benefit/ 利益),强调与众不同的地方对客户的利益,要能被客户感知。讲利益时,首先,必须针对客户的购买目的、需求与关注因素阐述;其次,考虑到中国人骨子里都不是为自己活的,买房的利益要针对家庭成员,特别是小孩与老人带来的利益阐述。"100 米超宽楼间距"这一优势带给客户的利益是"视线无遮挡,观景更多,与大自然融为一体,每天都有好心情;楼间距宽避免对视,保障您家人的隐私与安全"。"CBD 商圈唯一独栋临街金铺"这一优势带给投资客的利益是"共享 CBD 商圈客流,商铺的租金高、升值快;独栋型商铺好分割,易出租,价值高;临街铺零风险,CBD 商圈经营好的时候临街铺经营更好升值更快,CBD 商圈经营受阻时临街铺不受任何影响"。在将优势转化为利益时要做到三个原则:

聚焦客户需求原则:优点所转化的利益必须是客户所关心的,能够满足客户需求尤其是潜在客户,让客户有眼前一亮的感觉。

利益具体化原则:给客户介绍的利益,一定要避免可能、大概、差不多等模糊字眼,而是要具体化、数字化,这样客户会更清晰地了解产品能够给他带来的价值。

利益情景化原则:在给客户介绍利益时,销售人员一定要兴奋起来,情景化地描述产品能够给客户带来的利益,让客户能够像已经购买并已经使用产品后一样体会到产品带来的价值和利益。

"E"（Evidence/证据），介绍完优势与利益之后，客户会在内心有这样的疑问："谁这样说的？还有谁买过？"销售员应该马上进入 FABE 法则的最后一个环节，就是拿出证据来证明。用可信的证据向顾客证实你所讲的优势与利益，这包括技术参数、客户故事、权威证言、所获荣誉、成功案例等。使用证据的销售员比那些使用不可靠证据或根本不使用证据的销售员能更有效地说服消费者。非常有趣的是，面对各种事实、数字、证明书和图表，客户会想："哇！看看这些数字和事实，它们肯定是真的。"例如，河源市商业中心的子产品——坚基购物中心，自 2014 年 12 月 23 日开业以来，历经重重困难，面对商铺投资客对坚基购物中心经营前景的疑问，我们以数据来证明前景一片明朗，坚定市场与客户信心。销售员：22 万㎡坚基购物中心经营持续向好，河源 CBD 商圈成熟在即，您的资产大升值指日可待。您看看这里有三组数据，自 2014 年 12 月 23 日开业至 2016 年年底，两年时间内：第一，日客流量从开业时的 1.5 万人次 / 天上升至 4 万人次 / 天，2016 年圣诞节三天客流量高达 25 万人次，2017 年春节更是成为河源五县一区家庭休闲娱乐的首选之地；第二，月营业额两年增长 79.5%，而广州天河城开业两年，月营业额增长 100%，月营业额增长率接近天河城水平；第三，商铺开业率从 2014 年开业时的 72% 上涨至今天的 89%，略高于广州天河城开业两年后商铺开业率的 85%。

对于客户而言，他们在选择产品的时候，更愿意相信自己能够看到的，感受到的。永远不要自己介绍自己的产品多么好，你的优势与利益需要通过第三方证实，你只需要将证据实实在在地呈现在客户面前，让客户有最直观地感受到即可。常见的证据有以下几种：

第一，见证。指见证人或可以作证的物品。购买商品，特别是像房子这样的大宗商品时，大家都不愿意做第一个试吃螃蟹的人，如果客户知道还有别的跟他类似情况的人已经购买，那么他就会比较放心；如果类似情况的人是他的亲朋好友，就更容易获得他的信任。客户见证有几种方式：一是现场正在发生的真人真事。这是最好的也是最有效的一种方式。比如，认筹、活动或开盘现场的人头攒动的场面，客户看到众多客户争抢购房，很容易产生冲动。二是曾经发生过的真人真事，有影视与影像资料。例如，火暴场面的新闻报道与图片、领导视察项目的图片、名人购买项目的留影、更高成交价格的认购书、现场摆放的各类荣誉证书等。

第二，故事。故事可以不是销售员自己亲历，但一定真实，这样能激发客户的兴趣，让客户参与进来。平时要收集客户用过产品产生的好结果或经典语言，把本产品成功的案例积累起来，并把它整理编写成册，烂熟于心。故事分四类：一类是传奇故事，"山不在高，有仙则名"，人们都愿意去寻找赋予意义的东西，销售中心门前的一块石头看似平常，但如果它来自于宫廷，几经转手收藏于此，而且每次更迭都有耐人寻味的故事，客户就会对这块石头另眼相看。星河湾"一棵树的旅行"就属于这种故事；一类是个性鲜明的品牌故事，说起海尔质量就联想到张瑞敏"砸冰箱"的故事；一类是服务故事，服务除了通过亲自感受外，还可以给客户讲一些经典的服务案例与故事，万科王石"喝泳池水"的故事就属于这类；一类是让客户感同身受的业主故事，所有人都有从众心理，也就是你告诉他与他类似的人做了什么或者没做什么，他就会受到很大的影响。例如，销售员：去年我一个准客户是××学院的老师（与客户身份相似），准备结婚买房，已经看好了一套四房，但是当时赶上调控，老出调控政策，听朋友的意见再等，多看看，不着急下手，没想到越调房价越涨，从5000多元涨到现在的6000多元，现在老婆怀孕了必须买，上个星期买的时候比之前看的时候涨了20%，他自己都说听朋友的话三年都白干了，所以该出手的时候就得出手啊。

第三，示范。示范通常指一个简单的演示或展示产品的原型，示范不需要重复介绍所有的产品特色和功能，而是直接证实客户所能得到的收益。例如，为介绍园林带给客户的利益，可以通过沙盘讲解与示范，可以带客户参观样板区示范，还可以带客户参观已建成小区示范，还可以给客户看园林效果图示范。

第四，数据。将项目的优势数字化，让客户更清晰地知道他能够得到的好处。告诉客户早点买房，可以给他计算。客户准备买100㎡的房子，现在房价上涨那么快，按两年上涨1000元/㎡给客户计算，两年后客户需要多花

10万元，相当于这两年里每个月上涨了4167元。通过计算可以看出，客户如果现在不买房，自己每个月要多赚4167元才能赶上房价的上涨速度。在这里特别注意，数字本身并没有说服力，要想使数字充满说服力，方法之一就是将数字具体化，方法之二就是使用对比。

第五，愿景。当你没有其他方式展示收益的时候，一个鼓舞人心的愿景或许可以说服客户接受你的解决方案。客户买房子，多数是看不到现房的，而是期房，这就要发挥销售员的造梦功能，用虚拟场景带领客户畅想未来。对商铺投资客而言，鼓舞人心的升值或投资回报率非常具有说服力，这也是返租型商铺火暴大江南北的原因所在。

第四步，主导沟通，处理异议

（一）主导沟通的五大话术

销售员与客户沟通过程中，可能会面对各种各样的问题，导致沟通偏离方向甚至中止，这就需要销售员有较高的沟通技巧，主导谈话过程，以自己的专业和技巧去引导、教育客户。所谓"主导"，就是在与其他人的交谈中，如何不知不觉地控制谈话的主题内容，以及谈话的发展趋势和方向。

1. 铺垫话术

什么叫说话中的"垫子"？我们的沙发，需要一个坐垫，起到缓冲作用，这是物理意义上的垫子。沟通中的"垫子"表现为，在回答问题之前，先给予肯定和赞许，可以赢得对方的好感，让对方内心没有任何抵抗，甚至消除对方理性的思考以及可能的对抗和防范意识。我们常常遇到沟通不畅的情况，是因为你让对方感觉不太舒服，对方觉得自己的位置不够"高"，而你也没有给别人一个垫子，因为你没有肯定对方，或者不在意他的感受，更可恨的是，你把别人按低了，因为你对他进行了批评。沟通中的"垫子"有哪些类型呢？

第一种垫子，明确赞美或者肯定对方的想法或问题。"哎哟，你这个问题问得太好了！""你这个问题好专业啊！""你一问我这个问题，我就想起来，前几天一个工程系教授也问过一个同样的问题。"……当你这样说的时候，对方的心理状态会发生什么变化？回答之前，先肯定这个问题是正确的，是优秀的，是很好的，可以赢得对方的好感，缓和紧张关系。

第二种垫子，说明自己的不足，主动示弱。"你这个问题可把我难住了。""这个问题不容易回答。""这是我第一次遇到不知道哪儿去找答案的问题。""你这个问题恐怕连我们经理都回答不出来。"……从本质上讲，这种垫子和第一种垫子的原理是一样的，但做法稍有不同，它不是通过赞美对方，而是通过矮化自己，侧面上抬高了对方的位置，它的目的同样也是为了赢得对方的好感。有的时候，它可以和第一种情况结合起来，在赞美对方之后，故意对自己进行否定，效果出奇的好。

第三种垫子，不赞美对方，也不说自己的不足，而是运用感同身受的同理心谈自己的情绪感受（喜欢、高兴、失望等）或者评价问题本身（重要、普遍、具有代表性）等。例如，客户怒气冲冲地找经理投诉销售员，经理一般这样说："怎么能这样呢？这太不正常了！这种情况是无论如何也不该出现的，不仅我们公司不能容忍，我也不能容忍。"在表达他的感受之后，再说到具体的事情及经过。你一说出这番话，他会觉得至少你跟他是感同身受的。这就是标准的第三种垫子，先评价问题本身，意图在于缓和对方的气势，不造成针锋相对的局面。

垫子有何功效呢？第一，缓和关系，改变态度。人与人之间的沟通，通常是你来我往，有问有答，而垫子就可以起到缓和作用，缓解你问我答的紧张状态。沟通中没有垫子，关系就会生硬或紧张。面对对抗性问题更要有技巧，加垫子是为了赢得对方在听到你的答案之前的认同和偏向，等他听到你的回答时就不会那么具有挑衅性了。第二，探寻对方问题背后的背景或目的。有时我们急于回答问题，可能根本没有听清楚对方问这个问题的目的，对方问这个问题之前有什么样的背景，这就要求你在回答之前先加一个垫子，先肯定他的问题，让谈话有一个停顿。你要超越对方的问题，去关注这个问题的背景。怎样才能关注问题的背景？先要给予他的问题一个肯定——"你这个问题问得真好""你这个问题问得很专业！""你这个问题的视角非常独特，你能想到这样一个问题说明你很不简单！"垫子可以帮你了解到更多的看法、观点、事实，甚至可以让你了解到对方形成这种看法的过程，或者动摇对方对自己看到事实的坚定性。

2. 迎合话术

人与人之间交流、沟通的目的是加强彼此的了解，并建立密切关系，最终赢取信任。如果彼此看法相同，经历类似，创造出一种你们是同类的感觉，就特别容易理解对方，拉近人与人之间的关系。迎合就是一种人与人之间的和谐相处必需的沟通技巧。迎合是交谈中创造良好氛围的说话技巧，可以赢取认同，建立关系。迎合不是吹牛拍马，不是奉承。迎合有三种方式：

第一种，对方说结论或看法时，你提供客观事实依据。客户："河源房价这几个月涨不少啊！"销售员："是啊，2015年年底的时候普遍不到5000元，2016年基本在6000元左右，这才3月份都接近7000元了。"

第二种，当对方说客观事实时，你照此逻辑提炼出符合事实的结论。客户："我们小区的商铺，这个月又倒闭了几家；我去兴源路逛街，上个月还开业的几家店，这个月就倒闭了。"销售员："现在不少商铺的生意都不好做了。主要是因为我们这种超大体量的购物中心开业之后，河源人的消费习惯发生变化了，以前爱逛街边店的现在都来我们坚基购物中心消费了，此消彼长。"

第三种，当他既说事实又说结论时，你提供类似的体验。客户："租铺确实不如买铺，房东太坑爹了。我那卡商铺签的三年合同，前两年不赚钱的时候每月10000元的租金一分不少，我今年刚盈利，昨天，他来找我要求续签合同的话房租涨到15000元/月。"销售员："租铺就是替房东打工。我一个堂哥跟你一样是做餐饮的，在大同路租了一个门店，租金12000元/月，合同三年，第一年投入装修太大且新店开业处于亏损状态，第二年基本持平，第三年因为积累了不少回头客才开始盈利。刚开始有点起色,房租续签合同要涨租。他面临两难选择：接受涨租吧，又是成本又是工资又是税费，忙碌一年下来又是亏损；不接受涨租吧，搬迁到新地方重新装修，并且回头客没了，又要从头再来。上周他来我们这里买了一卡商铺，装修费用一劳永逸，回头客不会再流失，更为重要的是再也不用为房东打工了。"

3.打岔话术

销售员在与客户沟通过程中，经常会遇到不好回答的话题或者不愿意谈的问题，最常用的技巧就是打岔，不按照对方的思路展开谈话，而是将话题引到另外的线索上去。比如，当客户指出，竞争项目比我们价格低，当客户对我们不太信任的时候，当客户提出的异议和竞争对我们不太有利，当客户质疑直接反驳时会明显地显示出客户的无知，都可以通过打岔来应对。

如果客户一到销售中心就问这个房子多少钱，该怎么应对？客户一进门或一接触到销售员就问价，是一种未经思考的本能反应。正常状态下房价都是超出客户心理预期的，有谁会嫌房价便宜呢？除非自己买下这套房，嫌它涨得慢了。如果这个时候销售员根据客户的要求立即报价，会出现两种情况：一种是客户扭头就走，不给销售员留下一点机会输出价值；另一种是客户下一句接着就来：打几折？有优惠吗？一旦客户刚接触项目就纠缠在价格上面，他已经不愿去关心项目的功能、优势与利益了，接下来不成交是大概率事件，纵然成交亦会历经千辛万苦,销售的行话"价值不到,价格不报"就是这个原因。遇到这种情况，销售员就要通过打岔话术，"王顾左右而言他"，获取谈话主动权，引导客户而不是受客户引导。

方法一，声东击西。即不直面回答客户问题，将客户引导到自己的话题上来。例如，销售员："我们有住宅、有商铺、有写字楼等多种产品，价位都不一样。这边来，我先为您介绍一下，再来谈价格。"例如，销售员："我们一房一价，楼层不同、户型不同、景观朝向不同，价格就不同，我们先看看房子。请这边来。"例如，销售员："请问您的投资预算是多少呢？"

方法二，展示价值。例如，销售员："我们项目是粤东北首席城市综合体，作为河源唯一的五好项目，您觉得应该值多少呢？"例如，销售员："我们的商铺是 CBD 商圈的城市综合体商铺，核心优势是'旅游、商务、购物、金融、休闲娱乐五重人流共享'，一般城市综合体的商铺价格是周边商铺的 2~3 倍，并且我们商铺的使用率接近 100%，很多都可以一层当两层用。你看河源义乌小商品城商铺的使用率仅 50% 就已经卖到 3 至 4 万元了，您觉得我们这种 CBD 商圈商铺应该值多少呢？"

方法三，激发好奇。例如，销售员："您最关注的是价格还是代价？"

4. 制约话术

制约会帮你获得谈话优势。制约是一种心理沟通战术。制约的"制"，既是制度的"制"，又是控制的"制"，有一个规范、一个范围，拿这个范围来约束你就是制约。制约这个说话技巧，可以帮助交谈中的一方获得谈话中的优势位置，让对方无法反对他。

客户在购房过程中，往往喜欢货比三家，很少有客户会在没有比较别的楼盘的情况下直接在第一家楼盘下定。也就是说竞争是不可避免的。销售员不能像鸵鸟一样采取无视的态度，无论售楼部还是看房过程中，销售高手都懂得在这个时机给客户一个先入为主的说法，通过对相邻项目有技巧的评判，以制约与引导客户的选择。

方法一，渲染对手劣势，给竞品埋地雷。将竞争对手的缺点与劣势事先说出来，让客户产生先入为主的印象，相当于给竞争对手埋了一颗地雷，客户就会对竞争对手有一个不好的看法。特别注意，这颗地雷必须是客观事实，不能带有任何主观看法，否则其"杀伤力"就会大大降低。例如，销售员："这是与我们项目相邻的××，您看 CBD 区域发展非常快，一方面政府的城市配套持续完善，道路与交通不断增加；另一方面片区大项目扎堆，2016 年至 2018 年是这些项目入伙的高峰期，一旦周边大项目的业主都入住后，我们河源市商业中心就有了充足的人气支撑。（邻居首先是'客'，是共同做大片区的朋友，片区完善优先利好我们。）×× 项目的开发商第一次做开发，设计的产品与理念还是 20 世纪的，成本居高不下，户型浪费严重，导致样板房都不敢建在楼栋里面，否则谁会花几百万元的冤枉钱？我一个客户是省设计院的总工，看了户型之后直摇头。"

方法二，强调项目优势，给竞品设门槛。例如，销售员："我们坚基·美丽城项目，是环绕 2000 亩客家森林公园的最后一块地了，错过就真的再也没有了。俗话说'鱼和熊掌不可兼得'，我们项目既处在商业中心，又毗邻森林公园，这种两全其美的项目在全国都非常罕见。"方法三，优化项目劣势，给客户打预防针。针对我们项目毗邻河源市人民医院，而河源当地客家人对毗邻医院的楼盘非常抗拒，竞争对手也抓住这一点进行攻击，因此销售员在话术中对客户进行先入为主的引导，打预防针。销售员："我们都是上有老下有小，老人最常见的病就是心脑血管疾病，在医学上有一个'黄金4分钟'就是强调心脑血管疾病必须及时就诊；家里有小孩子的最担心的就是孩子生病，一旦有个头疼发热，一家人都提心吊胆。我们旁边的河源唯一一家三甲医院——河源市人民医院，可以保障我们老人与小孩子的健康，相当于免费给家人准备的私人医生。"

在促销时，销售员用制约话术报价，表现在先强调价值报原价，再强调优惠力度报促销价，最后再用"限时、限量"制造短缺，对客户心理造成制约，让客户感觉现在购买是"占了大便宜"。例如，销售员："我们开盘价8000元／㎡，为庆贺沃尔玛开业，董事长特批15套房源，史无前例的7折优惠，最高节省29万元。仅限本周，到期恢复原价。"

房地产企业在一个城市开发，一般会有各个方面的关系与人脉，客户会通过各种关系索要额外优惠，若不加以制约，一方面导致给了优惠并不一定获得客户满意，另一方面损失的是公司纯利润。销售员可以表现得比对方更加期待，这种制约让你影响对方的心理，让他觉得你跟他的利益是一致的。例如，销售员："难道我不希望价格能有优惠吗？这样我就能卖得多一点。但是我们项目确实没有额外优惠，昨大老板的同学买的那套1502房，找老板也没有额外优惠。"

5. 主导话术

客户在与销售员沟通过程中，经常跑题或背离我们沟通的目的，这就需要销售员控制话题，将话题拉到我们期望的方向，让谈话按照我们的思路进行。

方法一，数字陷阱。几个朋友讨论晚上去哪儿吃饭，有的说吃湘菜，有的说吃川菜，有的说吃粤菜，唯独你没有说话，大家问你的意见。你回答：去哪儿都无所谓，但是要符合三个前提条件。这样，你就达到了效果，即将所有人的注意力集中到你这里来了，你有了发言权。你接着说：第一，风味要独特，到处都有的菜就别吃了；第二，环境要好，嘈杂的环境嗓子喊哑了都听不清；第三，不要等，去了就能上菜。你这么一说，大家都觉得有道理，就会让你说出一家餐厅，如果你这个时候推荐的一家餐厅符合这三个条件，那么大家就会听你的。例如，当客户将我们项目与某项目进行对比时，销售员："前几天电视上一个专家讲，看一个项目的好坏要从三个方面来评价。"如此一来客户就会产生好奇想听一下到底哪三个方面评价，然后再调整自己的判断，这样销售员就能控制交谈主题与方向。影响别人的技巧很简单，不是上来就直接说我想怎么样怎么样，而是用主导的方法，使用数字陷阱，设置选择标准，引导大家听从你的说法。

方法二，绝对结论。因为我们坚基·美好大厦是公寓改造为写字楼销售，投资客犹豫的时候，销售员："坚基·美好大厦是全河源最具有投资价值的写字楼，你知道为什么吗？"听的人一般都会受到一定程度的震动，导致人们听到绝对结论后，肯定要倾听你的进一步解释，从而达到主导谈话方向与内容的目的。销售员接着说："判断写字楼的投资价值，主要看三个方面：第一，看客户能不能轻易找到。客户能轻易找到的写字楼，企业才愿意租赁办公，客户无论是河源五县一区还是珠三角，你只需要告诉办公地点在河源市人民医院正对面，客户就非常容易找到。第二，看交通与配套。交通便捷配套丰富的写字楼，招聘员工才容易，只需要出市场价而不用出高价。我们的写字楼下就是交通中转站，员工上班非常方便，写字楼的配套是城市综合体，吃喝玩乐购非常便利。第三，看升值。写字楼容易出租，容易招员工，自然租金高，租金高升值就快。我们是城市综合体的写字楼，城市综合体随着商业的不断繁华，物业会不断增值。"这样你就影响了别人，主导了谈话与行动。

方法三，展望未来。客户通常会在最终做决定时犹豫不决，此时最佳方法就是虚拟场景展望未来，通过人物、系列、场景的描述，打动客户，引发客户对未来生活的期望。

（二）处理异议的一项原则、两大话术与五种技巧

异议是客户在购买过程中产生的不明白的、不认同的、怀疑的和反对的意见。异议的出现往往是因为客户看到了或者想到了，我们在前期做介绍的时候有预见性地用话术进行制约与引导，那么问题就会少了很多。即使客户

提到了某个问题，因为之前我们已经很好地进行铺垫，解决起来就容易得多。《孙子兵法》上说：不战而屈人之兵，善之善者也！

异议是销售中必然出现的现象，存在于接待、跟进、成交过程中的每一个环节。客户在与你洽谈时，表面看上去很平静，其实内心却在买与不买之间徘徊不已，难以做出选择，这时他就会借助于各种理由拒绝和反对你。面对异议，销售员要清楚"嫌货才是买货人"，不要将异议视为销售的阻力，而要将其看作引领你继续完成交易的信号灯。

第一，处理异议的一项原则：给出"面子"，留住"银子"。

客户都希望"占便宜"，一般在销售过程中会不断地索要优惠或折扣，销售员可以在自己职权范围内帮客户申请折扣，让对方有面子。如果自己的职权范围内或公司的规定是没有折扣的，也不能以"公司规定""不好意思"之类的话来挡回客户的请求，这样的话让客户很没有面子。即使客户在没有其他选择条件下，仍然选择向你买房，他的选择也是不情愿的，即使你以后服务再好也难以弥补此事对他的遗憾，很难让他成为满意客户，更别说忠诚客户了。一般来说，真的没有折扣，你也可以用其他方面的优惠来给客户面子，如给客户家私或餐饮优惠券、各种赠品等，总是让他感觉占到便宜，要永远记住，"客户不是买便宜，客户是要占便宜"。

在沟通与谈判中，客户可能会举出一些很"特殊"的个案，或者编撰一些"事实"，来说明情况或争取谈判空间。即使你完全不同意对方的说法，也千万不要不留情面地揭穿或反驳，这样做通常只会强化对方的立场，使得谈判进入对抗状态。遇到这种情况，不专业的销售员可能会立即反击，用"这不可能""这怎么可能""开玩笑，哪儿有这样的事"等类似的话来否定客户的"特殊个案"与"编撰的事实"。这样当面驳倒客户的回答或揭穿客户的行为，会让客户感觉很没面子，很大程度上会导致客户恼羞成怒，拒绝继续沟通甚至断然离去。

第二，处理异议的两大话术："迎合话术""3F话术"。

"迎合话术"。"是的，您说得太对了。……我有一个问题想请教您/问您。"例如，客户："这套125 m²房子的卧室有点小。"销售员："是的，您说得太对了。这套房子的卧室确实有点小，不过您有没有发现这套房间有一个非常大的优点？"客户："什么优点？"销售员："这套房的客厅非常大，本来125㎡的房子，客厅开间4.8 m，你家亲戚朋友来了会感觉房子非常气派。我们这套125㎡房子的客厅跟很多140~150㎡房子的客厅一样大。"

"3F话术"，即"理解（Feel）、曾经觉得（Felt）、后来发现（Found）"话术。此话分三个步骤：一是我理解你的感受。以这句话来开始处理客户的异议，让客户觉得你听懂了他们的话，从而与你产生亲近感，消除敌对情绪。二是某人（名人/名流、知名机构、政府机关人员、亲戚朋友、顾客熟悉的人、与顾客类似的人等等）也是这样认为的。这句话让客户知道他的想法是普遍存在的。三是后来他们发现……只要……（此处是你的解决方案），结果就会皆大欢喜。例如，客户："你们的房子太贵了。"销售员发现属于价值异议，回答："我能理解您的感受，刚刚成交的××是从深圳过来的（与客户身份类似），刚开始也认为我们的价格贵，后来他在我们的城市综合体中转了几天，发现我们楼盘跟周边竞品比较，同样是生活，但是在我们楼盘生活，除了房子本身，获赠的东西不仅种类多而且超值。不要说22万㎡坚基购物中心就在楼下非常便利，就说这3万㎡的越王广场、这国家甲级桃花水母大剧院、这河源市唯一三甲人民医院、2000亩客家森林公园与10万㎡儿童游乐公园，哪样赠送不是超值呢？哪样赠送是其他楼盘能给您的呢？"

第三，处理异议的五种技巧：转移法、取舍法、类比法、故事法、拆分法。在房地产销售中，最容易让客户产生异议的因素有两个：一是对产品不满。买房对绝大多数人来说都是一项十分重大的投资，客户在购买过程中，总是会对产品进行严格的挑拣，并且由于每个客户的喜好不同，对产品的要求或需求也不同，对产品感到不满是常见的。这种不满会体现在项目的任何方面，比如地段、交通、规划、配套、物业、朝向、户型等。一般而言，客户对产品的异议，重点在观念层面去解决，即用一个新观念去替代客户大脑中的既有观念。例如客户投资商铺时希望购买端头位而拒绝中间铺位，就是因为大脑中的观念"金角银边商铺"。销售员就要先去改变客户观念，"中间铺位性价比最高"，然后论证原因："客户逛街时大多不会在前几家购买，一般是逛到一半时购买，所以中间铺位销售额更高，承受的租金更高，相对端头位而言价格较低而租金收益基本持平，性价比更高。"二是对价格不满。首先要搞清楚是价值问题还是预算问题。若是价值问题，我们要清楚，客户在买房时，对项目价格的判断是由什么决定的？一般来说，客户是通过对比来决定的。他们通常会"货比三家"，可能是对比竞争楼盘，也可能是找不同的销售员询价，还可能是参照熟人刚买的房屋价格。总之，他们心目中有了一定的参照物后，就会对我们项目进行价值判断。当客户抱怨价格贵时，通常有两种情况：第一种情况是客户心中根本没有参照物，随便编造一个案例，其目的只是想争取更大的议价空间；第二种情况是客户选了一个没有可比性的参照物。对前一种情况，一定要注意言辞表达不要强硬，要以半开玩笑口吻与顾客交谈。语气非常重要，表达上尽量委婉，让客户感觉到你不赞成的只是他的价格，而不是他的个人。对于第二种情况，既要灌输给客户我们项目的价值，更要恰当地运用类比告知客户参照物选择错误。若是预算问题，就是钱不够，或者帮客户挑选符合其支付能力的房源，或者在付款方式方面灵活变通。

这里重点介绍应对价格异议的五种技巧：

转移法。不谈价格，只谈价值。客户："你们太贵了！"销售员："是的，您说得太对了。我以前很多客户都这么说，他们一听说价格，都跟您的想法一样。不过，最后他们大都买了这个小区的房子，您知道为什么吗？"客户："为什么？"销售员："因为我们楼盘的定位就是匹配像您这样的有身份有地位的上层人士。我们楼盘……"

取舍法。可以用不同的户型让客户取舍，也可以用赠品让客户取舍。例如，客户觉得房价7000元太贵，希望便宜点。客户："每平方米7000元，太贵了。"销售员："那您看看这套201房吧，它只有6000元。"客户："201？不要，楼层太低，而且还西晒。"销售员："王先生，看得出来，您还是注重房子的品质。那么，多花一点钱买个更好的生活，难道不值得吗？"用赠送礼品时行取舍的原因在于，你光说房子，客户考虑的是要不要买；你送礼品，客户想得是选冰箱划算还是空调划算，这时其实就是将判断题（是否购买）变成选择题（哪种礼品），转移客户关注点，一旦客户开始考虑赠品，就说明买房是没有问题的事情了。

类比法。客户说房子贵，并举出参照楼盘，销售员："您看汽车，同样是跑，宝马和比亚迪的价格就是不同，但没有一个人说宝马的价格贵了，档次不同嘛。同一件衣服，淘宝买的与专卖店买的，质地肯定不一样。我们楼盘……"

故事法。客户索要优惠，销售员："我们的价格是实在的，刚刚那个客户已经观望了 3 个月了，一心等我们降低价格，可是观望的结果是每平方米多花了 100 元。"

拆分法。客户认为房价高，销售员："张先生，您说得不错，现在的房价确实很高。但是，买房肯定是比租房来得划算。您想想，一套房子少说也要住几十年吧？我们不要说住 70 年，就按照 50 年来计算，您一年只要花 1 万元，每天只需要花 30 元就可以拥有一套属于自己的房子；单单租房，每年至少也要 2 万元，最后房子还是别人的。并且这期间的房价肯定会不断上涨的。"

第五步，优势谈判，快速成交

（一）优势谈判的六大策略

在现实生活中，一个要榨橘子汁，而另一个要用橘子皮的情况毕竟太少见了。谈判贯穿销售全过程，既要在方寸上厮杀，又要合作成交。其中关于价格的谈判最为敏感，客户总会嫌你给的价格高，而你还总是想要更高价。如何让自己在谈判中占据优势地位，是销售员非常关注的问题，优势谈判就是让买方答应他的要求，还让买方自己相信，是他占了便宜，这就是所谓的优势谈判。简单地讲就是他赢得了面子，你赢得了里子。买卖双方成交才是真正的双赢，真正的胜利。

策略一，开出高出预期的价格。在谈判中最重要的就是要超出你原本所预期的并营造一个令对方觉得他是赢家的气氛。在和对手开始谈判时，你所开出的条件一定要高出你的期望，之所以要这么做，原因在于这可以为你后面的谈判预留空间，通过让客户感觉到占便宜，让客户在谈判结束时产生胜利感的唯一方式。这很容易理解。人的心理就是如此，越容易得到的东西越感觉不可信。如果一上来就开出最优惠的条件，就很难让对方觉得他赢了，他觉得太轻松了。一般来说，楼盘的优惠政策都可以拆分成几重，如优惠九七折是内部规定的价格底线，成熟的置业顾问在报价时，一般只给客户释放一个九九折或九八折，为后面的谈判留出空间。

策略二，学会大吃一惊。优势谈判高手知道，无论对方提什么要求，你的第一反应通常应该大吃一惊，一定记得要用肢体语言来表达。这种情绪化的行为会让对方产生一种自责感，内心会想"我做错了什么？这么做过分吗？"从而遏止对方继续提要求的欲望。如果你轻易地答应了对方要求，他们会觉得应该可以要求得更多，甚至觉得其中必有蹊跷。例如，你这套房卖 110 万元，客户开价 100 万元，此时如果你很爽快地答应了，客户一定会觉得，是不是买贵了，或者觉得是不是还有什么不可告人的秘密，否则不应该这么爽快答应的。所以，必须经历一个谈判的过程，这样才能让对方有赢的感觉，这个和价格的高低无关，而是跟你的表现和态度有关。一旦听到对方提出的要求之后，成熟置业顾问的第一个反应应该是大吃一惊，特别是客户第一次索要优惠或折扣时，必须伴随大吃一惊的同时，明确予以拒绝。如果你并没有感到意外，对方就会觉得你完全有可能接受他们的条件，通常会继续索要更多的优惠与条件；在你表示情绪与肢体动作的大吃一惊之后，对方再提进一步的要求之前就会权衡一番。

策略三，任何让步都要索取回报。在谈判的过程中，无论在什么情况下，只要你按照对方的需求做出一些让步，就一定要学会索取回报。客户购房时大多以能便宜一点是一点、能节省一分是一分的心态来进行价格与付款方式谈判，纵然销售员无论怎么表现得大吃一惊，有些客户依然不断地提出自己的要求。在这种情况下，销售员要在客户提出每一个要求时，索取回报。例如销售员向客户确认：今天吗（Time）？带钱了 (Money)？决策人（Decisionmaker）？这就是"TMD策略"。例如，客户提出首期款可能要延迟几天或者问能否有优惠时，销售员："您今天就签约吗？（时间）""您的订金带了吗？（钱，没有钱就没有诚意）""您自己决定就可以吗？（决策，没有决策权力的人浪费青春）"。如果客户答应了，就准备好合同，然后再向上级领导申请，并表示我现在就为您准备合同！要知道今天老总答应的确是不容易呀。"TMD策略"的好处之一就在于尽量堵住客户的退路，并不断进行促成成交；好处之二就在于杜绝客户不停地提出要求。

策略四，更高领导策略。千万不要让对方知道你是决策者，无论多么小的要求，你都表示需要请示你的上级领导。当客户不知道你就是决策者的时候，你就会有力量了；如果你说我要向销售经理请示，对方就会直接找你的经理来谈，所以应该用模糊高层杜绝客户靠近。你始终要有一个模糊高层的概念。销售实践中，有些客户直接找到总经理，要求更大优惠，总经理已经没有后退空间，这时依旧可以采取模糊高层的方式，说："我们这个价格已经不能再低了，我们公司有好几个股东，财务是另外一个股东派来的代表，我们如果突破这个底线，他们下次在董事会肯定又会提意见。您就不要再难为我了。"以此办法来堵住客户的胃口，防止客户索要的优惠越滚越大。

策略五，不要让客户把自己的问题抛给你。回想一下，你有没有在购物的时候说过这样的话："我钱包里只有100元了，你就把×××卖给我吧。"你钱包里面没有钱是谁的问题？肯定是你自己的问题，可是你把这个问题抛给卖家，成为卖家的问题。遇到这样的情况，有经验的卖家怎么反应？有经验的卖家会立即检验你的真实性，判断这是否是你的砍价借口。买房的时候，客户经常会把自己的问题抛给销售员："我首付款不能按期交""我的全款凑不齐""我的按揭需要缓一缓办理"，如此等等。当客户把这些问题抛给销售员的时候，销售员必须立马反映出这是个难题，还是只是对方在试探你的反应。你得立刻做出反应，不要拖延。其实，在大多数情况下，销售员要坚信，只要你搞定了客户，客户自然能搞定房款；不要客户一提首付不足、全款不足或者按揭不能按时办理时，就不加辨别地把客户的问题当成你的问题，主动帮客户申请优惠、缓交房款或延缓办理按揭。

当客户试图将自己的问题抛给你时，销售员除了使用上述策略应对之外，还可以运用沉默应对，尽量沉默一段时间，而不是马上应对。因为大部分的客户在谈判的时候，他们是很紧张的，他们怕你笑话他们，竟然提出这样的要求。他们也怕你很爽快地答应了，他们的要求提得太少了。他们急切地想知道答案，而你在这个时候的沉默会更加加深他们的恐惧。你好像在很认真地思考他的条件，你在做出一个重大的决定。这个时候，你说出来的回答通常是会被认为是可信的，是经过深思熟虑的。他们会更乐于接受你的条件。同时他们会感谢你终于消除了他们的紧张感,如释重负。他们认为你是个好人，对他们很重视，而且在最后帮了他。

策略六，勉为其难的卖家。特朗普卖饭店时说:"这是我最心爱的饭店，我怎么会卖呢? 我要信托给我的孙子的，但是你从那么遥远的地方过来，为了对你公平起见，你能接受的最高的价格是多少呢? "奇货可居的心态可以增加谈判的筹码，掌握谈判的主动权。有些销售员在面对客户的时候显得有些低人一等，好似求着客户购买，虽然客气和礼貌是应该的，但销售绝不是低人一等的乞求客户购买。你越是显得矮一头，客户越会觉得你对自己的产品不够自信，就越不会买。"吊起来卖"是指卖家故意奇货可居，一副管你"爱买不买"的姿态。人就是这样有趣，同样的产品规格和质量，只要销售方式稍作改变，感觉就完全不一样。即使不是"奇货"，只是一块塑料布，吊起来卖的价格，一定会比摊在过街天桥上叫卖着卖得好。谁都知道，容易得到的，也会随手扔掉。太难得到的，有些人争取一会儿就放弃了。只有勉强得到的，意外得到的，人们就会感到惊喜，倍感珍惜。

（二）临门一脚，快速成交

如果没有成交，那就意味着什么也没做。成交是整个销售业务过程中最重要的一个环节,销售员将前面的几步做好之后，成交其实是水到渠成的事情。客户的购买过程是理性还是感性的呢? 也许每个人都有不同的认知，仔细琢磨一下你就会发现，客户在决定购买的那一刻其实是感性的，是在一种情绪冲动的带动下，完成了那关键的一步。在销售过程中，我们必须承认，客户的购买兴趣及购买欲望有的时候是短暂的且易变的，有时确实想买了但去趟洗手间就没有购买欲望了，有时在最终付款时却放弃了。这就需要销售员坚持快速成交的原则，争取现在成交，越快越好。销售员要善于捕捉客户的"购买信号"，在确认客户有兴趣、有财力、有决定权的背景下，在销售流程的各个环节，使用促单技巧，做好"临门一脚"，促进成交的实现。

1. 购买信号

购买信号就是顾客想成交，但顾客没有讲出来时所表现出的一种信号。主要分为三类：语言信号、行为信号、表情信号。

第一类，语言信号。语言信号指顾客通过反问、疑问的语句等，通常是以话外话的方式来表达自己内心的真实想法。例如：

> 顾客把售楼代表说过的话重复一遍，有时会是好几遍。

> 顾客讨价还价，要求优惠、讨论付款方式、索要赠品等等。

> 顾客把你的楼盘与竞争楼盘做各种具体的比较。

> 顾客询问交楼时间，并一再确认是否可以按时交楼。

> 顾客询问市场上对某种非正面报道或消费者的感想是怎么回事。

> 顾客向你详细询问物业管理方面的一些细节。

第二类，行为信号。行为信号，辨别成交的行为信号的方法是"CHEF公式"。C代表脸颊（cheek）或下巴（chin），当客户开始用手摸脸或下巴，或者用手托住下巴时，是一种满足或喜悦的信号，表明他对楼盘已经感兴趣。H代表手（hand），当客户两手轻轻揉搓着或者一只手撑在另一只手上时，也表示客户对楼盘有了兴趣。E代表眼睛（eye），当一个人的眼睛张得越大，表明他听得越多，购买的可能性越大。F代表友善（friendly），当客户突然变得友善起来，或把脚交叉，同时背往后放松，或突然安静下来，或点上一根烟深思起来，这些都有可能表示他喜欢上这个楼盘。此外，还有一些其他行为成交信号：

> 在你与顾客交谈时，顾客前倾，更靠近你。

> 再次看你给他计算的楼价表，反复翻看楼书等。

> 当顾客在不停摆弄手中的东西时，突然停止摆弄。

> 当顾客坐在沙发时，整个人躺在沙发上，舒展身体。

> 要求再看一次样板房，并且观察细节的东西。

第三类，表情信号。表情信号主要指一些表情有变化，例如：

> 紧锁的双眉分开，上扬。

> 眼睛转动加快，好像在思考什么，一副深思的样子。

> 神色活跃起来。

> 顾客的眼神、脸神看得认真，视线集中在楼价计价单或楼书上面，久久不移开。

2. 促单技巧

房地产销售的促单（逼定）技巧有很多种，比如，富兰克林成交法、选择成交法、"人质"策略成交法、单刀直入成交法、蜜月成交法、ABC成交法、非此即彼成交法、档案成交法等。这里仅介绍较为常用的三种，这三种促单技巧在所有成交房源中，占据比例超过六成。

方法一，假设成交法。

从成交信号出现到最后成交，这中间是不是还有一段距离？这段时间非常微妙，这个时候客户的思想实际上在做垂死挣扎，是买还是不买，买得对不对？这个时候，因为你已经发现成交信号，你也会开始紧张，特别想客户立刻同意并签单，一紧张就会乱套，就犯了很多销售员容易犯的错误，就是问了一句："您还有什么问题吗？"销售员的想法是：你问吧，你问什么我都能给你解答，您没有问题的时候，就可以成交了。但是，就因为客户在那个时候没有问题了，可是客户又有些不甘心：产品真的好到没有问题？自己又提不出什么，所以客户会讲"我回去再考虑一下"，从而将销售陷入僵局。那这个阶段该怎么办呢？这个阶段最正确的做法就是假设成交。

假设成交就是在成交还没有真正实现之前所进行的假设。你可以理解为，客户已经和你说了，"行，我买了，我就要这个了"。那么假设客户和你成交，正常情况下，你会做什么？在很多案场，销售员要做的事是填写销控单。销控单上有哪些内容呢？一般只有姓名与房号。客户买房一般要确认姓名、房号、付款方式、首付金额、按揭金额与每月供款等（有限购与限贷的城市还需要确认客户是否有购房资格以及能否按揭），销控单上只确认姓名与房号，就是因为姓名与房号相对于其他内容，它给客户造成的压力最小，客户最容易接受。例如，销售员这样说："王姐，买这套房写谁的名字？"这个时候客户会回复："就写我的名字。"然后销售员这样说："王姐，确认是5栋1701号房吧？"这个时候客户会很自然地回复："是的。"于是销售员填写完销控单，交给客户签字，客户在很自然的状态下签完字。接下来销售员只需要起身带着客户交款即可。这个流程非常自然，也容易被客户接受，关键就在于确认姓名与房号让客户产生的压力最小，接下来客户签字确认与交款就是自然而然的事情。

当发现成交信号来的时候，你就当客户已经和你说"行，我就要这个了"。接下来要做什么事情？就是要抓住时机，按照压力最小到最大的顺序将要做的事情先排出顺序。这样做主要是不让客户感到有压力，人一旦感受到压力，第一反应就是退缩与逃避，这样自然影响到最终的销售成果。成交时客户肯定是有压力的，但是我们要学会让压力逐渐增加，每一个环节增加一点点，客户很难察觉到，这样就相当于给压力创造了一个缓冲阶段，客户也容易接受。

方法二，优惠成交法。

优惠成交法又称为让步成交法，指的是销售员通过提供优惠条件促使客户立即购买的一种方法。客户不是买便宜，而是要占便宜，优惠成交法是这一理念的实际运用。

有些房地产公司，所有的价格与优惠都在销售现场公示，优惠条件是不可以谈的，在市场趋势上行阶段，这样操作可行，在市场趋势下行阶段，这样操作非常容易损失客户。针对这种情况，销售员要在一开始就做好铺垫，告知明码标价，价格是统一价，每个人都一样。我们在这里讨论的是优惠条件可以谈的情况下，如何通过放优惠实现快速成交。

放优惠的两个原则：

第一，开出高出预期的价格。假如底价是九七折，销售员一般先放一个九九折或九八折。

第二，客户前两次索要优惠要明确拒绝。"九八折是我们的最终优惠，每个人都一样"。

申请优惠的三个前提：

第一，做足铺垫，降低客户期望。在客户第三次索要优惠时，要告诉客户，我们的额外优惠都很少，要降低客户的优惠预期。

第二，要先探寻到客户的心理价位，之后再去申请。要探寻客户是希望象征性地降一点，图个心理舒适就好，还是要降到一个具体的折扣或价格。

如果没有探寻到客户的心理价位就去申请，有可能因为折扣多得超出客户意料而让客户有所怀疑，或者因折扣仍然达不到客户的期望而使客户离去。在客户将要离去的时候你再说去帮他再要优惠，你就明显处于被动地位。如果客户期望的优惠低于底价，就需要继续做工作；不能在客户心理承受价格还低于底价的时候找领导申请，因为这样会让客户认为，领导来了，价格还会便宜得多，于是客户再次降低心理期望价格，从而将差距拉大，加大成交困难。如果客户期望的优惠在底价范围内，则可以请示更高领导。

第三，运用"TMD策略"。销售员申请优惠之前，必须跟客户谈好条件：如果销售员去跟领导申请，那么前提条件是申请到优惠后，客户立即下定。如果客户的反应很犹豫，那么纵然申请到了优惠，客户还是不会满足。而优惠放了之后，客户依然不成交，销售员就会非常被动，成交的难度会大幅度提高。

实施中的三点注意：

第一，放价不超过两次，第二次放价的额度必须比第一次少。

第二，销售员向领导申请额外优惠，这个领导可以是经理，也可以是某个销售员，领导可以出面也可以不出面。如果领导出面时要注意几个细节：其一，销售员要做引荐，而不是领导做自我介绍，这样可以树立领导的权威。第二，领导落座后，不要急于跟客户说话，因为谁先开口代表谁更急于成交，从而处于被动。如果确实需要先开口，可以说：××，你有什么想法？不要第一句话就跟客户渲染我们的产品或性价比之类的话，因为这样反而或多或少地表示我们内心深处的不自信，没有气势。

第三，客户询问优惠时，必须在销售现场，电话中不要答复客户申请优惠事项。因为客户探寻到底价之后，一方面可能不会再来现场，毕竟冷静的状态下，会非常理性；另一方面，等客户到现场后，还会继续索要。

方法三，恐惧成交法。

恐惧成交法是一种用来创造紧迫感的压力成交法。热销环境下房子好卖，冷清环境下房子不好卖。为把房子卖好，制造"热销氛围"，从而达到给客户创造紧迫感的目的，实现快速成交。给客户创造紧迫感的"热销氛围"营造有三种方法：火暴的现场、抢购的氛围与变动在即的价格。

第一，缔造火暴的现场。

通过现场的人头攒动、电话的频繁与销售员的忙碌，烘托出火暴的场面。

客户进入售楼处后一片人气兴旺鼎盛，签约的签约，下定的下定，谈价格的、看房的，在此种情况下，客户的第一感觉就是这家楼盘生意那么好，肯定是有道理的。既然有那么多人买这里的楼盘，那肯定不会错的。这一点主要是抓住了客户的从众心理。在并没有开盘或强销期，要想缔造火暴的现场，一般的做法是，通过现场活动聚集足够的人气，销售员邀约客户在某一时间段集中上门，甚至在销售不是很景气的时候适当地派人装扮客户能起到很好的效果。

在无人员安排或来不及的情况下，若感觉到售楼处气氛很冷清，担心会给客户看房留下不良感觉，那就可以制造一些假电话，即问价、问房源以及谈论下定等事宜，也可以多打追踪电话，只要让客户感觉到销售员都在处理客户事宜，那么假电话造势就达到目的了。

还有一种方法是通过业务员在忙碌地准备合同等销售资料，并不时地谈论客户马上就来签约及付首期等事情，让正在看房的客户感觉到楼盘的热销。

第二，制造抢购的氛围。

通过现场 SP 配合，让客户紧张，觉得不赶紧下定就失去机会。SP 也叫销售推动（或销售促进法），是销售技巧的一种，是销售过程中不可或缺的一种手段。通过 SP 的运用，可以促使客户快速下定，以达到快速销售之目的。因而，案场 SP 可采取如下操作，以产生氛围真实又让客户紧张的效果。

技巧一，气氛 SP。通过播放音乐、播报信息与打礼花，营造全场气氛，并调控现场状态。现场播放劲爆的音乐，播报项目价值点说辞，播报成交信息并打礼花等。

技巧二，销控 SP。房源销控有两种模式：一种是明销控，即把所有的房源情况都显示在明处，让客户看到非常真实的一面，也给客户一个可供挑选的余地；另一种是暗销控，也就是对房源作假销控，制造稀缺货火暴销售现象，当我们告知客户销售火暴或推荐房源稀缺时，有现场销控板做证明。

技巧三，喊控SP。只要听到有客户要销控，其余的客户就感到压力。例如，销售员："控台，××房源还在吗？"控台："上午已售出。"销售员："控台，××房源可不可以推荐？"控台："可以。"问"还在吗？"是让控台回复已售，一般的经验，先问两套已经售出的房源，控台报此房已经售出，让客户感觉房源热销；问"可不可以推荐"是让控台放出房源。

技巧四，同事配合SP。客户犹豫不决时，需要同事配合SP。例如，甲销售员听到乙销售员介绍房源，走上前问："××，你现在介绍的是哪套房子？"乙销售员："五楼最后一套。"甲销售员："那一套我可是给某某留着的呀，他今天下午就要来交钱了。"乙销售员："公司规定房子没有交钱之前，谁都可以介绍呀。"客户意向低时，甲销售员说："那好吧，你先介绍吧。我得给我的客户打个电话，看他什么时间来。"例如，利用两组客户配合，甲、乙两个销售员同时告诉自己的客户："你看，你的眼光不错，那边那组客户也正在谈这套房子呢！"让他们抢购同一套房子（不是一套房子，都可以）制造紧张气氛；若有一方败落，则小声告诉他，帮助推荐一套给关系客户保留房。例如，让两组客户共同看一套准现房，甲销售员刚带着客户去看房，乙销售员立马带着另一批客户去看，两组客户共同看一套房子，意向大的一定会紧张。销售员无法解决客户问题时，需要同事配合SP。例如，销售员："张哥，您这个情况跟我们张经理上次那个客户差不多，我请他给您讲讲那个客户投资商铺的情况吧。"

第三，告知价格变动在即。

一方面价格优惠的"限时"性，另一方面价格优惠的"限量"性，还有价格上升在即的紧迫性，皆会促使客户快速成交。例如，销售员："张姐，我们的优惠折扣明天到期，这种户型就剩下两套了，那对夫妇刚买走一套，也就是说，现在只剩一套了。如果您犹豫，不仅错过三万元的优惠，更要错过这次机会了。"

购房是人生的大事，选择大宗商品，在做出决定时，客户总会认真考虑是否适合自己，在定房时表现出紧张、犹豫、谨慎甚至一系列的生理和心理反应。在关键的时刻，我们利用逼定帮助客户做出幸福的选择。对于逼定而采取的办法，一些人认为我们做"托"。其实各行各业都有"托"，但"托"并不等同于骗，其目的不一样，骗是把假货说成真货，把次品说成正品，从而造成消费者经济上的损失。而我们对自己的产品、价格、服务都有信心，所有的销售促进的出发点都是好的。营造热销气氛会促使客户产生购买欲望或加快成交速度，这在心理学上叫"马太效应"。就像我们去餐馆饭店吃饭一样，若是吃客来来往往，找个座位都很难，我们就会判断这家的饭做得肯定有特色；若是冷冷清清，我们就会觉得这家饭店有问题，不敢进了。

以结果为导向的三大管理技能

经理要去深圳参加一个展会，让秘书小刘去买一张到深圳的车票。小刘一大早就出门了，快下班时才满头大汗地回来，说："售票处人太多了，我挤了半天，排了三个小时才轮到我，但是窗口的所有火车票，包括软卧、硬卧、硬座都卖完了。我已经尽到最大的努力了，实在没办法，只好回来了。"经理看着满头大汗的小刘，欲言又止……

"我已经按照您说的去做了""我已经尽到最大的努力了""我该做的都做了""我已经按流程做了"……诸如此类的现象在企业中大量存在：看似事情做了，就是没有结果。

员工与企业之间的本质关系是商业交换关系，也就是一种买卖关系：企业付给员工薪酬，员工为企业提供结果。记住，企业购买的是结果，也就是劳动成果，而不是劳动本身；劳动本身不值钱，只有劳动成果才值钱。既然是商业交换关系，做商人的底线就是，你（员工）必须懂得客户（公司）之所以给你钱，是因为你做事的结果，而不是你付出了什么。也就是说，你如何辛苦不重要，你提供的价值才重要。

为什么企业与员工的本质关系是商业交换关系？因为市场经济。市场经济中，企业不提供结果（客户价值）会被市场淘汰。企业的结果从员工中来，只有员工提供了结果，企业才能赚钱，才能生存；如果员工不提供结果，企业就不能向市场提供有价值的产品或服务，企业就不能生存，员工也就没有了收入。

公司规模扩大之后，部门就增多了，职位多了之后，员工就多了；职位与部门一多，员工完成任务的程序就往往会代替实际要做的结果，组织层级就会替代客户价值，于是，任务往往会迷惑我们的眼睛，"完成任务"替代了"提供结果"。在买车票的例子中，员工认为，企业安排我做这件事（任务），我就做了这件事，我只对任务（买车票）负责，并非对结果（到深圳参加展会）负责。但是，企业真正想要的并不是任务（买车票），而是这件事的结果（到深圳参加展会）。完成任务思维是对程序、过程负责，结果导向思维是对价值、目的负责。"买车票"是任务，"去深圳参加展会"是结果。完成任务思维与结果导向思维的差别，是很多企业的"心病"：大家似乎都在努力工作，但是企业却拿不出结果，企业无法向市场提供价值，从而导致产品缺乏竞争力，利润下滑，生存困难。员工也非常疑惑：我这么努力，"圆满"地完成了任务，为何老板还不满意？

"企"字从字面上理解，就是企业离开"人"就"止"，就停止运转。企业是由员工组成的，企业做大做强，离不开员工的成长。帮助员工成长的核心要点，就是让他们懂得：作为一个商人（企业与员工之间的本质关系是商业交换关系），员工最基本的天职就是创造价值，提供结果。作为员工，要明白进入企业，就意味着在你的人生中，每天都要用结果来交换自己的工资，也要用结果来证明自己的价值。什么叫职业化？职业化就是少一点狭隘的自我意识，多一点雇用感，明确为雇主提供价值是员工的天职。作为企业，不能沉湎于员工的口头忠诚与苦劳，如果员工真爱企业，就请员工为企业创造价值（提供结果）；如果员工不提供结果，无论他口头多么忠诚，多么爱企业，多么辛苦，企业都会因此而破产。既然企业与员工之间的本质关系是商业交换关系，企业如果不淘汰那些不提供结果的员工，反过来对那些专注于提供结果的优秀员工就是一种极大的伤害。

究竟什么是结果？结果就是在一定阶段，人或事物发展所达到的最后状态。对企业而言，结果就是可以满足客户（既指外部客户，又指内部客户）需求的有价值的产出，是客户愿意用钱来交换的东西；对员工而言，结果是可以满足公司需要的有价值的产出，是公司愿意用钱来交换的东西。企业靠结果在商业社会上换取利润，员工用结果在企业中体现和获取自己的价值。企业不做结果会被市场淘汰，员工不做结果会被企业淘汰。

结果是一种商品，是客户认可的可用来交换的价值。结果包含三大要素：有时间、可衡量、有价值。

有时间，指做事情一定要有一个时间底线，完成任何一项结果我们必须有明确的时间节点。明确的时间节点意味着公开的承诺，做事才有动力。

可衡量，指对于结果可以从数量、质量、时效、成本四个角度综合衡量。员工做的每一件事都要可衡量，以便考核和奖惩，才能确保结果的达成。重视什么就衡量什么，衡量什么就检查什么。在实际工作中，我们经常会听到诸如"完善管理""加快进度""增加销售"等这样的说辞，这些东西统统是形容词，都不能衡量，也就无法考核。

有价值，指价值体现在"交换"中，判断工作有没有价值的唯一裁判就是客户，即结果的价值不是由结果提供人自己决定，而是由客户（既指外部客户，又指内部客户）决定。这就意味着，员工衡量自己工作价值的标准，必须符合客户价值；在具体的工作中不直接接触客户的部门，如财务部衡量自己工作价值的标准，就是符合"内部"客户价值，诸如招采部、工程部、营销部与管理层，都是财务部最重要的内部客户。

结果体现为一种客户认可的可交换的价值，没有价值的东西不是结果，仅仅是结果的假象。企业中，常见的关于结果的三大假象有：完成任务、好的态度与履行职责。

第一，完成任务≠结果。市场经济中，商业交换的最基本底线就是结果交换，你付出了多少努力并不重要，重要的是你提供了多少结果。"买车票"是任务，完成任务不等于拿到结果，完成任务只是对程序、过程负责；"去深圳参加展会"是结果，只有收获结果，才是对价值、目的负责。

第二，好的态度≠结果。劳动没有价值，是不值钱的，只有劳动的结果可以交换才能获取价值，所以才是值钱的。好的态度是获取结果的第一步，但仅有态度还远远不够。试问，一个企业的部门经理工作态度非常好，每天上班第一个到最后一个走，但这个部门没有给公司和其他部门提供有价值的结果，那么你觉得这个部门经理合格吗？答案肯定是不合格。这就说明拼命不等于结果，加班不等于结果，苦劳也不等于结果，即对客户没有价值的劳动，都是无用功，无论你如何付出，你的辛苦都一文不值。

第三，履行职责≠结果。一家工厂搞绿化，安排三个人在厂区栽树：甲负责挖坑，乙负责把树苗放在坑里，丙负责把土回填。一天乙生病了，只有甲和丙。于是甲就负责挖坑，过后丙再把土填回去。树苗呢？因为乙没有来，所以树苗没有栽上。这个故事告诉我们，甲和丙都很忠诚于自己的职责，但是认真履行自己的职责的后果却是没有把树栽上，说明履行职责不等于结果。职责只是对工作范围和边界的抽象概括，没有结果意识，职责就是一纸空文。在企业中岗位职责不清晰，势必会出现推诿扯皮的现象，从而削弱企业的执行力；但如果仅仅明确岗位职责，不确立对结果负责的意识，就会出现各扫门前雪的情况，忽略对结果的负责。作为员工，不只要对职责负责，更要对职责背后的结果负责。

企业生存的目的是达到某些目标，管理的意义在于达成结果。管理工作的结果导向一方面强调结果，就是一切以数字说话、以绩效说话；另一方面强调过程，即要用结果的要求监督、批判和指导过程实践。管理就是管人理事，管理目标就是用人成事。管理者要做到结果导向与过程控制，需要从自我管理、工作管理与团队管理三个方面，全面提升自己的管理技能。

一、自我管理：角色认知与时间管理

管理者在管理他人之前，先要学会管理自己，自我管理是管理的起点。对于管理者来说，要使自己能在组织中发挥自己应有的作用，首先必须认识自己，认识自己在组织中的角色及功能和作用，这样才能扮演好组织角色。角色认知能力在管理作用的实现方面起到基础性的作用。

（一）作为下属的管理者

一个人的管理职位再高，总是要对上一级负责，下属的角色是绝对的，而上司的角色是相对的。准确认知自己作为下属的角色是什么，是管理者的第一个基本功。

现代企业是"委托—代理"关系所形成的链条。"委托—代理"关系可以这样理解：股东会委托董事会，董事会委托董事长，董事长委托总经理，总经理委托副总或总监……由此直至员工。

作为下属的管理者，他的角色是什么呢？他的角色就是上一个层级的"替身"，或者叫"职务代理人"，下属的使命，是为了实现上级目标，或者是为了完成组织目标。之所以出现下一个层级的角色，就是由于上一个层级忙不过来，需要找一个"替身"。各个层级的经理人都是这样形成的。既然是"职务代理人"，作为下属的管理者，必须遵循以下四项职业准则：

准则一，你的职权基础是来自于上司的委托或任命，你对上司负责。管理者之所以能够给下属发号施令，权力的基础来自上司的委托和任命，"谁任命你"与"你对谁负责"是统一的。上司委托你做事，你提供的结果必须超越上司的期待，让上司满意。

准则二，你是上司的代表，你的言行是一种职务行为。作为上司的职务代理人，你的言行是一种职务行为，也就是说你不是员工选举产生的，你代表的是你的上司或是企业的利益，而不是代表员工的利益。当你对下属发表言论，或者是对下属的某些行为做出评价、处理的时候，你不是代表你自己，你代表的是你的上司或企业。

准则三，服从并坚决地执行上司的决定，不论对与错。上司不是下属选举产生的，而是组织任命的，是受组织信任的人，是组织的代言人，下属的唯一选择就是服从、配合上司，与上司较劲就是与组织较劲。作为职业经理人，上司的重大错误或是错误的决定这种现象是少见的或者罕见的，而由于下属管理者不执行或者不落实决定而造成的危害是常见的、频繁的。上司一旦做出决定，就要坚决地贯彻和落实，即使对上司的这项决定有些自己的看法，但是上司一旦决定，无论下属有什么样的看法和建议，都要首先坚决地去执行。记住，是坚定的执行，不能打折扣，也不能在自己的"一亩三分地"改变一下或者变通执行。

准则四，在职权范围内做事，角色不要错位。一方面，要按照委托人的期望去做事情，要为了组织目标去做事情；另一方面，做你该做的事，说你该说的话。企业之所以需要我们，就需要我们做好属于自己的事情，其他人的事情，由其他人去做。如果连自己的事情都做不好，还天天替别人操心，那就是角色错位了。

作为下属的管理者，管理你和上司的关系首先是你的责任，是你去适应上司，而不是让上司来适应你。其一，你更依赖你的上司。你的工作方向是什么？你的绩效怎么考核？你拥有多少资源来完成一个项目？所有这些，都在很大程度上取决于你的上司。其二，你的上司有很多个下属，可能忙不过来，而你只有一个上司。其三，如果你与上司的关系出现问题，在绝大多数情况下，组织会站在你上司那一边。如果你和上司之间发生冲突，组织更可能找人来替代你，而不是你的上司。其四，只有你的上司有前途，你才更有前途，你要想方设法帮助上司创造绩效。

彼得·德鲁克在《卓有成效的管理者》中，明确提出要想成为一名卓有成效的管理者，就必须学会"管理好自己的上司"。所谓"管理上司"，是指作为下属能够在与自己的上司建立信任感，建立良好的关系的基础之上，充分发挥上司的优势、长处，最终使自己的上司获得升迁，而自己也拥有了晋升的机会。

（二）作为上司的管理者

作为上司的管理者，都要管理一定数量的直接下属。在下属面前，管理者扮演五种角色：

管理者。所谓管理者，就是"通过他人达成目标"的人。假如一个职业经理不能通过他管辖的部门来达成工作的目标，那么，他就是失职，或者说是角色错位。作为管理者，职业经理的首要任务就是如何让下属去工作。

领导者。职业经理的角色不只是对所拥有的资源进行计划、组织、控制、协调，更重要的是发挥影响力，把下属凝聚成一支有战斗力的团队，激励和指导下属选择最有效的沟通渠道，处理成员之间的冲突，帮助下属提升能力。

教练员。一项国际调查表明：员工的工作能力 70% 是在直接上司的训练中得到的，也就是说 70% 与上司有关。如果下属的能力没有提升，这是上司的失职。虽然你可能比下属完成得好，但是如果没有教会下属如何做事，公司永远不能得到很好的发展。

规则的制定与维护者。规章制度只是一种规定，是否见效的关键就在于执行，上司与下属的关系最为密切，对于公司的规章制度的维护起着极大的作用。

绩效伙伴。上司与下属是绩效共同体，你的绩效依赖于他们，他们的绩效依赖于你。作为下属的绩效伙伴，双方通过共同的努力，实现下属的工作目标，进而实现管理者的目标，最终实现公司的目标。

管理者要较好地认知和践行上司的角色，需要做好三件事情：其一，做管理者该做的事情。作为管理者，你应该做的是制定目标，支持、激励下属，并与他们沟通，为下属创造很好的工作环境，带动你的团队去完成工作目标。其二，正确处理业务与管理的关系。业务方面，高层管理者可以不懂具体业务，中层管理者必须是一个业务高手；管理方面，管理必须通过下属的工作才能达到目标，这就需要管理者拥有良好的管理技能。其三，处理好管理者和领导者的关系。管理者既需要具备计划、组织、协调和控制的能力，还需要具备影响员工的能力，能够激励与引导员工。

（三）作为同事的管理者

一方面，随着管理者在组织中职位的升高，完成目标所需要的资源越来越多地来自你所在的部门之外，你需要越来越多地管理上司和平级来获得这些资源，管理平级的重要性也在增加；另一方面，从领导成效"三力"的角度看，动力、能力与合力，缺一不可。所谓合力，就是协同作战，目标一致。如果不花心思做好上行管理和平行管理，一个领导者就不能确保自己的工作方向与上级的要求一致，就不能确保有效的跨团队跨部门协作。

影响部门之间、同级之间无法沟通和协调的原因大概有以下几个，这也是管理者在处理平级的问题时常常犯的认识上的误区：

误区一，认为自己部门的价值最大。一个正常的组织，它的所有部门和岗位都会直接或者间接地为企业创造价值，缺一不可，否则就可能影响到企业的正常运营。因此，不能单纯地以某一个或几个指标来评价不同的部门对企业的贡献。

误区二，认为别人的事跟我无关。虽然部门有清晰的定位与职责，但部门之间总会有一些交叉的职能和流程，而这些职能的错位和不清晰等往往是诱发部门矛盾的主要原因。作为管理者，应该积极地参与到解决问题当中，与其他部门配合，协调。

误区三，认为只有外部客户才是客户。为了实现企业的目标，不同的业务部门之间必须相互协调、互相促进。要积极地改善与不同部门之间的关系，把自己的同事也当作客户来经营。

平级关系是形式上的平等关系，表面上的一个层次的关系，实际上是一种"竞合关系"。在处理平级关系时，应该遵循合作多赢的策略，建立最广泛的统一战线。作为同事的管理者，既要将同级当作自己的客户来对待，也就是我们部门之间、同事之间互为彼此的客户，即"内部客户"，最终落在"让内部客户满意"，还必须做好水平的沟通，自己协调好与其他部门和同僚的关系。在这里必须强调，作为同级或者平行部门的管理者，你们之间的协调是一定不能让自己的领导来做的，否则就是不合格。

（四）时间管理与要事第一

要想管好别人，必须先管好自己，这就是管理者自我管理的基本概念。自我管理，首先要认识自己的角色及功能和作用，这样才能扮演好角色。其次，要做好时间管理。对于管理者来说，坚持"要事第一"的原则，应该了解自己的时间的使用情况，并据此进行分析，进行相应的调整，要清楚什么事情应该做，什么事情应该放手给别人做，什么事情没有必要浪费时间。

时间是永远守恒的。怎样能在有限的时间做更多有效的事情？答案就是，永远做重要而又不紧迫的事。史蒂芬·柯维在《高效能人士的七个习惯》一书中提出时间管理的"四象限法则"（如下图所示），把工作按照重要和紧急两个不同的程度进行了划分：第一象限，属于重要又急迫的事，需要立即行动；第二象限，属于重要但不紧急的事，坚持"要事第一"；第三象限，属于不紧急也不重要的事，需要尽量减少；第四象限，属于紧急但不重要的事，授权给他人处理。

紧急 - - - - - - - - - → 不紧急

处理方法：立即行动　　　　　　　处理方法：要事第一

重要

Ⅰ
紧急情况
迫切问题
限期完成
准备事项

Ⅱ
准备工作，预防措施
计划建立、维持
人际关系休闲充电
提高学习能力

Ⅲ
造成干扰的访问、电话
信件、报告、会议
许多紧急事件
许多凑热闹的活动

Ⅳ
忙碌而琐碎的事
处理一般文件等函件
打电话，看太多电视
消磨时光

不重要

处理方法：尽量减少　　　　　　　处理方法：授权他人

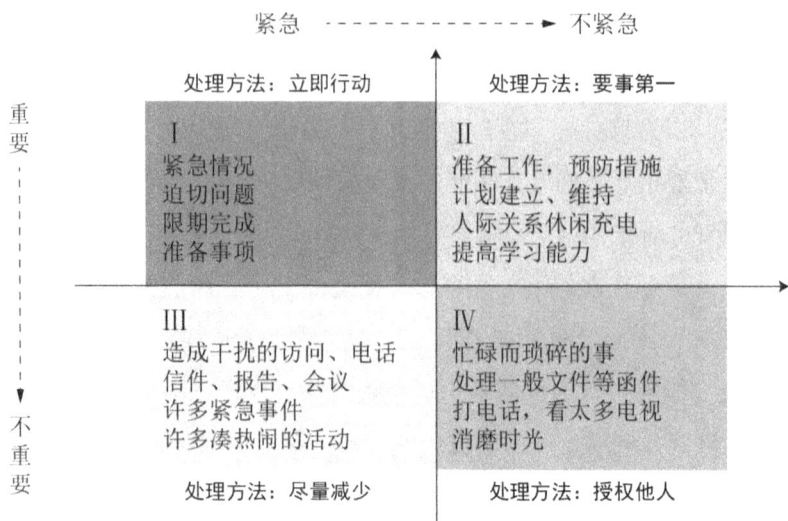

所谓的"要事第一"，就是管理者永远做重要而又不紧迫的事。时间管理的出发点，在于学会处理事情的优先次序，先考虑事情的"轻重"，再考虑事情的"缓急"。有两个关键点需要注意：其一，第四象限事情表面上看类似第一象限，因为迫切的呼声会让我们产生"这件事很重要"的错觉，实际上就算重要也是对别人而言。管理者花很多时间在这个里面打转，自以为是在第一象限，其实只是在第四象限徘徊。其二，区分第一象限工作与第三象限工作的原则，就是这件事是否有助于完成某个重要目标。如果答案是肯定的，事情的重要性程度属于"重要级别"，则归于第一象限；如果答案是否定的，事情的重要性程度属于"非重要级别"，则归于第三象限。高效管理者就是擅长将时间花在第二象限，做重要而不紧迫的事，因为只有这样才能减少重要的事进入第一象限，变得紧急。

不仅"要事第一"，还须"要事专一"。当今快速变化的环境要求组织灵活多变，但是持续不断的变化和伴随而来的干扰会使得管理者搞不明白自己的专注点是什么，同时应对太多的事情，陷入本能的灭火模式不能自拔。如果作为上司的管理者不能保持自己的专注，你的下属就会漫无目的地四处搜寻方向和目标，不知道把自己的精力和注意力投入到什么地方，这种迷惑和错综复杂会导致不满和沮丧。当下属感到迷惑时，团队就会陷入瘫痪，因为迷惑伴随着恐惧、忧虑和缺乏远见。管理者不仅需要坚持"要事第一"，在某一个阶段，还须做到"要事专一"，不仅管理者自己，也要团队清晰最主要的方向与目标，这样才能消除下属的迷惑，保持团队的士气与战斗力。

要做好时间管理，管理者就不能让下属占据你过多的时间。时间是守恒的，你的时间与下属的时间在总量上永远保持一个常量。如果下属占有你的时间愈多，你的时间就愈少；你的时间愈少，你对组织的贡献就愈小。如果你是一位管理者，可你却整天在帮助下属解决问题，特别是大多数应当是他们自己解决的问题，那么你实际上就是一个员工而不是领导。管理者对组织的贡献，体现在对组织目标的贡献，而不是代替下属完成工作。所以你要记住，必须争取扩大自己自由支配的时间，你才有足够的时间来关注团队的目标，而不是某个人的目标；才有足够的时间来关注团队的士气，而不是某个人的士气。

二、工作管理：目标与计划管理

对一个没有目标，缺少规划的人生而言，任何方向的风都有可能成为逆风；对一个不重视目标，缺少计划的企业或组织而言，所有的行为都将是盲目无序的。在彼得·德鲁克的"管理者五项基本职能"理论中，计划职能排在组织、指挥、协调、控制等诸项管理职能之首，目标是企业的方向，计划是目标的落实途径，目标与计划管理是管理者最基本最核心的能力，否则，根本就没有资格做管理。

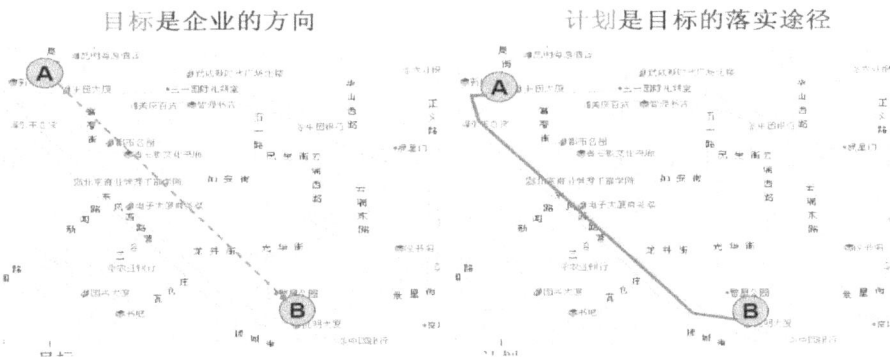

目标是企业的方向　　　　　　计划是目标的落实途径

目标就是个人或组织所期望的工作成果。目标界定了所要追求的结果，以结果为导向，需要时刻关注目标。先有目标，才有工作。管理者最重要的两件事：其一，为团队设定目标；其二，围绕目标对团队进行激励。目标管理（Management by Objective）亦称"成果管理"，是彼得·德鲁克在 1954 年出版的《管理实践》中提出的一个具有划时代意义的概念，指在企业员工的积极参与下，自上而下地确定工作目标，并通过对目标完成情况的检查和奖惩的手段，自下而上地实现公司经营管理目标的一种管理方法。

1. 目标管理五要素

	要素	内容	房地产企业的目标示例
目标	1. 目标是什么	实现目标的中心思想、项目名称	提高利润、保持可持续发展
	2. 达到什么程度	达到的质、量、状态	销售额150 000万元 利润40 000万元 储备土地1000亩
计划	3. 怎么办	为了午安成目标，应采取的措施、手段、方法	1.A项目第一期实现销售； 2.B项目第三期实现销售； 3.通过拍卖或合作取得土地
	4. 什么时候完成目标	期限、预定计划表、日程表	6月 8月
评价	5. 是否达成了既定目标	完成成果的评价	实际销售收入145 000万元 利润：350 000万元 土地：合作取得土地储备1100亩

2. 目标管理六大好处

其一，结果导向。目标管理的本质是结果导向，既指目标的优先顺序是根据目标结果的重要性决定的，又指目标管理的关键就是要不断地将目标对准结果，通过及时检查、监督、反馈来实现既定结果。不论对于管理者，还是对于下属，目标管理关注的都是结果，即目标达成了没有，而不是"工作"或"任务"的本身或过程。

其二，突出重点。管理者与下属都面对大量的工作，在这些工作中，必须用"20/80 法则"分清哪些重要，哪些不重要，哪些高效益，哪些低效益。目标管理强调一个阶段的工作只设定有限的 1~3 个目标。这 1~3 个目标对于企业来说，贡献会最大，抓住这几个目标，80% 的企业目标就可以达成。

其三，锁定责任。一般而言，员工有五种工作方式，分别为"等着做""问着做""提出建议，等着结果在做""主动做，边做边汇报""主动做，然后按程序汇报"。人的本性是"趋利避害"的，责任的跳跃往往发生在下属向领导请示工作之际，即下属向领导请示工作，领导给出解决方案，下属依照方案解决工作问题，这个时候责任就自动地由下属跳跃至管理者身上。通过目标管理，才能消除"等着做"与"问着做"的情况，避免下属将自己的责任推卸到管理者身上。

其四，劲往一处使。由于公司的总目标必须分解为不同部门、不同职务、不同人员的目标，每名员工由于角色、能力、利益等的不同，经常出现所做工作与总目标无关，甚至各行其是，目标管理通过消除冲突与内耗来尽量减少总目标的扭曲与偏离。

其五，激发主动性。事先设定了目标，等于做出了承诺，下属会努力实现。正如彼得·德鲁克所说的，"目标管理改变了经理人过去监督下属工作的传统方式，取而代之的是事先设定目标和绩效衡量标准，并且放手让下属努力去达成既定目标的工作方式"。

其六，有效控制。通过将目标分解到部门与个人，使得目标成为可衡量的、可以考核的绩效评估指标，能够客观、公正地考核绩效和实施相应的奖惩，便于对目标进行调整及对目标的实施进行控制，从而减少无效劳动。

（一）目标设定

目标可以由上级提出，再同下级讨论，也可以由下级提出，上级批准。无论哪种方式，必须共同商量决定。目标与目的不同：目的是组织各种行动最终要达到的、宏观上的结果，组织为了实现确立的目的，需要制定一系列目标；目标是为了达到目的所要采取的必要步骤，常常附有数字和日期，是对某一个具体目标的具体说明。目标是同目的联系在一起的，不是孤立存在的，脱离开目的的目标没有意义。

目标一旦设定，管理者就必须对目标充满信心，并将这种信心反复论证并灌输给下属。信心比黄金重要，信心直接决定目标的完成情况，对于公司经营有信心的员工，相比较于缺乏信心的职员，工作效能相差多达三倍。有时，一次战役失败都可能导致员工的信心大幅倒退，这时管理者要通过分析战役的失败原因与具体事情的成功，并放大成功的积极意义，确保下属信心不受影响。

1. 目标来源

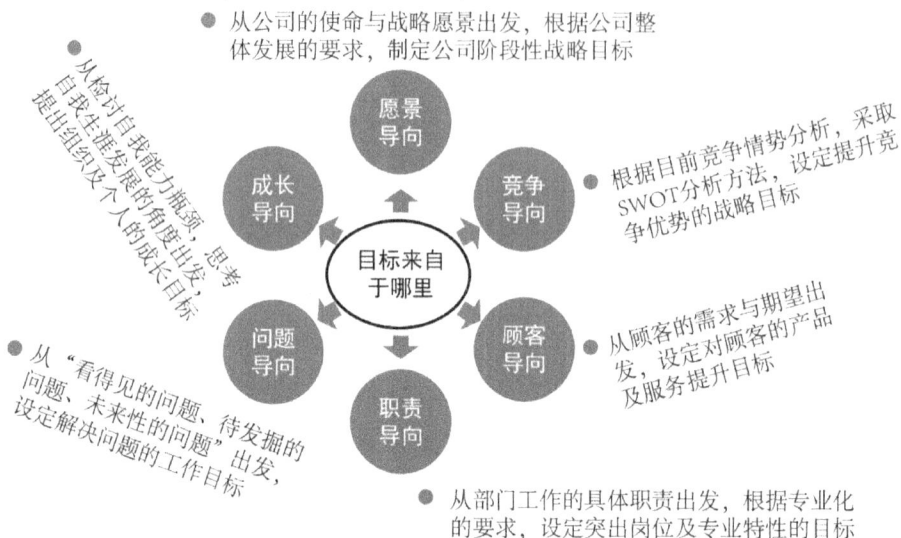

愿景导向，从公司的使命与战略愿景出发，根据公司整体发展的要求，制定公司阶段性战略目标。

竞争导向，根据目前竞争情势分析，采用 SWOT 分析方法，设定提升竞争优势的战略目标。

顾客导向，从顾客的需求与期望出发，设定对顾客的产品及服务提升目标。

职责导向，从部门工作的具体职责出发，根据专业化的要求，设定突出岗位及专业特性的目标。

问题导向，从"看得见的问题、待发掘的问题、未来性的问题"出发，设定解决问题的工作目标。

成长导向，从检讨自我能力瓶颈，思考自我生涯发展的角度出发，提出组织及个人的成长目标。

实际操作中,通常采用平衡计分卡(BSC)的各维度,并结合上述六个导向,来设定目标。平衡计分卡是由哈佛商学院罗伯特·卡普兰和大卫·诺顿两位教授提出的,最初是针对传统业绩评价方法(主要是财务评价方法)的弊端而设计的。平衡计分卡强调,传统的财务会计模式只能衡量过去发生的事项(落后的结果因素),但无法评估企业前瞻性的投资(领先的驱动因素),因此,必须改用一个将组织的远景转变为一组由四项观点组成的绩效指标架构来评价组织的绩效。此四项指标分别是:财务、顾客、内部流程、学习与成长。

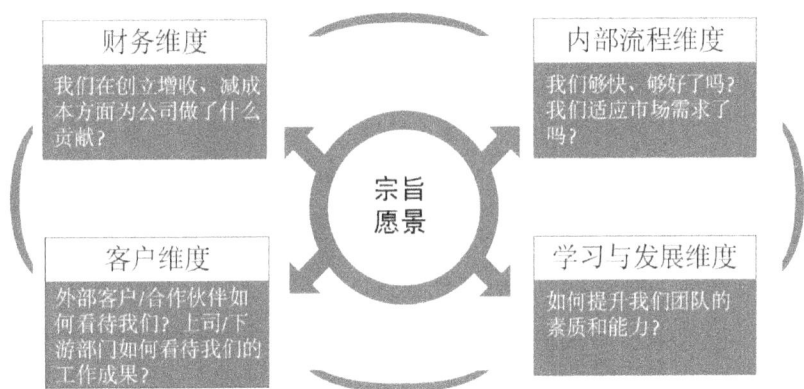

某房地产公司年度经营目标示意图

2. 目标设定 SMART 原则

S（Specific）明确的，目标必须是具体的、明确的，不能笼统模糊，要用具体的语言清楚地说明要达成的行为标准。所谓"具体"就是与任职人的工作职责或部门的职能相对应；所谓"明确"就是目标的工作量、达成日期、责任人、资源等都是一定的，可以明确的。也就是说，目标的设置要有项目、衡量标准、达成措施、完成期限以及资源要求，能够很清晰地看到部门或个人计划要做哪些事情，计划完成到什么样的程度。你想要减肥，明确的减肥目标应该是：每周 4 次慢跑，每次 45 分钟，3 个月减肥 5 kg。

M（Measurable）可衡量的，能被衡量的事情，就会做得到，没有衡量标准的目标，很难达到。"可衡量" ≠ "量化"，目标有定性与定量之分，定量目标是可以用数字明确的目标，定性目标一般是叙述性描述的目标。目标的衡量准则遵循"能量化的量化，不能量化的质化，实在不行流程化"；目标的可衡量性应该从"数量""质量""成本""时间""上级"与"客户"这六个方面来进行。例如，行政人事部的定性目标"2017 年上半年制定新的考核制度"如何做到"可衡量"？可以通过设置工作标准进行来衡量该定性目标：其一，分类考核原则，即针对不同部门不同职责采取不同的考核办法；其二，目标管理原则，即由员工直属上司负责为其制定工作目标和标准；其三，制定出各部门的 KPI（关键考核指标）。例如，销售人员接听热线如何做到"可衡量"？通过流程化的工作规范将其变得可衡量：其一，电话铃响不超过三声；其二，统一口径："您好，欢迎致电河源市商业中心，坚基为您服务"；其三，接听电话的同时准确记录《进线客户登记本》；其四，接听电话后，10 分钟内发送进线客户标准短信；其五，当天下班之前电话跟进回访进线客户。

A（Attainable）可达到的，目标是要可以让执行人能实现、达到的，即设定的目标要有挑战性，又要符合客观情况。目标的可达到性，一方面，很多情况下目标并非单一而是多目标，管理者不仅需要明确工作重点找出主要目标，还需要帮助下属聚焦主要目标；针对每个目标可以列出优先级，再根据优先级对于不同的目标投入不同程度的资源，确保主要目标能完成。另一方面，制定出跳起来"摘桃"的目标，不能制定出跳起来"摘星星"的目标。

在目标值的设定上，通常有三种方法：其一，行业标杆法，即参照行业领先水平或行业平均水平；其二，历史比较法，可以是近三年最高水平或近三年平均水平，也可以根据上一年业绩制定一个递增百分比；其三，SWOT 分析法，即通过分析优势、劣势、机会与威胁四个因素，然后拟定目标值。为了激励员工效能最大化，目标值一般又分两个层级："必保目标值"与"挑战目标值"。

R（Relevant）相关的，指各项目标之间有关联，相互支持，特别是要避免各部门目标互不支持，各自为政的现象出现。目标的相关性，既指个人目标与公司、部门目标相关，还指长期、中期与短期目标相关；既指目标与岗位职责相关，还指目标之间彼此不冲突。目标的相关性，要求目标的设置坚持员工参与、上下左右沟通，使组织目标与部门目标、个人目标相互关联，相互支持。

T（Time − based）基于时间的，对设定的目标，不仅要确定最终目标的完成时间，还要设立多个小时间段上的"时间里程碑"，以便进行工作进度的监控。目标的时间性，要求目标设置要具有时间限制，根据工作任务的权重、事情的轻重缓急，拟定出完成目标项目的时间要求，定期检查项目的完成进度，及时掌握项目进展的变化情况，以方便对下属进行及时的工作指导，以及根据工作计划的异常情况变化及时地调整工作计划。

（二）目标分解

日本著名马拉松运动员山田本一，于 1984 年和 1987 年两次获得国际马拉松比赛世界冠军。他在自传中透露成功秘诀：每次比赛之前，我都要乘车将比赛的路线仔细地勘察一遍，并把沿途比较醒目的标志画下来，比如第一个标志是一家银行，第二个标志是一棵大树，第三个标志是一座公寓……这样一直到赛程的终点。比赛开始后，以百米冲刺的劲头向第一个目标冲去；到达第一个目标后，又以同样的速度向第二个目标冲去……40 多公里的路程就这样被分解成若干个小目标而轻松地跑完。起初，山田本一并不是这样做的，而是把目标一下子定在终点线，结果跑到十几公里就觉得疲惫不堪了，因为被遥远的路程吓倒了。对总体目标进行分解，通过小目标的逐一实现，能最大限度激发出人的激情与信心，最后确保总目标的实现。

目标分解就是通过协商的方式，将总目标在纵向、横向或时序上分解到各层次、各部门以至具体员工，形成目标体系的过程。目标分解是明确目标责任的前提，是使总体目标得以实现的基础。

1. 目标分解的原则

第一，整分合原则。将总目标分解为不同层次、不同部门的分目标，各个分目标的合并体现总目标。

第二，一致性原则。由总目标分解各分目标的过程中，分目标要保持与总目标方向一致，内容上下贯通。根据"一致性"要求，在横向上，各分目标之间在内容与时间上要协调，进度统一，过程同步；在纵向上，下一级的目标必须与上一级的目标一致，将实现上一级目标的手段或措施作为下一级的目标，以此类推，一级一级地分解下去，成一个"目标—手段"链，从而构成了目标体系。

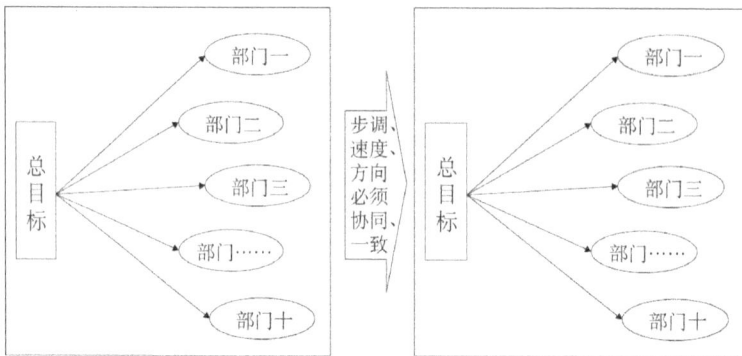

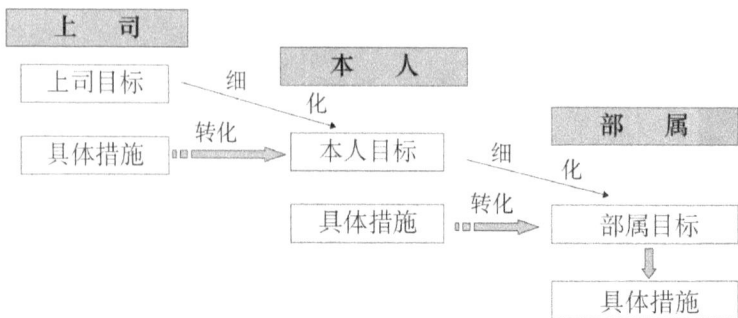

第三，条件满足原则。目标分解中，要注意到各分目标所需要的条件及其限制因素，如人力、物力、财力和协作条件、技术保障等等。

2. 目标分解的形式

目标分解有两种基本形式：按空间关系分解与按时间关系分解。按空间关系分解，是一种按管理组织系统的权责关系分解目标的方法，逐级分解和落实目标，又包含纵向分解和横向分解两种形式。纵向分解目标指按管理层次的纵向分解，即将目标逐级分解到每一个管理层次，有些目标还可以一直分解到个人；横向分解目标指按职能部门横向分解，即将目标项目分解到有关职能部门，这种分解方式构成了目标的空间体系。按时间顺序分解，指为了实施有效的控制，掌握目标进度，需要把总体目标按照实现它的时间顺序，分解为不同阶段、不同时间的目标，如由年度目标、季度目标、月度目标、周度目标与每日目标构成的目标体系。

价值实现的关键环节	关键驱动因素	指标	XX房地产公司							
			总经理	财务部	研发部	设计部	工程部	行政人事部	营销服务部	项目部
提高净资产回报率，增加股东价值		净资产回报率	✓							
业绩增长	增加利润	税前利润	✓	✓		✓	✓	✓		✓
	有效管理经营现金流	净现金流流入	✓							✓
		净现金流流出	✓							✓
提高销售收入	提高销售收入	销售收入	✓			✓	✓		✓	✓
	扩大开发规模	开工量	✓						✓	✓
	提高完工量	完工量	✓						✓	✓
		项目进度计划达成率			✓	✓	✓			✓
	产品定位准确、适销、利需	产品毛利率				✓			✓	
		研发计划完成率			✓	✓				
	优质的客户服务	客户满意度	✓	✓					✓	✓
		客户投诉次数							✓	✓
控制开发成本	严格控制项目开发成本	目标成本控制率	✓							✓
严格控制费用	控制销售费用 控制管理费用	费用预算控制率		✓	✓	✓	✓	✓	✓	✓

某房地产公司年度目标横向分解示意图

企业目标，按时间顺序和按空间关系同步分解，就会形成有机的、立体的目标系统，不仅使各级管理人员和每个人对目标的整体一目了然，也能明确各部门或个人的目标在目标系统中所处的地位，有利于调动人们的积极性、主动性和创造性。

在实际工作中，目标分解又包含多种样式，诸如：按部门分解、按区域分解、按项目分解、按产品分解、按渠道分解、按人员分解、按方法分解与按时间分解等，最终目的是将总目标分解成若干个分目标，再将每个分目标分解成若干个更小的目标，一直分解下去，直到每个人知道现在该干什么，实现"千斤重担人人挑，人人肩上有指标（KPI）"。

3. 目标分解的方法

剥洋葱法。目标实现的过程，是由现在到将来，由低级到高级，由小目标到大目标，一步步前进；但目标分解与实现过程正好相反，由将来到现在，由大目标到小目标，由高级到低级，层层分解。目标分解像剥洋葱一样，将总目标分解成若干个分目标，再将每一个分目标分解成若干个更小的目标，一直分解下去，直到清楚每个人现在该干什么。

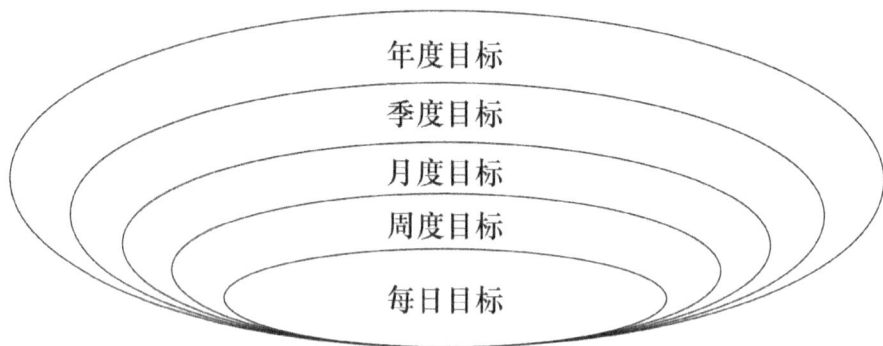

年度目标

季度目标

月度目标

周度目标

每日目标

剥洋葱法

多权树法。用树干表示总目标，每个树权代表分目标，叶子就是小目标，或是我们现在要去做的每件事情所应该达到的结果。小目标是大目标的条件，大目标是小目标的结果。写下总目标，问"要实现总目标的条件是什么？"列出实现总目标的必要条件和充分条件，完成这些条件，就是达成该总目标之前必须首先达成的分目标；每一个分目标，就是总目标这个树干的第一层树权。接下来，再问"要实现这些分目标的条件是什么？"列出达成每一个分目标所有的必要条件与充分条件，完成这些条件，就是达成该分目标之前必须首先达成的小目标；这些小目标就是第二层树权。如此类推，直到画出所有的树叶（即时目标），才算完成该目标的多权树分解。

多权树法示意图

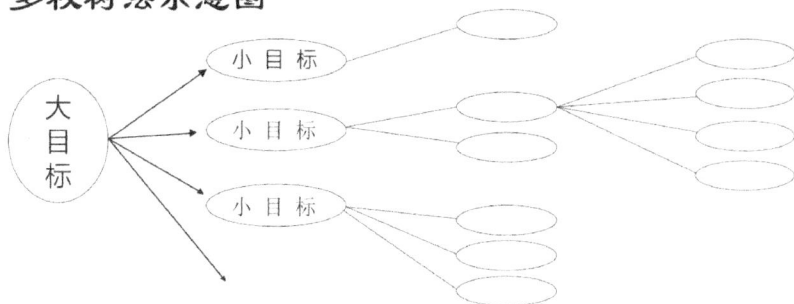

梯度分解法。房地产营销中，无论是开盘目标分解、蓄客目标分解，还是销售员成交目标分解，皆可以运用梯度分解法。运用梯度分解法，必须解决三个前提：其一，销售流程及先后顺序；其二，销售时间或成交周期；其三，每个阶段的转化率，即梯度的斜率。以某销售员成交目标分解为例，销售流程及先后顺序为"找客环节—上门环节—跟进环节—成交环节"，假设该销售员的客户平均成交周期3天，且该销售员"找客转上门比率10%""上门转跟进比率50%""跟进转成交比率25%"，若某月该销售员成交目标为5套房500万元金额，则目标分解为"跟进的准客户20批""邀约上门的意向客户40批""找到的潜在意向客户400批"。结合客户的成交周期3天，结合客户渠道为熟人圈、业主&员工、老客户&竞品客户、项目周边"三缘"客户与全新客户五大渠道，将"找客"的潜在客户量、"上门"的意向客户量与"跟进"的准客户量分解至本周的每一天，由此形成该销售员本周每天的工作内容。

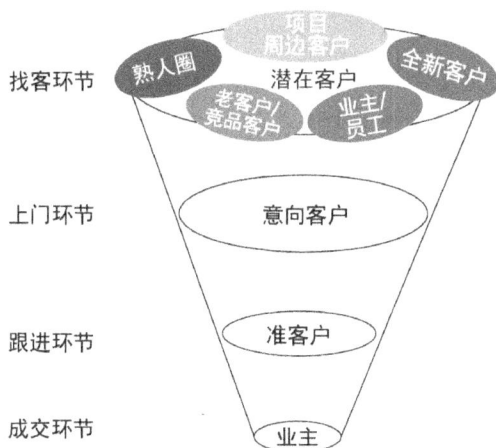

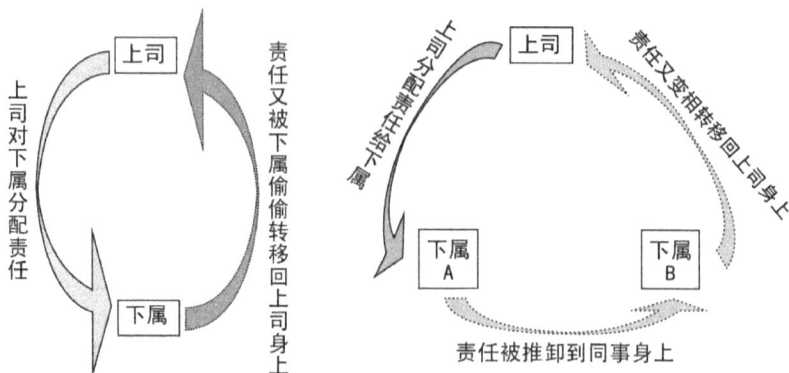

（三）锁定责任

当我们合理地制定并分解了目标，明确定义了结果，接下来就要明确谁作为结果的执行者，即谁来对结果负责。当结果落实到具体执行者头上，就转化为责任；结果导向需要锁定责任。企业发展最头疼的问题是员工推卸责任，即将本该自己承担的责任推卸到领导或他人头上。

人性中有回避风险、逃避责任的本能反应。责任在人多的时候往往会被稀释，这是因为当大家共同承担责任时，分到每一个人身上的责任就会变小，并且人越多，责任感越稀薄。领导认为"重要的事要大家做，大家做等于人人做"，员工则认为"大家做，即是别人做，别人做意味着我可以不做"。当重大问题来临时，众人互相推诿，"公说公有理，婆说婆有理，张三推李四，李四推王五"，推来推去找不到责任人。

员工推卸责任常见的四种套路：其一，提问题。下属向上级提出的所有问题，都包含着两个基本目的：一个是寻求解决答案，一个是推卸责任。当下属说"您看怎么办"时，责任就自动地由下属跳跃至管理者身上。最好的办法，就是提供解决问题的战略方向与指导原则，具体的方案要让他自己想，这样才能获得双赢。其二，找理由。"这事主要是××不配合"或"这事要怪×××"就是找理由，毕竟"结果第一，理由第二"，在实现结果的过程中，会有很多羁绊和不充足的条件，应盯着结果想尽办法去寻找方式方法来实现目标，而不是甘当喊爹骂娘找借口的废物点心。其三，混淆责任。"领导，我们有问题了"就是在混淆责任，因为在责任面前，没有"我们"，只有"我"。其四,利用上司的成就感。"这件事情您亲自做,肯定会……"或"您是专家呀,这事咋办？"就是利用上司的成就感。作为管理者要明白，实现目标，让员工成长，才是管理者最有成就感的事情。

锁定责任，基础是责权利对等原则。责，是指责任；权，是指权力；利，是指利益。责权利对等原则就是，如果要让个体或组织承担一定的责任，就应该赋予其完成责任必需的权力，并给予其与所承担责任对等的利益。只有三者对等统一，形成相互支持、促进，又相互牵制、规范的"等边三角形"，企业工作目标才有可能顺利完成，员工也才能够通过努力工作获得满意的回报，从而形成企业运营管理上的良性循环。

锁定责任，要求企业建立"一对一"的责任体系。一方面，每一目标都有确定的责任主体。目标分解之后，需要重新审查现有组织结构，根据新的目标分解要求进行调整，明确目标责任者和协调关系。组织结构应与目标体系相吻合，从而使每个部门都有明确的目标，每个目标都有人明确负责。另一方面，每个岗位的职责分工要清晰明确。岗位职责清晰明确包含四个方面：其一，应知，即该岗位需要具备的知识；其二，应会，即该岗位应该掌握的技能；其三，应做，即该岗位应该履行的职责和应该做到的结果；其四，应守，即该岗位应该遵守的制度。清晰界定每个人的职责,才能保证责任不被稀释掉，实现想要的结果。

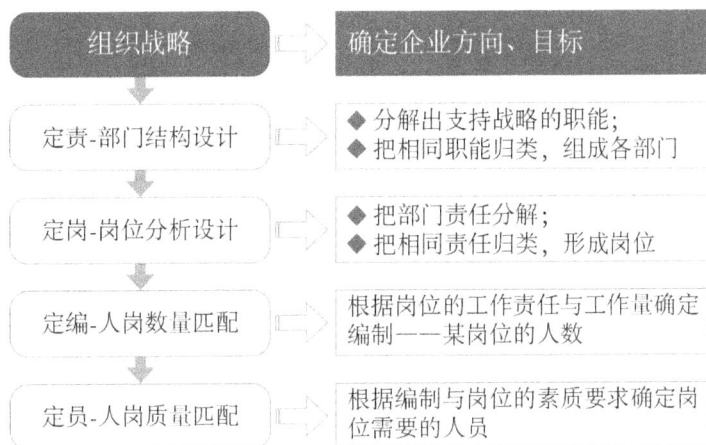

组织战略	⇨	确定企业方向、目标
定责-部门结构设计	⇨	◆ 分解出支持战略的职能； ◆ 把相同职能归类，组成各部门
定岗-岗位分析设计	⇨	◆ 把部门责任分解； ◆ 把相同责任归类，形成岗位
定编-人岗数量匹配	⇨	根据岗位的工作责任与工作量确定编制——某岗位的人数
定员-人岗质量匹配	⇨	根据编制与岗位的素质要求确定岗位需要的人员

锁定责任，管理者要做好职责与结果沟通。责任永远来自于职责和上级。一方面，管理者要与上级去沟通自己的职责，因为管理者的职责是什么，不是自己界定的，而是由上级界定的；另一方面，管理者要与下属做好职责与结果沟通，让下属清楚自己的职责。这里有一个小的注意点：与上级沟通是明确职责，而与下级沟通是这个职责的意义。也就是说，一个人对职责的理解，或者说对于职责愿意承担的责任，很大程度上依赖于他对这个职责背后意义的理解。

锁定责任，需要被授予责任环节应有的权力。授权是指上级把本来属于自己的一部分权力委授给下级，指明工作目的和要求，并为其提供必要的条件，放手让下级努力完成工作任务的一种管理方法。授权到什么程度？原则上，授权与监督成正比。你的监督能力到什么程度，就授权到什么程度。反过来讲，如果没有相应的监督手段，宁可不授权。没有监督的授权，就等于借钱不打借条。所以授权不存在授多少权的问题，只存在你能够监督多少的问题。

锁定责任，还需要责任承诺。责任承诺比不承诺力量强，公开承诺比一对一承诺力量强。责任承诺，要做到书面化与可视化。所谓书面化，就是将承诺白纸黑字写下来。例如，组织各级目标及工作计划确定后，上级与下级通过签订《目标责任书》将其书面化，组织甚至通过仪式化的"军令状"将其书面化；所谓可视化，就是通过图、表、画等形式，将组织重大目标与计划上墙公示，通过群众监督来强化承诺的责任。

（四）制订计划

制定并分解目标，锁定责任，接下来的工作就是将目标转变为详细的行动计划。计划管理是管理的基础，所谓计划管理就是要解决目标与资源是否匹配的问题。

计划就是为实现目标而寻找资源的一系列行动。目标、资源和行动，是计划的关键词。计划职能包含规定组织的目标，制定整体战略以实现这些目标，以及将计划逐层展开，以便协调和将各种活动具体化。在管理学中，计划具有两重含义：其一是计划工作，是指根据对组织外部环境与内部条件的分析，提出在未来一定时期内要达到的组织目标以及实现目标的方案途径；其二是计划形式，是指用文字和指标等形式所表述的组织以及组织内不同部门和不同成员，在未来一定时期内关于行动方向、内容和方式安排的管理事件。

1. 计划分类

按期限分，计划分长期计划（一般五年或五年以上）、中期计划（介于长、短期计划之间）与短期计划（年度计划、季度计划、月度计划、周度计划与每日计划）。

按职能分，计划按管理活动的类型分有设计计划、施工计划、营销计划、财务计划、人事计划等。职能计划是根据总体计划来制订的，并考虑各部门的相互关系。

按层次分，计划分战略计划与战术计划。战略计划是关于企业活动总体目标和战略方案的计划，是应用于整体组织的，为组织设立总体目标和寻求组织在环境中的地位的计划，侧重于确定企业要做什么事（What）以及为什么（Why）要做这事。战术计划主要用来规定企业经营目标如何实现的具体实施方案和细节，具体组成要素为"5W1H"，即做什么（What）、为什么做（Why）、何时做（When）、在哪里做（Where）、谁来做（Who）和怎样做（How）。其中，最重要的是要明确目标、落实责任人及完成时限。同时，为了应对未来的不确定性，甚至要辅以其他备用计划，诸如方案 B、方案 C 等。

制订计划是各级人员的共同职责。各级管理人员因级别不同，所制订的计划的范围、内容也各有不同。高层管理人员制订组织的总体计划，把握全局方向和目标；中层管理人员制订职能部门计划，诸如设计计划、营销计划、工程计划、人事计划等，确定在整体目标实现过程中，实现各部门自身的具体目标；基层管理人员则要制订具体的作业计划，以配合职能计划的最终实现。

2. 计划编制

滚动计划法。滚动计划法，是一种定期修订未来计划的方法，是在原计划的基础上，每经过一段固定时期（称为滚动期），便根据计划的执行情况和环境变化情况定期修订计划，并逐期向前推移，使短期计划、中期计划和长期计划有机结合起来。该方法既可以应用于长期计划的制订与调整，也可以应用于短期（季度或月度）计划的制订与调整。

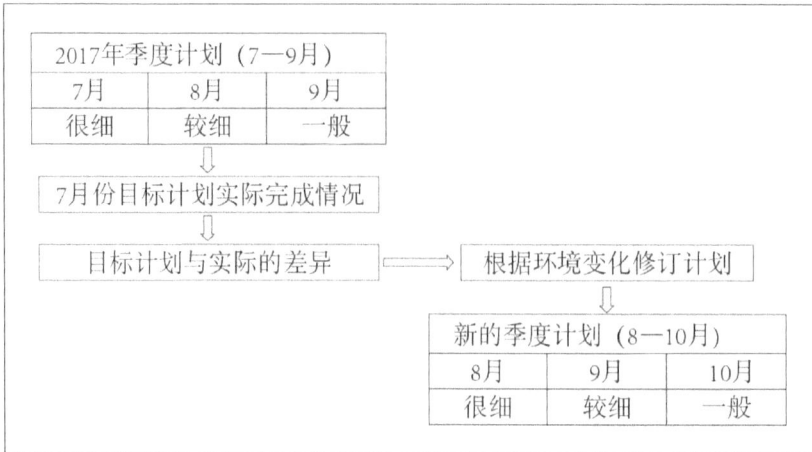

2017年季度计划（7—9月）		
7月	8月	9月
很细	较细	一般

7月份目标计划实际完成情况

目标计划与实际的差异　→　根据环境变化修订计划

新的季度计划（8—10月）		
8月	9月	10月
很细	较细	一般

网络计划法。网络计划法，把一项工作或项目分成各种作业，然后根据作业顺序进行排列，利用所形成的网络对整个工作或项目进行统筹规划和控制，以便用最短的时间和最少的人力、物力、财力的消耗去完成既定的目标或任务。

活动列表

1. 开挖
2. 打地基
3. 造墙
4. 屋顶
5. 外部管道
6. 外墙
7. 内部管道
8. 外部粉刷
9. 墙板
10. 外部装修
11. 地板
12. 内部粉刷
13. 内部装修

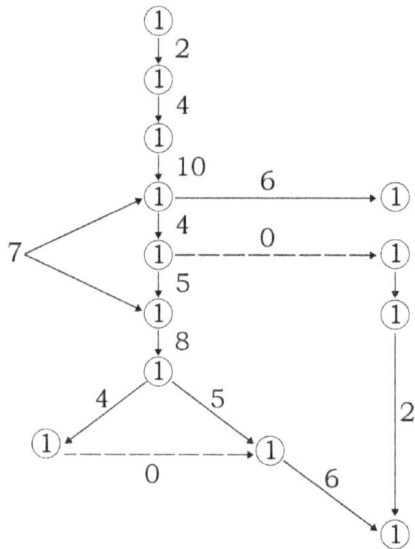

甘特图法。甘特图是一种线条图，横轴表示时间，纵轴表示要安排的活

动及其进度。20 世纪初由亨利·甘特开发。甘特图可直观地表明任务计划定在什么时候进行和完成，并可对实际进展与计划要求作对比检查。它能使管理者很容易搞清一项任务或项目还剩下哪些工作要做，并评估出某项工作是提前了还是拖后了或者按计划进行着。

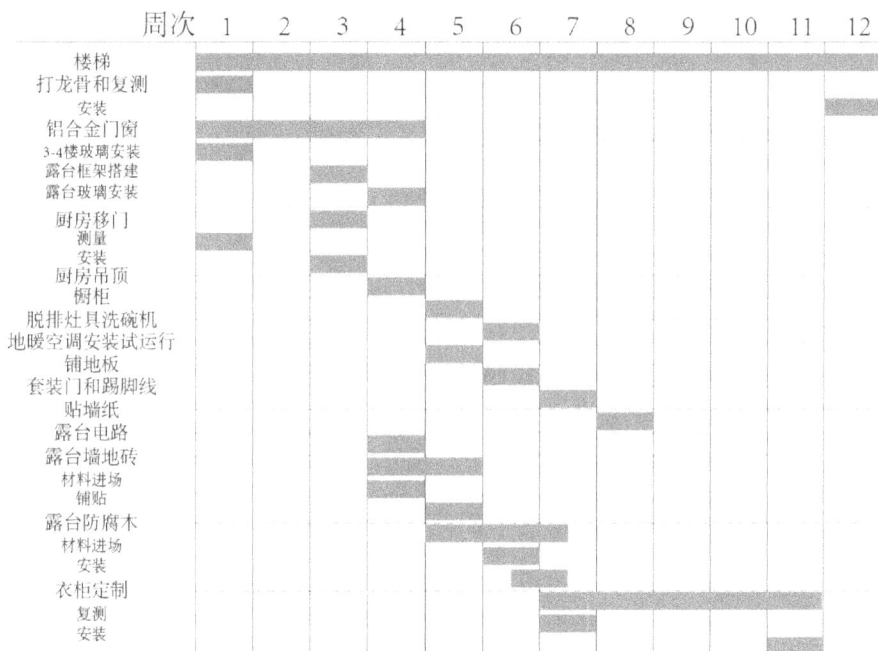

长期计划必须被拆分为短期计划。对于员工来说，做年度计划和季度计划多半都是拍脑袋，基本没有可参考性，因为预测时间越长，不确定性越大，可把握性也越差。所以与其做年度计划、月计划，不如做双周计划、周计划与日计划。这样，计划才能更清晰，可执行性才更强，同时便于监督、检查。每天每周都朝着目标前进一步，并不断总结，目标将最终变成现实。反而是月计划、季度计划往往执行不到位，因为人都是惰性的，没有紧迫感，就没有动力，并且重要的事情往往被放到最后做，结果不是草草完成，就是最后才发现由于环境的变化，以前的计划早已不合时宜。

月/周计划表

工作周报

部门			开始日期				结束日期				

本周工作汇报

工作安排	结果定义	过程节点和完成时间							完成情况	未完成原因	解决措施	备注
		周一	周二	周三	周四	周五	周六	周日				

下周工作计划

工作安排	结果定义	过程节点和完成时间							备注
		周一	周二	周三	周四	周五	周六	周日	

3.PDCA 循环

计划管理可以采取 PDCA 循环的方法。PDCA 循环的概念最早是由美国质量管理专家戴明提出来的，所以又称为"戴明环"，详见下图：

阶段	步骤	主要方法
P	1.分析现状，找出问题	排列图、直方图、控制图
	2.分析各种影响因素或原因	因果图
	3.找出主要影响因素	排列图，相关图
	4.针对主要原因，制定措施计划	回答"5W1H" 为什么制定该措施（Why）？ 达到什么目标（What）？ 在何处执行（Where）？ 由谁负责完成（Who）？ 什么时间完成（When）？ 如何完成（How）？
D	5.执行、实施计划	
C	6.检查计划执行结果	排列图、直方图、控制图
A	7.总结成功经验，制定相应标准	制定或修改工作规程、检查规程及其它有关规章制度
	8.把未解决或新出现问题转入下一个PDCA循环	

第一阶段是计划（Plan），这里面会涉及目标的设定、时间的设定、结果定义等等。对于任何一件事情来说，目标总是要和时间构成一个坐标系，也就是说，在多长时间内实现什么样的目标，这点特别重要。

第二阶段是执行（Do），也就是按照计划去真正地做一件事情，这是十分关键的一个环节，不仅仅因为它占据着四个步骤最大的比重，更是因为执行的质量将直接影响整个目标的达成。因为如果在执行的初步阶段没有做好，那么将会给后面的检查和行动阶段造成灾难性的后果——要么花费大量的精力去检查问题和差距分析，要么就花大量的精力去制订烦琐的行动计划。

第三阶段是检查（Check），指的是按照计划执行之后，要对执行过程中每一个 milestone（里程碑／关键点）进行检查。重点检查五个方面：其一，进度检查，即检查目标与计划是否按规定进度实施；其二，质量检查，即检查交付质量与过程质量；其三，均衡检查，即检查各项指标是否均衡推进；其四，协作检查，即检查部门之间、个人之间是否有好的配合；其五，对策检查，检查是否按对策展开的要求做到人员、时间与项目落实，检查每项对策的针对性与有效性。

第四阶段是行动（Action），主要指的是针对第三步检查得出的结论，要采取相应的行动计划：对于做得好的地方，我们需要标准化它的流程，以便后人学习参考之用；做得不好的地方，需要找到其根本原因，并且进行差距分析，最后采取相应的行动计划以实现目标。

（五）跟踪检查

上级交代下级做事时，经常出现无法让上级满意的结果，这时惩罚也于事无补。例如，下级向上级拍着胸脯说："Z总，这件事情交给我去做，你放心吧。"一旦事情没有成功，上级即使扣除员工的工资，资源、时间成本、机会成本也已经浪费了，这个员工给企业带来的损失甚至远远不止这些。作为管理者要清楚，惩罚员工不是最终的目的，其只是约束的一种手段，真正的目的是促使员工做到结果。

人们永远不会做你希望的，只会做你检查的。认为什么是重要的事情，就应该检查什么。很多管理者都会有一种错觉，认为员工会按照你希望的去做工作，其实员工不会，他只会做你将要检查的事情。在做的过程中，对目标跟踪检查，通过反馈与辅导，确保目标按计划推进，从这个意义上来说，没有检查与反馈就没有目标管理。检查的方法可灵活地采用自检、互检和责成专门的部门进行检查，检查的依据就是事先确定的目标。

跟踪检查第一步：搜集信息。搜集信息现在主要有三种途径和方式：其一，建立定期的报告、报表制度；其二，定期的会议；其三，现场的检查和跟踪。

跟踪检查第二步：给予评价。在进行工作追踪进行评价时要注意四点：其一，要定期追踪。管理者有时候工作一忙，就顾不上去了解下属的工作情况，而一旦形成三天打鱼两天晒网的习惯，下属的工作就有可能渐渐松懈。对下属工作追踪要养成定期的习惯，同时让下属也感到主管有定期检查的习惯，这是非常重要的。其二，分清楚工作的主次。管理者的事务很多，不可能事事追踪，因此一定要分清事情的主次，对重要的事一定要定期检查，而次要的事则不定期抽查。其三，对工作进行评价。工作评价的一个重点是看目标是否偏离，有时是与目标有差距，有时是具体的方法的差异，有时看上去业绩实现了但目标实际上是偏离了。如果评价发现目标有偏离，就要及时把他拉回来。其四，避免只做机械式的业绩和目标的比较，应当发掘发生偏差的原因。在分析偏差时，必须首先分清哪些是下属无法控制的因素引起的，哪些因素归因于下属本人，正确地分清这两类原因，就可以有针对性地采取相应的措施。

跟踪检查第三步：反馈与辅导。反馈就是将下属的工作状况与设定的目标进行比较，并将比较的结果告诉下属，使下属自己纠正偏离的行为。相当多的证据表明，如果员工在项目进程中，能够得到关于进展状态的反馈信息，那么他们就能做得更好。因为这些反馈信息让他们明白，和应该达到的阶段目标相比，已经完成的部分还有何差距。反馈信息是行动指南，但是不是所有的反馈都有一样强的作用，内生反馈（员工本人对工作的监控）比外来反馈（来自管理者）更具有强有力的激励作用。辅导就是帮助下属提高工作能力，确保下属有能力推进计划，确保目标的实现。

（六）业绩考核

目标管理如果没有对结果实施考核和评价，就失去了目标管理的意义。世界上没有永远的朋友，也没有永远的敌人，只有永远的利益。有活力的机制的核心在于对于利益的调整，企业的目标管理就是解决了这个问题。目标管理就在于调整员工和企业的利益的分配问题，让员工把企业的目标转化成员工的目标。华为有一句话：我们鼓励人人做雷锋，但是绝不让雷锋吃亏。

奉献者应当得到合理的回报，绝不让投机者获利，偷懒者应该受到应有的惩罚。

业绩考核形式是多视角、全方位的，包括上级对下级的考核，平级之间、下级对上级的评议，以及部门互评等。员工绩效考核和部门业绩考核每季度进行，员工绩效考核、部门互评和民主评议，每年综合考评一次。部门业绩考核均围绕"利润中心"进行考核，同时要体现各自的主题业务。

三、团队管理：打造高绩效团队的三三二法则

管理就是通过他人来完成目标。管理者最重要的两件事：其一，为团队设定目标；其二，围绕目标对团队进行激励。一个团队有没有战斗力，只能从结果来判断。比如说，一家企业，有上千人的销售队伍，在市场上浴血奋战，奋不顾身地工作，这算不算战斗力强？这个不好判断。如果高效率地完成了目标，那就是有强有力的战斗力；如果是达到了目标，却没有效率，战斗力就属于一般；如果既没实现目标又没效率，战斗力就为零。

（一）团队建设三要素

团队是指一种为了实现某一目标而由相互协作的个体所组成的正式群体。管理学家斯蒂芬·P.罗宾斯认为：团队就是由两个或者两个以上的，相互作用、相互依赖的个体，为了特定目标而按照一定规则结合在一起的组织。

中国有句古话，"千人同心，则得千人之力；万人异心，则无一人之用"，意思是说，如果一千个人同心同德，就可以发挥超过一千人的力量；如果一万个人离心离德，恐怕连一个人的力量也比不上了。这就是团队的力量。

有过拔河经验的人都知道，每队一个人时，发挥的是这个人的最大力量；每队两人时，两人的合力最多只有两人总力量的90%；四人时大概只有80%，八人时大概只有60%。人数越多，虽然总的力量越大，但力量叠加的效率越低。群体的最大差异，在于团队力量永远大于团队成员个体力量之和，即"1+1＞2"。很多人经常把团队和工作团体混为一谈，其实两者之间存在本质上的区别，纵使把一群人集合到一个组织当中，若该组织只是一个框架，

成员之间相互没有关系，那么这个组织就不是团队。对组织而言，仅仅把员工集中起来是不够的，必须用灵活的手段把他们凝聚起来，要让聚集起来的员工互相取长补短，产生"核裂变"式的爆发性力量。人多不一定力量就大，"三个和尚没水吃"的现象在现实生活中也并不少见，没有形成"合力"，人再多也不过是一群乌合之众。

要产生"1+1 > 2"这种"核裂变"式的效果，团队必须具备三个要素：一致的目标、规范的制度、统一的价值观。所谓的"三要素"其实是一个团队建设的逻辑过程：目标是团队的前提，先有目标才会有团队，每个团队的组建都是为完成一定的目标或使命。没有目标的团队没有存在的意义，或者说没有目标的团队也称不上是一个团队。团队不仅需要目标，还需要把独立的个体凝聚起来，相互协作，确保目标的实现，从"组织行为学"的角度来看，一靠制度，二靠价值观。制度是刚性的，违反制度就会受到制裁，从外部保障和推动目标的实现；价值观是内在的，内化为全体团队成员共同遵循的价值理念去贯彻制度，实现企业发展目标。有一致的目标，没有规范的制度与统一的价值观，这不是团队，只能称作"社会群体"；有一致的目标与规范的制度，但缺少统一的价值观，这也不是团队，只能称作"部门集体"；只有三者皆具备，才是"梦想团队"。

1. 一致的目标

团队建设层次表		
组织名称	要素特征	团队表现
梦想团队	拥有共同的使命、明确的团队目标、规范的管理制度、统一的价值观	团队充满工作激情和创新精神，能够围绕目标而共同协作，不计个人得失，充分发挥每个成员的能量，力求把工作做得更好。对企业有较好的归属感和忠诚度
部门集体	拥有明确的部门目标、规范的管理制度	组织成员只是因工作需要而协作和配合，只求按时完成任务、及时得到属于自己的物质收入。工作缺少激情和责任心，对企业缺少归属感和忠诚度
社会群体	拥有法律遵从意识	每个人对于个体游离状态，工作和生活无目标、无理想、无激情，唯一的准则就是不触犯法律。对企业没有归属感和忠诚度

目标是团队的前提，没有目标就称不上团队，因为先有了目标才会有团队。有了团队目标只是第一步，更重要的是第二步——统一团队的目标，就是要让团队的每个人都认同团队的目标，并为达成目标而协调合作。

分工越来越细，团队需要不同技能的成员一起去作战，团队为了从多样性中获益，它必须允许不同声音、观点、风格，这些不同带来了开放，同时又不可避免地形成冲突；过多的冲突会导致团队成员形成一决高下的分裂，而不是彼此协调合作。能够把团队聚合起来，凝成一股绳作战的就是大家认可的共同目标，目标的一致性是团队的最核心的部分。"上下同欲者胜"，对团队目标达成共识，为了实现目标就要团结可以团结的力量，利用一切可以利用的资源，竭尽全力去达成目标，共同的目标既能激发团队成员的内在潜能，达到调动团队成员的积极性，又意味着团队成员要分担各自的责任，让团队成员认识到走向合作是明智之举，明争暗斗只会自己受损，举手之劳不会旁观视之，主动合作成为一种团队风气，避免无谓的内耗。

超越目标之上的梦想控制。聪明的管理者都明白自己的使命是为一个团队造梦，并且帮助团队实现梦想。只将一个梦想制造出来远远不够，你还要将其清晰化和经常化，再努力传播出去，成为你团队的品牌。你一旦成为梦想的制造者和控制者，就拥有了这个世界上最神秘和最致命的武器，就掌控了自己和他人的命运。管理者通过制造梦想，给了团队成员一个触手可及的前程："跟着我，你将成就事业，实现你的价值观，得到一个完美的人生。"团队成员会为此产生强烈的寄托和期待，希望在你的带领下，来完成这一目标。不切实际的梦想存在每个人的心中，随时准备跳出来主宰大脑，正是不切实际的梦想导致了人们很容易被洗脑。我们经常发现，给人一种很难实现的梦想，要远比给他一些现实和有用的指导更利于操纵他的行为。

2. 规范的制度

任何管理的目的都是建立与维护某种秩序，秩序是创造价值的基础。管理者应该关心怎样提供一个富有秩序的平台，然后去保证效率，充分发挥每一名成员的能力，调动全体员工一起来创造价值——这才是管理的目的。了解这一点对于高层管理者尤为重要，每名成功的管理者都深知建立秩序与保证效率的关键意义，无论任何组织，追求的最高目标就是当他要求一个成员去做事时，他一定会绝对服从命令，并且马上行动，因为组织的秩序与效率总需要合适的人才来保证。

一个团队必须有它的制度、规则或纪律，通过告诉团队成员该做什么与不该做什么，建立与维护某种秩序。在战争中，军队要做到令行禁止，鼓进金退，没有制度，目标再一致，也没有战斗力。

制度、规则或纪律是战斗力的保证，正所谓"加强纪律性，革命无不胜"。要建立有战斗力的组织，高明的管理者通常从严肃法纪入手，先有规则，然后无条件执行，日积月累，长期坚持，毫不懈怠，才能制度化，也只有制度化才能使成员的服从成为一种习惯和自觉行为。作风是一种稳定的行为习惯，作风涣散、萎靡不振的团队不过是乌合之众；而作风过硬的团队才有可能具有过硬的战斗力，无坚不摧、无往不胜。好的企业就像一支军队，令旗所到之处，三军人人奋勇，进攻时个个争先，退却时阵脚不乱。

制度执行，靠员工自觉，变强制为自觉。毛泽东就认为，"党的纪律是带有强制性的，但是同时，它又必须是建立在党员与干部的自觉性上面，绝不是片面的命令主义"。企业可以向军队学习纪律教育的方式：第一，要做好入职纪律教育，从入职第一天就要让员工建立起纪律观念，通过教育使得入职员工明白纪律的重要性。第二，要搞好经常性教育，不断强化纪律意识，纪律不是一天建立的，要经常进行，只要几个月不搞，就松松散散了。部队每隔一段时间就要学习各项条令，纪律条令有要求，有具体规定，也有违反了规定的处罚措施，学习的时候对照检查，战士之间批评与自我批评，也就是用整顿的方式学习。第三，结合典型事例，展开随机教育，教育并不全是座谈与讲座，教育形式多样。

制度的贯彻，重在平时培养。纪律是一种意识，可以通过习惯，转化为下意识的行为；一开始讲道理，而一旦在日常训练、学习生活中一点一滴培养，养成习惯后，员工就不去想那个道理了，该怎么做就怎么做，纪律已经成为一种下意识行为。管理者最为关心的是如何进行养成教育：第一，大处着眼，小处着手。特别对新员工，要求一切"从零开始"，从言行举止的方方面面进行重新塑造。第二，婆婆嘴，豆腐心。管理者经常会发现不符合条令条例规范的地方，发现问题一定要及时批评指出，帮助其纠正，不要嫌麻烦，不要怕唠叨，要不断检查，不断地讲。第三，抓反复，反复抓。良好习惯的形成，都有一个从量变到质变的过程，领导要容许员工反复，也要锲而不舍地抓，一年 365 天，天天不放松。

没有检查就没有执行力。执行力不强这个问题，靠领导发火、处罚是没用的，问题不在员工，而在于领导检查监督不力。军队执行力强的主要原因，就是建立了严格的问责制度，概括起来无非是，一要严格检查，二要严明奖惩。解决制度问题比解决思想问题更重要，好的制度也能育人。毛泽东提出"重要的任务在没有走上轨道之前，要每月甚至每周检查一次"。这样下来，团队成员就会形成一种意识，只要领导布置的工作、提出的要求，就必须不折不扣地落实，不然的话就会有人找麻烦。西方 ISO9000 管理体系，可以概括为，凡要做的必须写出规定，凡规定的必须去做，凡做了必须留下记录，凡有记录的确保有人检查。

3. 统一的价值观

不强调共同的价值，组织就无法生存。在不同文化背景下成长起来的人，有不同的价值取向，有不同的思维方法，有不同的行为习惯，难免各打各的小算盘，人心不齐导致方向不一致；如果团队间在价值认知上差异过大的话，就容易出现反向力，一个向左使劲拉，一个向右使劲拉，结果依然停留在原地。企业需要统一使命、宗旨与价值观，把员工统摄到企业统一的宗旨、使命与价值观之下。

> 1. 小心你的思想，它会改变你的行为；
>
> 2. 小心你的行为，它会改变你的习惯；
>
> 3. 小心你的习惯，它会改变你的性格；
>
> 4. 小心你的性格，它会改变你的命运。

思想是行动的先导，统一的行动源于统一的思想。如果团队的思想不统一，你说东他说西，当面一套，背后一套，甚至南辕北辙，势必大大降低团队的效率。马克思主义认为"人是一切社会关系的总和"。管理的关键是管人，而人受思想支配，管人先要管思想。统一思想才能形成共识，汇集共识才能凝聚力量，没有共识就会分散精力、牵扯力量、阻碍前进。正如毛泽东所言，"在一定物质基础上，思想掌握一切，思想改变一切"。

干革命靠毛泽东思想，团队管理靠价值观。如果一家企业没有愿景，没有共同价值观，没有使命感，没有好的经营理念与服务宗旨，那么员工不知道在公司该做什么，不该做什么，他们的工作会失去动力、失去方向、失去斗志。管理学由此强调企业文化的重要作用，提倡培养核心价值观。核心价值观是企业的 DNA，一方面，不认同企业核心价值观的人，与不认同企业使命与宗旨的人一样，不适宜留在这个企业；另一方面，找到认同企业使命、宗旨与价值观的人加入企业，"志同"才能"道合"，不认同企业思想的人不要他进来。

信仰好比一面旗帜。人类有史以来的任何信仰在本质上都是一种"思考和行为模式的催眠"，即大脑反复被灌输一种观点，最终成了人的信仰；信仰通过洗脑成为习惯后，人的行为就成了某种惯性机制，大脑在处理类似的事情时，就不再去思考，而是凭机械式的反应采取既定的行动。人的痛苦大都由心中的欲念引起，欲念则是索取，向这个世界永不满足地索取金钱、感情还有其他一切可以功利衡量的事物。人的欲望越大，他的痛苦就越多。信仰的积极作用，就在于它可以帮助个人清扫这些思想上的绊脚石，通过某种方式，让一个人相信：只要自己这么做，就会拥有幸福的生活。信仰会通过"教义"与"仪式"提供行为指南，并且约束信众的行为。员工必须服从于一个大脑，团队员工的行为要体现企业的意志。为了方便控制，高效率地将事情做好，实现企业的利益，企业要保证雇员不会与自己同床异梦，就有了洗脑的必要。每一个优秀的公司都有一套成熟而且伟大的使命、宗旨与价值观，充分运用信仰的力量，给员工洗脑，让企业价值观成为员工的信仰。

（二）团队管理三抓手

个人总是会有自己的思维，在很多地方与企业的想法不一致，即使面对同一个问题，要做出同一个选择，他们与自己上司的理解也可能各不相同，其行为也会产生差异。目标、制度与价值观，不能只停留在书面上，一定要被团队所有成员认同和遵守，让团队成员顺从于同一种思维，去执行同一种选择，否则就不是团队。如何将目标、制度与价值观装进员工的脑袋，落实到员工的行动？一靠思想教育，二靠沟通说服，三靠群众路线。

1. 思想教育

企业价值观的落地靠思想教育。据"信念—行为—结果"这一成功法则，要达成好结果，须在信念层面动手术；思想通了，一通百通。价值观要落地生根，毛泽东给的解决办法就是思想教育，即将管理与教育融为一体，通过思想教育提高员工的思想觉悟，从而实现管理目标。在军队，无论完成什么任务，第一步就是搞思想动员，就算再紧急的事情，也要做好大家的思想工作。要通过"一套理念、一本教材、一套规范、一套制度、一批典型与一支队伍"，努力造就一种强大的拥护主流价值观的氛围。任正非说，思想工作一定要做"势"，即努力造就一种强大的、拥护主流价值观的舆论氛围，明确要求组织内部从上到下要人人喊好，个个赞同。开始的时候，可能只有少数人是百分百地认同，绝大多数人会有不同程度的保留，这不要紧，"假"，也要跟着喊，只要最高管理层是真想、真说、真做，并且长期坚持下去，下面的人"假"久了，慢慢也能成真。

思想教育，领导者要成为布道者。所谓"布道"其实就是传道、授业、解惑，领导者要像一位牧师一样，通过各种手段，采取各种措施，栉风沐雨、夙兴夜寐地将团队的使命、宗旨、价值观、愿景与目标与所有人分享，特别是与自己的属下分享，说服他们，影响他们，激励他们，让他们理解，让他们思考，让他们觉悟，让他们开窍，"统一思想，提高认识"。杰克·韦尔奇是个布道者，他在任的时候有三分之一多的时间都在世界各地飞行，通过演讲与座谈，把他的"数一数二"的理想与GE价值观灌输给所有GE人；马云是个布道者，他用阿里巴巴"六脉神剑"鼓动人、煽动人，他的演讲更是不计其数，甚至在阿里人集体婚礼的祝词中也不忘宣传阿里巴巴"拥抱变化"的价值观。宗旨、使命与价值观确定之后，领导者要做的就是要用巨大的毅力去说教、说教、说教，重复、重复、重复，要天天讲，周周讲，月月讲，年年讲，逢会必讲，逢人必讲。没有领导者的重视，没有领导者锲而不舍的努力，没有这样的毅力，没有这样的坚持，再动听的价值观可能也会成为一纸空文。

思想教育，注重理论学习与分享。什么是理论？就是有系统的知识。领导经常要做决策，许多人参与决策，如果大家思想方法一致，考虑问题有一个共同的平台，那么就容易形成一致的意见；就怕事到临头，你一个意见，我一个意见，谁也说服不了谁，到最后没法做决策，即使做了决策，执行也会走样，因为心里不服啊。华为经常组织干部员工进行理论学习，从"华为基本法"的大学习到"产品开发反幼稚"的大讨论，到"无为而治"的命题作为，高层发起，自上而下，层层推进，然后全员讨论和发言，谈个人对文章的认识，最后再表决心，就锻炼了员工的政治头脑，并且在认识上达成一致。

思想教育，注重集中思想动员。每当重大转折关头，如国际国内形势变化、党的路线方针政策变化，或者受领重要任务，军队都会进行广泛深入的思想动员，以统一思想认识，克服执行中的障碍。企业同样需要如此，通过集中开展思想教育，可以解决员工思想中存在的一些共性问题，大大提高管理效率。一般来讲，集中教育开始前，要正确领会上级意图，摸清本单位思想状况，在此基础上制订好教育计划。教育开始后，要首先搞好思想动员，讲清教育的目的意义与内容安排，对各级各类人员提出相应要求；教育过程中，要理论联系实际，有针对性地解决官兵思想问题，防止走过场；教育告一段落后，要及时进行总结，肯定收获，找出不足，总结经验，制定并落实整改措施。

思想教育，注重培养思想骨干。毛泽东指出，政治路线确定之后，干部就是决定的因素。因为干部骨干是上情下达的纽带，是支撑事业的柱石，所以培养和使用好骨干相当重要。企业的员工有成百上千名，每名员工的思想觉悟有长短之别，管理者不可能事无巨细亲力亲为，骨干的重要价值就在于此。凡有战斗力的团队，必定有一大批不怕困难，关键时刻能冲得上，顶得住的战斗骨干。思想骨干是能站在领导角度、帮助领导考虑问题、主动出面帮助领导做工作的人。思想骨干未必是技术上最好的，但能和领导一条心。当领导的都希望发出一个指令，一呼百应，但真实的情况是，领导发出指令能有一呼十应就不错了；有了骨干之后，领导就有了依靠力量，就有人帮你说话，就有人帮你做事，十个骨干动起来，每人一呼十应，这样整个队伍就带动起来。

思想教育，注重抓典型事件。秦国商鞅推出新法令，生怕民众不信任，放了一根木头在城墙南门，贴出告示如有人将这根木头搬到北门就赏十金，众人皆不信。有一壮士将木头搬到了北门，商鞅如约赏给了他十金。商鞅想以此建立政策权威并取信于民。典型事件对于人的教育与触动是巨大的。毛泽东利用张思德事件对全党进行了一次"为人民服务"的价值观教育，张瑞敏利用砸冰箱事件确立了海尔"质量第一"的价值观，董明珠用"无缝设计制造"事件塑造格力人追求卓越的价值信仰。

思想教育，注重平时思想工作。一人一事的具体思想问题，显然不能靠集中思想教育来解决，要靠经常性的思想工作。军队做思想工作，有一套思想工作制度，对企业有借鉴意义：其一，思想汇报制度。基层官兵结合班务会和党团活动，每月向党组织或直接领导汇报一次思想。其二，思想形势分析。连队党支部与营党委每月，旅团党委每季度，至少进行一次部队思想情况和管理情况的专门分析。其三，逐级谈心制度。一发现矛盾，领导就要及时与下属谈心。部队谈心分两种：一种是定期的，比如班长每月，连指导员每季度，至少要找下属每个战士谈话一次；另一种是及时谈心，战士立功受奖、遭灾、伤病、受批评处分时更要谈心。其四，重点人帮教制度。"重点人"就是容易出问题的员工，对于思想基础差、缺点较多的官兵，既要做到心中有数，还要安排骨干进行专人帮助。其五，教育整顿制度。对于问题较多的单位，部队通常是由上级机关派出工作组，进行教育整顿，即集中时间和人员，学习条令条例和上级有关批示，发动群众，查找问题，分析原因，展开批评与自我批评，总结经验教训，在此基础上，制定措施，边整边改。

思想教育，果断清除害群之马。价值观是团队不能妥协的价值信条，凡有违反者应该"格杀勿论"。这方面，马云的做法值得借鉴，马云说在公司的考核中，两类人一定会"杀掉"：一类是野狗类，属于业绩好但是价值观特别差的员工，即只注重个人业绩不讲究团队精神的员工；另一类是小白兔类，属于业绩特别差但为人善良热情的，毕竟公司不是做慈善的。如果管理者对违背团队价值观的行为听之任之，最终的结果是所有人都不拿价值观当回事儿，所谓的价值观只能成为"花瓶"和摆设。

2. 沟通说服

会议、拜访、谈判、座谈、面试、打电话、信函、通知、文件、批评、表扬、辅导……这些都是沟通的方式。根据人力资源统计，企业员工和中级管理者花在沟通上的时间大约占其工作时间的40%~50%，而对于高层管理者这个比率会更高。

沟通是为了一个设定的目标，把信息、思想和情感在个人或群体间传递，并且达成共同协议的过程。沟通有三大要素：其一，有一个明确的目标。没有目标，那就不是沟通，是闲聊。沟通就要有一个明确的目标，这是沟通最重要的前提。其二，达成共同的协议。沟通结束以后一定要形成一个双方或者多方都共同承认的协议，只有形成了这个协议才叫作完成了一次沟通。沟通是否结束的标志就是：是否达成了一个协议。其三，沟通信息、思想和情感。沟通的内容不仅仅是信息，还包括更加重要的思想和情感。事实上我们在沟通过程中，传递更多的是彼此之间的思想与情感，而信息的内容并不是主要的内容。

按信息流动，分上行沟通、下行沟通与平行沟通。上行沟通主要是下属依照规定向上级所提出的正式书面或口头报告；下行沟通是在传统组织内最主要的沟通流向，一般以命令方式传达上级组织或其上级所决定的政策、计划、规定之类的信息；平行沟通主要是同层次，或不同业务部门之间的沟通。

按沟通方式，分正式沟通与非正式沟通。正式沟通，指在组织系统内，依据组织明文规定的原则进行的信息传递与交流。如组织之间公函来往、组织内部文件传达、召开会议等。正式沟通的优点是沟通效果好，约束力强，易于保密，可以使信息沟通保持权威性。重要的消息和文件的传达，公司决策等，一般都采取这种方式，其缺点在于沟通速度慢。非正式沟通一般是由组织成员的情感和动机需要而形成。其优点在于沟通形式不拘，直接明了，速度很快，容易及时了解到正式沟通难以提供的信息。其缺点在于难以控制，传递的信息不确切，易于失真、曲解。

高效沟通的"5W1H"法则。无论正式或非正式沟通，无论上行、下行还是平行沟通，都要明确 Why（原因或目的）、Who（对象）、When（何时）、Where（何地）、What（内容）与 How（如何）。

其一，Why（原因或目的），可以是沟通的原因或理由，也可以是沟通希望达到的目的。每一次沟通都有其背后的目标，无外乎信息被接收、被理解、被接受、使对方采取行动。其二，Who（对象），明确听众或读者，以及他们的个性、教育背景、年龄或地位等，了解他们对主题的了解程度以及预想他们对信息内容的可能反应等。理解沟通的对象，掌握更多的信息有助于推进沟通的进程。对于不同个性、教育背景、年龄的人，不可能采用相同的沟通策略，最好能根据对象的特点调整传达信息的方式去迎合对方的兴趣和需求。其三，When（何时）&Where（何地），考虑对方接收信息的地点与时间，或信息处在整个事件的哪个环节，沟通的时间和地点也区分了沟通方式的不同。假如用 PPT 做汇报讲解，不同的场景所使用的 PPT 的结构与内容深浅应有区别。其四，What（内容），指传播者想表达的内容或受众希望听到的内容。其五，How（方式），即明确信息的传达方式、沟通媒介、组织的逻辑，甚至到语气、非语言沟通等。传播者既需要考虑如何传达信息，是文字还是图片，或者两者皆用？需要考虑沟通渠道，是口头、电话还是书面报告？还需要考虑各项重点如何组织，是演绎还是归纳？是先观点后证据还是先证据后观点？等等。

沟通的最终目的，是说服对方达成接下来的合作。一些管理者只讲沟通，不讲说服，这是不够的。沟通是达成共同协议的过程，说服不仅要达成共同协议，还有意识地影响被管理者的价值观，为沟通效果的落地执行提供思想基础，只有沟通对象在思想上想通了，才能自觉自愿地付诸实践。

3. 群众路线

老板抱怨员工素质不高，给多少钱干多少活，甚至给了钱也不干活，能偷懒就偷懒。其实这种状况的出现不能全怪员工，主人翁意识不是天生的，也不全是教育出来的，而是企业现实的反映。如果企业的一切由老板说了算，部门的一切由领导说了算，员工没有任何民主权利，对各方面事务没有发言权，怎么可能产生主人翁意识？

企业说到底就是人，管理说到底就是借力，能够把很多人的力量集中起来，这个企业就成功了。群众路线，关键在借力，让群众参与，让群众尝试，对正确的尝试要及时采纳、确认与扩散。成功的管理者都懂得，员工绝不是一种工具，其举动性、积极性与创造性对企业的生存发展产生巨大的作用，要充分调动每一位员工的积极性、主动性和创造性，最大限度地集中群众的智慧，形成团队的力量。要做到这一点，毛泽东提倡的民主管理是一个好办法。

走群众路线，提倡民主管理，发挥员工主人翁意识，让员工感觉自己是企业大家庭的一员，形成"我要为这个家庭而战"的意识，充分激发员工的积极性与工作激情。优秀的企业家都非常重视民主管理，索尼公司的创始人盛田昭夫就曾说过："日本企业十分注重走群众路线。"杰克·韦尔奇在自传中强调，管理 GE 的一个重要的工作方法就是"打滚"，也就是当经营管理遇到难题时，"把一大群人召集在桌子旁，不管职位高低，大家一起就某个困难问题进行急诊"。韦尔奇认为，这样就可以实现"集体智慧最大化"，"让每一位员工全身心投入到工作中来是 CEO 最主要的工作"。

走群众路线，提倡民主管理，管理者会产生"究竟谁说了算"的疑问。其实"民主"与"集中"是不冲突的，这里以政策颁布为例介绍民主集中的流程：首先，调查摸底，了解多数人的真实想法，特别是单位骨干是怎么看的。如果有不同意见，就要先研究修缮以达成共识；若意见很难统一，须先做舆论准备，集中思想动员以达成一致，切忌匆忙提案匆忙决策。其次，事先与领导层及骨干进行良好沟通，先取得他们的理解与支持，以免发生争论时孤掌难鸣，得不到强有力的支持与声援。再次，当个人意见得不到多数人认可时，不妨先缓一步，暂不做决定。会后再继续做思想工作，分别达成共识，最终商会提案通过。

（三）绩效提高两驱动

据研究，通过有效的挖掘，人的体能可以扩大 3~5 倍；智能可以扩大 50 倍（一般人的脑潜能仅开发了 2%~3%），有效激励可使工作绩效提高 3 倍以上。提高团队绩效的两大驱动：一靠激励，提升工作激情；二靠培训，提升工作技能。

"激励"在中文词典中解释为鼓动、激发，使之振奋或振作。英文"激励"一词源于拉丁文 moticate，多为诱引、驱动之意。激励，就是激发员工的工作动机，用各种有效的方法，去调动员工的积极性和创造性，使员工努力完成组织任务，达成组织目标。关于激励，要注意两点：其一，激励不等于奖励。在进行团队激励上不要轻视或不考虑约束和惩罚措施。奖励和惩罚是两种最基本的激励措施。其二，激励的方式和人的需要密切相关。只要从人的需要出发，就可以捕捉到运用激励方式的机会。

调动全员意志的能力，是管理者的重要能力。团队的所有的人力资源管理，必须围绕着信仰和理想去准备，只有这样，团队才能战无不胜。作为团队的管理者，要经常思考：我的团队为什么存在？我们为何聚在一起？怎样才能朝着一个方向前进？很多管理者失败的原因就在于强势领导者的个人追求并不代表团队的目标。这些管理者的失败都源于同一点：忽视了手下的需求，只是古板地将自己的目标灌输给部门经理，然后试图强硬地扭转整个公司的集体思维。由此判断，调动全体成员意志的能力，才是一名管理者最重要的素质。怎样让管理者的追求成为公众或团队的期待呢？常规的观点是大棒与胡萝卜，但聪明的管理者擅长捕捉团队每一位成员的真实需求，将自己的目标转化为所有人的需求。

永远记住，最打击团队积极性的单一因素是有员工不完成其分内之责。团队中包含如下三种类型的员工，可以称他们为超级星、中级星与流星。超级星通常占团队成员总数的 10%~20%，千万不要忽视超级星，他们经常因为不得不完成团队中那些不完成分内之责的员工的工作，或者因缺乏关注而不能得到指导或表扬。中层星通常占团队成员的 50%~60%，他们或许还不具备超级星的经验，或许他们之分可能是超级星，但由于某些原因现在失去了成为超级星的动力，他们既可能在未来成为超级星，也可能继续后退。中层星一直睁大眼睛盯着管理者，看管理者如何对待超级星，之后他们基于管理者的行动决定是否要付出代价成为一名超级星。流星在一个团队中占10%~20%，这群人数量少却影响大，他们总是不能完成分内之责，更为要命的是他们经常妨碍表现最好的员工出色地完成任务。许多管理者，会通过分配给流星较少的工作并给予他们还过得去的表现评价对他们进行实质上的褒奖，这种奖励后进会导致更多的员工沦落为流星，因为干活少仍然能获得奖励一定能产生大量效仿者。管理者的职责，不是通过调整并照顾流星来降低表现下限，而是通过表扬和奖励超级星来提高表现上限。

奖励和惩罚，是残忍无情的加减法。奖励和惩罚作为管理常用手段，能起到调动人们的积极性，鼓励正确行为，抑制不当行为，增强凝聚力、战斗力的作用。企业的成功都源于好的人才以及由此制定的惩罚和奖励制度，对于那些完成指标的人及时给予奖励，对犯了错误的人要进行毫不通融的惩罚。在管理实践中，重要的不是采取何种激励方式，而是如何把奖惩与要导向的结果联系起来，形成一个合理的激励模式，从而快速有效地实现奖惩的目的。其一，奖励需要分批进行，而不是一次给予。奖励要讲究方法，正确的奖励才能产生积极的作用，不能将所有的奖励一次性给尽。道理很简单，一次性给了最大的奖励，之后需要更大的奖励才能激励员工的这种行为；一旦无法满足，就会让员工产生懈怠与不满。作为管理者，你要重视人们的这种心理特征，学会适时和适量地奖励，而非想起就给，更不能视心情而定。其二，奖励要及时，不及时的奖励对有贡献者如同惩罚。员工在取得成绩或完成项目后，就渴望你给予他们绩效的满足，及时并恰当的奖励，才能使员工的积极性和创造性得到极大的激发。其三，惩罚应当具备"一次性"和"时效性"。惩罚应当是一次性的，并且力度到位。反复重复的惩罚会导致受罚者产生"疲劳"，形成对惩罚的"抗体"，最后逐渐变得不在乎，甚至无动于衷。所以，惩罚必须是一次性的，能够做到一次惩罚终生难忘，惩罚的目的就达到了。惩罚同样具有时效性，即惩罚必须及时，过了很长时间再翻出来算账，已经失去意义，甚至会被误解为打击报复，这是管理者应当全力避免的。

　　如何避免激励与期望的行为相背离？其一，奖惩要与需求联系起来。因为每个人的价值观不同，对奖励的需求不同，看重的也有所不同，所以经常发生相同的奖励对一些人不起作用的情况。要想使奖励起到最大的作用，就要区别对待员工的需求，找到每个人不同的关注点。奖励方式要灵活多样，最合适的才是最有效的。其二，奖惩量的确认。人们最在乎的是他们已经得到的东西，占有的时间越长，失去的痛苦越大，因此，减少100元带给个人的损失远远大于增加100元带给人的收益。我们将这一原理应用到奖惩之中，会得到两个准则：准则一，惩罚与奖励并不对等，对一个人的惩罚，可能需要多次的奖励才能平衡其产生的后果；准则二，利益法则就应该像风筝，既可以给予也可以收回，奖励如果变成应得，将不再是奖励。

　　提升绩效，除了激励，还靠培训。怎样才能把企业建成学习型组织，这是管理者需要解决的一个重大课题。毛泽东在战争中提出与众不同的培训育人模式，理论联系实际是毛泽东思想的精髓。他强调学习理论、学习知识本身不是目的，关键要从实际出发，提高解决实际问题的能力。无论是大革命时期主办农民运动讲习所、井冈山时期办红军教导队、瑞金时期创办红军学校，还是到延安后创办抗大，毛泽东始终坚持这一育人模式。抗大的教学，从不安排长篇大论地学习马列原著，也不讲克劳塞维茨的《战争论》这一类的东西，而是根据实际斗争的需要筛选教学内容，实际工作需要什么就教什么，学员缺什么就补什么。

　　企业培训，要学以致用，用实践育人。其一，做好在岗培训。实际工作中最需要什么，就教什么，员工缺什么，就补什么。柳传志提出的联想培训原则就是"选准母本、清楚目标、找出差距、需什么学什么、缺什么补什么、急用先学，立竿见影"。其二，从总结经验中学习。毛泽东晚年回顾自己的军旅生涯时，多次谈到，自己原来不会打仗，也没有读过什么兵书，只是因为善于总结，才变得比较聪明，胜仗也就越打越多。刘伯承有个工作习惯，每次作战结束后，都要专门召开一定规模的总结讲评会，进行战术总结和政治思想总结，并且将两个总结放在一起搞，既肯定成绩和进步，又找出缺点和不足，进而明确今后打仗应继续发扬什么，克服什么。经验总结一般集中在四个问题上：首先，我们本来打算做什么；其次，实际发生了什么；再次，为什么会出现这种情况；最后，下次我们将怎么办。其三，向基层员工学习。毛泽东认为基层官兵是最好的老师，一再要求各级领导和机关干部深入实际，深入群众，拜有实践经验的基层官兵为师，虚心向他们学习。很多企业就认识到干部下基层学习的重要性，华为发展史上，时任市场部负责人的孙亚芳，带头写下了市场部领导集体辞职信，表明了要勇敢走下舞台，接受公司的再挑选。要坚持从群众中来到群众中去的方法，一线工作的基层员工是最好的老师。

坚持结果导向，管理者要提高管己、管事、管人这三大管理技能。自1903年泰勒提出科学管理方法以来，全球的管理理论涉及的不外乎管己、管事、管人这三方面内容。"管己"是基础，管理者要把自己管好，才能管好员工、带好团队，最终才能把事情做好；"管事"是目标，要把事情管好，公司才能获得效益，才能推动发展；"管人"是关键，把人管好，事情自然就会做好。

参考文献

1. 张五常 . 经济解释（套装）[M]. 北京：中信出版社，2010.

2. ［美］菲利普·科特勒 . 卢泰宏，等，译 . 营销管理（第 13 版）[M]. 北京：中国人民大学出版社，2009.

3. ［美］彼得·德鲁克 . 齐若兰，译 . 管理的实践 [M]. 北京：机械工业出版社，2009.

4. ［法］勒庞 . 冯克利，译 . 乌合之众：大众心理研究 [M]. 北京：中央编译出版社，2014.

5. ［美］里斯，特劳特 . 谢伟山，等，译 . 定位：有史以来对美国营销影响最大的观念 [M]. 北京：机械工业出版社，2011.

6. ［美］杰克·特劳特，史蒂夫·里夫金 . 马琳，等，译 . 新定位：定位战略的新进展 [M]. 北京：中国人民大学出版社，2013.

7. ［美］杰克·特劳特 . 火华强，译 . 与众不同：极度竞争时代的生存之道 [M]. 北京：北京机械工业出版社，2011.

8. ［美］戴维·阿克 . 陈倩，译 . 品牌大师：塑造成功品牌的 20 条法则 [M]. 北京：中信出版社，2015.

9. ［美］乔治·贝尔奇，迈克尔·贝尔奇 . 郑苏晖，等，译 . 广告与促销：

整合营销传播视角 [M]. 北京：中国人民大学出版社，2014.

10. [美] 罗伯特·西奥迪尼. 陈述，译. 影响力 [M]. 北京：人民大学出版社，2006.

11. [美] 罗杰·道森. 刘祥亚，译. 优势谈判 [M]. 重庆：重庆出版社，2008.

12. [美] 帕特里克·任瓦茨，克里斯托弗·莫林. 鹂嘉图，译. 销售脑：如何按下消费者大脑中的"购买按钮" [M]. 杭州：浙江人民出版社，2014.

13. [美] 弗里德曼. 施轶，译. 销售洗脑：把逛街者变成购买者的 8 条黄金法则 [M]. 北京：中信出版社，2016.

14. [美] 丹尼尔·卡尼曼. 胡晓姣，等，译. 思考，快与慢 [M]. 北京：中信出版社，2012.

15. [美] 恩里科·特雷维桑. 甘亚平，等，译. 非理性消费：关于消费者行为决策的心理分析与应用 [M]. 北京：人民邮电出版社，2017.

16. [美] 威廉·庞德斯通. 闾佳，译. 无价：东西大众心理玩转价格游戏 [M]. 杭州：浙江人民出版社，2013.

17. 张家鹏. 商业地产真相：项目运作全解密 [M]. 北京：机械工业出版社，2008.

18. 张家鹏. 商业地产：不一样的思维与答案 [M]. 北京：机械工业出版社，2013.

19. 禹来. 中国式购物中心：商业地产实践论 [M]. 北京：中信出版社，2015.

20. 陈利文. 房地产营销 19 讲 [M]. 广州：广东经济出版社，2010.